한국장로교
총회창립
100년사

1912—2012

한국 장로교 총회 창립 100년사 1912–2012

2012. 9. 18. 초판 1쇄 인쇄
2012. 9. 21. 초판 1쇄 발행
지은이 김수진

펴낸이 정애주 **편집팀** 송승호 한미영 김기민 김준표 오은숙 정한나
디자인팀 김진성 박세정 송하현 **제작팀** 윤태웅 유진실 임승철
마케팅팀 오민택 차길환 국효숙 박상신 송민영 **경영지원팀** 마명진 윤진숙

펴낸곳 주식회사 홍성사 **등록번호** 제1–499호 1977. 8. 1.
주소 (121–897) 서울시 마포구 합정동 369–43
전화 02) 333–5161 **팩스** 02) 333–5165
홈페이지 www.hsbooks.com **이메일** hsbooks@hsbooks.com

ISBN 978–89–365–0941–5 값 25,000원
※잘못된 책은 바꿔 드립니다.

한국장로교
총회창립
100년사

1912—2012

*
김수진 지음

홍성사.

차 례

2 조선에 묻힌 선교사들

3 조선 교회의 저항과 민족운동

4 신사참배와 기독교 말살

들어가는 말

한국 장로교의 하나됨을 위하여

2012년 9월이면 대한예수교장로회(大韓예수教長老會) 총회(總會)가 설립된 지 100년이 된다. 이를 위해 2011년 1월부터 《한국 장로교 총회 창립 100년사(1912-2012)》를 집필하기 위해 그간의 연구 자료를 정리해 왔다. 2003년에 예장통합측에서 총회 창립 90주년을 맞아 《대한예수교 장로교회사(상·하)》를 출간할 때 집필위원으로 참여하면서 모은 자료가 큰 도움이 되었다.

이 땅에 장로교가 싹트게 된 것은 미국 북장로교에서 파송한 의료 선교사 앨런(H. N. Allen) 박사에게서 시작되었다. 중국 상해에서 의료 선교 활동을 하고 있던 그는 환경에 적응하지 못하고 고민하고 있었다. 그 무렵 조선이 문을 열었다는 소식을 접하게 된 그는 1884년 9월에 의료 선교사로 입국하여 경성(지금의 서울)에 우리나라 최초의 근대식 병원 광혜원(廣惠院)을 설립하고 의료 선교 활동을 시작했다. 이듬해 4월 5일 부활절 오후, 언더우드(H. G. Underwood, 원두우) 선교사와 아펜젤러 선교사 부부(H. G. Appenzeller와 A. R. Appenzeller)가 제물포(지금의 인천)에 도

-

1887년 9월에 언더우드 선교사가 첫 예배를 한 정동 장로교회(지금의 새문안교회)(위)

-

1887년 10월에 아펜젤러 선교사가 설립한 정동감리교회(1897년에 신축한 교회당)(아래)

착했다. 하지만 독신인 언더우드만 입국했다. 미국 감리교회에서 일본으로 파송한 아펜젤러 부부는 다시 조선으로 파송을 받았는데, 당시 임신 중이던 아펜젤러 부인은 1884년 갑신정변(甲申政變) 같은 큰 혼란을 염려해 일본으로 되돌아갔다. 그러다 조선의 정세가 어느 정도 안정되었다고 판단되자 그해 6월 다른 선교사들과 함께 조선에 들어왔다. 그 후 미국 북장로교를 비롯해 미국 남장로교, 호주 장로교, 캐나다 장로교 선교회, 미국 남북 감리교 선교사들이 들어왔다.

선교사들은 먼저 병원과 학교를 세운 뒤 교회를 세웠다. 그리고 어느 정도 교인이 늘어나자 민주적인 방법으로 장로(長老)를 선출했다. 이러한 노력들이 쌓여 조선 장로교회에 총회가 조직되기에 이르렀다. 오늘날 접하는 당회(堂會), 시찰회(視察會), 노회(老會), 최고의 치리 기관인 총회 역시 이 선교사들이 조직한 교회 조직이다. 당시 총회는 치리 기관 역할을 하다가 각 지역을 대표하는 장로 그리고 해당 지역에서 활동하던 선교사와 함께 대리회(代理會, 노회의 전신)를 조직했다. 그러다 1907년 6월 20일 평양장로회신학교에서 최초로 7명의 졸업생이 배출되었다. 그리고 그해 9월 17일 평양 장대현교회에서 대리회에서 파송한 선교사 33명, 장로 38명이 모여 대한예수교장로회 독노회(獨老會)를 조직해 최초로 7명의 졸업생에게 목사고시 문답을 실시했다. 이들 모두 합격해 목사 안수를 받았다. 독노회는 5년간 운영되었다. 그리고 1910년 일제에 국권을 강탈당한 후부터는 대한(大韓)이라는 국호 대신 조선(朝鮮)을 사용해야 했다. 이때부터 조선이라는 슬픈 단어가 총회에 등장하게 된다. 1911년 전라 대리회가 전라 노회로 승격되면서 각 지역 대리회가 모두 노회로 승격되었다. 총 7개 노회가 형성되자 1912년 9월 2일 비로소 조선예수교장로회 총회가 조직되었다.

조선예수교장로회 총회가 조직되면서 총회를 대표하고 이끌어 나갈 총회장을 선임해야 했다. 총회장은 각 지역 대표자를 주축으로 투표로 선임되었다. 1대 총회장에는 경성 주재 미국 북장로교 선교사 언더우드 목사가 선임되었다. 2대 총회장에는 경남 주재 호주 선교사 엥겔(G. Engel, 왕길지) 목사가, 3대 총회장은 전남 광주 주재 미국 남장로교 선교사 벨(E. Bell, 배유지) 목사가 선임되었다. 이러한 과정을 거쳐 발전해 가던 장로교회는 각 지역마다 교회를 설립하기 시작했다. 지역 교회 목사는 민족 지도자의 역할을 하게 되었다. 이후 4대 총회장에 조선인 김필수 목사가 선임되었다. 일제 강점기 35년은 피맺힌 민족의 한이었다. 그 속에서 구국 일념으로 성장하던 조선 교회는 3·1운동의 주축인 민족 대표 33인에 16명이 동참하기에 이르렀다. 이 사실을 안 일제는 기독교를 감시하고 탄압하다 결국 조선예수교장로회 총회를 강제 해산했다.

1945년 8월 15일, 광복의 기쁨 앞에서 조선 교회는 신앙의 자유를 부르짖고 나섰다. 그러나 불행하게도 미 · 소 강대국에 의해 이 땅이 두 동강 나면서 남한은 미군이, 북한은 소련군이 주둔했다. 남한은 광복의 기쁨과 함께 교회 재건에 힘을 쏟았다. 그러나 북한은 신앙의 자유를 누리지 못한 채 탄압을 받아야 했다. 그러다 1950년 6월 25일 새벽에 발발한 전쟁으로 신앙의 자유를 찾아 대거 월남하는 사태가 일어났다.

남한은 기독교의 천국처럼 활발하게 기독교 전도운동이 일어났으며, 1959년 세계교회협의회(World Council of Churches, 이하 WCC)를 반대하는 측과 지지하는 측으로 나뉘면서 인맥, 지방색으로 변질되어 합동, 통합, 개혁, 합동보수, 대신, 성결 등 여러 교단으로 분열되었다. 그리스도 안에서 한 형제처럼 지냈던 교계 지도자들이 서로를 비난하며 갈라서는 비극이 일어난 것이다. 이러한 분열은 1990년대까지 이어졌다. 그 결과 2006년 5월 통계청 보고에 따르면, 지난 10여 년간 개신교 신자는 14만 4,000여 명이 감소했다. 그 이유는 개신교의 분열에 환멸을 느껴 74.4%가 천주교로, 3.9%는 불교로 개종한 것이다.

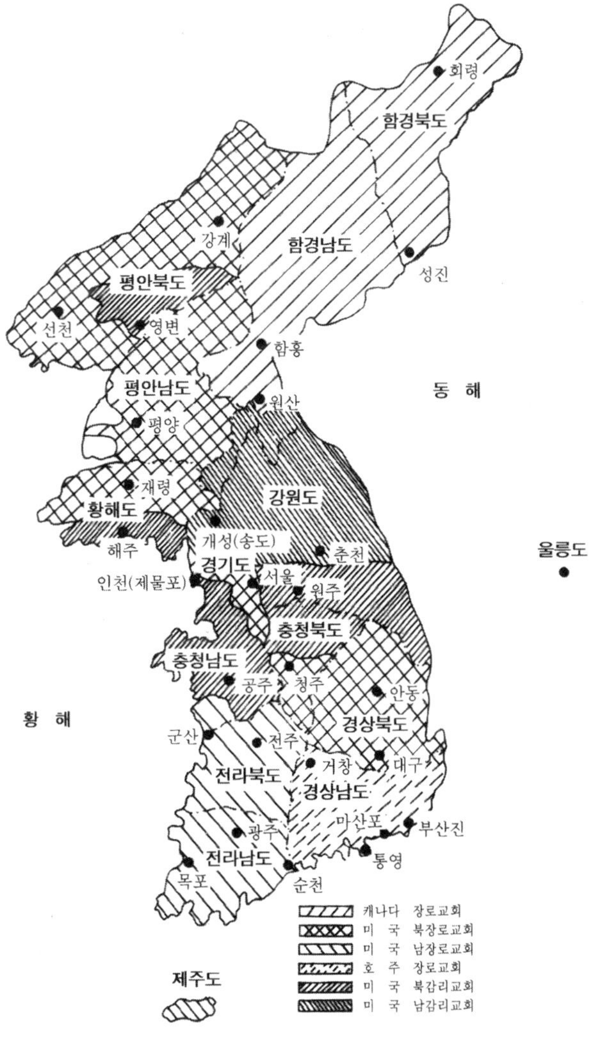

주요 선교 단체들의 선교 구역 분계도

필자는 미국 남장로교 선교사인 맹현리 선교사가 1908년에 설립한 비금 덕산교회 3대 교인으로, 신앙을 지켜 오다가 1973년 미국 남장로교 장학금으로 일본 교토에 있는 도시샤 대학 신학부 전기 박사과정에서 역사 신학을 연구했다. 그동안 장로회신학대학교 신대원 · 대학원에서 일본 교회사, 중국 교회사, 한국 교회사 과목을 강의하면서 많은 역사책을 저술했다. 이 책은 이러한 연구를 바탕으로 초창기 장로교회의 신앙을 회복해 새롭게 한국 장로교회가 정립되었으면 하는 바람에서 집필했다. 부디 한국 교회가 인맥, 지역, 이념을 넘어 '하나의 장로교'로 돌아와 하나님께 영광을 돌리는 교회가 되기를 바란다.

이 책을 출간하는 일에 큰 도움을 준 홍성사에 감사드린다. 끝으로 이 땅에서 삶을 마감한 수많은 선교사들의 시신이 안장되어 있는 양화진을 비롯해서 충청 지역 선교사 묘역, 광주 양림동산 선교사 묘역, 전주 화산동, 순천, 대구 · 안동 지역의 선교사 묘역의 의미를 기억하고, 그곳에 잠들어 있는 선교사들의 죽음이 헛되지 않도록 한국 교회가 더 열심히 기도하고, 선교사 2만 명을 파송한 교회답게 사회를 위해 더 열심히 선교하고 섬기기를 바란다.

2012년 4월 8일 부활절 새아침

한국교회역사연구원에서

김수진

1

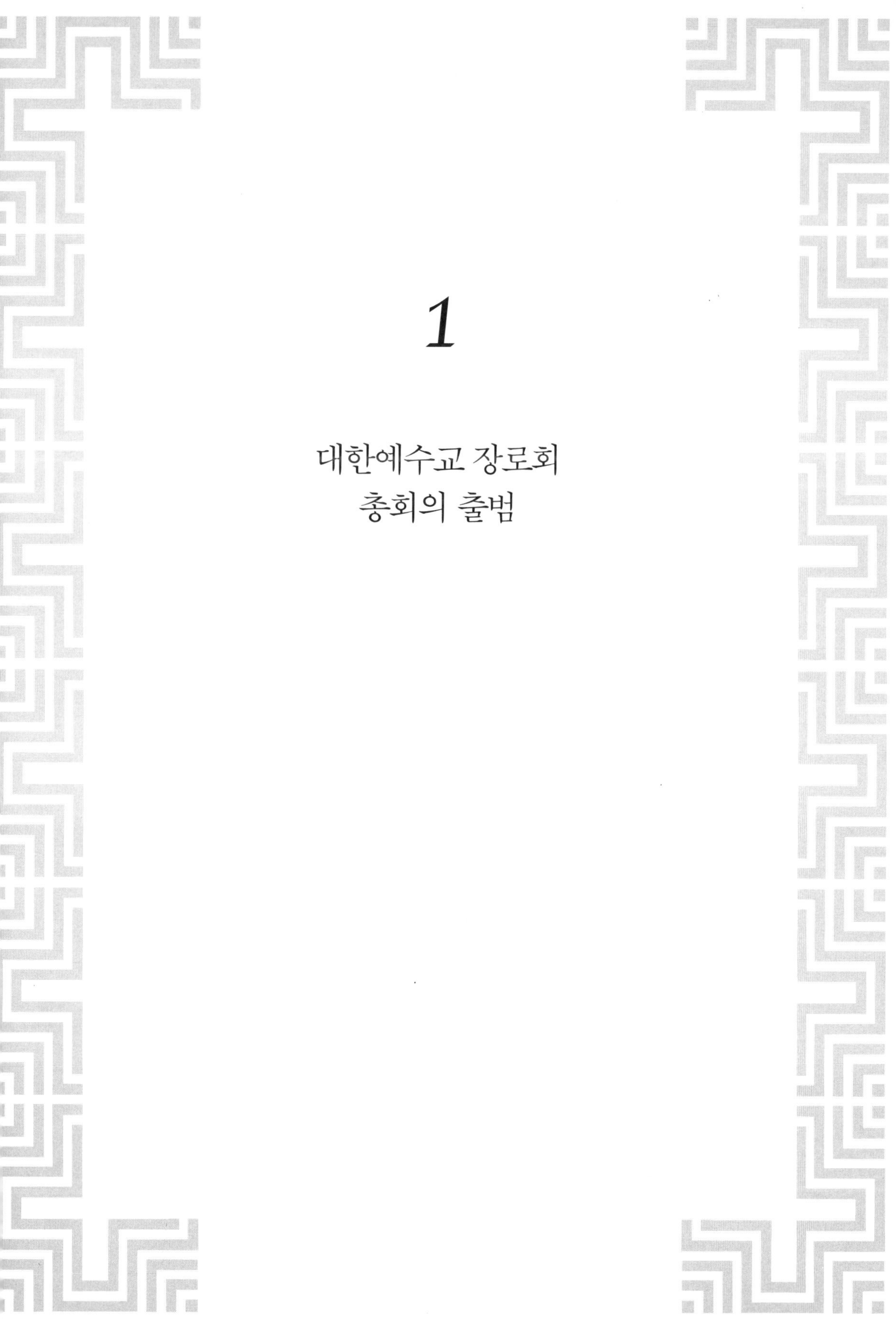

대한예수교 장로회
총회의 출범

1 미션공의회와 대한예수교장로회 독노회 조직

대한예수교장로회 공의회

선교사에게는 선교지에서 통일된 정책을 실행하기 위한 협의 기관이 필요하다. 조선에 처음 입국한 미국 북장로교 선교사 앨런, 언더우드, 헤론(J. W. Heron)은 1885년 6월 21일 '미국 북장로교 선교회'를 조직했다. 그리고 1889년에 입국한 호주 장로교 선교사 데이비스(J. H. Davis)와 함께 그해 '미국 북장로교 미션 및 빅토리아(호주) 미션연합공의회'를 설립했다. 그러나 1890년 4월 데이비스 선교사의 갑작스러운 사망으로 미션연합공의회는 폐지되고 말았다. 1893년에 '미국 남장로회 미션회'가 조직되면서 미국 북장로교, 미국 남장로교, 호주 장로교의 세 선교회가 '장로회 정치를 사용하는 미션공의회'를 발족했다.[1)]

이렇게 해서 출발한 미션공의회의 정식 회원은 모두 선교사였다. 따라서 치리권 없이 토의, 권고, 보고, 간친회 활동을 했을 뿐이다. 조선 교회에 대한 치리권을 가진 조직은 상회(上會)로, 이는 선교사가 전담했다. 그 아래에 있는 소회(小會)는 평남 대

-
미션공의회와 대한예수교장로회 독노회 조직

-
조선 선교 초기 미국 북장로교에서 파송한 선교사들과 그 가족

-
조선 선교 초기 미국 남장로교에서 파송한 선교사들과 그 가족

리회와 경기충청 대리회 둘뿐이었다. 이후 1898년에 캐나다 장로교 선교회가 조직되면서 1901년 9월, 마침내 조선인 총대(總代)가 참여하여 '대한예수교장로회 공의회'가 조직되었다. 이것이 독노회의 전신이다. 이 회의에서는 엄격한 정교 분리 원칙을 채택했다. 당시 평남과 경기, 충청 지역에만 대리회가 세워졌으나 전라도와 경상도에서 활동하던 선교사들의 노력으로 그 지역에 교회가 많이 형성되자, 1901년에 전라 대리회, 경상 대리회가 출범하게 되었다. 1902년에는 함경 대리회, 1907년에 평북 대리회, 황해 대리회가 조직되면서 전국적인 교회 치리 기관이 등장하게 되었다.[2)]

평양장로회신학교

평양장로회신학교는 미국 북장로교 선교사 모펫(S. A. Moffet, 마포삼열)이 평양에 자리를 잡아 평양 선교부에서 창설했다. 예양 협정(禮讓協定, Comity Agreement)[3)]에 따라 전국적으로 교회가 설립되자 교회를 이끌어 갈 교역자가 필요했다. 그 첫 시도는 1890년 경성 언더우드 선교사의 가정에서 시작된 신학반이다. 이 신학반은 한 달 동안 한곳에 모여 숙식을 함께하면서 성경을 집중적으로 배웠다. 이는 1891년부터 적용한 이른바 네비우스 정책이라는 선교 정책에 준한 것이다. 네비우스 정책은 자립 선교, 자립 정책, 자립 수급이라는 3원칙에 따라 토착 교회를 세워 나간다는 선교 정책이다. 모펫 선교사 역시 평양에 선교부가 개설되자 네비우스 정책에 따라 성경을 배울 길을 열어 놓고 각 교회에서 성경반을 운영했다. 이 정책이 발전하면서 신학교가 설립된 것이다. 모펫 선교사는 이러한 취지를 다음과 같이 밝혔다.

> 조선 반도에 장로회신학교는 평양 시내에 있으며, 조선에 있는 이 교회 사업의 가장 유표(有表)하고 현저한 본색(本色)이 되는 성경전문학반

1914년 당시 조선 주재 호주 장로교 선교사

조선 주재 캐나다 선교사 모임(1934, 간도 용정)

1892년 홀 선교사가 설립한 평양연합기독병원

제도에서 점차 발전되어 조직되었고, 사역하는 조사(助事)와 영수(領袖) 제씨(諸氏) 등의 사역함에 요구되는 지력과 영력을 공급했다.[4)]

이렇게 해서 1901년 모펫 선교사는 자신의 사랑채에서 김종섭, 방기창 2명의 학생을 모집해 최초로 신학 교육을 실시했다. 그러다 조선에서 활동하고 있던 4개의 장로교 선교회(미국 북장로교, 미국 남장로교, 캐나다 장로교, 호주 장로교)에서 공동으로 운영하는 학교 설립이 요청되자, 1904년 정식으로 평양에 장로회신학교라는 간판을 내걸고 신학 수업을 실시했다. 1907년에는 2개의 미국 남북 감리교 선교회에서 교역자를 양성하기 위해 서울 서대문에 협성신학교(지금의 감리교신학대학교)를 개교했다. 평양장로회신학교는 4개의 선교회에서 파송한 교수들이 가르쳤으며, 교역자의 자질이 인정되는 인재를 4개의 선교회에서 추천하여 교육했다. 이 과정에서 평양장로회신학교는 어느덧 학생이 7명이 되었다. 교육은 총 5년간 실시되었고 매년 첫 3개월은 학교에서 교육을 받고, 나머지 9개월은 각자의 목회 현장에서 통신으로 교육했다.

마포삼열은 1864년 1월 미국 인디애나 주 매디슨에서 출생해 고향에서 대학을 나온 후 매코믹 신학교에 진학했다. 25세 때인 1890년에 조선에 입국한 그는 6개월 동안 조선어를 배운 후 8월 28일에는 평양으로 전도 여행을 떠날 만큼 복음의 열정이 대단했다. 1891년 5월에는 백홍준, 서상륜, 최명오를 동행하고 서울을 출발해 의주, 강계, 함흥, 원산, 만주에 이르는 긴 선교 여행을 다녀왔다.[5)]

이 무렵 미 감리교회에서 의료 선교사 홀(W. J. Hall) 박사가 조선으로 파송되어 1892년 9월 평양에 셋방 하나를 얻고 본격적으로 진료를 시작했다. 이때 홀 선교사는 김창식이라는 청년을 조사로 채용했다. 그리고 모펫 선교사는 서북 지방을 순회하며 전도를 다닌 지 2년 후인 1893년, 평양을 선교 거점으로 삼기 위해 그해 4월에 거처를 평양 대동문 근처로 옮겼다. 이때 의주에서 만난 한석진을 조사로 채용했다. 그런데 모펫 선교사나 홀 선교사가 가는 곳마다 이루 말할 수 없는 위협이 몰려왔다.

> 마포삼열 목사는 장터에서 전도 강연을 하다가 돌에 얻어맞아 거꾸러진 일이 한두 번이 아니었다. 그러나 그는 참고 견디었다. 힘껏 인자한 마음과 부드러운 음성으로 그 날쌔고 거친 평양 사람을 정성으로 대하여 주었다. 이때부터 시민들은 그를 가리켜 '마포 목사'라고 부르게 되었는데 마포 목사란 어느덧 '선량한 선교사'의 대명사처럼 바꾸어졌고 그를 모르는 사람이 거의 없으리만큼 그의 존재는 평양 시민들 마음에 깊이 자리를 잡았다.[6)]

평양 시내에서 전도를 하던 모펫 선교사는 어느 날 이기풍이라는 깡패가 던진 돌에 아래턱을 맞았다. 하지만 그는 곧바로 그 자리에 무릎을 꿇고 그 영혼을 위해 기도했다. 이후 1894년에 청일 전쟁이 일어나자 이기풍은 생명의 위협을 느껴 원산으로 피난을 갔다. 그곳 장터에서 매쿤(G. S. McCune, 윤산온) 선교사를 본 그는 갑자기 모펫 선교사의 인자한 모습이 눈앞에 어른거렸다. 그 길로 평양으로 달려가 모펫 선교사에게 사죄했다. 이후 그는 모펫 선교사의 조사가 되어 평양장로회신학교에 입학했다.

모펫 선교사의 사랑채에서 출발한 평양장로회신학교는 방기창과 김종섭으로 끝

-

평양장로회신학교 신학생과 교우

-

우리나라 최초의 일곱 목사(1907)
뒷줄 왼쪽부터 방기창, 서경조, 양전백, 앞줄 왼쪽부터 한석진, 이기풍, 길선주, 송인서

평양장로회신학교 2회 졸업생(1909). 뒷줄 왼쪽부터 김필수, 김찬성, 최중진, 윤식명, 이원모, 정기정, 최관흘, 장관선. 최관흘 목사는 블라디보스토크 선교사로 파송되어 활동하다가 러시아 정교회로 개종하고 선교사직을 사임했다.

평양장로회신학교의 초기 교사(1908). 미국인 매코믹(N. F. McCormick) 여사의 기부로 평양 하수구리 100번지의 5,000평 대지에 새 건물을 지었다.

나지 않고 계속해서 학생이 모여들었다. 그런데 김종섭 장로는 개인 사정으로 중도에 자퇴했으며, 여기 재학했던 신학생들은 방기창 장로를 비롯해서 이기풍, 한석진, 길선주, 양전백, 서경조, 송인서로 모두 7명이었다. 1907년 6월, 평양장로회신학교는 5년간의 과정을 모두 이수한 졸업생을 배출했다. 앞서 말한 7명이 바로 평양장로회신학교 1회 졸업생이다. 1회 졸업생을 배출하기 전부터 평양장로회신학교는 해가 갈수록 학생들이 각 선교회와 지방 대리회의 추천을 받아 입학했다. 그리하여 2회 졸업생은 1909년에 배출되었다. 5년 동안 매해 3개월이라는 짧은 기간에 선교사들의 지도를 받으면서 한결같이 개척자적인 정신으로 수업에 임했던 신학생들은 장차 조선 교회를 이끌어 갈 역군으로 훈련을 받았다.

첫 장로교 목사 배출

평양장로회신학교에서 5년간의 신학 수업을 받고 졸업했지만 목사 안수를 받을 수 있는 노회가 없었기에 미션공의회에서는 조선인 장로들과 함께 1907년 9월 17일 '대한예수교장로회 독노회'를 조직했다. 그동안 지방 치리회였던 각 지방 대리회를 대표하는 장로들이 평양에 모여 독노회를 조직하여 신학교를 졸업한 조선인 7명에게 목사 안수를 받게 했다. 이들 7명은 순교를 각오하고 조선 교회를 짊어지고 갈 민족 공동체로서의 교회를 형성할 힘을 다졌다. 평양장로회신학교를 졸업한 7명은 조사로 활동했다. 그리고 각 지역에서 선교사의 지도를 받아 성실하게 목회 현장에서 최선을 다했다. 1907년 9월 17일 평양에서 독노회가 창립되었다.

> 1907년 9월 17일 상오 9시에 평양 장대현교회 예배당에서 작년 공의회 회장 배유지 목사가 사도행전 1장 8절에 "우리 주 예수께서 마지막 분

> 부하신 대로 증인"이라고 설교한 후, 기일〔게일(J. S. Gale)〕 목사는 떡을 가지고 축사하여 장로들에게 나누어 주었으며, 배유지 목사는 포도즙을 가지고 축사하여 장로들에게 돌려 성찬 예식을 거행했다.[7)]

그동안 선교사들의 모임인 대한예수교장로회 공의회에서 조선의 모든 교회를 치리해 왔다. 그러나 공의회 회장 모펫 선교사는, 선교회는 미국 남북 장로회, 캐나다 장로회, 호주 장로회로 네 지역에서 권리를 위임받은 선교사들이 대표하여 대한예수교장로회를 창설해야 한다고 했다. 이후 모펫 선교사는 네 선교회를 대표하여 기도한 후 노회를 조직하기 위한 회의 개최를 선언했다. 이날 네 선교회의 대표들은 총 38명 중 33명이 출석했다. 조선 대표들은 모두 장로로 총 40명 중 36명이 출석했다. 순서에 따라 공의회 회장인 모펫 선교사가 노회 조직에 필요한 회장을 선출하려 하자, 게일 선교사의 발의로 회장에 모펫 선교사, 서기에 한석진 장로가 선임되었다. 이제 신학교의 제1회 졸업생 일곱 명에 대한 목사 고시와 함께 안수하는 문제가 제일 큰 관심사였다. 1907년 9월 17일 오후 7시 30분, 선교사들로 구성된 목사 고시 위원이 목사 고시 응시자들의 전원 합격을 보고하자 그 자리에서 회장의 사회로 목사 장립을 공포했다.

> 회장 마포삼열은 기도했고, 노회는 신학사 서경조, 한석진, 송인서, 양전백, 방기창, 길선주, 이기풍 7명에게 안수한 후 목사로 장립했다.[8)]

목사 안수식이 끝나자 이날 안수 받은 목사 가운데 가장 연장자인 서경조 목사가 축도를 했다. 이러한 역사 때문에 매년 목사 안수식이 끝나면 반드시 축도는 가장 연장자가 하는 전통이 생겨났다. 과거에는 선교사 중심으로 교회가 움직였지만, 7명의 목사가 탄생함으로써 조선 교회는 새로운 전환점을 마련하게 되었다. 이날 7명의 목사에게 임지가 결정되었다.

1. 이기풍 씨를 제주 선교사로 보내되 월급은 전도국에서 지출한다.
2. 방기창 씨는 용강, 제재, 주달교회의 전도목사로 위임한다.
3. 한석진 씨는 평양, 장천, 미림, 이천교회의 전도목사로 위임한다.
4. 송인서 씨는 증산, 한천, 외서장, 영유, 허리몰교회의 전도목사로 위임한다.
5. 길선주 씨는 평양 장대현교회 지교회 목사로 위임한다.
6. 양전백 씨는 선천, 정주, 박천 등지에서 위대모〔휘트모어(N. C. Whitmore)〕 목사와 같이 전도목사로 위임한다.
7. 서경조 씨는 장연, 옹진 등지에서 사우업〔샤프(C. E. Sharp)〕 목사와 같이 전도목사로 위임한다.[9)]

대한예수교장로회 독노회 조직

1907년 9월 17일 평양 장대현교회에서 역사적인 대한예수교장로회 독노회가 조직되었다. 이날 조선 교회는 엄청난 축복을 받았다. 이때 회집된 회원은 목사 33명(전원 선교사 회원), 장로 38명(조선인 장로 회원)이었다. 목사 회원은 미국 북장로교 선교사 24명, 미국 남장로교 선교사 6명, 캐나다 장로교 선교사 2명, 호주 장로교 선교사 1명이었다. 전국적으로 각 대리회가 조직되자 대리회를 근간으로 독노회를 조직했다. 그리고 성찬 예식이 끝나자 임원 선거를 실시했다.

-

제1회 독노회가 열린 평양 장대현교회

-

1907년 9월 17일 평양 장대현교회에서 장로회 독노회가 창립되었다.

초대 노회장에는 모펫 선교사가 피선되었다. 노회장 모펫 선교사는 은으로 십자가를 새겨 청홍으로 태극을 머리에 그리고 은으로 씌운 견고한 고퇴(叩堆, 사회봉)를 받았다. 그는 "세세토록 노회 회장에게 전장(傳掌, 전임자가 후임자에게 넘겨서 맞기는 것)"하라는 절차 위원장의 권고를 받았다. 이러한 역사적인 일이 이루어지기까지는 선교사가 입국한 지 22년이 흘렀으며, 여기에 노회장이 받은 고퇴에 새겨진 십자가와 태극기의 의미는 조선 교회가 민족 교회임을 잘 보여 준다.

대한예수교장로회 신경

대한예수교장로회로서는 경사스러운 일이었다. 목사 안수를 받은 이기풍 목사는 제주 선교사로 파송을 받았으며, 길선주 목사는 장대현교회 담임목사가 되었다. 나머지 5명은 각각 해당 지역 전도목사로 임직을 받았다. 이날 비로소 '대한예수교장로회 신경'과 '신경의 신조의 내역', 그리고 대한예수교장로회 독노회 규칙이 가결되었고, 신조도 마련되었다.

1조 신구약 성서는 하나님의 말씀이시니, 믿고 행할 본분의 확실한 법례로 이외에 다른 것은 없다.

2조 하나님은 홀로 한 분이시니, 오직 이만 경배하라. 하나님은 신이시니 자연히 계시고 무소부재하시며 다른 신과 모든 형용물과 같지 않으시다.

3조 하나님의 본체는 삼위가 계시니 성부, 성자, 성신이신데, 이 삼위는 하나님이시니 원체도 같고 권능과 영광도 동등하시다.

4조 하나님께서 그 권능의 말씀으로 유형물과 무형물을 창조하셨고 보호하여 주장하시며, 모든 것을 자기의 정하신 뜻대로 행하셨다.

5조 하나님이 사람을 남녀로 지으시되, 자기 형상에 따라 지식과 의리와 거룩함으로써 지으사 동물 위에 주장하게 하셨다.

6조 우리의 시조가 선악을 간택할 자유가 있었지만

7조 하나님이 사람을 무한히 사랑하사 죄를 속하시고

8조 성부와 성자가 보내신 성신께서 사람으로 하여금 죄의 환난을 깨닫게 하시며

9조 하나님께서 세상을 창조하시기 전에 그리스도 안에서 자기의 백성을 택하셨다.

10조 그리스도께서 세우신 성례는 세례와 성찬이니

11조 모든 믿는 자의 본분은 그 교회 가운데서 서로 합심되어

12조 마지막 날에 죽은 자가 부활함을 받고 그리스도의 심판하시는 보좌 앞에 설 것이다.

나는 이 교회의 신경은 하나님의 말씀을 의지하여 세운 줄로 믿사오니 곧 나의 신경으로 삼고 공포한다.[10)]

이처럼 신조가 12개로 되어 있기에 흔히 12신조라 부른다. 이 신조의 기본적 내용은 칼빈(J. Calvin)의 성서 해석을 기초로 한 〈웨스트민스터 신조〉의 내용을 요약하여 인도 장로교회가 받아들인 것과 같다. 따라서 이것은 세계장로교회와 한 맥을 유지하려는 뜻을 반영한 것이다. 이는 장로회 총회가 세 차례(1921, 1930, 1933)에 걸쳐 표현상의 변화를 거치며 인준을 받아 '대한예수교장로회 신조'로 확정되어 오늘날까지 사용하고 있다.

2 대한예수교장로회 총회 조직

조선 교회의 부흥운동으로 신도는 매년 늘어났다. 각 지방에 있는 7개 대리회가 활발히 전도했기 때문이다. 독노회가 개최될 때마다 각 지방 대리회는 임원 개선과 함께 각 지방에서 활동했던 대리회의 활동을 보고했다.

1908년 9월 제2회 독노회가 서울 연동교회에서 개회되었다. 2대 노회장으로 연동교회 당회장인 게일 선교사가 선임되었다. 제3회 독노회는 1909년 9월 평양장로회 신학교에서 개회되었으며, 서울 새문안교회 당회장인 언더우드 선교사가 3대 노회장으로 선임되었다. 1910년 9월에는 제4회 독노회가 평안북도 선천군 염수동교회에서 개회되었으며, 출석 인원은 목사 회원(선교사 포함) 55명, 장로 회원 74명으로 모두 129명이었다. 4대 노회장에는 서울 연동교회 당회장인 게일 선교사가 선임되었다. 이때 정읍 매계교회의 최중진 목사가 제명을 당했다. 이는 조선에 교회가 세워진 이래 최초의 제명 사건으로 기록되었다.

대한예수교장로회 창립 총회. 1912년 9월 2일 전라, 경기충청, 경상, 황해, 평안남, 함경, 평안북 이 일곱 노회의 회원이 참석하여 평양장로회신학교에서 최초의 총회를 열었다.

> 전북 대리회에서 최중진 씨를 휴직시킨 사건에 대하여 자세히 조사해 보고했다. 최중진 씨가 본 대리회에 청원한 일은 법 밖의 일이며, 자기 스스로 퇴각하여 교회를 해롭게 하고 노회 앞에서 서약한 도를 어겼다. 이에 본 대리회는 노회 때까지 임시 휴직시킨 것이 가합(可合)한 일이온바 지금까지 불복하니 회개하기를 바람으로 혁직(革職)하도록 한다.[11)]

이 일로 전북 대리회에 속한 정읍 매계교회 당회장인 최중진 목사는 치리회에 불복하고 스스로 자주 교회를 선언하고 노회를 탈퇴했다. 그러자 정읍, 고창, 부안 지방 일부 교회가 그를 지지하고 나섰다. 최중진 목사는 전라북도 고부 출신으로 전봉준이 이끈 동학농민 운동에 참여했으며, 테이트(L. B. Tate, 최의덕) 선교사의 전도로 삼형제 최중진, 최광진, 최대진이 예수를 믿게 되었다. 최중진은 전라 대리회의 추천으로 평양장로회신학교에 진학했으며, 모든 과정을 마치고 2회 졸업생이 되었다. 이후 정읍 매계교회를 맡으면서 정읍, 고창, 부안 지방의 당회장으로 교회를 이끌어 왔다.

그런데 선교사의 혜택을 받지 못함을 안타깝게 여겼던 그는 전주 선교부에서 사역하고 있던 테이트 선교사에게 자신의 구역에도 미션 스쿨과 병원을 설립해 줄 것을 강력하게 주장했으나 거절당하고 만다. 그러자 매계교회를 비롯한 자신이 관리하고 있는 모든 교회를 자주 교회로 선언하면서 전라북 대리회를 탈퇴한 것이다. 그리하여 제4회 독노회에서 그를 목사직에서 제명했다.

1911년 9월에 제5회 독노회가 대구 남문교회에서 개회되었다. 출석한 회원은 목사 29명, 선교사 46명, 장로 112명(1명은 선교사)이었으나 노회 기간 중 17명이 새로 목사 안수를 받게 되자 목사 회원이 46명이 되었다. 회장에는 레이놀즈(W. D.

Reynolds, 이눌서) 선교사가 독노회 마지막 노회장으로 선임되었다. 1911년 9월 22일에 독노회의 정치부 보고를 받기로 결의하자 독노회로서는 마지막 회기를 맞게 되었다.

> 일곱 노회를 조직할 회장은 평안북은 로세영, 평안남은 주공삼, 황해는 이원민, 경기는 원두우, 전라는 김필수, 경상은 왕길지, 함경도는 부두일〔푸트(W. R. Foote)〕로 한다.[12)]

교인들의 헌신적인 전도운동으로 나라 잃은 백성들이 교회로 모여들자 교회는 활기를 띠기 시작했고, 그동안 지방별 조직이 있던 7개 지방 대리회의 조직을 장로회 정치 조직에 따라 노회로 개편하게 되었다. 제5회 독노회에서 지방 대리회를 지방 노회 조직으로 승격하기로 했다. 이로써 1911년 10월 전라 노회가 최초로 조직되었고 이후 뒤를 이어 전국적인 조직 개편이 단행되었다. 그리고 1912년 2월 20일 함경 노회를 마지막으로 결성함으로 총회 조직이 전국적으로 정비되었다.

이렇게 조직된 노회는 평안북 노회, 평안남 노회, 황해 노회, 함경 노회, 경기충청 노회, 전라 노회, 경상 노회였다. 1912년 9월 7개 노회에서 선출된 총 대원은 목사 96명(선교사 44명, 조선인 목사 52명)과 장로 125명 등 모두 221명이었다. 이들은 평양장로회신학교 강당에 모여 대한예수교장로회 창립 총회를 가졌다. 이날 선출된 초대 총회장으로 언더우드 선교사가 선출되었다. 제1회 총회에서 결의된 안건은 다음과 같다.

> 1. 사회자의 의사봉과 총회 인장은 제조해 사용한다.

2. 미조직 교회에서는 안수집사를 세우지 못한다.
3. 각 노회의 임시 노회 때에는 공고된 안건만 취급한다.
4. 교인의 혼인 연령을 정하되, 여자는 만 15세 이상, 남자는 만 17세 이상으로 한다.
5. 각 교회 학교는 성경 과목을 필수로 한다.
6. 감사일[추수감사절]은 음력 10월 4일로 정한다.
7. 중국 산동성에 선교사 3명을 파송하기로 결의한다.[13)]

이후 총회는 매년 지방을 순회하면서 개최되었다. 제2회 총회는 1913년 9월 7일, 서울 안동교회에서 개최되었으며, 2대 총회장은 호주 장로교 엥겔 선교사가 선임되었다. 1914년 9월 6일, 제3회 총회가 황해도 재령군 남산현교회에서 열렸다. 이때 제3대 총회장은 미국 남장로교 벨 선교사가 선임되었다. 1915년 9월 4일, 제4회 총회가 전라북도 전주 서문교회에서 개최되었으며, 이때 최초로 조선인 김필수 목사가 총회장으로 선임되었다.

3 해외 선교사 파송

선교사 파송 : 제주

대한예수교장로회 독노회 설립 후 최초로 조선인 목사 7명이 배출되자 독노회에서는 같은 조선 땅이지만 기독교를 전혀 접하지 못하고 있던 제주도를 선교 지역으로 삼고 선교사를 파송했다. 1907년 9월 독노회에서 첫 목사 안수를 받은 이기풍 목사를 제주도에 파송하기로 결의했다.

> 1. 제주에 선교사를 보내 전도를 시작한다.
> 2. 제주 선교사는 이기풍 씨로 전도인 한두 사람과 동반해 파송한다.
> 3. 제주 선교사와 전도인의 월급 외에 내방 여비와 가사비, 전도회 인허 특별비는 본 전도국에서 지출한다.[14)]

평양의 이름난 깡패였던 이기풍 목사는 7명의 조선인 목사 가운데 유일하게 제

제주로 파송 받은 이기풍 선교사 가족

이기풍 선교사는 제주에 최초로 유치원을 개원했다. 뒷줄 왼쪽 첫 번째가 이기풍 선교사

주도 선교사로 파송 받은 것에 깊이 감사했다. 그는 동료와 평양 교회 교인의 전송을 받으며 평양을 출발하여 1908년 1월 17일 경성에 도착했다. 경성에 도착한 그는 새문안교회, 승동교회, 연동교회를 순회하면서 집회를 인도하고 같은 해 1월 24일 경성을 떠나 목포에 당도했다. 목포는 미국 남장로교 선교부가 있으며, 이미 목포를 비롯하여 목포 인근 지역에 교회가 설립되어 있었다. 당시 목포 선교부는 프레스턴(J. F. Preston, 변요한) 선교사가 책임을 맡고 있었다. 이기풍 목사는 프레스턴 선교사의 안내를 받으면서 목포 양동교회에서 모이는 연초 사경회와 부흥회를 인도했다.

> 지역 교회[목포 양동교회]는 제주로 가는 국내 선교사 이기풍 목사가 1월에 연 복음적 집회를 통해 크게 새롭게 되었다.[15)]

목포에서 모든 일정을 마친 이기풍 목사는 부인 윤함애 여사와 목포 선교부 선교사들의 전송을 받으면서 1908년 2월 20일 제주행 배에 승선했다. 그리고 평양을 떠난 지 40일 만에 무사히 제주에 도착했다는 소식을 평양에 알렸다. 이기풍 목사는 추자도를 거쳐 제주 산자포(지금의 제주항)에 도착했지만 그를 환영해 주는 사람은 아무도 없었다. 제주는 해외였다. 우선 언어가 통하지 않았으며, 미신 숭배가 극심했다. 더욱이 1901년 신축년에 가톨릭에 반대하여 신축교난(辛丑敎難)을 일으킨 제주도는 특히 기독교에 대한 반감이 높았다. 그러나 다행히 기존 신자인 김재원, 김홍련, 홍순홍 등을 만나 향교골에서 기도회를 갖게 되었다. 이 일을 시작으로 제주에 첫 교회가 설립되었다. 따라서 1908년 제2회 독노회에서는 제주 선교를 돕기 위해 교단에서 〈예수교 회보〉를 발행해 제주 선교에 관한 기사를 실어 알리며 전도인(지금의 전도자)을 지정하여 협력자를 구하고, 여자 전도인을 선정, 여성 전도에 힘을 실어 주었다.

이러한 결과로 김종상 씨를 통신원으로, 김홍련 씨를 전도인으로 지정하여 급여를 지급했다. 또 평양 여전도회 연합회에서 이선광을 전도인으로 선정하고 제주로 파송했으며, 미국 남장로교 선교회에서는 각 지역 선교부에서 윤번제로 조선인을 파송하여 선교에 힘을 보태 주었다. 여기에 광주 선교부에서 사역을 하던 여성 선교사 쉐핑(E. J. Shepping, 서서평)을 파송하여 여성 선교에도 큰 힘을 보태었다. 1912년에 총회가 창설되자, 이를 기념하기 위해서 중국 산동성에 중국인을 섬기기 위해 박태로, 사병순, 김영훈 목사를 파송하기로 했다. 이는 조선 교회의 위상을 세우는 데 큰 몫을 했다.

중국 산동성 선교

> 노회를 시작할 때 제주에 선교사를 보내 신령한 교회를 세워 하나님께 영광을 돌림으로써 우리에게 기쁨이 충만했다. 지금 총회를 시작할 때에도 외국 전도를 시작하되 중국 등지에 선교사를 파송하기를 청원하며……[16]

이러한 결의에 따라 총회는 창립 기념으로 중국 산동성에 선교사를 파송하기 위해 김찬송 목사에게 한 달간 답사를 하게 했으며, 이러한 사실을 중국 교회의 노회에 알렸다. 중국 교회는 산동성에 있는 다섯 개 현을 조선 선교 구역으로 배정해 주었다. 총회는 박태로, 사병순, 김영훈 목사를 선교사로 임명하고, 1913년 9월에 중국 산동성으로 파송했다. 파송되는 선교사는 중국 교회의 다스림을 받게 했고 조선예수교장로회 총회가 개최될 때마다 언권 회원으로 참석토록 했다. 이미 총회에서 선교사로

중국 산동성에 파송된 최초의 조선인 선교사. 왼쪽부터 박태로, 사병순, 김영훈

중국 산동 선교를 개척한 방효원(왼쪽), 홍승한 목사 부부(1917). 1915년에 파송 받은 방효원 목사는 래양현에서, 1917년 파송된 홍승한 목사는 평홍과 즉묵에서 활동했다.

산동 선교에 성공한 선교사들(1932). 뒷줄 왼쪽부터 조선인 목사 이대영, 방효원, 박상순. 앞줄은 중국인 사역자들

방효원 목사의 아들 방지일 목사 중국 선교사 파송 기념. 앞줄에 아기를 안고 있는 이가 방지일 목사

파송 받았던 이들은 1913년 11월 중국 산동성 래양현에 도착하여 중국어를 습득해 선교를 시작했다. 그리고 1916년 4월에 처음으로 중국인 남녀 3명에게 세례를 베풀었다.[17)]

이러한 귀한 역사가 일어났지만 박태로 선교사는 건강이 좋지 않아 가족을 인솔하고 귀국해야 했다. 이후 1917년 4월에는 김영훈, 사병순 선교사가 총회의 허락 없이 선교사직을 사임하고 귀국했다. 이 일로 중국 산동성 선교는 일시 중단되었다. 총회는 1917년 5월에 다시 방효원, 박태로 목사를 중국 산동성 선교사로 파송했다. 그러나 박태로 목사는 건강 문제로 곧 귀국해야 했다. 총회에서는 김병규 조사를 다시 파송했다. 그러나 김병규 조사 역시 귀국하자 다시 홍승한 목사를 파송했다. 이렇게 방효원 목사와 홍승한 목사는 1918년 5월 중국 화북 대회(大會) 산동 노회의 정식회원으로 가입하고, 래양현 주변 30리 지역을 선교 구역으로 배당받았다. 1918년에는 박상순 목사를 선교사로 파송했으며, 여기에 세브란스의학전문학교를 졸업한 의사 김윤식을 선교사로 파송했다. 그는 무보수로 선교 활동을 했으며, 그곳에 계림의원을 설립하면서 많은 중국인을 돌봤다.

1922년에 총회에서는 이대영 목사를 추가로 중국에 파송했으며, 이대영 목사의 재정 지원은 평북 노회 여전도회가 맡았다. 이대영 목사는 이미 활동하고 있던 홍승한 목사와 협력하여 애도(愛道)학교를 설립하는 등 활발하게 활동했다. 1931년에는 조선예수교장로회 여전도회 연합회에서 파송한 김순호 선교사가 합류했으며, 여기에 경북 선산 출신 의사 안중호가 파송을 받으면서 힘을 얻었다. 1933년 5월 12일에는 중국 산동 대회의 허락을 받고 래양 노회를 창설하게 되었다. 조선예수교장로회 제22회 총회 보고서를 살펴보면 놀라운 일을 해냈다.

-

그리어슨 선교사가 운영했던 성진 제동병원 직원

-

성진 제동병원에 모여든 환자

> 1933년에 보고된 산동 선교회의 교세는 세례 교인 1,041명 총 교인 1,324명, 예배당 17개, 예배 처소 30개 등이었다.[18)]

이처럼 활발하게 선교 사역이 이루어지자 1937년에는 방효원 선교사의 아들 방지일 목사가 새로 선교사로 파송을 받았다. 활발히 사역하던 중 1937년 7월 7일 중일전쟁이 발발하자 모든 선교사들은 일시 귀국해야 했다. 그러나 김순호 선교사는 만주 지역으로 선교 지역을 옮겼으며, 박상순 선교사는 총회 결의로 소환되면서 선교사직을 사임했다. 이대영과 방지일 선교사는 중국 청도를 중심으로 계속 사역했다.

북간도와 만주 선교

만주 지역은 지리적으로 방대하여 심양과 단동을 중심으로 한 남만주 지역, 연길, 용정을 중심으로 한 북간도, 길림과 하얼빈을 중심으로 한 북만주 등 셋으로 선교 구역을 나눌 수 있다. 두만강 접경에서 살고 있던 함경도 북쪽 지역 주민들은 한해(旱害)를 만나면 먹을 양식을 구하기 위해 묵은 땅을 개간하려고 두만강을 건너는 일이 자주 일어났다. 또 국내에서 죄를 저지른 사람들이 도피하기 위해 국경을 넘으면서 청나라와 충돌하기 시작했다. 이렇게 되자 두 나라는 국경의 분쟁을 없애기 위해 1712년 길림성 책임자였던 목극등(穆克登)과 조선 대표 예조판서 박권(朴權)이 백두산경계비를 세워 두 나라 사이의 국경을 확정했다. 그러나 이후에도 지역 주민들이 국경을 넘는 일은 계속되었다.

> 오래전부터 만주 일대 특히 간도 지방의 기름진 옥토에 대한 이야기를 들어 왔으며, 다급한 이들의 처지로서는 국법으로 금함을 알았으나 앉

아서 굶어 죽느니보다는 배불리 먹기 위하여 죽는 한이 있더라도 가본다는 생각이 지배적이었다. 따라서 지리적으로 인접해 있고 비교적 교통이 편리한 간도 지방으로의 이주는 꼬리를 물고 일어나고 있었다.[19)]

국경 지대에서 생활하고 있는 함경도 사람들은 두만강을 건너 중국 동북부 지역인 북간도에 이주하여 농토를 일구어 가면서 정착하기 시작했다. 그러다 1905년 일본이 조선의 외교권을 빼앗기 위하여 강제적으로 을사조약(乙巳條約)을 맺었다. 이후 1908년에 일본은 한반도에 있는 모든 토지를 신고하라는 명령을 내렸다. 이때 신고를 한 사람은 자신의 토지를 계속 유지하며 농사 지을 수 있었지만, 그렇지 않은 사람은 토지를 몰수당했다. 몰수한 토지는 동양척식 주식회사에서 관리했다. 이렇게 토지를 빼앗긴 사람들은 매년 북간도로 이주해 그곳에서 농사를 지으며 살았다.

1902년 캐나다 선교회에서는 함경도 성진에 있던 그리어슨(R. Grierson, 구례선) 선교사를 홍순국 조사와 함께 동만주와 북만주 그리고 시베리아 지방에 흩어져 있는 조선인에게 복음을 전하도록 파송했다. 그러나 환경과 언어에 적응하지 못한 채 단 한 사람의 조선인에게도 복음을 전하지 못하고 귀국했다. 1906년 그리어슨 선교사는 홍순국을 대동하고 다시 전도 여행을 떠나 북간도 용정에 교회를 세웠다. 이로써 간도 지방에 선교 거점을 마련하게 되었다.

북간도 용정시교회가 성립되었다. 구례선 선교사가 북만주와 시베리아 등지에 산재한 조선인에게 전도할 목적으로 자기의 부친과 업아력[롭(A. F. Robb)]과 조사 홍순국을 동행해 복음을 전할 때 신주와 타지에서 이곳에 온 신자들이 모두 함께 예배하던 중 영수 이보련이 인도인이

중국 문화혁명 때 헐린 고려문 자리에 1995년 변문진비를 세웠다(위).

중국 요령성 봉황산성에 있는 고려문. 이 문은 동북공정정책으로 문화혁명 때 철거되었다(왼쪽).

만주 봉천 노회 창립(1935. 10. 22.)(왼쪽)

중국 화북 노회 창립(1941. 12.). 화북 노회는 북경, 천진, 제남, 석가장, 태원, 개봉, 신향, 서주, 청도, 상해 지역의 교회로 이루어졌으며, 우리 선교사들은 명에 회원으로 활동했다(오른쪽).

박형룡 박사와 안광국 목사가 중심이 되었던 만주신학교. 제4회 신입 학우 기념

만주신학교 재학생과 교수

간도 용정감리교회 교인들(1937)

> 되어 교회를 설립했다. 이로부터 용정은 전도의 근거지가 되었다. 이후 선교사 구례선, 업아력, 부두일, 매길노, 박걸 등이 윤차(輪次) 순회하면서 교인이 증가해 교회가 점차 성장했다.[20]

캐나다 선교회에서는 그리어슨 선교사가 북간도에 자리를 잡자 이곳에 뿌리를 내리고자 조선인 조사의 협력을 얻어 조선인이 모여 사는 지역에 교회를 설립했다. 그리고 의료 선교사들을 파송해 용정에 병원을 설립하고 동시에 미션 스쿨을 설립하여 인재를 양성하고자 했다. 북간도 선교는 캐나다 선교회의 지원으로 성공적으로 이루어졌다. 압록강과 접경을 이루고 있는 남만주 지역은 자연히 스코틀랜드 선교사 로스(J. Ross)의 역할이 컸다. 그는 매킨타이어(J. MacIntyre, 마륵태) 선교사와 함께 1870년 우장에 자리를 잡고 봉창성 근처에 있는 고려문을 중심으로 조선인에게 복음을 전했다. 이때 이응찬, 백홍준, 이성하, 김진기 등이 예수를 영접했으며, 그 후 서상륜, 서경로 형제가 전도를 받았다. 이들은 세례를 받고 심양으로 이동해 선교했다. 로스 선교사는 이응찬과 서상륜의 도움을 받아 1882년 누가복음을 한글로 출간했다. 남만주 지역 최초의 조선인 교회는 1898년 즙안현에 설립된 이양자교회다. 1900년대에는 이 지역을 미국 북장로교 선교회에서 맡아 1901년에 주상도를, 1903년에 김상년을 전도인으로 파송했다. 이 지역은 평북 노회와 인접해 있어 1909년에는 독노회 평북 대리회 소속인 한경희를 파송했다. 한경희는 1914년에 평북 노회에서 목사 안수를 받고 그해 8월 전도목사로 파송 받았다. 한경희 목사는 1935년 공산당의 습격을 받아 순교했다.

1912년 조선예수교장로회 총회가 조직되면서 이 지역은 평북 노회가 맡아 선교를 담당했다. 이듬해에는 김덕선 목사를 심양에 파송했으며, 1914년에는 계택선 목

심양 국제공항

현재의 서탑교회

심양 서탑교회의 옛 건물

사를 파송했다. 계택선 목사는 심양 서탑교회를 설립하는 데 큰 공을 세우기도 했다. 1917년에는 압록강 바로 건너에 있는 안동현에 차형준을 파송했으며, 계속해서 조덕찬, 홍태주 목사를 차례로 파송했다. 이들의 수고로 1920년 총회는 남만주 지역을 중심으로 산서 노회에서 분립하여 남만 노회를 설립했다. 당시 이곳에는 교회 34개, 기도처 109개, 교인 3,327명, 목사 7명, 장로 14명, 소학교 22개, 성경학교 1개가 있었다. 북만주 지역의 조선인 교회들이 성장해 가자, 1931년 남만 노회에서 북만 노회를 분립하기에 이르렀다. 당시 이곳에는 교회 27개, 교인 1,775명, 목사 4명, 장로 16명, 소학교 5개가 있었다.

1918년에는 평북 노회에서 분립한 의산 노회가 심양 지역의 전도에 힘쓴 결과, 1935년 의산 노회에서 분립하여 봉천 노회가 조직되었다. 1937년 봉천 노회는 하얼빈과 외몽골 지역에 교회를 설립하는 등 활발하게 선교 운동을 전개했다. 그 결과 서탑교회를 중심으로 봉천신학교를 설립하게 되었다. 그리고 1941년 12월에는 만주 이남 지역의 조선인 교회들이 북경교회에 모여 봉천 노회에서 분립하여 화북 노회를 조직했다.

상해 선교

중국 본토의 중심지인 상해에 조선인 교회가 세워지기 시작한 것은 1913년 경성에서 상해로 건너간 최재학 등이 예배를 드린 것이 첫 출발이다. 1914년에 교인들이 모여들자 우호한인(偶扈韓人)교회라 이름을 정했다. 여기에 중국 YMCA 총무 록우드의 협조로 미 해군 YMCA 회관에서 예배를 드렸다. 당시 경성 승동교회 전도사로 사역하던 여운형 전도사가 이 예배에 참석하기 위해 준비 중이었다. 1917년 우호한인교회는 총회에 전도목사 파송을 요청하는 서신을 발송했다. 이것이 계기가 되어

지금의 상해 한인교회

블라디보스토크에 파송된 조선인 선교사들. 뒷줄 오른쪽부터 권승경, 지송암, 손영보, 윤익효.
앞줄 왼쪽이 김홍순 전도인, 오른쪽이 최흥종 선교사 (앞줄 가운데는 미상).

우호한인교회에 전도목사를 파송하기로 결의했다. 하지만 3·1운동으로 인해 파송하지 못하고 만다. 1919년 3·1운동 이후 많은 독립운동가들이 상해로 망명했다. 당시 상해에서 망명 생활을 하던 김병조 목사가 1919년 7월부터 우호한인교회의 예배를 인도하면서 자연히 이 교회의 담임목사가 되었다. 그동안 상해에 있는 교인들이 총회에 전도목사 파송을 요청했지만 계속 미뤄 오다 의산 노회에 이 일을 일임했다. 김병조 목사가 사임하자 송병조 목사가 임시로 설교를 맡았다.

1919년 4월 19일 상해 임시정부가 출범하자 여기에 참여했던 목사들이 윤번제로 설교를 맡으면서 우호한인교회는 독립운동가들의 교회로 이름을 알리게 되었다. 1922년 남경에도 조선인 유학생을 중심으로 남경한인교회가 설립되었다. 그러나 1926년과 1927년에 중국 마오쩌둥 공산군과 장제스 국민당 군인들의 혼란 속에 총회의 전도 사업이 중단되자 장덕로 담임목사는 상해로 떠났고, 남경한인교회는 문을 닫고 말았다.

블라디보스토크 선교

함경도를 떠나 북간도로 이주해 갔던 조선인들은 북간도와 인접해 있는 러시아의 블라디보스토크〔한자식 이름 해삼위(海參威)〕 지역까지 이주해 살고 있었다. 이에 1909년 제3회 독노회에서는 최관흘 목사를 선교사로 임명했다.

> 1. 지금 해삼위 형편은 고국과 이별하고 의지할 곳 없이 외로운 나그네로 불쌍히 죽어 가는 생명이 50만 명이니, 이곳에 선교사 한 사람을 급히 택하여 50만 명을 구원하기를 청원하며
> 2. 해삼위로 선교사를 파송하는 일은 신학사 최관흘 씨를 택정하기를 청

원하며[21]

최관흘 목사는 1909년 6월 평양장로회신학교를 졸업하고 1909년 제3회 독노회에서 목사 안수 청원을 통해 목사 안수를 받고 블라디보스토크 첫 선교사로 파송을 받았다. 그는 1910년 제4회 독노회에서 1년간 선교 지역에서 선교 활동을 했던 사실을 보고했다.

> 해삼위와 슈청과 소왕령과 허바루기와 합이빈〔하얼빈〕 등지에 하나님의 권능과 은혜가 나타남으로 회개하고 예수님의 복음을 믿는 형제가 많아져 교회가 성립되었다.[22]

이러한 보고를 받은 제4회 독노회는 러시아 선교를 위해 930원을, 제주 선교를 위해 720원을 책정했으며, 여기에 블라디보스토크 선교를 위해 조사 한병직을, 그리고 전도사 김영제를 북간도로 파송하기로 결정했다. 그러나 1912년에 이르러 현지의 정치적 · 종교적 상황과 맞물려 어려움을 당하자, 결국 최관흘 선교사는 생명의 위협을 느껴 러시아 정교회로 개종하고 선교사직을 사임했다. 이로써 블라디보스토크 선교는 중단되고 말았다.[23]

일본 선교

1885년 미국 북감리교 선교사 아펜젤러는 경성에 우리나라 최초의 근대식 사립학교 배재학당을 세웠다. 배재학당은 기독교인 양성과 근대 국가의 인재를 배양하는 데 목표를 두고 학생들을 모집, 교육했다. 이후 배재학당을 졸업한 학생들은 공부를

1883년 5월 일본 도쿄에서 모인 일본 기독교 지도자 대회. 앞줄 오른쪽에서 네 번째 이수정, 다섯 번째 농학자 츠다 선생, 둘째 줄 오른쪽 네 번째 니지마, 다섯 번째 우치무라 간조

로게츠쵸 교회에서 세례를 받은 이수정(뒷줄 중앙)

도쿄 시바교회(옛 로게츠쵸 교회)

한국 기독교 선구자 이수정 기념비. 경기도 용인시 총신대학교신학대학원 옆에 복원된 소래교회 안에 있다.

도시샤 대학 설립자 니지마 생가에 있는 이수정의 한시 족자

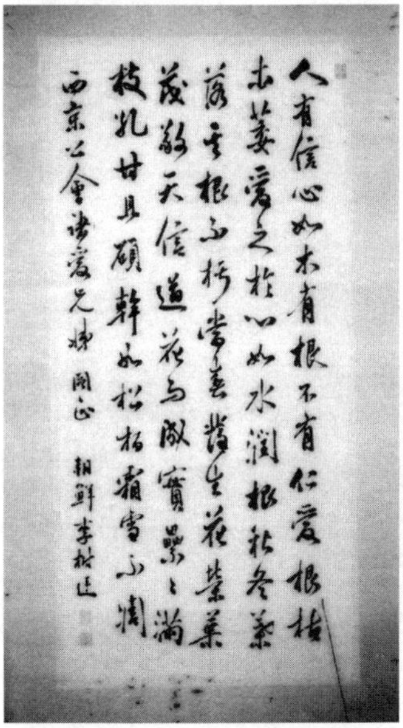

이수정이 지은 한시

"사람에게 하나님을 믿는 마음이 있는 것은 나무에 뿌리가 있는 것과 같고, 사랑함과 측은한 마음이 없으면 그 나무뿌리가 마름과 같도다. / 사랑하는 마음은 물과 같아서 뿌리를 윤택하게 하나니 겨울과 가을에 나뭇잎이 떨어져도 그 뿌리가 마르지 아니하느니라. / 항상 봄과 같아서 싹이 나고 꽃이 만발하여 잎이 무성하도다. /하나님을 공경하고 말씀을 믿으면 꽃이 피고 얽히고설킨 가지마다 열매가 가득하니 그 깊음이 있고 심히 크고 달도다. / 그 몸통은 소나무와 잣나무 같아서 눈과 서리가 가히 시들게 하지 못하느니라. / 서경공회(지금의 도시샤 대학교회) 형제자매들에게 원심 조선 이수정"

하고 싶어도 더 이상 공부할 기관이 없자, 1905년 이후부터 일본 도쿄로 유학하기 시작했다. 1882년 9월에 도일했던 이수정이 일본 도쿄 로게츠쵸 교회(지금의 시바교회)에서 세례를 받은 후 일본 도쿄 YMCA회관에서 관비 유학생을 모아 놓고 성경 공부를 시작했다. 당시 유학생은 30여 명이었는데 그 중 26명이 성경 공부에 참여했다. 이때 김정섭 총무가 조선 YMCA로 파송을 받고 이들과 함께 예배했다. 이 소식을 접한 조선예수교장로회는 제4회 독노회에서 다음과 같이 한석진 목사를 파송하기로 결의했다.

> 한석진이 일본 도쿄에 교회 성립과 신자의 형편, 전도사 청구서를 보고하니, 회중이 전도국에 맡기기로 동의해 가결했다.[24)]

한석진 목사는 이미 평양장로회신학교 1회 졸업생으로 목사 안수를 받고 얼마 동안 미자립 교회에서 목회를 하다가 독노회로부터 일본 선교사로 파송 받았다. 당시 감리교회와 장로교회가 예배를 따로 드렸는데, 독노회에서 감리교회와 장로교회가 함께 예배를 보기로 의결했다.

이후 한석진 목사가 귀국하자 1911년 장감 연합선교회의 결의를 통해 감리교의 주공삼 목사를 파송했다. 다시 주공삼 목사가 귀국하자 그 뒤를 이어 장로교의 임종순 장로를 파송했다. 일본에 있는 도쿄조선인교회가 자리를 잡기 시작하면서 1910년 한일합병으로 많은 조선인들이 도쿄를 비롯해서 관서 지방인 오사카, 고베, 교토 지역에 모여들자 각 지역마다 재일조선인교회가 설립되었다. 그러다 1925년 캐나다 장로교회가 조선 선교를 포기하고 1927년 일본에 일부 정착하면서 재일조선인교회의 선교에 동참했다. 그 중 대표적인 인물이 영(L. L. Young, 영재영) 선교사였다. 캐

임종순 목사 가족과 교회 임직(1911). 뒷줄 왼쪽부터 김낙영, 최승만, 백남훈, 윤청석, 김준연

오기선 목사와 교회 임직(1915). 앞줄 왼쪽부터 최승만, 김낙영, 백남훈, 오기선 목사

일본 교토 유학생 송별 기념(1929. 2. 3.)

나다 장로교 선교회는 함경도와 북간도 지역을 맡아 선교를 해오다가, 1925년 캐나다 장로교 선교회가 캐나다 연합교회에 동참하게 되자 이에 반대한 일부 선교사가 장로교로 남으면서 일본에서 재일조선인 선교를 담당하게 되었다.[25)]

미국과 멕시코 선교

미국은 남북 전쟁을 전후해 하와이의 사탕수수 산업의 중요성을 알게 되었다. 이후 이 산업에 필요한 노동력을 공급하기 위해 아시아에서 노동자를 수입하기 시작했다. 그리고 가장 먼저 중국과 일본, 조선의 노동자를 이주시키기 시작했다. 1902년 조선 정부와 접촉을 시도한 미국은 그해 11월 조선 정부의 허락을 받고 조선인 노동자들을 모집했다. 최초로 모집된 조선인 이민단은 모두 121명이었다. 이민단은 제물포를 떠나 1903년 1월 13일에 하와이에 도착했다. 1905년까지 이민자 수가 7,229명이었다. 이때 하와이 이민은 주로 제물포 지역에 사는 사람들이 많았다. 이 지역은 감리교 선교 구역으로 감리교회 교인들이 많았다. 이중 제물포 내리교회 교인들이 중심이 되어 홍승하 전도사가 이들과 함께 첫 예배를 드린 것이 하와이 선교의 시작이 되었다.

하와이에 이주한 조선인 중 2,000여 명이 다시 미국 본토 캘리포니아로 이주했다. 캘리포니아로 이주한 조선인들은 주로 로스앤젤레스와 샌프란시스코에 거주했다. 당시 평양장로회신학교 교장인 모펫 선교사가 방화중 전도사에게 조선인을 위한 교회를 설립하도록 부탁했다. 이것이 계기가 되어 미국 로스앤젤레스 노회의 협력으로 1906년 5월 10일 18명이 모여 역사적인 나성조선인 연합교회가 탄생했다. 이를 기점으로 1907년 업랜드 장로교회, 1912년 디뉴바 장로교회, 산타나 장로교회, 1913년 롬폭 장로교회, 1919년 리들리 장로교회 등이 차례로 설립되어 이민 1세대들이 열심히 신앙생활을 할 수 있었다. 미국 본토에 한인교회를 설립하는 데 크게 공헌한 방화중 전도사가 1909년 멕시코를 방문하여 한인들을 돌보면서 조선인 선교회가 발족했다.

4 부흥운동과 조선 교회 성장

원산 : 성령운동의 진원지

선교사들은 각 지역에 선교부를 설치하고 선교부 주최로 사경반을 운영했다. 이 사경반을 통해 조선 교회의 부흥운동이 시작되었다. 1893년에는 사경반을 '사경회'라 부르고 교회를 중심으로 남녀 사경회를 실시했다. 강사는 대부분 선교사였다. 사경회는 대개 농한기에 열렸으며 1주일에서 한 달 정도 운영되었다. 여기서 교육을 받은 일반 신도들은 각 교회에 돌아가 자신의 교회 지도자로서 교회 성장에 크게 기여했다. 여자 사경반은 여자 선교사들이 운영했다. 한글을 모르는 신도가 있으면 한글반을 운영하는 등 세심한 배려를 아끼지 않았다. 저녁에는 대중 전도 집회를 열기도 했다. 이러한 사경회와 함께 달(月)성경학교도 운영되었다. 달성경학교는 한 달간 성경을 체계적으로 배우는 성경학교로, 초창기에는 남녀 각각 따로 운영되었다. 달성경학교에 입학하면 성경을 체계적으로 배울 수 있었다. 신도들은 사경회나 달성경학교에 참석하기 위해 50리 밖에서 이불과 음식을 준비해 와서 교회나 교회 근방에 있는 교인의 가정에서 민박하면서 성경 배우기에 열심을 보였다.

1903년 8월 함경남도 원산에서 선교사들은 함께 여름휴가를 보냈다. 당시 중국에서 선교하던 미국 남감리교 소속 화이트(M. C. White) 선교사와 조선 주재 캐나다 장로교 매컬리(L. H. McCully) 선교사가 이 모임에서 뜻하지 않게 기도를 맡게 되었다. 매컬리는 1903년 8월 24일부터 30일까지 한 주간 성경 공부와 기도회를 갖자고 요청했다. 감리교 선교사 하디(R. A. Hardie)는 이 모임에 참가하던 중 자신이 영적으로 성장하지 못했음을 통회 자복했다. 하디는 의료 선교사로 3년 동안 사역했지만 얻은 것이 아무것도 없었다. 그는 이 모임에서 선교 사역의 실패담을 동료 선교사들에게 고스란히 고백했다. 이때 그는 자신에게 신앙이 없었음을 모든 참가자에게 진솔하게 회개하며 용서를 구했다.

> 성령이 내게 오셨을 때 그분의 첫 요구는 대부분 함께 선교 생활을 한 선교사들 앞에서 내 실패와 원인을 시인하는 것이었다. 그것은 고통스럽고 굴욕적인 경험이었다.[26]

그러자 하디의 회개에 놀란 조선인도 함께 눈물을 흘리면서 회개했다. 이 회개를 통해 원산 집회는 성공적으로 마감되었다. 하디 선교사는 1865년 캐나다에서 태어나 1890년 토론토 의과 대학을 졸업하고 그해 조선 선교사로 파송되었다. 그는 함경남도 원산과 강원도 철원 지역을 맡아 선교를 시작했다. 처음에는 원산에서 의료 선교에 종사하다 교회 선교로 전환했다. 1900년 3월 13일 강원도 김화 지경터교회에서 장년 15명에게 세례를 베풀고 교회를 설립하는 등 강원도 북부에서 선교 활동을 전개했다. 그러나 웬일인지 실패만 거듭했다.

나는 지난 3년간 강원도에 처음으로 세워진 지경터교회에서 사역했다. 그러나 선교 사역은 실패했다. 이 실패로 말할 수 없는 불안에 빠졌다. 더 일할 수 없을 만큼 지쳤다.[27)]

하디 선교사는 새로운 은혜와 영력(靈力)을 갈망하는 심정으로 자신의 죄에 대해 용서를 구하며 담대히 간증했다. 이러한 일이 조선 교회 교인들에게 알려졌다. 그러자 교인들은 서로 껴안으면서 그동안 시기하고 질투했던 것은 말할 것도 없고, 거짓말했던 일, 보릿고개 때 빌려다 먹은 식량을 갚지 않은 일, 나아가 지주가 머슴을 학대했던 일까지 회개하는 역사가 일어났다. 이 일로 인하여 1904년 여름, 평양에서 교파 연합으로 기도회가 열렸다. 이때 함경북도 성진에서 사역하던 캐나다 장로교 롭 선교사가 자신의 교만함을 낱낱이 회개하자 현지 교인들이 큰 은혜를 받는 역사가 일어났다. 이듬해에도 이 기도회가 계속되고 경성, 개성 등으로 확산되면서 평양대부흥운동의 시발점이 되었다.

평양대부흥운동

이러한 소식이 곧 선교사들을 통해 조선 교회에 널리 알려졌다. 하디 선교사는 원산에 있는 조선인 신자들과 경성, 인천, 평양, 목포 각 지역에서 초청받아 부흥운동에 참석했다. 1905년 겨울 평양 성경학교에 모인 800여 명의 참가자들은 원산에서 체험했던 부흥운동을 다시 만나게 되었다. 1906년 가을 미국 남감리교 저다인(J. L. Gerdine) 선교사가 목포에서 집회를 인도했다. 이 집회에 참석했던 프레스턴 선교사는 지금까지 받지 못한 새로운 은혜를 받았다며 저다인 선교사를 칭찬했다.

전국적으로 부흥사경회운동이 전개되자 평양에 있는 장대현교회에서도 이 운동에 참여하고자 부흥사경회를 준비했다. 당시 장대현교회에서 교역하고 있던 길선주 장로는 리(G. Lee, 이길함) 선교사와 협의해 성공적인 집회를 이끌기 위해 새벽기도회를 열기로 했다. 9개월 후면 최초로 목사 안수를 받는 일을 앞두고 기도하고 있던 길선주 장로는 분명히 성령이 역사할 것을 믿고 준비했다. 1907년 1월 초 낮 성경공부는 거의 시골에서 올라온 남자로 구성되었는데, 800여 명이 모였다. 밤에 모이는 대중 집회에는 시내에 사는 사람들이 약 1,500명이나 모여들었다.[28)]

이날 강사로 나선 길선주 장로는 광야에서 죄를 회개하라고 외치던 세례 요한의 모습이었으며, 그가 전하는 말에 회중이 통회하는 모습은 사도행전에 기록된 마가의 다락방 같았다. 첫날부터 뜨겁게 시작된 장대현교회 집회는 시간이 흐를수록 성령의 불길이 더욱 뜨겁게 임재했다. 모임이 거의 끝날 무렵, 블레어(W. N. Blair, 방위량) 선교사는 "너희는 그리스도의 몸이요 지체의 각 부분이라"는 말씀으로 메시지를 전했다. 이때 자신들의 사랑이 부족해서 신도와 신도 사이, 외국인과 조선인 사이에 쌓였던 갈등이 일어났다는 블레어 선교사의 고백적인 설교를 들은 회중 사이에서 회개기도가 일기 시작했다. 이날 밤, 외국인과 조선인이, 신도와 신도가 서로 손을 붙잡고 "다 예수 그리스도 안에서는 한 형제요 자매"임을 확인했다. 이 모임은 1월 14일로 이어져 리 선교사가 다시 "나의 아버지여!"라는 말씀을 전했다. 그러자 또다시 회중 사이에서 회개가 일어났다. 이 현장에 있었던 블레어 선교사는 이렇게 기록했다.

> 얼굴이 창백해지고 격정으로 몸을 떨며 몸과 마음의 고뇌 속에서 범죄한 영혼들이 하나님의 심판의 밝은 빛 속에 서 있는 것처럼 그리고 그들은 마치 하나님이 그들을 보고 계신 것처럼 자신들을 비춰 보았다. 그들은 예수를 쳐다보면서 스스로 때리며 통곡하면서 "주여! 주여! 우리를

1907년 1월 평양 장대현교회 대부흥운동을 일으켰던 길선주 장로(앞줄 오른쪽에서 네 번째)와 평양의 교계 지도자들

모펫 선교사 성역 40주년 기념예배(1930, 평양). 모펫 선교사가 일어서서 인사하고 있다.

평양장로회신학교 재학 중인 기호지방 재학생들(1916. 4.)

> 영원히 버리지 마소서"라고 외쳤다.[29]

이날 회중은 성령의 역사를 체험하면서 마지막 날인 1월 15일을 맞이했다. 이날 마지막 설교가 끝난 뒤에도 600 – 700명의 교인들이 자리에 남아 회개 기도를 계속했다. 길선주 장로와 다른 선교사들도 서로 미워했던 일을 고백하고 마룻바닥을 뒹굴며 기도했다. 이 광경을 지켜 보던 회중 역시 자신들의 음란한 생활, 증오했던 일을 낱낱이 고백하면서 장대현교회는 온통 울음바다가 되었다.[30]

이처럼 장대현교회의 부흥사경회를 지켜보았던 블레어 선교사는 훗날 부흥회의 정황을 가리켜 "그때 일은 형용할 수 없는 사건이었다"고 말했다. 당시 기도는 "큰 폭포 소리처럼 들렸으며 바다의 파도 소리가 하나님의 보좌에 부딪쳐 울려 퍼지는 듯했다"며 감격했다. 장대현교회에서 일어났던 성령의 불길은 여신도와 학생에게 번지면서 전국적으로 확산되었다.[31]

> 그레함 리〔이길함〕는 선천으로, 길선주는 의주와 서울로, 헌트〔B. F. Hunt, 한부선〕는 대구로, 스왈렌〔W. L. Swallen, 소안톤〕은 광주로 각각 분담하여 성령운동을 전개해 갔다.[32]

성령의 임재는 교회에서 교회로, 한 선교부에서 다른 선교부로 확산되어 갔다. 그리고 마침내 조선 교회의 교인 모두가 하나님의 놀라운 성령운동을 체험하게 되었다. 1905년 조선 교회의 교세와 1907년에 일어났던 성령운동 이후의 통계를 살펴보면 다음과 같다.

연도(년)	교회 수	전도소	세례 교인	학습 교인	헌금(원)
1905	321	9,761	9,761	30,136	1,352,867
1907	642	1,045	18,964	99,300	5,319,785
증가율(%)	200	222.3	194.2	329.5	393.2

[표 1] 성령운동 전후의 교세 비교(1905–1907)[33)]

이 표는, 조선 교회의 교세가 성령운동을 통해 불과 2년 만에 경이적인 증가를 이루었음을 보여 준다. 이를 통해 신앙 부흥은 내면적 자기 성찰과 고백의 여과를 통해 이루어진다는 것을 확인할 수 있다.

100만 명 구령운동

을사조약 이후 조선 교회의 교인들 사이에 회개운동이 일어났다. 사람들은 교회로 모여들기 시작했다. 또한 평양에서 일어났던 성령운동은 조선 교회로 하여금 망해 가는 나라를 되찾기 위해서는 교세를 확장해야 한다는 주장에 힘을 실어 주었다. 당시 조선에서 활동하던 선교사들에게는 비정치적 활동만 허용되었다. 이것은 미 · 일 협정에 따른 것이었다. 선교가 활발했던 초창기에는 조선 교회와 선교사들이 일심동체가 되어 정치 문제에서 사회 문제에 이르기까지 깊은 관심을 갖고 활동했다. 을사조약 이후 조선 교인들에게는 "십자군을 일으켜 일본을 축출해야 한다"는 견해가 팽배했다. 선교사들의 입장은 점차 달라져 갔다.

그중에서도 비정치적인 입장에 있던 선교사 몇몇은 교회 성장에 힘을 기울였으며, 조선 교회 교인들도 교회 성장만이 애족 애국하는 길임을 인식하고 교회에 힘을 쏟았다. 이들은 너나 할 것 없이 하나님께 소망을 두고 교회로 모였고 이로 인해 성령 운동은 더욱 뜨겁게 번졌다. 1909년 개성에서 활동하던 남감리교 소속 선교사 세 명이 입산기도회를 갖고 조선 교회의 성장을 계속 이어 갈 수 있는 방안을 모색했다. 이들은 1년에 5만 명씩 교인이 증가하면 조선은 곧 복음화되리라는 확신을 갖게 되었다. 그리고 전도 목표는 다시 20만 명으로 바뀌었다. 전도 목표 수가 점점 늘어나게 되어 100만 명을 목표로 전도운동에 힘을 기울였다. 을사조약이 체결되고 이토 히로부미가 경성 남산 입구에 통감부를 설치해 통감으로 부임하면서, 땅과 일자리를 빼앗기고 주권마저도 빼앗긴 백성의 한탄이 땅 끝까지 퍼져 나갔다.

하지만 조선 교회 교인들은 원망만 하고 있을 수는 없었다. 모두 함께 노력해서 100만 명의 신도가 생겨나 새로운 구심점을 형성하면 다시 나라를 찾을 수 있다는 확신을 가졌다. 그래서 교회마다 새로운 출애굽의 역사를 만들자며 전도에 총력을 기울였다. 1910년 9월에 평안북도 선천에서 개회된 제4회 장로회 독노회에서 100만 명 구령(救靈)운동을 결의하고, 각 지방에 있는 7개 대리회로 하여금 실천에 옮기도록 했다. 이때 전국에 산재해 있는 교회는 물론 미션 스쿨의 학생과 교사도 이에 합세했으며, 심지어 주일학교 유년부 아이들도 적극적으로 나섰다.

한일합병이 이루진 지 얼마 안 되어 구령운동이 일어나자 일제는 매우 부담스러워했다. 그들은 조선에서 가장 두려운 집단이 교회임을 이미 파악하고 있었다. 일제가 한일합병을 이루는 데 일본 교회는 조선이 일본에 합병되는 일이 하나님의 뜻이라 여겨 적극적으로 지지했다. 따라서 한일합병 때 일본 교회는 기뻐했다. 그러나 일본의 무교회주의자이며 평화주의자였던 우치무라 간조(內村鑑三)는 조선의 교인이 100만 명이 될 때 조선은 독립할 것이라고 주장했다. 이에 일제는 구령운동에 민감하게 반응했다. 한편 조선 교회도 일제의 갖은 탄압을 이길 수 있는 방법은 신앙심밖에 없음을 알았기에 이 운동에 적극적으로 참여했다. 100만 명 구령운동은 여성들에게 큰 자극이 되어 매년 실시하는 여성 사경회에 엄청난 인원이 참가했다.

연도(년)	1917	1919	1921	1923	1925	1927
회수	739	497	635	612	1,252	1,077
참가인원(명)	40,888	41,838	42,164	45,182	51,870	48,803

[표 2] 여성 사경회 참가 현황(1917–1927)[34)]

당시 조선 교회는 재정적으로 매우 취약해 전도운동에 어려움이 있었지만 스스로 일주일 중 하루는 전도운동에 헌신하겠다는 날연보(Day-Offering)운동이 일어났다. 개인이 자신의 직업상 가장 편리한 때에 인근의 비기독교 지역으로 가서 일정한 기간 동안 보수를 받지 않고 그리스도의 복음을 전하기를 서원하는 것이 바로 '날연보'이다. 이 운동에 참여한 교인이 무려 10만 명이 넘었다 하니, 당시 교인들의 전도열이 얼마나 컸는지 알 수 있다. 이때 노방 전도나 축호 방문 전도를 통해 뿌려진 마가복음서만 70만 권이나 되었다. 이처럼 100만 명 구령운동은 날연보운동과 주일성수운동으로 이어졌다. 당시 기독교인들은 주일성수를 철저히 지켰다. 이것은 그들의 신앙적 열정을 말해 준다. 주일성수의 철저함은 다음 보고서가 잘 입증해 준다.

> 이곳에서 그리스도인이 되기 위해서는 무엇이든 대가를 치러야 한다. 그 한 가지가 주일성수이다. 매 5일마다 전주에서 장이 열리는데 농부, 상인, 공업 종사자, 모든 사람들이 팔 것을 가지고 온다. 매 주일에 장이

100만 명 구령운동에서 간증하는 한 여신도와 청중(평양)

호주 선교사와 조선 전도부인들(1896). 왼쪽에서 세 번째 여인이 김경석 장로의 할머니 김유실

부산 경남여자성경학교는 여선교사들이 지도했다. 가운뎃줄 왼쪽 세 번째부터 멘지스, 니븐, 숄스, 켈리 선교사

선다. 하루를 장사하거나 거래하지 않고 성스럽게 주일을 지키는 것은 수입의 7분의 1을 포기하고, 이웃의 조소와 조롱을 감내해야 할 뿐만 아니라 재정상의 큰 손실도 감수하는 것을 의미한다.[35)]

전도부인 배출

조선에 파송되었던 여성 선교사들의 활동은 조선의 여성 인권 향상에 크게 기여했을 뿐만 아니라 많은 여성 지도자들을 배출하기도 했다. 여자성경학교는 1897년 농한기를 이용하여 한 달간 선교부가 실시했으며, 5년 동안 이 과정을 이수해야 수료할 수 있었다. 여기에 힘을 얻은 각 선교부에서는 1907년 안수 받지 않는 여성 지도자를 전도부인(지금의 여자 전도사)이라 하여 각 교회에서 활동하게 했다. 최초의 전도부인은 48명이었다. 그 후 해마다 증가하여 1914년에는 163명이나 되었다. 이처럼 수가 증가하게 된 이유는 교회마다 여성 신도가 많이 모여 들었기 때문이기도 하지만, 여성을 위한 사경회 역할도 컸다. 이들의 활동으로 조선 교회가 성장하자 지역마다 여자성경학교가 문을 열게 되었다. 1912년 대구 여자성경학교를 비롯해서 평북 정주, 함남 함흥, 경북 안동에 설립되었다. 또한 1914년 황해도 재령, 1923년 전북 전주, 1924년 전남 광주 등지에서 교육을 실시하자 매년 전도부인이 늘었다. 이처럼 각 지역에 여자성경학교가 설립되자 많은 농촌 여성들이 교회로 진출하면서 여성운동이 활기를 띠게 되었다. 이들의 수고로 매년 유년주일학교, 여전도회 등을 통한 여성의 활동 영역이 점차 넓어졌다.

미국 남장로교에서 파송한 쉐핑 선교사는 뉴욕 성경학교를 졸업하고 1912년에 간호 선교사로 파송 받아 광주에서 활동했다. 그러다 아내가 아들을 낳지 못하면 첩을 두어 본처를 핍박해 결국 쫓아내는 광경을 목격하게 되었다. 쉐핑 선교사는 이런

-

광주 이일학교 보통과 제3회 및 성경과 제7회 졸업 기념(1933. 3.)

-

쉐핑 간호 선교사

-

쉐핑 선교사 선교 20주년 기념식

-

광주 지방 조력회 회원들. 가운뎃줄 오른쪽에서 네 번째가 쉐핑 선교사

-

목포 달성경학교 졸업생.
앞줄 왼쪽 첫 번째 나옥매 전도사는 영암 상월교회에서 한국전쟁 때 순교했다.

부산 경남여자성경학교 제3회 졸업생 수양 기념(1927). 원 안은 고성애 순회전도사

경남여자성경학교 졸업 기념(1926). 전유실의 자부 고성애(오른쪽 동그라미)와 교사 매부인(왼쪽 동그라미). 앞줄에 스코트, 알렉산더, 레잉, 테이트 선교사가 있다.

농촌 교회에서 사역한 여교역자들(1959)

여성을 모아 한글과 성경을 가르쳤다. 또한 사회적으로 소외당하는 과부들을 자신의 집에 불러들여 베 짜는 법을 가르쳤다. 또한 이처럼 소외된 농촌 여성들을 한곳에 모아 교육하기 위해 1922년에 간이(簡易)양성학교를 설립했다. 마침 친구 닐(L. Neel)에게 이 사실을 알리자 교사 신축기금을 헌금해 주었다. 1926년에 학교가 완공되자 기부한 친구의 이름을 따 이일(李 一)성경학교(지금의 한일장신대)로 개칭했다. 전교생 모두 기숙사 생활을 할 수 있었고 보통과, 성경과, 기술과 세 과를 두어 무학자는 보통과에 그리고 보통과를 졸업한 학생은 성경과 또는 기술과에서 3년간 교육을 받았다. 교육을 받은 이들은 전도부인으로 농촌에 베 짜는 법, 누에 치는 법 등을 가르쳤다. 이 일로 광주 이일학교는 소외받는 농촌 여성들의 천국이 되었다.

이처럼 조선의 소외받는 여성들을 섬긴 쉐핑 선교사는 1934년 6월 만성 풍토병과 영양실조로 사망했다. 그녀가 남긴 것은 강냉이 가루 2홉, 담요 반 장, 동전 7전뿐이었다. 이것이 그녀가 22년간 조선을 섬기면서 지닌 소유 전부였다. 그녀는 자신의 시신마저 의학 연구용으로 기증했다. 그녀가 사망했다는 소식을 들은 광주 시민, 전남 지역 여전도회 회원들이 모여 광주 시민장으로 고별식을 거행하고 광주 양림동산에 시신을 안장했다.[36)]

연도(년)	1918	1919	1920	1921	1922	1923
성경학교 수(개)	31	29	30	29	31	30
학생 수(명)	1,614	1,281	1,154	2,128	2,412	2,576

[표 3] 여자성경학교 통계 현황(1918-1923)[37)]

2

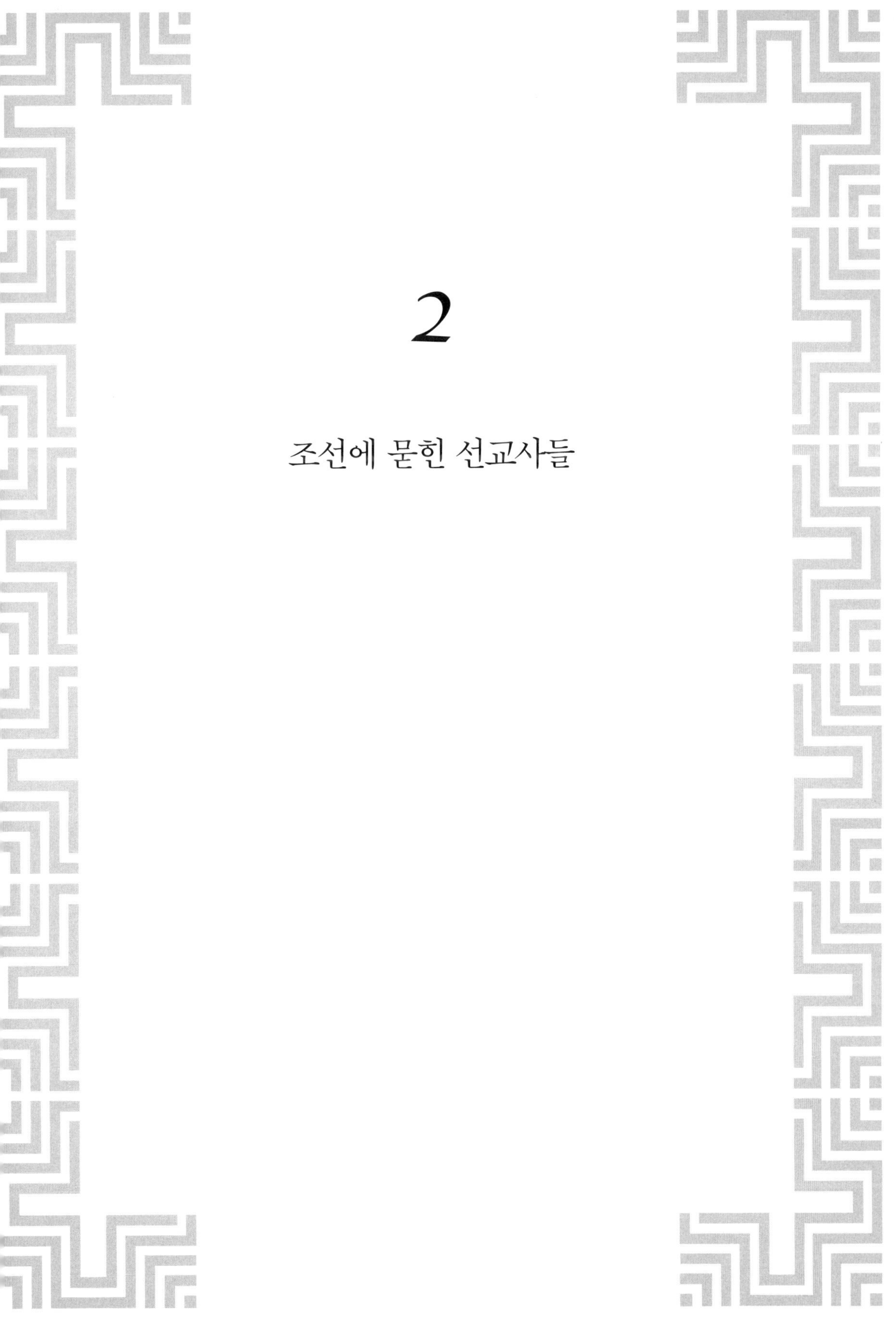

조선에 묻힌 선교사들

1 지역별 선교사 묘역

양화진 외국인 선교사 묘원

양화진 외국인 선교사 묘원은 서울 마포구 합정동에 있으며, 이곳에 안장된 선교사의 묘는 모두 167기(선교사 109기, 가족 58기)이다. 여기에 안장된 선교사들은 대체로 풍토병에 희생되었다.

1 한국 선교의 첫 지원자 헤론 선교사

1885년 6월 21일, 미국 북장로교 의료 선교사 헤론 부부가 제물포에 도착했다. 헤론 선교사는 앨런 선교사의 후임으로 광혜원 원장으로 취임해 사역했다. 1890년 7월, 여름휴가 차 남한산성에서 휴가를 보내던 중 서울 광혜원(당시 제중원)에 긴급한 환자가 있어 진료해야 한다는 소식을 접하고 한밤중에 광혜원으로 왔지만, 과로로 허약해져 있어 자신은 치료받지 못하고 세상을 떠나고 말았다. 조선에 온 지 5년 만인 1890년 7월 26일, 32세의 젊은 나이에 하나님의 부르심을 받은 것이다. 시신은 당시 무더운 여름인지라 제물포 외국인 묘지에 안장하지 못하고 경성 정동에 임시로 안장했다. 이 사실을 안 경성 양반들이 강력히 항의하자, 언더우드와 아펜젤러 선교사가 고종에게 이 사실을 알렸다. 그리고 고종의 허락으로 당시 경성 사대문 밖에 있는 양화진에 묘지로 쓸 수 있는 장소를 확보해 그의 시신을 안장했다. 이후 양화진은 외국인 선교사들의 마지막 안식처가 되었다.

2 기퍼드 선교사 부부

1888년 10월 27일, 미국 북장로교 기퍼드(D. L. Gifford, 기포) 선교사가 경성에 도착했다. 그는 1890년 정동여학당 학당장 메리(M. Hayden)와 결혼했다. 당시 부부는 일생을 조선 선교사로서 살기로 굳게 약속했다. 기퍼드 선교사는 1892년 우리나라 최초의 근대식 공립 교육기관 육영공원에서 교사로 활동했으며, 조선성교서회 창립위원으로 일했다. 부인 메리는 1895년 54곡의 찬송가집을 우리나라 최초로 발간했다. 이 찬송가집은 장로회 선교부로부터 최초의 공인 찬송가집으로 채택되어 장로교단 모두가 사용했다. 그러다 1900년 선교 여행 중이던 기퍼드 선교사가 이질에 걸려 삶을 마감했다. 이에 충격을 받은 메리 역시 남편의 뒤를 이어 그해 5월 5일 삶을 마감했다.

3 로티 벨 선교사

로티(L. I. Witherspoon) 선교사는 1867년 미국 켄터키 주에서 신학대학장의 딸로 태어났다. 1884년 벨 선교사와 결혼한 그녀는 1893년에 미국 남장로교 선교사로 임명되었다. 1895년 남편과 함께 조선 선교사로 파송 받아 경성에 도착했다. 얼마 동안 경성에서 활동하다가 1897년 3월에 목포 양동교회를 설립했다. 남편은 지역 전도와 선교회 활동으로 집을 비우는 경우가 많았다. 혼자서 두 아이의 양육을 담당하면서 마을 소녀를 대상으로 가정학교를 시작한 그녀는 자신이 있어야 할 곳이 여기임을 늘 잊지 않고 사역을 해나갔다. 그러다 1901년 4월 12일, 전도 여행 중이던 그녀는 갑작스레 사망하고 말았다. 이때 남편은 전주에서 전도 중이었다. 그녀의 사망 소식을 접한 언더우드 선교사의 집례로 장례를 치른 후 양화진에 안장했다.

4 언더우드 선교사 가족

1885년 4월 5일 언더우드(H. G. Underwood, 원두우) 선교사는 아펜젤러 선교사와 함께 제물포에 당도했다. 이듬해인 1886년 정동 자신의 집에 예수학당(지금의 경신중고등학교)을 개설했다. 그리고 1887년 9월 자신의 사랑채에서 14명을 모아 놓고 최초의 정동교회(지금의 새문안교회)를 설립했다. 1890년 경성 정동에서 아들 호튼(H. H. Underwood, 원한경)이 태어났다. 호튼은 미국 북장로교 선교회에서 파송받아 1912년 9월에 내한했다. 언더우드 선교사는 1915년 연희전문학교를 설립했다. 아들 호튼이 그해 연희전문학교 교수로 활동했다. 이듬해인 1916년 10월 언더우드 선교사는 미국에서 별세했다. 이후 1999년 5월 유해를 양화진에 이장했다.

아들 호튼은 1926년 연희전문학교 부교장으로 취임했다. 1941년 5월에 일본으로부터 강제 추방되어 귀국했으며, 태평양 전쟁이 일어나자 군에 입대해 미국 극동사령부 전략국에서 활동했다. 일제가 패망하자 1945년 9월에는 통역관으로 촉탁받아 내한했다. 1946년 6월에는 연희전문학교를 종합대학으로 승격하는 데 일조해 명예총장이 되었다. 그러다 1949년 3월, 아내 에델(E. V. Underwood)이 좌익 학생에게 피살당했다. 그리고 1951년에는 호튼이 과로로 사망했다. 두 사람 모두 양화진에 안장되었다.

헤론 선교사

기퍼드 선교사

메리 헤이든 기퍼드 선교사

언더우드 선교사

로티 벨 선교사

무어 선교사 가족

언더우드 3세(H. G. Underwood, 원일한)는 호튼의 장남으로 1917년 서울에서 태어났다. 그 역시 1939년 미국 북장로교 선교회로부터 교육 담당 선교사로 파송 받아 연세대학교에서 교수로 봉사했다. 2004년에 삶을 마감한 그도 양화진에 안장되었다. 언더우드 3세의 동생 존(J. T. Underwood, 원요한) 역시 1994년 삶을 마감하고 양화진에 안장되었다.

5 천민의 벗 무어 선교사

1892년 9월 19일, 미국 북장로교 선교사 무어(S. F. Moore, 모삼열)가 제물포에 도착했다. 그는 백정들이 모여 살던 곤당골(을지로 입구, 지금의 롯데호텔)에 자리를 잡고 백정들을 상대로 전도해 1893년 6월, 16명이 모여 곤당골교회를 설립했다. 1905년 종로구 인사동으로 교회를 옮겨 양반과 천민이 함께 승리하는 교회가 되어야 한다면서 승동교회라고 개명했다. 1906년 12월 장티푸스에 걸려 46세의 젊은 나이에 하나님의 부르심을 받았다.

6 세브란스 병원 설립자 에비슨 선교사

에비슨(O. R. Avison, 어부신) 선교사는 영국에서 태어났다. 1884년 토론토 대학 약학부를 졸업한 뒤 다시 의학을 공부해 1890년 의사로서 지역사회 주민을 섬겼다. 1893년 미국 북장로교에서 의료 선교사로 조선에 파송을 받은 그는 제중원에서 사역했다. 그리고 1900년 미국 뉴욕에서 개최된 세계선교대회에 참가해 조선 선교에 관해 보고했는데, 이 자리에 참석한 루이스 세브란스라는 자선가가 그 자리에서 만 달러를 희사하겠다고 나섰다. 여기에 자신감을 얻은 에비슨은 곧 조선에 돌아와 남대문에 부지를 매입하고 병원을 신축했다. 1904년에는 제중원을 세브란스 병원이라 개칭하고, 원장으로 취임했다. 이후 1935년에 은퇴한 뒤 본국으로 귀국하여 1956년 96세로 삶을 마감했다. 그 후 조선 의료 선교사로 사역한 아들 에비슨 2세가 유언에 따라 양화진에 안장되면서 옆에 에비슨 선교사 기념비가 세워졌다.

7 정신여학교 설립자 엘러스와 벙커 선교사

엘러스(A. J. Ellers, 방거 부인) 선교사는 미국 북장로교 의료 선교사로 파송을 받아 1886년에 내한했다. 그녀는 벙커(D. A. Bunker, 방거) 선교사와 함께 조선 조정에서 운영하는 육영공원에서 교사로 사역하다가, 앨런 선교사가 책임자로 있는 광혜원에서 여성을 치료하는 의사로 활동했다. 1887년 6월 정동에 있는 여자 고아를 모아 정동여학당을 설립했다. 이후 종로 5가로 이전하면서 정신여학교로 개명했다. 이후 그녀는 벙커 선교사와 결혼했다. 벙커 선교사는 1932년에 사망했으며, 1938년에 그녀도 경성에서 사망하여 남편과 함께 양화진에 묻혔다.

8 조선 Y. Man으로 통하는 브로크만 선교사

조선에서 YMCA 운동을 할 수 있도록 기초를 놓은 사람 가운데 브로크만(F. M. Brockman, 파락만) 선교사가 있다. 1905년 11월 을사조약이 맺어지던 해에 내한한 그는, 나라를 빼앗긴 청소년들에게 희망과 꿈을 심어 주고자 YMCA 운동에 헌신하기로 결심하고 이 운동에 적극 참여했다. 1927년에 귀국한 그는 2년 뒤인 1929년 삶을 마감했다. 그가 남긴 유언을 따라 시신은 양화진에 안장되었다. 비석에는 “24년간 조선인의 증언, 일꾼, 평화의 사도, 조선인의 친구, 프랭크 M. 브로크만의 무덤”이라고 새겨져 있다.

양화진 외국인 선교사 묘원

한국기독교선교100주년기념교회와
양화진 홍보관

에비슨 선교사

엘러스 선교사

브로크만 선교사

베어드 선교사

빈턴 선교사

헐버트 선교사

9 숭실학당 설립자 베어드 선교사

베어드(W. M. Baird, 배위량) 선교사는 1897년 평양을 선교지로 배정받았다. 이곳에 안착한 후 그해 10월 숭실학당을 설립했으며, 1906년에는 장로교와 감리교가 연합하여 협성숭실대학(Union Christian College)을 설립했다. 이 와중에 불행히도 사랑하는 아내 애니(A. A. Baird, 안애리)를 잃은 그는 아내의 시신을 자신의 손으로 평양 외국인 묘지에 안장했다. 그리고 그 역시 1931년 11월 29일 장티푸스를 앓다가 하나님의 부르심을 받았다. 그의 시신은 평양 숭실대 구내에 안장했다. 하지만 1950년 발발한 한국전쟁으로 미 공군의 습격을 받은 평양은 폐허가 되었고 그의 시신도 사라지고 말았다. 서울에 재건된 숭실대학교는 그의 공적을 기념하기 위해 양화진에 기념비를 세웠다.

10 빈턴 선교사 가족

빈턴(C. C. Vinton, 빈돈) 선교사는 의과대학을 졸업하고 1891년에 레티샤(L. Coulter)와 결혼했다. 그리고 미국 북장로교 선교회의 파송으로 조선에 왔다. 당시 제중원에서 원장으로 사역했던 헤론 선교사가 사망하자 헤론의 후임으로 제중원 원장으로 활동했다. 그는 경성에서 세 아들을 잃었는데, 이후 그도 병을 앓았다. 1903년 12월 4일, 추운 겨울에 30세의 아내를 잃는 아픔을 겪었다. 그는 세 아들이 잠들어 있는 양화진에 아내의 시신을 함께 안장했다. 1908년에 본국으로 돌아간 그는 1936년 뉴욕에서 삶을 마감했다.

11 정부 초청으로 내한한 헐버트 선교사

헐버트(H. B. Hulbert) 선교사의 묘비에는 “나는 웨스트민스터 성당보다 한국 땅에 묻기를 원하노라"라는 글이 있다. 헐버트는 다트머스 대학을 졸업한 뒤 선교 사역에 뜻을 두고 뉴욕신학교에 진학해 목사 후보생으로 수업을 받았다. 1886년 조선 정부의 초청을 받아 경성에 도착한 그는 국립 육영공원 교사로 활동했다. 1893년 미국 감리교에서 목사 안수를 받은 후 감리교 선교사로 파송을 받아 다시 조선에 들어왔다. 그러나 미국 정부의 강제 소환으로 1905년에 귀국했다. 1945년 해방을 맞이한 뒤인 1949년 한국 정부의 초청으로 서울에 도착했지만 여독으로 그해 8월 11일 별세했다. 양화진에 안장된 그의 묘비에는 사후 50주기를 맞이하여 김대중 대통령이 "헐버트의 묘"라는 글을 써서 새겼다.

12 클라크 선교사 가족

곽안련(C. A. Clark) 선교사와 곽안전(A. D. Clark) 선교사 부자(父子)는 한국 개신교사에 큰 획을 그은 인물들이다. 곽안련 곧 클라크 선교사는 두 자녀를 양화진에 묻는 슬픔을 평생 마음 깊이 간직해야 했다. 그렇기에 남다른 애정을 가지고 조선 선교에 기여할 수 있었는지도 모른다. 1878년 미국에서 태어난 그는 미국 북장로교 선교사로 파송을 받아 1902년 9월 22일 아내 마벨(M. C. Clark)과 내한했다.

1903년 4월 3일 첫 아들을 낳지만 홍역으로 사망했으며, 1905년 4월 6일에는 둘째 아들이 소화기 질환으로 사망했다. 이후 승동교회에 시무 중이던 1908년에 셋째 아들 앨런(A. D. Clark, 곽안전)을 낳았다. 앨런은 미국 미네소타 대학과 프린스턴 신학교를 졸업하고 1933년 미국 북장로교 선교사로 파송을 받아 아내 유지니아(E. R. Clark)와 내한했다. 그는 1941년까지 조선에서 활동했으나 부친과 함께 추방당하여 귀국했다. 클라크 선교사의 딸 캐서린(K. E. Clark, 곽가전)은 1919년 경성에서 태어났으며, 1968년에 홍경선과 결혼해 안동, 대구에서 선교 사역을 벌였다. 그녀는

2002년에 한국에서 생을 마쳤다.

클라크 선교사는 1961년 83세의 나이로 삶을 마감했으며, 아들 앨런은 1953년 11월에 입국하여 다시 청주 선교부에서 근무하면서 지역 교회를 돌보다가 1954년 상경하여 피어선 기념성경학원(지금의 평택대학교) 교장으로 재직했다. 1973년에 정년 퇴직한 뒤 귀국해 1990년 미국에서 삶을 마감했다. 주한 미국 장로교선교회는 이들을 기념하기 위해 클라크 선교사의 두 자녀가 묻혀 있는 양화진에 곽안련 부부, 곽안전 부부, 곽가전의 기념비를 세웠다.

13 평양장로회신학교 2대 교장 로버츠 선교사 부부

로버츠(S. L. Roberts, 나부열) 선교사는 미국 펜실베니아에서 태어났다. 1904년 라피에르 대학 문과와 프린스턴 신학교를 졸업했다. 그는 아내 에블린(E. M. Roberts)과 함께 선교사로 지원했다. 이들 부부는 평안북도 선천 선교부에 부임했다. 1924년 평양장로회신학교 제2대 교장으로 취임했으나 총회가 신사참배를 결의하자 곧 신학교를 폐교했다. 그는 1946년에, 부인은 1996년에 미국에서 생을 마감했다. 이들 부부가 조선 장로교회 성장에 미친 지대한 공을 기념해 곽안련 선교사 가족과 함께 양화진에 기념비를 세웠다.

14 레이놀즈 선교사 자녀

미국 남장로교 선교사 레이놀즈(W. D. Reynolds, 이눌서)는 두 자녀를 낳았다. 1893년 장남 윌리엄이 태어났지만 그해 세상을 떠났다. 1894년에는 차남 존(J. B. Reynolds,이보린)이 경성에서 태어났다. 그는 1920년 교육 선교사로 입국했다. 광주 숭일학교에서 직업 교육을 시키는 등 광주의 젊은 청소년들에게 꿈과 이상을 심어 주었다. 존은 운동, 성악 등 다재다능한 특기가 있었다. 1930년 귀국하여 1970년 3월 20일 미국에서 삶을 마감했으며, 그의 유언에 따라 시신은 양화진에 안장되었다.

15 릴리언 앤더슨 선교사

릴리언(L. Beede)은 1892년 8월 15일 미국 네브래스카 주 세든에서 태어났다. 1917년 캘리포니아 대학에서 석사학위를 취득한 그녀는 1917년 미국 북장로교 선교회의 추천으로 남편 앤더슨(W. J. Anderson, 안대선)과 함께 내한했다. 남편 앤더슨 선교사는 조선 교회에 기독청년면려회를 조직하여 헌신 예배와 금주, 금연 등 절제운동을 주도했다. 릴리언은 안동과 경성에서 남편과 함께 전도, 교육, 계몽 사업에 전념했다. 그리고 피어선 기념성경학원에서 여성을 중심으로 성경을 가르치기도 했다. 그렇게 열심히 일하던 그녀가 1934년 추수감사절을 지나 갑자기 삶을 마감했다. 세 자녀를 남기고 간 그녀의 묘비에는 "그가 오실 때까지(Till He Comes)"라고 쓰여 있다.

16 밀러 선교사 가족

밀러(E. H. Miller) 선교사는 일찍이 사별하고 미국 북장로교 선교사로 파송을 받았다. 1901년 아들 에드워드(Edward H. Miller, 밀의두)와 함께 조선에 도착했다. 그녀는 한때 연희전문학교에서 성경과 영어를 가르치기도 했다. 조선에 도착했을 때 이미 환갑의 나이였지만 1919년 79세로 생을 마감하기까지 선교의 열정은 대단했다.

17 피터스 선교사 가족

피터스(A. A. Pieters) 선교사는 1871년 12월 30일 러시아에서 태어난 유대인이다. 그는 1895년 4월 정교에서 개종하고 일본 주재 미국 선교사에게 세례를 받았

클라크 선교사

로버츠 선교사

레이놀즈 선교사

릴리언 앤더슨 선교사 묘비

에바 피터스 선교사 묘비

밀러 선교사 가족 묘비(왼쪽)

엘리자베스 피터스 선교사 묘비

다. 신학교를 졸업하고 목사 안수를 받은 후 1904년에는 미국 북장로교 소속 선교사로 내한했다. 1913년에는 황해도 재령, 평안북도 선천에서 선교 사역을 감당하면서 성서 번역에 열정을 쏟았다. 불행히도 부인 엘리자베스(E. C. Pieters)는 1906년 결핵을 앓아 34세의 나이로 삶을 마감했다. 시신은 양화진에 안장되었다. 그는 1908년에 에바(E. Field)와 결혼했다. 1932년 그녀는 암으로 별세했다. 피터스 선교사는 그녀의 시신을 양화진에 안장하고 비석에 "예수 안에 잠드소서(Asleep in Jesus)"라고 새겨 넣었다.

18 청소년성경구락부 창설자 킨슬러 선교사 부부

킨슬러(F. Kinsler, 권세열) 선교사는 필라델피아에서 태어났으며, 미국 북장로교 선교회의 파송을 받고 내한했다. 평양 선교부에서 1921년 13명의 어린아이들을 모아 성경구락부를 시작했다. 이후 아이들은 순식간에 150여 명으로 늘어났다. 그는 1930년 9월에 내한해 평양 선교부에서 활동하던 도로시(D, Woodruff, 권도희)와 결혼했다. 이후 킨슬러 선교사 부부는 1940년 조선을 떠났다가 1948년 함께 내한하여 성경구락부를 재건했다. 여기 등록한 학생이 7만여 명이나 되었다. 정년퇴직하고 귀국하여 생을 마감했으며, 이후 그를 통해 장학금을 받아 목사가 된 여러 제자들이 뜻을 모아 2001년 양화진에 기념비를 세웠다.

19 아펜젤러 선교사 가족

아펜젤러 선교사는 목사 안수를 받고 엘라(E. J. Dodge)와 결혼했다. 1885년 4월 5일 부활절에 제물포에 닻을 내렸다. 그러나 아펜젤러 부부는 다시 일본으로 돌아갔다. 그 후 다시 내한해 6월 8일 정동에 자리를 잡고 배재학당을 설립했다. 배재학당은 우리나라 근대 교육의 효시가 됐다. 1887년 10월에는 정동감리교회를 설립했다. 1902년 6월 11일 목포에서 모이는 성서번역위원회에 참석하기 위해 제물포에서 배를 타고 목포로 향하던 중 군산 앞바다 근해에서 다른 배와 충돌하자 자신의 조사 조성규와 정신여학교 여학생이 보이지 않자 그들을 구하기 위해 배 밑창으로 내려갔다가 다시 나오지 못했다. 그가 늘 외치던 성경 구절 "사람이 친구를 위하여 자기 목숨을 버리면 이보다 더 큰 사랑이 없나니"라는 말을 실천하다 하나님 곁으로 간 것이다. 배재학당 동창들이 양화진에 그의 추모비를 세웠다.

아펜젤러 선교사의 딸 엘리스(A. R. Appenzeller)는 조선에서 태어나 미국 웨슬리 대학을 졸업하고 1915년 감리교 선교사로 내한해 조선 여성 교육에 헌신했다. 1925년 4월에는 이화학당 대학부를 이화여자전문학교로 승격시키고 초대 교장이 되었다. 1940년 일제의 추방령으로 일시 귀국했다가 해방 후 다시 내한해 1946년 이화여자대학 명예총장으로 추대되었다. 1950년 2월 20일 삶을 마감했다. 시신은 양화진에 안장되었다.

아펜젤러 선교사의 장남 헨리(H. D. Appenzeller)는 1889년 경성에서 태어났다. 1917년 목사 안수를 받은 후 1918년 선교사로 내한한 그는, 정동에 머물면서 감리교 선교사 노블의 딸 루스(R. Noble)와 결혼했다. 그리고 1920년 배재학당 제4대 학당장으로 취임했다. 일제의 추방령으로 일시 귀국했다가 1948년에 돌아왔다. 1952년에 은퇴하고 귀국했다가 1953년 12월에 생을 마감했다. 그의 유언에 따라 1954년 10월 18일 양화진에 안장했다.

20 스크랜턴 선교사 가족

이화학당 설립자 메리 스크랜턴(M. F. B. Scranton) 대부인은 아들 윌리엄 스크랜턴(W. B. Scranton, 시란돈) 선교사 부부와 함께 경성에서 선교 활동을 했다. 의사였던 윌리엄이 목사 안수를 받아 부부가 미국 감리교 선교사로 파송을 받아 조선에 가게 되자, 스크랜턴 대부인은 53세의 나이임에도 "조선 여성들에게 할 일이 있다"며 아들을 따라왔다. 1886년 5월 그녀는 여자 고아 한 명을 자신의 방에서 교육시켰는데 이것이 이화학당의 효시가 되었다. 이후 1910년에 대학과를 신설했으며, 여성 교육에 헌신하다 1909년 10월 8일 77세로 삶을 마감했다. 1986년 5월 이화의 식구들이 양화진에 기념비를 세웠다.

21 제임스 홀 선교사 가족

제임스 홀(H. W. James Hall, 허울) 의료 선교사는 미국 감리교 선교사로서 캐나다 온타리오 주에서 태어났다. 그는 뉴욕 퀸즈 대학 의학부를 졸업하고 1891년 조선 선교사로 내한했으며, 1892년 평양 선교부를 개척했다. 부부가 의사였기에 평양 기독병원과 평양 광성학교(지금의 서울 광성중고등학교)를 설립했다. 청일 전쟁이 발발하자 평양에서도 치열한 전투가 벌어졌다. 이로 인해 수많은 부상병들이 생겨났다. 이때 제임스 홀 부부는 일본 군인이나 청나라 군인을 똑같이 치료해 주었다. 이 무렵 평양에는 말라리아가 확산되어 시민들의 신음 소리가 평양 시내에 가득 퍼졌다. 말라리아 환자 진료에 열중하던 제임스 홀도 결국 말라리아에 걸려 경성으로 이송되어 아내 로제타(R. S. Hall, 허울 부인)의 극진한 간호를 받았지만 사망했다.

로제타는 미국 뉴욕 설리반카운티에서 태어났다. 제임스 홀과 함께 1890년 8월 미국을 떠나 10월 제물포에 당도했다. 그리고 1891년 12월 경성에 도착했다. 1894년 12월 두 살 난 아들 셔우드(S. Hall)를 데리고 본국에 돌아갔다가, 조선에서 헌신하고자 1897년 11월에 내한했다. 이후 남편이 설립한 평양기독병원을 평양 홀 기념병원(Hall Memorial Hospital)으로 개명하고 다시 문을 열었다. 그녀는 보구여관의 후신인 동대문부인병원의 의사 겸 약제사로 활동했다. 이때부터 그녀는 조선 여성을 모아 의학을 가르쳐야겠다는 비전을 품고 기도하기 시작했다. 1928년에는 경성여자의학전문학교(지금의 고대 의대병원)로 인가를 받아 여성 의사를 양성했다. 1943년에 은퇴하고 여생을 보내다가 1951년 4월 5일 하나님의 부름을 받았다.

제임스 홀 선교사의 장남 셔우드는 1893년 경성에서 태어났다. 토론토 의과대학에 진학한 그는 미국에서 메리언(M. Bottomly)과 결혼한 후 1926년 4월 19일 내한했다. 그는 해주 구세병원(지금의 노튼기념병원)에 부임했다. 그리고 1934년에는 해주 결핵요양원에서 활동하다 결핵으로 죽어 가는 조선인을 살리기 위해 조선 최초로 크리스마스실 운동을 전개하여 결핵퇴치운동에 정열을 쏟았다. 은퇴 후 캐나다에서 여생을 보내다 1991년 삶을 마감했고, 부모가 안장된 양화진에 묻혔다. 이곳에 '셔우드 홀 선생 공적비'가 세워졌다. 부인 메리언 또한 일생을 결핵퇴치운동에 쏟았다. 그녀는 1991년 9월 밴쿠버에서 95세의 나이로 삶을 마감했다. 그리고 그해 10월 홀 가족 전체를 기념하기 위해 양화진에 기념비가 세워졌다.

22 배화학당 설립자 캠벨 선교사

미국 남감리교 선교사 캠벨(J. P. Camphell, 강모인)은 미국 텍사스 주에서 태어났다. 28세 되던 해인 1880년 남편과 사별했으며, 1886년 미국 남감리교 선교회 파송으로 10년간 상해와 소주에서 선교 사역을 감당했다. 그리고 1897년 10월 중국 상해를 떠나 조선에 도착했다. 1898년 10월 경성 고개 나무골에 남자 3명과 여자 2명을 모아 남녀공학 배화학당을 설립했다. 1900년 4월 15일 배화학당 채플실에서 예배한 것이 기초가 되어 후에 종교교회와 자교교회 설립의 기초가 되었다. 또한 이로써 미

킨슬러 선교사

H. G. 아펜젤러 선교사

스크랜턴 대부인

제임스 홀 선교사

캠벨 선교사

모리스 선교사 묘비

국 남감리교 선교회가 경성에 터전을 마련할 수 있게 되었다. 그의 기념비에는 "내가 조선에 헌신했으니 죽어도 조선에서 죽는 것이 마땅하다"는 글이 새겨져 있다.

23 모리스 선교사

아일랜드 태생인 모리스(C. D. Morris, 모리시) 선교사는 18세 때인 1888년 미국으로 이민했다. 미국 감리교 선교회에서는 1901년 그를 조선 선교사로 파송했다. 1903년 루이스(L. Ogilvy)와 결혼해 부부가 함께 선교 사역을 했다. 그러다 모리스 선교사가 세브란스 병원에 입원했다는 소식을 들은 부인은 병실에 찾아가 무릎을 꿇고 하나님께 간절히 기도했다. 그러나 하나님은 1927년 1월 매서운 추위 속에서 그의 생을 마감케 했다.

24 스톡스 선교사 가족

1907년 미국 남감리교 선교회의 파송을 받고 경성에 도착한 스톡스(M. B. Stokes, 도마련) 선교사는 성령운동에 적극 참여했다. 그리고 미국 남감리교 선교 구역인 개성에서는 리드(W. T. Reid, 이위만) 선교사와 함께 "20만 명의 심령을 그리스도에게로"라는 표어를 내걸고 대전도운동을 전개했다. 1925년에는 경성에 상설 중앙전도관을 설치하고 관장으로 취임해 조직적인 전도와 부흥운동에 힘썼다. 1940년 일제에게 강제 출국 당한 뒤 7년간 쿠바에서 선교하다가 한국전쟁 때 미군의 통역관으로 종군했다. 그는 1968년 미국 북 캐롤라이나에서 별세했다.

스톡스 선교사의 넷째 아들 찰스(C. D. Stokes, 도익서)는 큰 사명을 띠고 1940년 초 아내 아레네(A. A. Stokes, 도애련)와 내한했지만 그 뜻을 펴 보지도 못한 채 일제의 추방령으로 미국으로 돌아가야 했다. 그러나 일제가 패망하자 1947년 11월 다시 내한해 선교사로 활동했다. 스톡스 선교사는 한국전쟁 때 피난민 구호사업에 힘썼으며, 1952년에는 충북 음성에 전쟁 고아 구제를 위해 고아원을 세웠다. 1954년에는 대전에 농촌교역자 양성을 위해 신학교를 설립하고 이듬해 목원대학교를 설립해 교역자를 양성했다. 남편의 선교사업을 내조하고 구제 사업에 공헌한 아레네는 1966년 3월 심장마비로 세브란스 병원에서 삶을 마감했다. 그녀의 시신은 양화진에 묻혔다.

마리온 스톡스 선교사와 아들 찰스 스톡스 선교사는 유언에 따라 양화진에 안장되었다. 기념비에 "이 가족은 하나님의 뜻을 따라 2대에 걸쳐 복음의 증인이었다"라는 기록과 유다서 24-25절을 새겨 놓았다.

25 조선 형무소 선교의 아버지 벙커 선교사

벙커 선교사는 1853년 미국 오하이오 주에 있는 오벌린 대학을 졸업하고 뉴욕 유니온 신학교에서 신학을 공부했다. 아펜젤러 선교사의 후임으로 배재학당 학당장으로 활동했으며, 1912년까지 성실하게 일했다. 그 후 제자 신흥우에게 교장 자리를 물려주고 YMCA 운동, 민족운동에 적극 참여했다. 그는 조선 최초로 옥중 전도를 통해 인권을 보호하고 민족지도자들을 개종시켰다. 1902-1904년 사이에 많은 독립운동가들이 투옥되자, 정부의 허가를 받아 감옥을 출입하면서 그들의 석방운동을 펴기도 했다. 그리고 수감자들을 매주 만나 위로하고 신앙상담과 예배를 했다. 이로 인해 이상재 등 민족 지도자들이 기독교로 개종했다.

1926년에 은퇴할 때까지 선교사로 활동했으며, 귀국 후 샌디에이고에서 생을 보내다 1932년 삶을 마감했다. "나의 유골이나마 조선에 묻어 달라"는 유언을 따라 양화진에 안장했다.

26 페인 선교사

페인(J. O. Paine, 폐인)은 1869년 2월 21일 미국 보스턴에서 태어났다. 1892년 뉴잉글랜드 교사양성소에서 교육학을 전공했다. 1892년 미국 감리교 선교회의 파송을 받고 제물포에 도착했다. 그녀는 1893년 9월, 3대 이화여학당 학당장으로 취임하여 15년간 여성 교육에 이바지했다. 그 후 1909년 황해도 해주에서 전도사업을 펼치다 콜레라에 걸려 그해 9월 25일 삶을 마감했다. 그녀를 따르던 이화여학당 재학생과 졸업생 그리고 동료의 애도 속에 그녀의 시신은 양화진에 안장되었다. 그녀는 "나는 최선을 다해 살았으며, 그것이 주님을 기쁘시게 할 것이다"라는 말을 남겼다.

27 젠센 선교사

덴마크 태생인 젠센(A. K. Jensen, 전선) 선교사는 미국 감리교회에서 목사 안수를 받은 뒤 파송을 받아 조선에 도착했다. 그는 1940년까지 활동했다. 해방 후 다시 선교사로 내한했다. 한국전쟁 때 인민군 포로가 되어 억류되었다가 1953년 휴전으로 석방되어 본국으로 귀환했다. 그리고 1954년 10월 아내 매드(M. K. Jensen, 전선 부인)와 함께 다시 한국으로 돌아와 전후 복구 사업과 선교 활동을 하다가 1956년 11월 20일 삶을 마감했다.

부인 매드는 남편과 사별한 뒤에도 한국에 남아 1969년까지 선교 활동을 계속했다. 귀국 후 1970년 선교사 직을 정년퇴임하고 여생을 보내다가 1998년에 삶을 마감했다. 그녀의 시신은 양화진으로 옮겨져 남편 곁에 있다. 또한 젠센 선교사의 딸 클레어(C. L. Jensen)는 1929년 경성에서 태어나 오랫동안 서울외국인학교에서 교사와 교장으로 봉직하다가 미국 뉴저지에서 사회봉사 사업가로 활동했다. 1996년 2월 미국 뉴저지에서 생을 마감했으며, 부모가 쉬고 있는 양화진에 함께 있다.

스톡스 선교사

페인 선교사

벙커 선교사

켄드릭 선교사

젠센 선교사

무어 선교사 묘비

28 무어 선교사

무어(J. H. Moore, 모야곱) 선교사는 미국 북감리교에서 목사 안수를 받고 1947년 10월 선교사로 내한했다. 1년 후에는 아내 마거릿(M. M. Moore, 모진주)도 내한했다. 마거릿은 만주 용정에서 선교사로 활동하던 스탠리(M. Stanley, 민산해) 의사의 자녀이다. 무어 선교사 부부는 시청각교육국의 전신인 음영위원회에서 한국 기독교 음영과 연극 선교에 크게 공헌했다. 무어 선교사는 과로가 겹쳐 1967년 자택인 마포에서 병사했다. 마거릿은 남편을 양화진에 안장하고 남편 몫까지 일하기 위해 한국에 머물며 계속 활동했다. 1970년에는 여선교회전국연합회 협동총무로 활동했다. 그녀는 한국기독교 가정생활운동을 꾸준히 전개하며 여러 단체들과 긴밀한 관계를 맺어왔다. 1984년 은퇴한 그녀는 미국 켄터키 주에서 여생을 보내고 있다.

29 사우어 선교사 가족

사우어(C. A. Sauer, 사월) 선교사 부부는 1921년 미국 감리교 선교회의 파송을 받고 내한했다. 조선 감리교 선교부의 파송에 따라 평안북도 영변 선교부에서 사역했으며, 1932년 충남 공주영명학교에서 농업기술 교육에 주력하여 농촌 지도자들을 많이 배출했다. 해방이 되자 1949년 다시 내한하여 연세대 한국어학당 학당장을 맡았으며, 한국전쟁 피난민 구호사업에도 힘을 쏟았다. 1962년 70세로 정년이 되자 아내 마거리트(M. S. Sauer)와 영구 귀국했다.

아들 로버트(R. G. Sauer)는 1925년 경성에서 태어났다. 버킹엄 대학에서 물리학 교수로 재직하다 아버지의 뒤를 이어 1956년 미국 감리교 선교사로 파송 받고 내한했다. 연세대에서 광물학을 강의했으며, 부인은 연세대에서 영문과 교수로 재직했다. 그들은 임기가 끝나자 귀국했다. 로버트는 1995년에 삶을 마감했다. 한국 감리교회에서는 사우어 가족이 2대에 걸쳐 선교 사역한 것에 감사하여 양화진에 기념비를 세웠다. 기념비에는 "이들은 한국 사람들을 사랑하여 2대에 걸쳐 그들의 생애를 한국에서 헌신한 선교사들임"이라고 새겨져 있다.

30 켄드릭 선교사

켄드릭(R. R. Kendrik)은 1888년 미국 텍사스에서 태어났다. 1905년 캔자스 여자성경전문학교를 졸업하고 1907년 감리교의 청년운동인 텍사스 엡윗 청년회에서 활동하다가 그 단체의 후원으로 미국 남감리교 선교회의 정식 허락을 받아 내한했다. 그녀는 도착하자마자 한글을 공부하고 서툰 한글로 황해도 개성에 있는 성경학교에서 성경을 가르쳤다. 그러나 워낙 한글이 어려워 사역하는 데 많은 스트레스를 받다가 급성 맹장염을 앓아 세브란스 병원에서 수술을 받았지만, 25세의 꽃다운 나이에 세상을 떠났다. 양화진에 안장된 그녀의 묘지에는 고향 엡윗 청년회의 모금으로 세워진 묘비가 있다. 묘비에는 "만일 내게 천의 생명이 있다 해도 그 모두를 조선에 바치리라(If I had a thousand lives to give, Korea should have them all)"이라는 문구가 기록되어 있다.

31 힐먼 선교사

미국 필라델피아의 기독교 가정에서 성장한 힐먼(M. R. Hillman) 선교사는 조선 선교사로 지원했다. 1900년 미국 감리교 선교회 선교사로 파송을 받고 제물포에 상륙했다. 1910년 한일합병 소식을 듣고 사경회를 시작하면서 여성들에게 의식화 교육을 실시했다. 여기에 더하여 어린아이들에게도 꿈을 심어 주어야 한다면서 주간학교(Day School)를 지도했다. 이러한 헌신적인 활동으로 몸이 쇠약해지자 1925년 세브란스 병원에 입원했다. 그러나 결국 회복하지 못하고 1928년 2월 하나님의 부르심을 받았다. 그녀는 양화진에 안장되었다.

32 쇼우 선교사 부부

미국 시카고 출신인 쇼우(W. E. Shaw, 서위렴) 선교사는 1921년 내한하여 평양 선교부에 배속받고 감리교 선교회에서 활동했다. 이후 강제 출국령을 받고 1941년 초 귀국했다. 해방 후 1947년에 다시 내한한 그는 한국전쟁이 일어나자 미군에 입대하여 군목으로 종군하면서 피난 교역자 구호에 힘썼다. 이때 그는 한국군에도 군목 제도가 필요함을 느껴 1951년 2월 한국군 군종을 창설했다. 그 후 외아들 윌리엄(W. H. Shaw)이 한국전쟁 때 미 해병대 대위로 참전 중 전사하자 시신을 양화진에 안장했다. 쇼우 선교사 부부는 1961년 정년을 맞아 은퇴해 귀국했다. 쇼우 선교사는 미국에서 생을 마감했다. 이들 부부는 유언에 따라 양화진 묘역에 아들과 나란히 안장되었다.

33 채핀 선교사 부부

채핀(V. D. Chaffin, 채득민) 선교사는 1881년 미국 출생으로, 1913년 4월 미국 감리교 선교사로 아내 애너(A. B. Chaffin, 채부인)와 딸 모텔, 처제 베어(B. R. Bair, 배의례)와 함께 선교사로 파송 받고 내한했다. 조선에 도착한 그는 1914년 감리교 선교사에서 미국 북장로교 선교사로 이적했다. 이후 그는 장로교 선교 구역인 경기도 고양, 김포 등지에서 활동했다. 건강 악화로 생명에 위협이 오자 순회 선교를 중단하고 병원에 입원해 의사들의 정성 어린 진료를 받았지만 1916년 35세의 나이로 삶을 마감하고 말았다. 시신은 양화진에 안장되었다. 부인 애너는 남편의 죽음으로 큰 충격을 받았지만 곧 이겨내 하나님 나라에서 만날 것을 약속하며 더 열심히 조선 선교 사역에 힘을 기울였다. 1938년 자신과 함께 선교 사업을 하던 동생 베어 목사가 뇌암으로 별세하자 1940년 잠시 귀국했다가 1946년 크리스마스 무렵 다시 내한해 선교 활동을 폈다. 이후 1962년 본국으로 귀국해 여생을 보내다 1977년 삶을 마감했다. 그녀의 유언에 따라 유해는 남편 곁에 안장하고 채핀 선교사 부부 묘비를 양화진에 건립했다. 베어 목사도 양화진에 안장되었다.

34 일본인 소다 가이치 부부

소다 가이치(曾田 嘉伊智, 소다)는 1867년 일본 야마구치에서 태어났다. 대만에 거주할 때 그는 몹시 방탕하게 지냈는데, 1899년 어느 날 술에 취해 길거리에 쓰러져 있는 그를 조선 청년이 가까운 여관에 데려가 여관비까지 지불하고 묵게 해주었다. 이것이 인연이 되어 1905년 조선에 오게 되었다. 경성에 정착하면서 YMCA에서 일본어 교사로 일본어를 가르쳤다. 이 무렵 진실한 기독교 교인이자 히노데 소학교(일본인 초등학교로, 나중의 일신초등학교)에서 교사로 재직하던 우에노 다키(上野多喜)를 만나 결혼했다.

1921년에는 고아 사업기관인 일본 가마쿠라 본부로부터 경성 지부 책임자로 임명 받았다. 부부는 용산구 후암동에 있는 가마쿠라 보육원(지금의 영락보린원)에서 정성을 다해 조선인 고아들을 돌보았다. 1943년에는 원산의 일본인 교회에 교역자가 없자 소다 전도사가 무보수로 사역하기도 했다. 그러다 해방을 맞았다.

소다는 1947년 본국으로 귀국했다. 그는 신일본을 건설한다는 목적으로 귀국해 가는 곳마다 "오 하나님, 인류가 범한 죄를 용서하여 주소서"라고 기도했다. 부인은 고아들을 돌보느라 한국에 남아 있다가 1950년 1월 74세로 삶을 마감했다.

-

힐먼 선교사 묘비

-

채핀 선교사 부부 묘비

-

힐 구세군사관 부인 묘비

-

쇼우 선교사 가족묘비

-

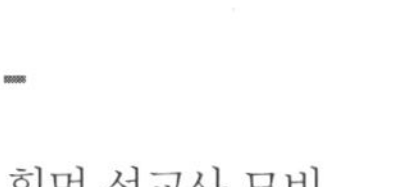

소다 가이치

1960년 1월 1일 일본 〈아사히 신문〉은 "한국 대통령 이승만 씨의 옛 친구 소다 옹이 한국 귀환을 열망하다"라는 기사를 대서특필했다. 이 기사가 한국 신문에 특보로 소개되자 영락보린원 원장 한경직 목사는 소다가 제2의 고향인 한국에서 여생을 보낼 수 있도록 정부 당국과 교섭했다. 1961년 3월 한경직 목사의 환영을 받으며 귀국한 그는 영락보린원에서 여생을 보내다가 1962년 3월 28일 95세의 나이로 삶을 마감했다. 그의 시신은 양화진에 안장되었으며, 이 일로 유일하게 일본인 소다 가이치 부부의 묘가 자리 잡게 되었다.

35 구세군 선교사 리처드 서기장관

만국구세군 사령부로부터 리처드(W. Richards, 이도식) 부부가 조선에 발령을 받고 사령관으로 부임한 것은 조선에 구세군 선교가 시작된 지 꼭 10년이 지난 1918년이었다. 그런데 그가 부임한 지 얼마 안 되어 서대문구 평창동에 있는 고아원에 천연두가 발생했다. 이때 실베스터(C. E. Sylvester, 설보덕) 구세군 서기관의 두 자녀인 다섯 살 난 맏아들 고든(G. Sylvester)과 두 살 된 둘째아들 더글라스(D. Sylvester)가 천연두에 감염되어 사망하는 비극을 겪게 되었다. 리처드 서기장관은 직접 장례식을 거행했다. 얼마 후 리처드 서기장관도 천연두에 감염되어 1920년 2월 2일 삶을 마감했다. 한국 선교 역사상 서기장관이 천연두에 걸려 사망한 일은 처음 있는 일이어서 충격은 더욱 컸다. 그의 시신은 양화진에 안치되었다.

36 플로렌스 힐 선교사

플로렌스 리레이(F. Riley) 선교사는 영국 구세군 사관으로서 구세군 최초 선교사로 조선에 파송을 받아 1909년 1월 경성에 도착했다. 그녀는 호가드(R. Hoggard)

사령관의 비서로 일하다가 1909년부터는 충청, 전북, 경북 등지를 다니며 전도와 부인 사업에 힘을 쏟았다. 그러다 1913년 힐(A. W. Hill, 허일)을 만나 결혼했다. 힐 부부는 충북 영동을 중심으로 고아원을 운영하고 병원을 설립하는 등 활발하게 활동했다. 조선인 사관 양성의 필요성을 느낀 호가드 사령관은 남편 힐을 충청지방장관으로 임명했다. 힐 지방장관은 1917년 3월 학생을 모집하고 4월에 교장으로 취임하여 조선인 사관 양성에 힘을 쏟았다. 그러다 아내 플로렌스가 1922년 1월 5일 원인을 알 수 없는 병에 시달리다 31세로 삶을 마감했다. 그녀의 시신은 양화진에 안장되었다. 오벨리스크 형식의 묘비에는 "예수, 예수, 귀하신 예수(Jesus, Jesus, Precious Jesus)"라고 쓰여 있다.

37 홉스 선교사

영국 태생인 비어트리스(B. E. Puch)는 홉스(T. Hobbs, 허엽)와 결혼하여 함께 영국 만국구세군 사관학교를 졸업해 사관으로 임명받았다. 홉스 부부는 1910년 9월 조선에 왔다. 홉스 선교사는 서대문 정동에 있는 구세군조선본영에서 22년간 사역했다. 부인 비어트리스는 구세군 간호 선교사로 사역했다. 그리고 남편의 선교 활동을 지원하면서 사경회 강사로, 진명여학교 등에서 영어 교사로 활동했다. 이러한 그녀를 사람들은 '육체적 힘을 능가하는 열정을 지닌 헌신적인 선교사'로 평가했다. 평소 건강이 좋지 않았던 그녀는 1934년 52세의 나이로 삶을 마감했다. 그녀의 시신은 양화진에 안장되었다.

38 양화진에 최초로 안장된 구세군 여성사관 프릭 선교사

스웨덴에서 조선에 파송된 최초의 구세군 사관 선교사 프릭(J. S. Frick)은 스

프릭 구세군 여성 사관

베델

도티 선교사

엘렌 P. 홉스 선교사 묘비

밀러 선교사 기념비

차드웰 주교

웨덴 구세군 성경대학에서 성경 공부를 하다가 갑자기 마음이 뜨거워지면서 "땅 끝까지 이르러 내 증인이 되라"는 음성을 들었다. 이때 프릭은 어디를 가든지 주님의 명령에 순종하겠다고 결심하고 조선을 택하게 되었다. 그리고 1911년 12월 24일 조선 땅에 당도했다. 그녀는 경성에 머물면서 쪽 복음과 〈구세신문〉을 나눠주며 문서 전도와 노방 전도에 힘썼다. 그리고 매일 아침 한 시간 정도 기도와 성경 공부를 한 뒤 뒷산에 올라 조선인의 구원을 위해 기도했다. 그렇게 열심히 기도하던 그녀는 1912년 4월 18일 급성 뇌염으로 앓아누웠다. 병원에 입원하여 정성 어린 간호를 받았지만 4월 29일 하나님은 그녀를 불러 가셨다.

39 언론인 베델

영국 언론인 베델(E. T. Bethell, 배설)은 〈런던 뉴델리〉 기자로 활동했다. 러일 전쟁이 일어나자 1904년 3월 10일 러일 전쟁을 취재하기 위해 특파원으로 내한했다. 그는 1904년 7월에 창간한 〈대한매일신보〉에서 일본의 침략 행위를 맹렬히 비판함과 동시에 전세계에 이 사실을 알렸다. 영국과 동맹을 맺고 있던 일본은 영국 정부에 압력을 가하여 베델을 체포해 3주간의 금고형을 선고하고 중국 상해에 가두었다. 감옥에서 풀려난 후 그는 다시 대한제국으로 돌아왔다. 일본의 오랜 탄압으로 몸이 쇠약해져 1909년 5월 1일 37세의 젊은 나이로 서대문 자택에서 삶을 마감했다. 그는 "나는 죽지만 〈대한매일신보〉는 영생케 하여 대한 동포를 구하라"는 유언을 남겼다. 1910년 6월 그가 묻혀 있는 양화진에 묘비가 세워졌다.

40 차드웰 주교

1926년 영국 성공회의 파송을 받고 내한한 차드웰(A. E. Chadwell, 차애덕) 주교는 사제로 사역했다. 당시 일본은 태평양 전쟁을 암암리에 준비하면서 영국과 미국 선교사들을 적대시했다. 이런 일련의 정황으로 차드웰 주교도 1940년 7월 24일 외환관리법 위반과 단파 라디오를 소지했다는 죄목으로 평양 형무소에 투옥되었다. 그리고 이듬해에 석방되자마자 곧바로 강제 추방되었다.

조선을 떠난 그는 1946년 다시 내한해 청주에서 선교 활동을 재개했다. 1950년 한국전쟁 중 간첩 혐의로 공산군에 체포된 쿠퍼(A. C. Cooper) 주교가 납북되자 그를 대신하여 성공회를 지켰다. 이러한 그의 공로를 인정해 영국 성공회는 1951년 11월 영국 웨스트민스터 대사원에서 주교 승품식을 은혜롭게 거행했다. 그는 1967년 부산에서 노환으로 생을 마감했다. 그의 시신은 양화진에 안장했다.

충청 지역 선교사 묘역

1 도티 선교사

도티(S. A. Doty) 선교사는 1861년 미국에서 태어났다. 교육 선교사로 1890년 내한하여 정동여학당 3대 학당장을 역임했다. 그녀는 부인을 잃은 밀러(F. S. Miller, 민노아) 선교사와 1904년 결혼했다. 밀러 선교사와 함께 청주 선교부를 설립하고 여성 중심의 사경회 등을 인도했다. 그녀는 1931년 괴질로 사망했다.

2 밀러 선교사

밀러 선교사는 미국 피츠버그 대학과 유니온 신학교를 졸업했다. 1892년 아내 애너 (A. R. Miller)와 함께 미국 북장로교 선교사로 내한하여 경신학당 학당장을 역임했다. 황해도, 경기도 남부 지역에서 활동하다가 1903년 아내를 잃었다. 1904년에 재혼하지만 다시 사별했다. 그리고 1931년 딘(M. L. Dean)과 결혼했다. 1936년 정년 퇴임 후 필리핀과 중국 선교 여행을 마치고 청주로 다시 귀환했으나 1937년 사망했다. 묘비에는 "주 예수는 길이요 생명이라 예수교회 45년 동안 선교함"이라고 기록되어 있다.

3 퍼디 선교사

미국 북장로교 선교사 퍼디(J. C. Purdy, 부례선)는 1897년 미국에서 태어났다. 테네시 주 메리빌 대학에 진학했으나 선교사로 헌신하고자 결심하고, 다시 프린스턴 신학교에 진학했다. 1923년 아내 에밀리(E. M. Purdy)와 내한했다. 청주 선교부에서 관리하는 32개 교회를 순회하며 선교 사역을 하다가 1926년 영동군 조동리에서 장티푸스에 걸려 29세의 젊은 나이로 삶을 마감했다.

4 로건 선교사

미국 북장로교 선교사 로건(M. L. Logan)은 1909년 부부가 내한하여 청주 지방을 중심해서 활동하다 괴질로 사망했다. 그의 시신은 양화진에 안장되었다.

5 샤프 선교사

미국 침례교는 엘라딩 기념선교회를 조직해 1895년 폴링(E. C. Pauling) 부부, 가드라인(A. Gardeline) 선교사 3명을 조선에 파송해 선교사가 없는 공주를 택하여 선교 활동을 했다. 그러다 엘라딩 기념선교회의 재정 지원이 약해지자 원산으로 이동했다. 이 사실을 안 미국 감리교 선교회는 1904년 선교사 샤프(R. A. Sharp), 무어(J. Z. Moore), 벡커(A. L. Becker) 등을 공주 선교부 책임자로 임명해 선교 활동을

-

퍼디 선교사 기념비

-

로건 선교사 기념비

-

샤프 선교사 묘비

-

벨 선교사 묘비

-

크레인 선교사 묘비

-

오웬 선교사 묘비

하도록 했다. 샤프 선교사는 캐나다 감리교 전도사의 아들로 태어나, 1903년 미국 감리교 선교사로 내한했다. 경성에서 한글을 익히는 동안 정동제일교회와 배재학당에서 교육을 담당했다. 1905년 아내 앨리스(A. J. H. Sharp)와 함께 공주에 건축양식이 특이한 양옥집을 지어 이주했다. 그리고 그해 10월 충청도 최초의 근대학교 명선여학당(영명학교 전신)을 설립하고 2명의 입학생으로 학당을 시작했다. 이 학당은 지금의 공주 영명중고등학교의 시초이다. 샤프 선교사는 1906년 논산을 순회 전도하다 발진티푸스에 걸려 34세의 젊은 나이에 사망했다.

광주 양림동산 선교사 묘역

1 오웬 선교사

미국 남장로교 소속 오웬(C. C. C. Owen, 오기원) 선교사는 의사이자 목사였다. 1898년 목포에 진료소를 개설하는 한편 벨 선교사와 함께 목포 선교에 공을 세웠다. 1904년 12월 25일 벨 선교사와 광주로 이주하여 광주교회(지금의 광주제일교회)를 설립했다. 불행하게도 장흥 지방을 순회하던 중 1909년 4월 3일 급성 폐렴으로 사망했다. 그는 선교사로는 최초로 광주 양림동산에 안장되었다. 그가 평소에 원하던 강당 건립을 위해 모금하여 1912년에 오웬기념관을 완공했다. 이 기념관은 광주유형문화재 제26호로 등록되어 있다.

2 벨 선교사 가족

벨 선교사는 1868년 미국에서 태어났다. 1894년 로티와 결혼한 후 이듬해 내한하여 경성에 짐을 풀었다. 1897년 목포에 도착하여 땅을 매입해 목포교회와 선교부를 설립했다. 1904년 12월 광주 선교부와 함께 광주교회를 설립했으며, 광주 숭일학교(지금의 숭일중고등학교)와 수피아여학교(지금의 광주 수피아여자중고등학교)를 설립했다. 1901년 아내 로티가 사망하자 양화진에 안장했다. 이후 벨 선교사는 1904년 마거릿(M. W. Bull)과 결혼했다. 그녀는 1919년 3월 목포 선교부를 대표해 제암리교회 학살 행위 조사를 위한 경성회의에 참석하고 돌아오던 길에, 벨 선교사가 운전하던 승용차가 경기도 병점 경부선 철길 건널목에서 열차와 충돌하는 사고를 당해 그 자리에서 사망했다. 이후 벨 선교사는 1921년 줄리아(J. Dysart)와 결혼했다. 벨 선교사는 1925년 광주에서 사망하여 양림동산에 안장되었고, 줄리아는 남편이 별세하자 귀국했다.

3 크레인 선교사 가족

크레인(J. C. Crane, 구례인) 선교사는 1913년 미국 남장로교 선교부의 파송을 받고 순천 선교부에서 사역했다. 이때부터 1937년 레이놀즈 선교사의 후임으로 평양으로 옮겨가기까지 매산학교 교장으로 시무하면서 순천, 고흥, 보성 등지를 광범위하게 순회하며 사역했다. 그리고 신약성경의 개역위원으로 참여하기도 했다. 1957년에 은퇴한 그는 미국으로 돌아가 여생을 보내다 1964년에 소천했다. 1917년 11월에 태어난 그의 딸 엘리자베스(E. L. Crane)는 풍토병에 감염되어 태어난 지 4개월 만에 사망했고, 아들 존(J. C. Crane Jr.)마저 1921년 10월 태어난 지 7개월 만에 사망했다. 크레인 선교사의 한 살 아래 동생 폴(P. S. Crane, 구보라) 선교사는 1916년 내한하여 목포에서 사역하다가 1919년 경기도 병점 철길 건널목 사고로 순직했다.

4 코잇 선교사 자녀

1907년 미국 남장로교 선교사로 내한한 코잇(R. T. Coit, 고라복) 선교사는 1909년 광주 선교부에 부임해 전남 지역을 중심으로 사역했다. 전남 지역에 여러 교회를 세우고 1913년에는 프레스턴 선교사와 함께 순천 선교부 창설자로 활동했다. 코잇 선교사의 장남 토머스(T. H. W. Coit)는 1909년에 태어났으나 1913년 4월 27일 4세의 나이로 이질에 걸려 사망했고, 1911년에 태어난 딸 로베르타(R. C. Coit)는 1913년 4월 26일 2세의 나이로 역시 이질을 앓다 죽었다.

5 니스벳 선교사 가족

미국 남장로교 선교사 애너벨(A. M. Nisbet, 유애나)은 1907년 전주 기전여학교에서 사역하다가 1911년 선교회의 결정에 따라 목포 정명여학교 교장으로 사역했다. 교사자격증을 가진 최초의 정명여학교 교장으로, 이 학교를 정규학교로 개편했으며 새 교사를 건축하고 교육과정을 신설하는 등 교육 전문가로 1919년까지 8년간 활동하면서 정명여학교 발전의 기틀을 마련했다. 1919년 3·1운동에 참여하려는 학생들을 지도하여 나오다가 기숙사 계단에서 미끄러져 크게 다친 후 병세가 호전되지 못해 1920년 목포에서 별세했다. 그녀의 묘에는 1923년 4월 정명여학교 동창회가 건립한 "교장 류애나 묘"라는 한글 묘비가 서 있다. 목포 정명여자중학교에는 유애나기념관이 있다.

목표 영흥학교 교장직을 맡아 사역하던 남편 존 니스벳(J. S. Nisbet, 유서백) 선교사는 1921년 라헬(E. R. Walker) 선교사와 재혼했다. 이듬해 부부는 첫 딸 엘리자베스(E. D. Nisbet)를 낳았다. 그러나 태어난 지 몇 개월 만에 괴질에 걸려 1923년 1월에 사망했다. 이에 충격을 받은 부인 역시 1923년 1월 8일에 사망했다.

6 브랜드 선교사

브랜드(L. C. Brand, 부란도) 선교사는 미국 남장로교 의료 선교사로 아내, 딸과 1924년 내한하여 군산 구암병원에서 사역했다. 1930년 전주 예수병원으로 옮겨 지내다가 결핵 퇴치의 뜻을 품고 광주 기독병원(광주 제중원 후신)에서 사역했다. 그는 3대 병원장으로 1938년까지 8년간 봉직했다. 결핵 전문의로서 결핵퇴치운동을 하던 그는 결국 결핵에 감염되어 1938년 광주에서 사망했다. 비문에는 "예수 말씀하시기를 나는 부활이요 생명이니"라고 기록되어 있다.

7 그래햄 선교사

미국 남장로교 선교사 그래햄(E. Graham, 엄언라)은 1907년 38세의 나이로 내한하여 광주에서 지내다가 1908년 광주 수피아여학교 초대 교장으로 부임했다. 그 후 광주 인근의 여러 시골 교회 부녀자와 어린이 선교를 위해 헌신했다. 1926년 건강 문제로 미국으로 돌아가 요양했다가 회복이 어렵다고 판단해 조선에 묻히기 위해 1928년 내한하여 광주에서 선교 활동을 계속했다. 그러다 1930년 세브란스 병원에서 만성 심근염 수술 후 복수증으로 별세했다.

8 쉐핑 간호 선교사

쉐핑 선교사는 1880년 독일 태생으로, 아버지를 일찍이 여의고 미국으로 이민을 갔다. 1912년 제중병원(후에 광주 기독병원) 간호 선교사로 내한한 그녀는 이후 군산 구암병원, 서울 세브란스 병원에서 근무하면서 간호학교 교사로 근무했다. 1922년 자신의 방에서 불우한 여성을 모아 놓고 교육하다가 미국의 독지가 닐의 후원으로 건물을 신축하고 이일성경학교라고 불렀다. 이곳에서 성경도 가르치고 양잠 기술도 교

코잇 선교사 자녀 묘비

브랜드 선교사 묘비

덤 선교사 묘비

그래햄 선교사 묘비

쉐핑 선교사 묘비

안나 메이저 니스벳 선교사

육하면서 여성으로서 자립할 수 있는 길을 열어 주었다. 그녀는 조선간호협회와 부인조력회를 조직하여 회장을 역임하면서 여성의 자립과 지도자 양성에 힘을 쏟았다. 그리고 양동 다리 밑에 모여 사는 거지, 한센병자, 부랑아 들을 모아 돌보기도 했다. 1934년 간염으로 삶을 마감했다. 광주에서는 그녀의 정신을 기리기 위해 최초로 광주 시민장으로 치렀다. 묘비는 광주 금정교회에서 세웠다.

9 덤 간호 선교사

덤(T. B. Thumm, 원대마) 선교사는 1902년 미국에서 태어났다. 무디 성경학교를 졸업하고 1929년 홉스킨 간호학교를 졸업한 후 그해 내한하여 순천 안력산 병원에서 간호사로 근무했다. 1931년 홍역에 걸린 아이를 치료하다 감염되어 사망했다. 비문에는 "안력산병원 간호원장 원대마 예수 오실 때까지"라고 씌어 있다.

10 해리엇 도슨 선교사

미국 남장로교 선교사 해리엇 도슨(H. K. Dodson, 도대선 부인)은 사범학교를 졸업하고 1920년 언니 엘리자베스(E. K. Wilson)의 주선으로 내한하여 광주에서 선교사 자녀 교육을 담당했다. 1922년 새뮤얼 도슨(S. K. Dodson, 도대선)을 만나 결혼했다. 1924년 광주에서 딸을 분만하다가 사망했다. 비문에는 "그녀는 자신이 할 수 있는 것을 다했다(She hath done what she could)"라고 기록되어 있다.

11 제시 리비 선교사

제시 리비(J. S. Levie) 선교사는 1896년 미국에서 출생했으며, 조지아 사범학교를 졸업하고 1914년에 제임스(J. K. Levie, 여계남)와 결혼했다. 1922년 남편과 두

해리엇 도슨 선교사

카딩턴 선교사 자녀 묘비

제시 리비 선교사 묘비

로스 선교사 묘비

캐서린 길머 선교사 묘비

채프만 선교사 묘비

자녀와 함께 의료 선교사로 내한하여 군산 구암병원에 부임했다. 1923년에는 광주 기독병원 치과의사로 부임했으며, 광주에서 세 자녀를 낳았다. 모두 다섯 자녀를 키우면서 행복한 나날을 보냈지만 장티푸스에 감염되어 1931년에 사망했다.

12 캐서린 길머 선교사

캐서린 길머(K. N. Gilmer, 길마 부인) 선교사는 1897년 미국에서 태어났다. 사범학교를 졸업하고 교직에 봉사하다가 1923년 목포에서 선교사 자녀의 교육을 담당했다. 1923년 목포 프렌치 기념병원에서 근무하던 윌리엄 길머(W. P. Gilmer, 길마)와 결혼했다. 1926년에 첫 딸을 낳았지만 산후 조리 미숙으로 가슴에 묻어야 하는 슬픈 일을 당했다. 자녀의 사망에 충격을 받은 캐서린 역시 아픔을 털어내지 못하고 사망했다. 홀로 남은 길머 선교사는 결국 귀국했다.

13 어린 카딩턴

광주 기독병원 원장인 카딩턴(H. A. Codington)의 아들 필립(P. T. Codington)은 광주에서 1960년에 태어났다. 그는 1967년 충남 대천 해수욕장에서 부모와 함께 수영하다가 익사했다. 그의 묘비에는 “나는 선한 목자라 내가 내 양을 알고”라고 기록되어 있다.

14 채프먼 간호 선교사

채프먼(G. P. Chapman) 선교사는 1894년 미국에서 태어났다. 1920년 필라델피아 대학병원에서 3년간 간호사 교육을 받았다. 1920년에 내한하여 광주 기독병원에서 간호사로, 1926년부터 1928년까지는 목포 프렌치 기념병원에서 근무하다가 폐렴으로 사망했다. 비문에는 “하나님의 뜻을 행하는 이는 세세에 있으리로다. 요한 12:17”이라고 기록되어 있다.

15 로스 선교사

로스(C. S. Ross) 선교사는 1917년 미국 남장로교 선교사로 파송을 받은 남편 존(J. M. Rogers, 로제세)과 함께 내한했다. 남편은 순천 안력산병원 원장으로 활동했으며, 그녀는 선교사들의 자녀 교육을 담당했다. 그러다 괴질에 걸려 1927년에 사망했다.

전주 화산동 선교사 묘역

1 데이비스 선교사

데이비스(L. Davis) 선교사는 1892년 미국 남장로교에서 최초로 파송한 선교사 선발대 7명에 뽑혔다. 그리고 그해 10월 선발대 중 가장 먼저 내한했다. 1894년 군산 선교부가 개설되자 그곳에서 어린아이와 여성 들을 대상으로 사역하다가 해리슨(W. B. Harrison, 하위렴) 선교사를 만나 결혼했다. 해리슨 선교사는 전주 서문밖에서 약방을 개설해 환자를 치료하면서 선교했다. 그녀는 남편을 도와 전북 지방 선교를 위해 헌신했다. 전주 예수병원에서 어린 환자를 돌보다가 괴질에 감염되어 1903년 41세의 나이로 사망했다. 데이비스 선교사의 헌신을 기념하기 위해 군산 영명고등학교 학생들이 성금을 모아 1958년 군산 선교지였던 구암에 기념비를 세웠다. 이후 이 땅이 개인에게 팔리자 미국 남장로교 선교부에서 전주시 화산동 선교사 묘역으로 기념비를 옮겼다.

-

데이비스 선교사 묘비

-

전킨 선교사 묘비

-

랭킨 선교사 묘비

-

피츠 선교사 묘비

-

테이트 선교사 딸 묘비

-

티몬스 선교사 아들 묘비

2 전킨 선교사

전킨(W. M. Junkin, 전위렴) 선교사는 어려서부터 전도에 대한 열정이 뜨거웠다. 미국 남장로교 선교사 7인 선발대 대원으로 부부가 함께 내한했다. 1894년 군산 선교부를 개설하고 1902년 군산 영명학교와 멜본딘 여학교를 설립했다. 그는 군산, 옥구, 김제 등을 맡아 사역하다 과로가 겹쳐 건강이 악화되었다. 일을 줄이기 위해 1904년 전주 선교부로 옮겼지만 무리하게 활동하다가 1908년 사망했다. 선교부는 그의 공적을 기리고 기념한다〔紀全〕는 뜻으로 전주 기전여학교를 세웠다. 전킨 기념비는 군산 영명고등학교 동창회에서 전주에 건립했다.

3 랭킨 선교사

미국 남장로교 선교사 랭킨(N. B. Rankin,나희은)은 1907년에 독신으로 내한했다. 이후 전주 선교부 소속으로 기전여학교에서 교사로 봉사하다가 제2대 교장으로 취임했다. 한편 세문교회에서 소녀 주일학교를 개설해 어린이를 위한 복음 전도에 힘썼다. 1910년에는 불신자 가정의 어린이들에게 교육의 기회를 주기 위해 한국 최초의 주일학교를 세웠다. 그러다 기전여학교 교장 임기를 마치지 못한 채 1911년에 괴질에 걸려 사망했다. 묘비에 "저가 죽었으나 그 믿음으로써 오히려 말하느니라"라고 기록되어 있다.

4 테이트 선교사 딸

테이트(L. B. Tate, 최의덕) 선교사는 동생 매티(M. S. Tate, 최마태)와 함께 미국 남장로교 7인 개척 선교사로 1892년 내한했다. 1893년 전주 선교부가 개설되자, 동생과 함께 전주에서 선교 활동을 시작했다. 1905년 전주 예수병원 원장 잉골드

(M. Ingold)와 결혼했다. 조선에서 33년간 선교 사역에 힘쓴 그는 그동안 78곳의 교회를 설립했다. 1910년 딸을 출산하지만 그날 사망했다.

5 피츠 간호 선교사

1910년에 내한한 피츠(L. M. Pitts) 선교사는 전주 예수병원 간호사로 의료 선교 사역을 했다. 1911년 니스벳 선교사 부인과 함께 광주로 가던 중 정읍 근처 민가에서 심장마비로 사망했다. 미국에서 다년간 전문 간호사로 활동하며 쌓은 경력으로 그리스도의 사랑을 실천하고자 조선에 발을 디딘 그녀는 비록 6개월이라는 길지 않은 기간 동안 사역했지만, 예수 그리스도의 사랑을 몸소 실천한 훌륭한 선교사였다. 그녀의 묘비에는 "사람이 친구를 위하여 자기 목숨을 버리면 이보다 더 큰 사랑이 없나니"라고 기록되어 있다.

6 티몬스 선교사 아들

티몬스(H. I. Timmons)는 미국 남장로교 선교사로 파송을 받고 내한하여 전주 예수병원에서 원장의 직책을 맡아 일했다. 1911년 첫 아들을 낳았으나 1913년에 괴질로 사망했다. 병원장인 그가 아들의 병을 고치지 못한 일이 얼마나 한이 됐을까!

7 린턴 선교사 딸

미국 남장로교 선교사로 내한한 린턴(W. A. Linton, 인돈) 선교사는 군산 영명학교장과 전주 신흥학교장으로 봉직했다. 1922년 벨 선교사의 딸 샬럿(C. Bell, 인사례)과 결혼했다. 1930년 전주 신흥학교를 신흥고등보통학교로 육성했다. 그러나 그해 출산한 딸이 얼마 살지 못하고 사망했다. 린턴 선교사는 해방 후 한남대학교를 설

린턴 선교사 딸 묘비

켈러 선교사 묘비

크레인 선교사 아들 묘비

휴 선교사

립했다.

8 켈러 선교사

미국 남장로교 의료 선교사인 켈러(F. G. Keller, 계일락) 선교사는 워싱턴 대학 의학부를 졸업한 후 1955년 내한하여 전주 예수병원 소아과 과장을 맡아 의료 선교 사역을 했다. 1956년 재닛(J. C. Talmage)과 결혼해 단란한 가정을 이뤘으나 원장으로 재직하던 1967년에 사망했다.

9 크레인 선교사 아들

전주 예수병원장 크레인(P. S. Crane, 구바울) 선교사의 아들 윌리엄(W. L. Crane)은 1963년에 전주에서 태어났다. 그러나 1966년 충남 대천 해수욕장에서 사망하여 주위에 큰 충격을 주었다.

순천 선교사 묘역

린턴 선교사 부부의 장남 휴(H. M. Linton, 인휴)는 1926년 전북 군산에서 태어났다. 그 후 아버지를 따라 전주와 순천에서 성장했다. 아버지의 강제 출국으로 미국에서 고등학교를 졸업하고 해군 장교로 태평양 전쟁에 참전했다. 종전 후 어스틴 대학과 프린스턴 신학교를 졸업하고 해군에 입대하여 한국전쟁에 참전했다. 제대 후 1954년 순천 선교부에서 애양원을 중심으로 선교 사역을 펼쳤다. 5남 1녀를 둔 그는 1984년 교통사고로 사망했다.

그의 무덤은 순천시 조례동 결핵요양소 앞에 있다. 그는 6명의 자녀를 두었다.

일신여자고등학교 내에 있는 선교사들의 묘비

광주 양림동산 선교사 묘역
왼쪽 표시 부분은 오웬 선교사 묘비, 오른쪽 표시 부분은 벨 선교사 묘비

전주 화산동 선교사 묘역

대구 선교사 묘원. 10구가 안장되어 있다.

그중 둘째 스티븐(S. Linton, 인세반)은 유진벨 재단이사장으로 북한 의료 지원에 힘을 쏟고 있다. 셋째 스티븐은 건축가로서 역시 북한을 지원하고 있다. 막내아들 존(J. A. Linton, 인요한)은 세브란스 병원 국제진료소 소장으로 재직하고 있다. 최근 《내 고향은 전라도 내 영혼은 한국인》이라는 책을 발간해 나눔을 통해 기쁨을 얻는 린턴 가문의 한국 사랑을 이어 가고 있다.

대구 · 안동 선교사 묘역

1 넬리 애덤스 선교사

대구 지방 최초의 선교사 애덤스(J. E. Adams, 안의와)의 부인 넬리(N. D. Adams)는 1895년 남편과 내한했다. 부산에서 2년간 활동하다가 남편과 함께 1897년 대구 선교부를 개척했다. 넷째 아이를 유산한 후 산후 불순으로 1909년 43세의 나이로 사망했다. 비문에는 "그녀는 죽은 것이 아니라 잠들어 있을 뿐이다(She is not dead but sleepeth)"라고 기록되어 있다.

2 마사 브루언 선교사

마사 브루언(M. S. Bruen, 부마태) 선교사는 남편 헨리(H. M. Bruen, 부해리)와 함께 1899년 내한하여 대구 선교부에서 사역했다. 그녀는 1907년 신명여학교를 설립해 대구 여성 교육의 선구자 역할을 했다. 부인 주일학교 강사, 농촌 교회 여전도회 조직가, 여자 사경회 주강사 등으로 활동하다가 유방암으로 세브란스 병원에 입원해 치료받던 중 1930년 55세의 나이로 사망했다.

3 스위처 선교사

미국 북장로회 선교사 스위처(M. Switzer)는 1911년 내한했다. 대구 선교부에 부임하여 대구 여자성경학교 교사, 교장을 역임하면서 농촌 여성 계몽운동에 앞장섰다. 각 지역 여전도회를 조직하는 데 정력을 쏟다가 과로로 1929년 49세의 나이에 생을 마감했다. 대구에서 순교한 첫 선교사인 그녀가 살던 주택은 대구 유형문화재 제24호로 지정되어 보존되고 있다.

4 소텔 선교사

안동 선교부를 개척한 소텔(C. C. Sawtell, 사우대) 선교사는 1907년 부부가 함께 내한하여 대구 선교부에 배치를 받았다. 안동 주변 지역 전도에 힘쓰던 그는 1909년 장티푸스에 감염되어 28세의 젊은 나이로, 내한한 지 2년 만에 사망했다. 안동에서 전도하다 순교한 최초의 선교사인 그의 묘비에는 "I am going to love them(나는 그들을 사랑하겠노라)"이라는 글이 남겨져 있다.

5 번스턴 선교사 딸

구세군 대구 지방사관 번스턴(B. A. Bernsten)은 부임하여 선교사로 사역하던 중 1918년에 딸 루스(R. Bernsten)를 낳았으나 이듬해 괴질로 사망했다. 아기의 묘비에는 "우리의 사랑하는 루스(Our Darling Ruth)"라는 글귀가 새겨져 있다. 번스턴 선교사는 한국전쟁 후 중립국 감시위원단 스웨덴 대표로 내한하기도 했다.

6 헨더슨 선교사 아들

헨더슨(H. H. Henderson, 현거선) 선교사는 1918년 부부가 함께 내한하여 대구

-

넬리 애덤스 선교사 묘비

-

마사 브루언 선교사 묘비

-

스위처 선교사 묘비

-

소텔 선교사 묘비

-

번스턴 선교사 딸 묘비

-

헨더슨 선교사 아들 묘비

선교부에 배치 받고 계성학교 교장으로 봉직했다. 1920년 아들 버디(B. Henderson)가 태어나지만 괴질로 이듬해 단명했다.

7 윈 선교사 가족

미국 북장로교 선교사 윈(R. E. Winn, 인노절)은 엠퍼린 대학과 매코믹 신학교를 졸업하고 1909년 부인 캐서린(C. L. Winn)과 내한하여 부산, 밀양 지방에서 선교했다. 1914년 안동 지방으로 이전해 경안 노회를 창설했다. 1920년에는 크로더스(J. Y. Crothers, 권찬영) 선교사와 함께 안동 남녀성경학교를 창설했다. 그 후 남녀를 분리해 성경학교를 운영했다. 그는 남자성경학교 교장으로 취임해 전도자 양성에 힘을 기울였다. 그는 1922년 아내와 두 자녀를 두고 이질로 사망했다. 경안고등학교 구내에 있는 묘비에는 "He is not dead but sleepeth(그는 죽지 않고 잠들었을 뿐이다)"라고 기록되어 있다. 경안 노회는 그의 추모 사업으로 모금운동을 해 1925년에 인노절 선교사 기념 성경학교를 건축했다. 이후 이 학교는 1948년 경안고등성경학교로 이름을 바꾸었다. 이 학교가 2005년에 개교한 경북 지역에 유일한 대학원대학인 경안신학대학원대학교의 모체이다.

1913년 대구 동산병원에서 태어난 딸 헬렌(H. M. Winn)은 태어난 지 열흘 만에 괴질로 사망했다. 그녀는 대구 동산병원 구내에 있는 선교사 묘역에 묻혔다.

8 챔니스 선교사 딸

미국 북장로교 선교사 챔니스(O. V. Chamness, 차미수)는 아내와 함께 1927년에 내한했다. 그는 대구 애락원에서 한센병 환자에게 농업 기술과 축산을 가르쳤다. 그러나 불행하게도 딸 바버라(B. F. Chamness)는 괴질로 사망했다.

9 구세군 여사관 클러 선교사

스웨덴 출신 클러(M. Khler, 고월라) 사관은 구세군사관학교를 졸업하고 1911년 내한했다. 스웨덴 최초의 선교사인 그녀는 호가드 사령관의 비서로 의성과 인근 지방을 순회하면서 선교 활동을 했다. 1913년 장티푸스 환자를 돕다가 감염되어 대구 동산병원에서 치료받던 중 사망했다. 호가드 사령관은 그녀의 시신을 양화진으로 운구하려 했지만 성사되지 못했다. 그녀의 유해는 대구 동산병원 구내에 묻혀 있다가 2000년 구세군 선교사 성역화 일환으로 양화진으로 이장되었다. 대구 동산병원에 그녀를 기리는 기념비가 세워져 있다.

10 헨더슨 선교사 아들

미국 남침례교 선교사 헨더슨(W. R. Henderson)의 아들 조엘(J. R. Henderson)은 1964년에 태어나지만 몇 시간 살지 못하고 사망했다. 그는 대구 동산병원 구내에 있는 선교사 묘역에 안장되었다.

11 앤더슨 선교사 딸

앤더슨(W. J. Anderson, 안대선) 선교사는 슬하에 네 딸을 두었다. 그중 1919년에 태어난 도로시(D. E. Anderson)는 이듬해 괴질로 안동에서 숨을 거두었다. 그녀의 시신은 안동 경안고등학교 구내 선교사 묘역에 묻혔다.

12 보켈 선교사 아들

미국 북장로교 선교사 보켈(H. Voekel, 옥호열)은 1929년에 부부가 내한했다. 주로 안동 지방을 순회하며 선교했다. 1933년에 아들을 얻지만 1년 만에 괴질로 사망

원 선교사 묘비

클러 여사관 묘비

앤더슨 선교사 딸 묘비

보켈 선교사 자녀 묘비

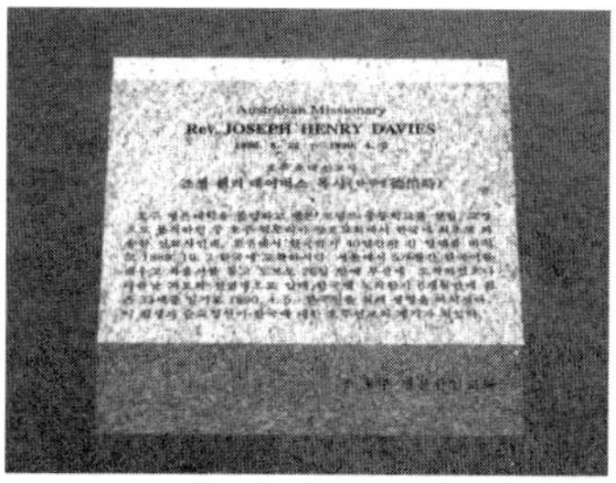

데이비스 선교사 기념비

맥피 선교사 기념비

했다. 그의 시신은 경안고등학교 교정에 묻혀 있다. 보켈 선교사는 1941년 철수했다가 1946년에 내한해 선교를 재개했다. 6·25전쟁이 발발하자 반공 포로를 전도했다. 1952년에는 석방된 반공포로 50여 명에게 장학금을 지급해 신학교육을 시켜 목사로 양성했다.

부산 · 경남 선교사 묘역

1 첫 희생자 데이비스 선교사

뉴질랜드에서 태어난 데이비스(J. H. Davies, 덕배시) 선교사는 스코틀랜드 에딘버러 대학에서 신학을 전공하고 인도에서 선교하다가 건강이 나빠져 귀국했다. 1889년 호주 장로교 선교부의 파송을 받아 누이동생과 함께 내한했다. 그는 경성과 평양 등에 이미 다른 교단이 정착해 있음을 파악하고, 부산을 선교지로 삼고자 계획했다. 1890년 정부로부터 전라, 경상 지방 여행 허가를 받아 경성에서부터 부산까지 도보로 전도 여행을 시작했다. 무리하게 도보 여행을 하다 천연두와 급성폐렴으로 사망했다.

경남성시화운동본부는 마산 진동에 선교사 묘원을 마련해 부산과 경남 지방에 흩어져 있던 선교사들의 묘를 2009년 9월 이장하고 기념비를 세웠다.

2 맥피 선교사

1911년 내한한 맥피(P. I. McPhee, 미희) 선교사는 마산 창신학교 여학생부를 맡아 교육을 담당했다. 1913년 여학생부를 분립시켜 마산 의신여학교를 설립하고 초대 교장으로 부임했다. 그녀는 여성 계몽운동과 여성 사경회 강사로 활동하다가 1937

년 56세로 삶을 마감했다.

3 테일러 선교사

에딘버러 의과대학을 졸업한 테일러(W. Taylor, 위대인) 선교사는 1913년 호주 장로교 의료 선교사로 부인과 함께 내한했다. 테일러 선교사 부부는 통영 선교부 최초의 의료 선교사로 배속되었다. 부부는 배를 이용하여 통영 앞바다에 있는 여러 섬을 순회하면서 진료했다. 그리고 1916년에는 한센병 환자를 치료하기 위해 육지에 가까운 한 섬에 나병원을 건립하고자 했으나, 일제의 규제로 성사되지 못했다. 1923년 진주에 배돈병원을 개설하고 원장으로 부임했다. 그러다 풍토병을 치료하기 위해 일본으로 갔다. 1938년 그곳에서 사망했다.

4 애덤슨 선교사

마산 선교부를 개척한 애덤슨(A. Adamson, 손안로) 선교사는 1894년 아내 엘리자(E. P. Adamson)와 함께 부산에 도착했다. 호주 빅토리아 청년연합회에서 파송을 받은 그는 부산, 마산을 중심으로 선교하면서 20여 곳의 교회를 설립했다. 엘리자는 1901년 조선에 온 지 1년 6개월 만에 심장병으로 별세했다. 34세의 젊은 나이에 두 딸을 남겨두고 삶을 마감한 것이다. 애덤슨 선교사는 1901년 마산 최초의 교회인 마산포교회(지금의 문창교회)를 설립했고, 1908년 경남 최초의 신식학교인 창신학교 설립에 기여했다.

5 앨리스 라이트 선교사

앨리스 라이트(A. G. N. Wright, 니번) 선교사는 호주 멜본에서 여교역자 훈련

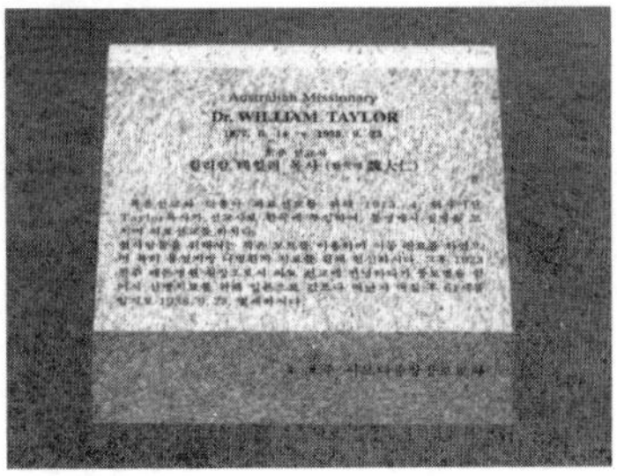

테일러 선교사 기념비

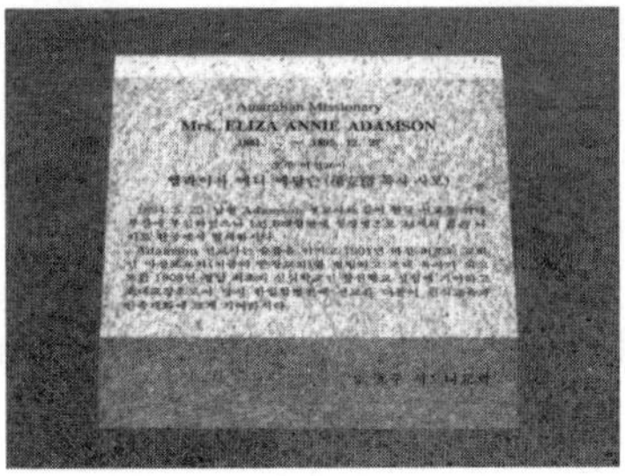

애덤슨 선교사 기념비

앨리스 라이트 선교사 기념비

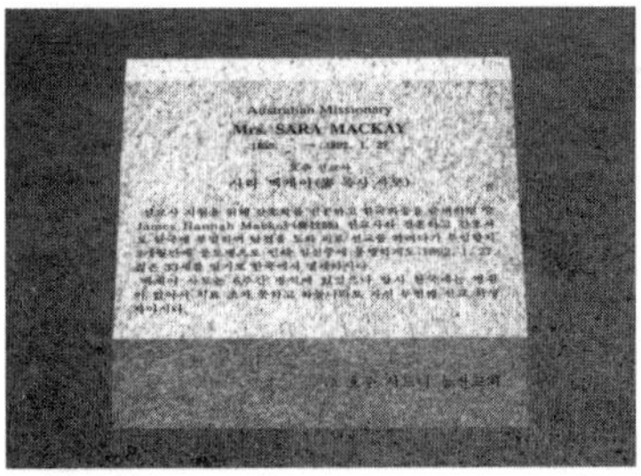

사라 맥케이 선교사 기념비

네이피어 선교사 묘비

앨런 선교사 묘비

을 받고 교육 선교사로 임명받았다. 1905년 남편 앨버트(A. C. Wright, 예원배)와 함께 내한했다. 1908년 부산 일신여학교를 맡아 4년간 교장으로 봉직하면서 민족의식을 고취했으며, 사경회 때마다 성경을 가르쳤다. 여성 한센병 환자를 돕다가 51세의 나이로 삶을 마감했다.

6 사라 맥케이 선교사

1890년 데이비스 선교사가 부산에서 사망했다는 소식을 접한 호주 빅토리아 장로교 부인연합회에서 맥케이(J. H. Mackay, 매계) 부부와 맨지스(B. Manzies), 포세트(M. Fawcett), 페리(J. Perry) 3명의 독신 여성 선교사를 파송했다. 이들은 1891년 부산에 도착했다. 맥케이 선교사의 부인 사라(S. A. Mackay, 맥 부인)는 멜번의 앨프레드 병원에서 1년간 간호 훈련 과정을 마치고 간호 선교사를 지원해 조선에 왔다. 도착 당시 사라는 임신 중이었다. 그러나 거주할 주택이 마련되지 않아 혹독하게 추운 겨울을 지내야 했다. 그러다 사라는 조선에 온 지 3개월 만에 풍토병으로 사망했다.

7 네이피어 간호 선교사

스코틀랜드 출신인 네이피어(G. Napier, 남성진) 선교사는 고등학교 교사로 봉직하다가 선교사의 사명을 받았다. 간호학교에서 간호학을 전공하여 간호사로서 1912년 내한하여 마산 진료소를 설립, 운영했다. 이후 진주 배돈병원 간호부장으로 헌신했다. 1920년 가을 콜레라가 유행하자 헌신적으로 환자를 돌봤다. 그녀는 유아복지 사업에도 힘썼는데, 부족한 모유를 대체할 방법을 강구했다. 1936년 진주에서 사망했다. 진주 시내에 안장되었다가 진주시의 개발 계획으로 진주시와 경계를 이루고 있는 산천으로 이장되었다.

8 앨런 선교사

앨런(A. W. Allen, 앨랜애) 선교사는 1913년 호주 장로교 선교사로 내한하여 진주 선교부를 개척했다. 진주에서 진주 공립남학교를 설립하여 교장으로 25년간 근속했다. 1926년 마산 선교부로 전임하여 호신학교를 설립하고 초대 교장으로 재직하다가 1932년 사망했다. 그 역시 진주시의 개발 계획으로 네이피어 선교사와 함께 산천에 나란히 누워 있다.

노고단과 왕시루봉

호남 지방에서 선교 사역을 하던 미국 남장로교 선교사 가운데 적지 않은 이들이 풍토병으로 생명을 잃었다. 특히 1913년 코잇 선교사가 순천 선교부에 부임한 지 얼마 안 되어 하루 사이에 두 자녀를 잃은 일은 큰 충격을 주었다. 이에 미국 남장로교 선교사 프레스턴의 제안에 따라 지리산 노고단에 휴양지를 건축하기로 했다. 그곳에 강당, 회의실, 주택 등 52동의 건물을 신축했다. 매년 여름이 되면 선교사 가족들이 이곳에서 휴양하면서 얼마 동안 지내다가 다시 임지로 나가 선교 활동을 했다.

노고단에 선교사들의 휴양지가 개설되었다는 소식이 중국과 일본에서 활동하던 선교사들에게 알려지자, 그들도 이곳에서 여름을 보냈다. 그러나 일제 말에 선교사들이 퇴각을 당하자 당시 경성제국대학 농학부에서 이곳을 관리했다. 그러다 해방이 되자 선교사들이 다시 이곳을 사용하게 되었다. 그 후 14연대 여순 반란 사건으로 이곳이 파괴되었으며, 현재는 강당만 앙상하게 남아 있다.

이곳을 복원하지 못하고 있다가 1962년 미국 남장로교 린턴 선교사가 왕시루봉

안동 선교사 묘원

마산 진동에 있는 호주 선교사 8명의 묘비

노고단 휴양지

왕시루봉 선교사 주택

에 12동의 주택을 건축한 뒤 이곳을 선교사들의 휴양지로 사용해 왔다. 그러나 선교사들이 철수하자 국립공원으로 소유지가 변경되어 관리를 하지 못하게 되었다. 현재 순천 지방 교계에서 사단법인 지리산 선교유적지 보존연합회(이사장: 안금남 목사)를 조직해 왕시루봉 선교유적지를 지키고자 노력하고 있다. 2012년 5월 14일에는 보존연합회 주최로 선교유적지 50주년을 맞이해 교계 지도자 등 150여 명이 모여 왕시루봉에서 기념예배를 드렸다.

3

조선 교회의 저항과 민족운동

1 조선 교회의 저항운동

기독교와 구국운동

구한말의 청일 전쟁과 러일 전쟁으로 조선은 완전히 무기력한 나라가 되었고, 일제는 쉽게 조선을 점령할 수 있었다. 이러한 사실을 모르고 있던 대다수의 조선인들은 기독교를 통해 나라를 찾으려 했다. 이것은 두 가지 측면에서 비롯되었다. 하나는 각 지방마다 교회가 설립되면서 기독교 문화 곧 만인평등 사상을 접하게 된 것이다. 조선은 철저한 유교 문화의 지배를 받아 왔기에 집단주의, 권위주의, 신분 차별, 남녀 차별 등이 강했다. 그러나 교회를 통해 새로운 문화를 접하게 된 많은 교인들은 기존 유교 가치관의 변화를 경험했다. 그들은 개인이 얼마나 중요한지를 교회를 통해 배웠다. 유교의 산물인 권위주의는 성경의 만인평등 사상 앞에서 힘을 쓸 수 없었다. 조선 사회는 양반과 천민의 차별 의식이 철저했다. 똑같은 인간으로 태어났지만 양반이라 하여 천민을 종처럼 학대하고 무리한 일을 시키는 등 말로 다할 수 없는 차별이 곳곳에 있었다. 미 북장로교 무어(S. F. Moore, 모삼열) 선교사는 특별히 천민을 중

-

백정해방운동을 주도한 무어 선교사 가족. 무어는 미국 북장로교 선교사로서 백정 전도의 개척자로 활약했다. 장티푸스에 걸려 죽어 가던 백정 박성춘을 에비슨 선교사와 함께 치료하고, 이후 정부에 백정 신분 철폐와 일반인과 동등한 권리 보장을 청원하여 갑오개혁(1894)을 이끌었다.

-

한글을 배우고 있는 초기 호주 선교사들. 켈리, 박신연, 외븐심으로 의식화 교육을 하며 차별 정책을 철회할 것을 구한말 조정에 헌의했다. 그 결과 천민도 양반과 똑같은 신분을 갖게 되었다.[1)]

남녀 차별도 극심했다. 여자는 교육시키지 않았으며, 교육을 한다 해도 한글을 터득하는 정도였다. 심지어 한글을 '언문'이라고 속되게 불러 여자나 천민이 배우는 글로 격하시켰다. 당시 여성은 가능한 한 외출은 삼가하고 평생 남편을 섬기며 사는 것을 가장 높은 덕으로 알았다. 그러나 교회를 통해 이러한 사상이 하나둘 무너졌다. 예배 시간을 통하여 성경을 알게 되고, 주일학교운동을 통해 성경을 배움으로써 유교의 전통이 무너지기 시작했다.

다른 하나는 미션 스쿨의 영향이다. 미션 스쿨은 근대 신교육을 접할 수 있는 기회가 되었다. 이곳에 재학한 많은 학생들은 새로운 인생관과 세계관을 접하게 되었다. 이로 인해 자주 · 자립정신에 입각한 애국심이 형성되었다. 여기에 새로운 교육 방법으로 더불어 살아가는 것의 소중함을 되새기는 운동회가 개최되면서 공동체의 삶이 얼마나 중요한가를 알 수 있었다. 더욱이 연설회, 토론회, 웅변대회 등을 통해 개인의 개성에 대한 중요성 또한 깨닫게 되었다. 또한 자신을 희생하면서 남을 돕는 일이 중요하다는 것을 마음속 깊이 깨우친 사람들이 생겨나자 자연히 구국에 시선이 집중되기 시작했다.[2)]

한편 교회와 미션 스쿨을 통해 구국과 새로운 국가관이 형성되어 가고 있음을 인지했던 많은 민족 지도자들이 미션 스쿨이 아닌 민족계 교육기관을 설립했다. 독실한 기독교인이자 구한말 군대 지휘관을 역임한 이동휘는 1905년부터 전국 각지에 100여 개가 넘는 교육 기관을 설립해 민족의식을 불어넣었다. 1907년 2월, 외국에서 귀국한 신실한 기독교 지도자 안창호는 평양에 대성학교를 설립하고 민족 지도자를 양성했다. 안창호의 영향을 받은 이승훈 역시 기독교 신자가 되어 오산학당, 가명학교,

신흥학교를 설립하고 민족 건학을 바탕으로 기독교 정신으로 교육했다.

독립협회는 나라의 운명이 기울어 가자 조선이 자주국가임을 모든 백성에게 알려야 함을 절감하고 1896년 4월에 〈독립신문〉을 창간했다. 1987년 5월에는 중국 사신을 영접했던 모화관을 개수하고 독립관이라는 간판을 달았으며, 중국 사신을 맞이하기 위해 세운 영은문을 헐고 그 자리에 독립문을 세웠다. 〈독립신문〉은 모든 백성이 읽을 수 있도록 순 한글로 발간했다. 이 신문은 일반 대중이 국가 의식과 민권 사상을 갖고 국정의 잘못을 비판하고 열강의 세력을 고발하는 등 다양한 볼거리로 민중계몽운동에 힘을 기울였다. 〈독립신문〉을 구독했던 대다수 민중은 민족이 있어야 국가가 있다는 사실을 확인하고 구국에 앞장섰다. 이에 1897년 2월, 감리교에서는 근대 문명과 민족의식을 고취시키고 기독교 사상을 전하기 위해 아펜젤러 선교사를 주축으로 한 〈조선 그리스도인 회보〉를, 장로교에서는 언더우드 선교사가 주축이 된 〈그리스도 신문〉을 발간했다.[3)]

이외에 고종 황제 탄신일에 교파를 초월하여 연합적으로 축하 행사를 열었다. 이 행사에서 함께 예배하고 애국가도 부르며 교회에 태극기를 달았다. 이러한 전통이 이어져 3·1절 같은 국경일에는 늘 애국가를 부르며 민족이 얼마나 중요한가를 일깨우기도 했다.[4)]

저항운동

강압적으로 을사조약을 체결한 일제는 점차 주권을 빼앗기 시작했다. 이에 길선주 전도사의 발의로 대한예수교장로회 공의회에서는 1905년 11월 감사절 다음 날부터 한 주간 구국기도회를 갖기로 결의했다. 그해 11월, 전국 각 지역의 모든 장로교회가 가진 구국기도회는 국가의 형편을 모든 교인들에게 알릴 좋은 기회가 되었다. 이

만민공동회 개최 모습(1898)

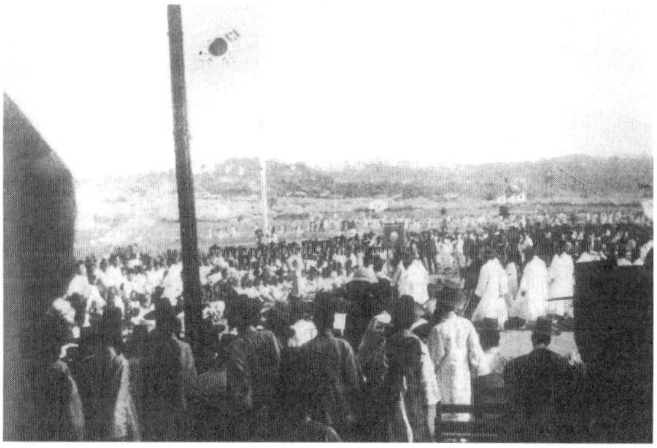

만민공동회(1898).
서울 종로 거리에서 만민공동회를 열었다. 이는 조국의 자주 독립을 위한 첫 민간운동이다. 두 번째 관민합작 만민공동회에는 정부도 함께 참가하고 지원했으나 일본의 간섭으로 해산되었다. 긴 장대 위에 태극기가 걸려 있고 중앙에는 외국인이 사진 촬영을 위해 카메라를 조작하고 있다.

갑신정변을 주도했던 이들. 왼쪽부터 박영효, 서광범, 서재필, 김옥균.

사대(事大)의 상징인 영은문, 1896년 2월에 헐렸다.

독립문 기공식. 서재필과 독립협회는 영은문이 헐린 자리에 독립문을 세우기로 하고 1896년 11월 21일 기공식을 거행해 1897년 11월에 완공했다.

105인 사건에 연루된 기독교인들의 늠름한 모습

러한 소식이 다른 교파에도 알려졌다. 을사조약이 체결되자, 서울 상동감리교회에 소속된 상동청년학원과 감리교 청년회 조직체인 엡윗 청년회(Epworth League) 등이 연합하고 수천 명의 청년과 일반 신도 들이 모여 일주일간 기도회를 가졌다. 이 기도회를 주동했던 상동감리교회 전덕기 전도사는 김구, 이동녕, 옥관빈, 조성환, 이지간 등과 함께 기도회를 마친 후 도끼를 메고 궁궐로 나아가 조약반대 상소문을 올렸다. 이때부터 교인들은 소극적인 자세에서 적극적인 자세로 바뀌었다. 1907년 4월 안창호를 중심으로 항일 비밀결사 단체가 조직되었다. 여기에 참여했던 단원은 거의 상동청년학원 학생이었다. 이 항일 비밀결사 단체는 신민회(新民會)가 주축이 되었다. 이들의 명단은 다음과 같다.

> 신민회 창립 시 발기인으로 참가한 인물을 보면 상동청년학원과 신민회 창립 사이에 밀접한 관계가 있었음을 알 수 있다. 양기탁, 이갑, 이동휘, 이동녕, 유동열, 전덕기 그리고 안창호 등의 발기인은 직간접으로 상동청년학원과 연관을 맺고 있던 인사들이다.[5)]

신민회는 부패한 사상과 습관을 혁신하여 국민을 유신하며, 침체된 산업을 유신함으로써 자유문명국을 세우는 데 목적을 두었다. 이러한 신민회의 궁극적인 목적은 상실해 가는 국권을 회복하는 것이었다. 그러기 위해 중세적인 봉건 왕조를 청산하고 백성이 주인이 되는 공화국을 설립해야 했다. 그리하여 기독교가 왕성한 서북 지방에 근거를 두고 전국 각지에 지방 조직을 만들었으며, 조직의 회원은 국가관이 투철하고 국권회복운동에 적극적으로 참여할 인사들로 선발했다. 이 조직에 참여한 인사는 주로 기독교인들이었으며, 비기독교인 가운데 신민회의 창립 목적에 찬동했던 사람들

1897년 5월 영은문 자리에 독립문을 세웠다. 사진은 지금의 독립문(사적 제 32호)

모화관을 개수하여 1897년 5월 독립관을 완공했다. 독립관은 독립협회의 사무실로 사용되어 독립협회 활동의 근거지이자 자주독립을 상징했다.

도 참여하여 함께 국권 회복에 최선을 다했다.

105인 사건과 일제의 탄압

100만 명 구령운동 후 일본은 큰 위협을 느꼈다. 일본은 장차 조선에서 기독교가 구심점이 되어 식민지 통치를 위협할 것이라 판단했다. 그리하여 서북 지방의 기독교를 탄압하기 위한 묘안을 모색하기 시작했다. 그 중에서 가장 대표적인 탄압 사건이 일제가 조작한 '105인 사건'이다.

1910년 12월 조선 총독 데라우치가 압록강 철도 개통식에 참석하기 위해 경성을 떠나 서북 지방으로 가던 중 서북 지방 기독교 교인들이 암살을 음모했다며 대대적으로 교인들을 체포했다. 이 일로 서북 지방 기독교인 700여 명을 구속했다. 그리고 이중 105명을 기소하여 재판에 회부했다. 1912년 6월 경성 지방법원에서 105명 중 99명은 무죄로 석방되었으며, 윤치호, 안태국, 양기탁, 이승훈, 임치정, 옥관빈 6명은 5-6년형을 받아 옥살이를 했다. 1915년 2월 이들은 일본 천황 대관식 특사로 출감했다. 이 105인 사건은 1912년 9월 3일 오전 평안북도 선천에 있는 신성중학교를 급습하여 아침 기도회를 마치고 교실로 들어가던 교사 7명과 학생 20명을 체포하여 경성으로 압송하는 사건으로 이어졌다.[6]

체포당한 이들은 자신들이 왜 체포되었는지 전혀 알지 못했다. 경성 경무총감부 제1헌병대 유치장으로 이첩된 이들은 담금질, 학춤 고문, 물고문, 손톱과 발톱에 대나무 못 박기, 입 안에 석탄가루 쑤셔 넣기 등 무려 72가지나 되는 가혹한 고문을 받았다. 김근형, 정화순은 심문 과정에서 삶을 마감했다.

105인 사건은 조선 교회에 적지 않은 영향을 미쳤다. 1911년과 1912년 사이 조선 교회의 교세는 대폭 축소되었다. 장로교회의 경우는 1911년 144,261명이던 전체

교인이 1912년에는 127,228명으로 1년 동안 무려 17,000여 명이 감소했다. 예배당의 수는 1,448개에서 1,438개로, 학교 수는 656개에서 566개로 감소했다. 105인 사건은 일본의 조선 통치를 긍정적으로 바라보던 선교사들의 시각을 부정적으로 전환시켰다.

> 음모 사건을 행한 자는 없었던 것이다. 정부는 기독교 지도자들의 음모의 증거를 전혀 얻을 수가 없었다. 한국과 외국의 크리스천들은 이 의제재판(擬制裁判)으로 인하여 일본으로부터 멀어져 갔다.[7)]

결국 105인 사건이 만천하에 거짓임이 드러나자 일제는 기소했던 105인 모두를 무죄로 석방했다.[8)]

2 2·8독립선언과 3·1독립운동

2·8독립선언

조선을 완전히 식민화한 일제의 데라우치 총독은 무단(武斷) 통치로 조선인의 모든 자유를 박탈해 갔다. 더욱이 보통학교를 설립했던 총독부는 동화(同化) 정책과 우민화(愚民化)라는 이름으로 철저하게 일본식 교육을 단행했다. 여기에 교사들은 모두 군복을 입고 옆구리에는 일본도를 차고 다니도록 했다. 일제가 얼마나 강압적인 교육을 시행했는지 알 수 있다.

일본의 우민화 정책에 고통을 받던 많은 민족주의자들은 해외로 이주하여 독립운동을 전개해 갔다. 이렇게 민족계몽운동이 싹트기 시작하면서 기독교는 민족운동으로 전개되었다. 이러한 운동이 만주 간도 지방, 일본, 미국, 중국 상해로 번지면서 항일독립운동이 곳곳에서 일어났다. 마침 유럽에서는 독일이 주축이 된 동맹국과 프랑스와 영국 등을 주축으로 한 연합국 간에 전쟁이 일어났다. 바로 1차 대전(1914–1918)이다. 그러나 동맹국의 패배로 1차 대전이 종결되자 미국 대통령 윌슨은 '민족

-

일본 도쿄에서 2·8독립선언을 주도한 유학생들

-

도쿄 조선 YMCA 계단에서 찍은 유학생들 사진

자결주의'를 외치고 나섰다. 그동안 힘이 없어서 강대국의 식민지가 된 모든 약소민족이 이 소식을 듣고 서서히 독립운동에 가담하게 되었다. 1918년 4월에는 파리 평화회의에 조선의 독립을 청원하기 위해 김규식 박사를 대표로 파송했다.

> 이러한 소식을 접했던 일본 도쿄 유학생들은 1918년 12월 29일 유학생 송년회와 30일 유학생 웅변대회 등에서 조선독립운동의 의제를 갖고 토론을 전개하고 독립운동을 전개하기로 합의했다. 그다음 해 1월 6일 도쿄 조선 YMCA에서 다시 웅변대회를 개최하고 최팔용, 백관수, 윤창석 등 10여 명이 모여 실행위원을 선출하고 독립운동 실천 계획을 세우기도 했다. 이들은 독립선언을 하여 선언서를 일본 정부, 각국 공관, 일본 귀족원 중의원에 보내기로 결정하였다. 이때쯤 신한청년당의 조용은, 장덕수 등이 일본에 파견되어 유학생들의 궐기를 권유하고 이광수도 북경에서 경성을 거쳐 도쿄에 이르러 유학생들과 합류하여 선언서를 기초했다.[9)]

유학생들은 선언서 초고를 송계백에게 주어 조선에 파견했다. 그리고 도쿄 유학생 400여 명은 예정대로 2 · 8독립선언서와 결의문, 민족대회 소집 청원서를 도쿄 조선 YMCA에 모여 낭독하고 일본 정부, 국회, 각 국가 공관, 언론 기관 등에 발송했다. 이 운동은 곧 본국에까지 파급되어 3·1독립운동을 일으키는 데 결정적인 역할을 했다.

3·1독립운동

일본 도쿄에서 전개된 2·8독립선언 소식을 접한 조선에서는 천도교를 중심으

3·1운동을 지도했던 33인 민족 대표들

3·1운동에 참여한 시민들이 시가 행진을 하고 있다.

1919년 3·1운동 때 비밀 장소로 사용되었던 승동교회

로 운동을 추진해 갔다. 그리고 기독교인 이승훈, 양전백 등을 찾아가 독립운동에 대해 협의했다. 이때 서북 지역(평양, 선천, 정주)의 기독교인을 중심으로 독립운동을 전개하는 것이 좋겠다는 데 의견을 모으고 조직에 임하게 되었다. 천도교측의 연락을 받은 이승훈은 곧 상경하여 경성에서 손병희를 만나 기독교와 함께 독립운동을 전개하기로 했다. 이때 이승훈은 경성 YMCA 간사 박희도, 세브란스 병원의 제약 주임 이갑성, 연희전문학교 학생대표 김원백 등을 만나 협의했다. 이때 종교계가 연합해 전개하자는 뜻에 따라 불교계의 한용운, 백용성 등도 함께 참여하기로 했다.[10]

이처럼 종교계가 중심이 되어 구체적인 독립운동을 준비하는 가운데 자금은 천도교가 맡고 인원 동원은 기독교가 맡기로 했다. 그리고 거사는 1919년 3월 1일로 정했다. 그리고 최남선에게 〈독립선언서〉를 작성하게 했다. 최남선은 〈독립선언서〉를 작성하다 탄로나면 모든 일이 끝나 버릴 것 같아 와가쿠사쵸(지금의 을지로 3가)라는 일본인 마을에 있는 와가쿠사쵸 교회(지금의 초동교회, 현재는 종로3가로 이전했다)의 한 일본인 여집사의 집 2층에서 〈독립선언서〉를 작성했다. 선언서가 완성되자 손병희 교령에게 연락해 그가 운영하는 보신각 인쇄소에서 인쇄했다. 모든 준비가 끝나자 〈독립선언서〉에 서명했던 민족 대표 33명(기독교 16명, 천도교 15명, 불교 2명)은 이날 오전 종로에 있는 태화관에 모여 〈독립선언서〉를 낭독하고 일제에 통보했다. 이때 서명했던 민족 대표들은 곧 경찰에 연행되었다. 토요일이었던 이날, 학생들은 따로 종로 탑골 공원으로 향했다. 그리고 시민들도 탑골 공원에 집결했다. 그런데 민족 대표자들이 한 사람도 나타나지 않자 〈독립선언서〉를 갖고 왔던 황해도 해주읍 남본정교회 정재용 전도사가 팔각정에 올라가 〈독립선언서〉를 낭독했다. 〈독립선언서〉 낭독이 끝나자 학생과 시민 들이 질서정연하게 평화적인 방법으로 시위에 임했다.

김선두 목사는 평양에 있는 6개 교회를 연합시켜 선언식과 시위를 계획했다. 3월

탑골공원에 설치된 3·1운동 부조 동판. 정재용 전도사가 〈독립선언서〉를 낭독하고 있다.

조선 독립을 외치면서 3·1운동에 참여한 여성들

〈독립선언서〉작성자 최남선 선생(오른쪽)과 함께한 정재용 전도사(왼쪽)(1954. 1. 7.)

1일 평양 숭덕학교 운동장에는 1,000여 명의 군중이 모였다. 이때 김선두 목사는 '구속되어 천년을 사는 것보다는 자유를 찾아 백년을 사는 것이 의의가 있다'고 연설하여 군중을 열광시켰다. 이날 경성에서 일어났던 독립운동은 같은 시각에 평양, 진남포, 안주, 선천, 의주, 원산 등지에서 일어났으며, 점차 전국으로 확산되면서 남하하기 시작했다. 사전에 경성과 긴밀한 연락을 받았던 청주, 천안, 공주, 군산, 전주, 광주, 목포, 대구, 부산에서도 기독교와 천도교가 함께 "대한 독립 만세"를 외쳤다. 특별히 기독교에서는 미션 스쿨의 남녀학생이 주동이 되어 전국적으로 만세를 부르기 시작했으며, 이에 기독교 신자와 함께 천도교 교인들도 참여했다.

> 총회장 김선두 목사는 이 일로 체포되어 그해 장로회 총회가 열리는 10월까지 복역해 부득이 부회장 마포삼열 선교사가 총회를 주재했다.[11)]

이 독립운동은 조선 교회가 감당해야 할 십자가였기에 누구 하나 자신을 아끼지 않고 모두 맨손으로 독립 만세를 외쳤다. 처음부터 비폭력으로 임했던 조선의 시민과 학생 들은 가장 평화적인 방법으로 시위했다. 하지만 일제의 헌병은 총칼을 휘두르며 시위대를 무자비하게 탄압했다. 평남 강서군 사천의 학살 사건, 평북 정주의 학살과 방화 사건, 의주교회의 방화와 파괴 사건, 경기 수원 제암교회 방화와 학살 사건, 경성의 십자가 처형 사건, 전북 익산역전에서 일본 헌병이 무차별적으로 탄압한 사건 등은 차마 말로 다 표현할 수 없다. 이중 수원 제암교회 사건은 일본군 아리다 헌병이 기독교인과 천도교인을 교회에 불러 모은 뒤 문을 폐쇄하고 방화하여 모두 태워 죽인 끔찍한 사건이다. 일제는 이것도 모자라 마을 민가 31호를 전소시켰다. 3·1운동의 현장이 얼마나 비참했는지를 일본의 유명한 영문학자 사이토 이사무(齋藤勇)는 〈어느

화성 제암리 3·1운동 순국 유적(사적 제299호). 불탄 예배당 터에 순국기념탑을 세우고, 국내외 관련 자료를 모아 기념관에 전시해 두고 있다. 맨 아래 사진은 당시 무참히 살해된 주민 23명을 기리는 23인 순국묘지

살육 사건〉이라는 시로 온 세상에 알렸다.

그곳은 도시에서 떨어져 있는 쓸쓸한 시골
나무로 지어진 소박한 예배당이 서 있는 곳
흰 옷을 걸친 그 고장 사람들
어떤 이는 중병에 걸린 노부(老父)를 두고
혹은 해산할 아내를 두고
아니면 간신히 그 날을 보낼 일감을 두고
오늘은 주일도 아닌데 왜 모이는가
명령이다.

바로 엄한 헌병들의 명령이다.
모이는 사람은 이삼십 명
그 중에는 예수 믿지 않는 사람도 적지 않았는데……
헌병들은 힐책했다.
왜 만세를 불렀는가 하고
아, 아, 내 나라 없어져 간다면 침묵하고 있을까
당국은 선정을 베풀지 않는데
그 누가 그 굴욕과 모멸을 참으랴
더구나 무력과 폭력을 써서 백성의 복종을 요구하는
위정자가 있다고 하면 (……)[12]

이 사건은 스코필드(F. W. Schofield, 석호필) 선교사를 통해 전 세계에 알려졌고 일본은 국제적인 비난을 받았다. 약 6개월간 전개된 독립운동에 동참한 종교인 대부분은 기독교 신자였으며, 그 중 장로교도가 절대 다수를 차지했다. 종교별로 피해 사항을 살펴보면 다음과 같다.

종교	남	여	소계(교역자, 역원)	계(비율)
천도교	2,266	15	2,281(125)	2,295(11.76%)
시천교	14	-	14	
불교	220	-	220(120)	220(1.13%)
유교	346	-	346	346(1.77%)
기독교 감리교	518	42	560	3,428(17.56%)
기독교 장로교	2,254	232	2,486(244)	
기독교 조합교회	7	-	7	
기독교 기타 교회	286	34	320	
천주교	54	1	55	
기타 종교인	21	-	21	21(0.11%)
무종교	9,255	49	9,304	9,304(47.66%)
미상	3,809	98	3,907	3,907(20.01%)
합계	19,050	471	19,521(100%)	

[표 4] 3·1운동으로 체포된 종교인의 통계[13)]

민족 대표 33명 중 기독교 인사는 길선주 목사, 이필주 목사, 김병조 목사, 김창준 목사, 양전백 목사, 유여대 목사, 이명룡 장로, 이승훈 장로, 박희도 전도사, 박동완 전도사, 신흥식 목사, 신석구 목사, 오화영 목사, 정춘수 목사, 최성모 목사, 이갑성(평신도) 등 16명이다.

해외 3·1독립운동과 임시 정부 출현

3·1독립운동은 국내에서 끝나지 않았다. 이 일로 1919년 4월 중국 상해에서 대한민국 임시 정부가 수립되었다. 임시 정부 수립에 기독교인들의 역할은 거의 절대적이었다고 해도 과언이 아니다. 우선 그 모체가 된 것은 독립 임시 사무소를 설치, 운영한 신한청년단(新韓靑年團)이다. 이 단체는 1918년 여름에 결성되었는데, 단원 중 종교가 밝혀진 사람들은 모두 기독교인이다. 바로 이들이 장덕수를 비롯해서 김구, 서병호, 송병조, 여운형, 김규식 등이다. 신한청년단은 국제회의에 조선의 독립을 호소할 대표를 파견하고자 했다. 그러기 위해서는 정부가 필요했는데 당장 정부를 구성할 수 없으니 정당을 만들어 정부의 역할을 대신하고자 한 것이다.[14)]

신한청년단은 독립 청원서를 작성하여 미국 윌슨 대통령에게 보내는 한편 김규식 박사를 파리평화회의에 파견하는 등 외교 활동에 힘썼다. 아울러 3·1독립운동 이전부터 단원들을 국내로 잠입시켜 독립운동과 자금 조달 활동을 하도록 했다. 그 결과 상해는 3·1독립운동의 진원지가 되었다. 신한청년단의 서병호, 여운형 등은 국내에서 온 현순, 최창식 등과 함께 상해에 독립 임시 사무소를 설치하고 임시 정부 조직에 착수했다. 그리하여 같은 해 4월 19일, 임시 정부와 임시 의정원이 출범했다.

> 비록 신한청년단 소속은 아니었지만 교회와 관계를 맺고 있던 이승만(국무총리), 안창호(내무 총장), 이동휘, 조소앙(비서장), 신익희(내무 차장) 등 기독교인들로 임시 정부 요인들이 구성되었다.[15)]

-

대한민국 임시의정원 요인(1921. 1. 1.)

-

상해 임시 정부 의정원 의장(1922)을 역임했던 김인전 목사 동상.
충남 서천에 건립되어 있다.

한편 1919년 3월 13일, 조선인이 많이 이주해 있던 중국 북간도 지방 용정에서도 만여 명이 모여 독립 만세를 외쳤다. 이때 중국 군인의 발포로 10여 명이 사망하고 수십 명이 부상을 당했다. 이후 북간도는 일제에게 땅을 빼앗긴 농민과 독립운동으로 나라를 되찾겠다는 민족주의자 들의 이민으로 독립운동을 지속해 갔다. 이들은 상해의 대한민국 임시 정부에 독립 자금을 지원하기도 했으며, 1920년 8월에는 간도 지방의 연길현, 왕청현, 화룡현 3개 현에 있는 10개 지방에 대한국민회를 조직한 후 133개의 지회를 조직하여 간도 지방 최대 독립운동단체로 발전해 갔다. 이들은 1920년 중국 연길현 명월구에 사관학교를 설립하여 독립군을 양성했다. 그해 7월, 일본군과 벌인 봉오동전투에서 대승을 거두기도 했다.

또한 서간도 지방에서는 통화현, 유하현, 즙안현 등을 중심으로 만세 시위를 활발하게 전개했다. 1919년 4월 대황구교회에서는 약 300명의 교인들이 무기 마련에 재정적인 지원을 아끼지 않았으며, 청년 70여 명은 군사 훈련을 받으면서 항일 투쟁에 앞장섰다. 또한 즙안현에 있는 교인들은 천도교 신도들과 연합하여 청년회를 조직하고 독립운동단체를 지원했다. 이처럼 간도 지방이 항일 투쟁의 본거지로 부상하자, 1920년 10월 일본 군부에서는 항일 투쟁을 뿌리째 뽑겠다며 무자비한 색출을 단행했다. 이 과정에서 많은 교인들이 처형당했다.

국내외를 막론하고 독립운동에 가담할 수 있었던 에너지는 바로 조선 교회라 할 수 있다. 일본의 무자비한 탄압에도 굴하지 않고 담대하게 선 독립운동의 역사는 조선 교회의 자랑이다. 이 일은 그동안 조선 교회가 교회 성장에 힘을 기울였기에 가능했다. 더욱이 100만 명 구령운동은 하나님께서 준비해 두신 하나님의 섭리였다. 이 운동을 통해 기독교의 교세를 강화했기에 독립운동을 주도해 나갈 수 있었다.

상해 임시 정부 유적지 관리처

상해 임시 정부 유적지 안내 표지

2009년 4월, 임시 정부 수립 제 90주년 기념대회가 상해에서 있었다.

3·1독립운동의 결과

3·1독립운동은 비록 독립을 이루어 내지는 못했지만 이 운동을 통해 조선 교회는 새로운 성장을 이뤄 나갔다. 모펫 선교사는 자신의 저서에 3·1독립운동을 이렇게 소개했다.

> 첫째, 조선인의 독립 의지를 전 세계에 천명했다.
>
> 둘째, 하나의 민족 공동체 의식을 태동시켰다. 지역, 신분, 연령, 남녀를 초월해 유사 이래 이 민족이 이렇게 하나로 단결해 민족운동을 전개한 적은 없었다.
>
> 셋째, 고난과 박해는 오히려 기독교가 더욱 발전하는 계기가 되었다.[16)]

모펫 선교사가 지적한 것처럼 3·1독립운동은 교회를 근절시키기보다 오히려 교회가 새로운 성장기로 접어들게 했다. 이후 무단 정책으로 일관해 왔던 일제는 무력으로는 조선 민족을 통치할 수 없음을 깨닫고 방향을 전환했다. 그동안 악독하게 헌병 경찰 정책을 폈던 하세가와 총독이 본국으로 소환되어 갔으며, 후임 사이토 총독은 문화 정치라는 이름으로 교묘하게 탄압 정책을 시행했다. 당시 교회를 설립하려면 일본 정부의 허가가 필요했지만 이후부터는 신고만으로도 가능해졌다. 대신 '교회에서 사회의 안녕과 질서를 문란하게 할 우려가 있다고 인정될 경우에는 그 사용의 정지나 금지를 명령할 수 있다'는 규정을 넣어 교회가 독립운동에 참여하지 못하게 했다. 그리고 '사립학교 규칙'을 개정하여 미션 스쿨에서 성경을 교육하는 것을 인정했다.

이처럼 일제는 교묘하게 기독교에 대한 탄압을 지속하면서 감시했다. 일본과 중국의 철저한 탄압으로 일부 독립운동가들은 다시 러시아의 블라디보스토크로 이동했다. 그들은 신한촌(新韓村)을 건설하여 독립운동의 본부를 설치하고 북간도 지방과 서로 협력하면서 지속적으로 독립운동을 전개했다.

3 진흥운동과 문화운동

진흥운동

1920년대부터 장로교회는 일제의 탄압에도 불구하고 수적인 성장을 계속했다. 이러한 장로교회의 성장은 1919년 진흥운동에서 출발한다. 이 운동은 1차 시기(1919-1925)와 2차 시기(1929-1934)를 거쳐 오는 동안 감리교회와 연합하는 운동으로 부흥운동에 힘을 더해 주었다.

3·1독립운동 직후인 1919년 10월에 열린 제8회 조선예수교장로회 정기 총회에서 블레어 선교사를 위원장으로 한 진흥부를 설치하고 전국에 있는 12개 노회에서 3명씩 총 36명으로 위원회를 구성했다. 총회는 1921년까지 향후 3년간을 진흥의 해로 정하고 1921년에는 준비와 개인 전도, 1922년에는 부흥회와 단체 전도, 1923년에는 유년주일학교의 부흥에 초점을 맞추어서 부흥운동을 전개했다. 특히 1922년에는 한 해에 한두 번의 부흥회를 개최하며 각 노회로 하여금 도사경회(都査經會)를 열어 연합부흥회에 힘쓰도록 했다. 각 노회도 이에 호응하여 부흥부를 상설 부서로 설치했으

1890년 6월 25일 창립된 예수교서회

조선 남북감리교회 통합전권 위원들(1930. 11. 19)

만국기독청년면려회 조선연합대회 참가자 일동(1924. 12. 5.).
앞줄 오른쪽 두 번째가 앤더슨 선교사

며, 노회 산하 여러 교회들이 부흥회에 적극 참여했다. 이 결과 폭발적인 부흥을 경험하게 되었다.

> 1919년에 교회 수 1,705개, 교인 수 144,062명이었던 장로교회의 통계 수치는 1926년에는 교회 수 2,277개, 교인 수는 194,498명으로 증가하였다.[17)]

좀더 자세하게 살펴보면 조선 교회는 1920년대부터 5년간 30%가량 성장했다. 이렇게 부흥할 수 있었던 것은 3·1독립운동이 좌절되자 구국의 힘이 교회로 옮겨갔기 때문이다. 1920-1930년대 부흥운동의 특징은 개인의 영적 지도력에 의존했다는 점이다. 1909년에 일어났던 100만 명 구령운동 같은 부흥운동 역시 길선주 목사와 김익두 목사가 이끌었다. 이들은 치유 사건을 수반한 부흥운동과 내세 지향적 부흥운동을 일으켰다. 이는 하루하루 살기 힘들고 앞날이 어두운 식민지 백성으로 살아가던 조선인들의 내세에 대한 소망이 어느 때보다 강했기 때문이다. 당시 부흥회에 참석했던 사람들은 자신이 지은 죄에 대한 통회에 식민지 지배를 당하는 슬픔도 함께 실었으며, 영혼의 평안과 식민 지배의 현실을 극복하려는 염원을 지녔다. 이처럼 부흥운동의 흐름은 대체로 말세와 재림을 강조하면서 내세의 소망을 담았다.

연합운동과 문화운동

1) 조선성교서회 설립

1890년 언더우드 선교사를 비롯한 여러 선교사들이 문서 선교를 위해 교파를 초월하여 조선성교서회를 설립했다. 조선성교서회는 선교협의회의 위탁으로 주일학교 계단(유년부, 초등부) 공과를 발행했다. 1915년에는 서회의 명칭을 조선예수교서회로 변경하고, 그해 12월에는 장감 양 교단의 협력으로 두 선교회에서 발행해 오던 신문을 통합해 기독교 주간지《기독신보(基督申報)》를 발행했다.《기독신보》는 양 교파의 교류에 큰 역할을 했다. 이 일로 장감이 연합하여 함께 사용할 수 있는《찬송가》를 1919년에 발행했다. 1931년에는 찬송가를 수정 보완하여《신정 찬송가》를 발간했다. 그러나 홍보 미약으로 장로교에서는 적극적으로 사용하지 못했다. 이를 해소하기 위해 장로교에서는 1935년 11월에《신편 찬송가》를 발행하면서 단일 찬송가 시대가 막을 내렸다.[18)]

조선예수교서회는 대체로 선교사 중심으로 운영되어 조선 교회의 지도자 사이에 불만이 일었다. 이러한 불만을 해소하기 위해 1928년 선교사들은 조선인이 참여할 수 있는 길을 열어 주었다. 이사의 수를 늘려 전체 32명의 이사 중에 조선인 6명을 이사로 세웠다. 1941년 3월 18일, 이사회는 〈조선예수교서회 사업 경영 방침〉이라는 결의문을 채택하고 모든 권한을 조선인에게 양도하기로 했다. 이 결의로 감리교의 양주삼 목사가 총무로 취임했으며, 장로교의 백낙준 박사가 실무자로 함께 운영했다. 이러한 배경에는 일제의 압력이 작용했다.

일제의 압력이 본격적으로 대두되자 1940년 10월 주한 미국 영사 마시는 미국 선교사들에게 철수 명령을 내렸다. 이에 따라 전국에 설치되어 있는 각 선교부마다 귀국 길에 올랐다. 총 219명이 철수했으며, 1942년 6월 철수가 완료되었다. 1941년 12월 8일, 일본이 하와이를 습격해 미일 전쟁이 발발하자 한 사람의 선교사도 조선에 남지 않았다.

2) 출판문화운동

좁은 조선 땅에서 많은 일을 하려면 서로 협력하는 협의체가 절실하다는 여론에 따라 1905년 장로교 4개 선교회와 감리교 2개 선교회가 협의하여 조선복음주의 선교연합공의회를 조직했다. 연합공의회를 통해 조선 교회는 '하나 된 개신교회'를 위해 노력했다. 몇 차례 협의를 거친 연합공의회는 가능한 한 교파를 배격하고 순수하게 예수만을 전하자는 취지에서 '대한예수교회'라는 명칭을 사용하자는 제안이 나왔다. 이때 교인들은 크게 환영했지만, 일부 선교사들의 반대로 성사되지 못했다. 1910년에는 초교파적으로 할 수 있는 일은 서로 협력한다는 데 원칙을 세우고 다양한 연합운동을 전개했다. 비록 교파는 달랐지만 연합하여 사역하는 일은 계속 추진하기로 하는데, 이 운동이 한국 에큐메니컬 운동의 효시가 되었다.

한편, 성경 번역 출판을 맡은 성서번역위원회가 1887년에 조직되었다. 성서번역위원회의 노력으로 1900년 신약성경이 완역 출판되었으며, 1911년 구약성경이 완역 출간되었다. 이로써 조선에서도 모국어로 된 신구약성경을 소유할 수 있게 되었다. 그동안 장로교에서는 《코리아 필드(*The Korea Field*)》, 감리교에서는 《코리아 메도디스트(*The Korea Methodist*)》 등 영문 잡지를 정기적으로 발간하다가 1905년 11월에 두 잡지를 통합해 《코리아 미션 필드(*The Korea Mission Field*)》를 발간하게 되었다. 그리고 한글로 발간하던 장로교의 〈그리스도 신문〉과 감리교의 〈그리스도인 회보〉 역시 1906년 7월 〈그리스도 신문〉으로 통합되었다. 하나님을 찬양하기 위해 만든 예배용 찬송가 역시 장로교에서는 《찬양가》, 감리교에서는 《찬미가》를 각각 발행했으나, 1908년 장감 합동으로 《찬송가》를 발간했다.

조선기독교 출판문화운동은 1882년 봄, 중국 심양에서 로스 선교사가 누가복음과 요한복음을 출판하면서 시작되었다. 그 후 1887년 신약전서 《예수성교전서》가 출간되었다. 그리고 일본에 있던 이수정이 1883년 11월 '현토성서'라는 이름으로 《신약전서 마태전》을 출간했으며, 이듬해 12월에는 순한문성서 《신약마가전복음서》를 출간했다. 1885년, 언더우드 선교사와 아펜젤러 선교사가 조선에 처음 발을 내디딜 때 이 책을 갖고 들어왔다. 이 문서는 조선 선교에 큰 힘이 되었다. 조선 땅에 정착한 선교사들은 문서 선교의 필요성을 느껴 성경을 꾸준히 번역했다. 이후 언더우드, 아펜젤러, 스크랜튼, 게일, 레이놀즈는 성서번역위원회의 주축이 되었다. 1900년 9월 9일에는 신약전서 완간 감사 예배를 드렸다. 이후로도 성서번역위원회 활동은 계속되었다. 1910년에는 구약성경이 한글로 완역되어 대영성서공회(지금의 대한성서공회)에서 출간되었다.

이렇듯 한글 출판의 필요성을 절감한 선교사들이 조직한 조선성교서회는 미국 교회와 영국 교회의 도움을 받아 《천로역정》 등 다양한 서적을 출간해 전도용으로 사용했다. 특히 1902년 이상재, 이승만, 유성준, 김정식, 남명선이 한양감옥소에 수감되었을 때, 이들은 우리말로 번역된 《천로역정》을 읽고 출옥 후 기독교 신자가 되었다. 이 서회는 1948년에 대한기독교서회로 이름을 바꾸었다. 조선성교서회에서 최초로 출간한 찬송가집은 1892년 감리교 존슨 선교사가 편집한 《찬미가》이다. 《찬미가》는 30장으로 구성되었다. 이듬해에는 언더우드 선교사가 117장이 수록된 《찬양가》를 출간했다. 그리고 1895년에는 장로교의 모펫 선교사와 언더우드 선교사가 85장으로 된 《찬송가》를 출간했다. 1908년에는 장감 연합으로 20년간 87만 부를 보급했으며, 1911년에는 성결교회가 조선에 들어오면서 교단에서 즐겨 부른 복음성가 160편을 간행했으며, 1912년에는 구세군에서 《찬송가》를 간행했다.[19)]

이외에도 배재학당 내에 있는 삼문출판사에서는 감리교 계통 책이나 배재학당 교과서 같은 책을 출간했다. 교계 잡지로는 1889년 5월 아펜젤러 선교사가 최초로

《예수성교전서》(1887)

《신약 전서》《구약 전서》

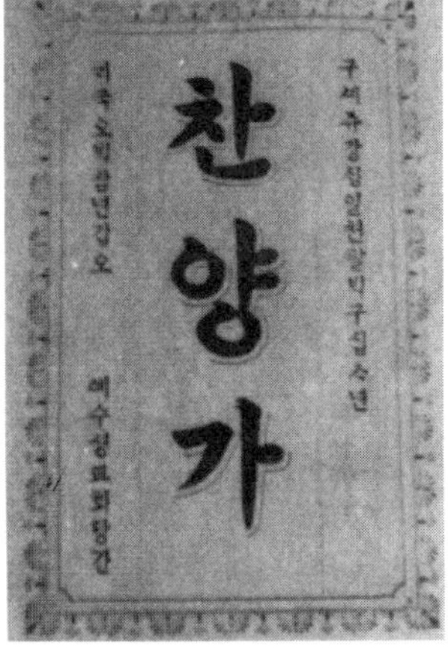

장로교《찬양가》(1894)와
장감 합동《찬송가》(1908)

《교회》라는 잡지를 발간했다. 1892년 1월에는 최초의 영문 잡지 《코리안 리포지터리(*The Korean Repository*)》를 창간했다. 1900년 12월에는 감리교 계통에서 《신학월보》를 창간했다. 1906년 6월에는 유일선과 신채호가 중심이 되어 《가정잡지》를 발간했다. 총회에서는 1925년 1월 주일학교의 중요성을 느끼고 계간지 《주일학교》를 발간했다. 1933년 한글 맞춤법 통일안이 확정되자 성경과 찬송가를 새로운 철자법에 맞추어 출간하면서 한글 보급에 크게 기여했다. 당시 조선어학회는 1938년 9월 18일 개최된 조선예수교장로회 제27회 총회에 감사의 뜻을 전하기도 했다.

국제 교류

조선 교회는 동역자로서 힘을 모았던 외국인 선교사들의 활동으로 국제 교류에 참여할 수 있게 되었다. 1927년 미국 로스앤젤레스에서 개최된 세계주일학교대회에 장로교 김관식 목사를 총대로, 이성휘 목사를 부총대로, 클라크(C. A. Clark, 곽안련) 선교사를 명예 총무로 선임해 참여했다. 같은 해에는 예루살렘 국제선교협의회에 장감 대표자들이 참여했다. 조선 대표로 선정된 인사는 장로교 모펫, 정인과, 감리교 선교사 노블(W. A. Noble, 노보을), 신흥우, 양주삼, 김활란 등이 참가해 조선 교회의 위상을 세계 교회에 알렸다. 1930년에는 평신도 단체 만국기독청년면려회에 조선 대표로 조휘염을 파송했으며, 1932년 제21회 장로회 총회에서 세계주일학교대회에 조선주일학교 연합회 대표인 장로교 정인과 목사를 파송하여 세계 교회와 교류를 가졌다.

4 사회봉사운동

총회 농촌부 설치

한일합병 당시 일제는 전국의 토지를 조사(1910-1917)하여 등록하지 않은 토지를 몰수했다. 그리고 동양척식주식회사를 만들어 몰수한 토지를 일본인들에게 싼 값으로 팔아넘겼다. 토지를 빼앗긴 농민들은 소작인으로 전락하여 비참하게 살아갔으며, 소작 조건이 악화되면서 농가 부채가 늘어났다. 이로 인해 농촌 빈민의 수는 해가 갈수록 증가했다. 그러자 농민들은 도시로, 때로는 일본으로 이주했다.

1920년대에는 홍수, 가뭄, 서리 등 자연 재해가 겹쳐 더욱 어려워졌다. 1930년대에는 수많은 일본인들이 조선으로 진출했다. 그러면서 김제 평야, 옥구 평야, 익산 평야, 나주 평야, 함평 평야, 무안 평야, 심지어 신안의 하의도 섬 전체를 일본인들이 경작했다. 핍박 받던 농민들이 1924년에 일으킨 하의도 농민항쟁과 1930년에 일어난 신안군 암태도 소작쟁의는 일제 강점기의 대표적인 농민항쟁운동이다. 일제는 만주 벌판을 향해 야욕을 품기 시작했다. 그리고 만주 전역을 점령하기 위해 군사 비행장을 건설하는 등 군산 등지를 병참기지화했다. 당시 일제는 전 세계가 겪고 있던 대공황을 빌미로 식민지를 더욱 핍박했다.

1931년에 만주 사변을 일으킨 일제는 요령성, 길림성, 흑룡강성 등지에 만주국을 수립하고 토지를 수탈했다. 이 일에 필요한 농업 인력은 식민지 조선에서 차출했다. 이후 중국 본토를 정복하려고 일제가 일으킨 중일 전쟁을 위해 조선 땅에 군수 산업과 중화학 공업과 광업을 일으켰다. 이 일로 조선은 완전히 일본의 병참기지가 되었다. 이 사태를 그대로 두고 볼 수 없다고 판단한 조선예수교장로회 총회는 1928년 9월 대구 신정교회당에서 제17회 총회를 개최해 각 노회에 농촌부를 설치했다. 이후 전국에 있는 20개 노회가 가을노회부터 노회 안에 농촌부를 설치했다. 당시 교회는 모두 3,658개, 교인은 17만 7,416명이었다. 대부분의 교회가 농촌 지역에 있었기에 총회는 농촌 선교에 집중했다. 당시 조선의 주된 산업은 농업으로, 농업이 생활의 기반이었다. 특별히 예루살렘 국제선교협의회에 참가했던 정인과 목사를 초대 농촌부 부장으로 임명했다. 총회 농촌부에서 발행한 월간지 《종교시보(宗敎時報)》에는 다음과 같은 광고가 실렸다.

> 금일 조선 농촌은 영과 육이 아울러 거의 죽을 위기에 이르러 영을 구할 복음, 육을 살릴 밥을 찾고 있습니다.[20]

여기서 말하는 농촌운동은 영과 육을 함께 구원하는 농촌 선교를 의미한다. 이와 함께 정인과 목사는 농촌이 잘 살아야 백성이 건강해진다는 이론을 전개했다. 당시 농촌 사회는 피폐해 가고 있었기에 공산주의 사상이 가난한 농민에게 접촉하면서 유물론 사상이 확산됐다. 총회 농촌부는 땅, 비, 해와 세상 모든 만물을 하나님이 주

농촌의 어느 가정

개천에서 빨래하는 농민들

목포 진료소를 개설한 오웬 의료 선교사와 조사들(1898)

-

순천 안력산병원 직원들(1935)

-

미국 남장로교 의료 선교사 가족 일동. 뒷줄 왼쪽 첫 번째가 포사이드 의료 선교사

셨음을 강조해 농민들을 공산주의 이론과 공산주의자들로부터 보호하고자 했다. 농촌운동은 농촌 전도라는 큰 뜻을 갖고 정인과 목사와 함께 농촌운동을 전개했던 배민수 목사는, 농촌 중심의 선교가 바로 예수의 전도 방식이라고 주장했다.

> 예수께서 농촌(스불론, 납달리) 지역으로 다니며 복음을 전하셨던 것처럼 우리도 우선적으로 농어촌에서 복음운동을 해야 한다.[21]

농촌 선교에 관심이 많았던 이훈구 성도는 《종교시보》에 도시 중심의 교회에서 농촌 중심의 선교로 옮겨 가야 하는 선교 제2기가 왔음을 피력했다.

> 조선에서 예수교가 정말 조선 사람의 종교가 되고 또 정말 조선 대중의 영을 구원하려면 농민을 내어 놓고는 안 될 시기가 왔다. (……) 예수교가 정말 조선 사람의 것이 되려면 농민 대중의 심리에 뿌리를 박아야 할 것이다.[22]

배민수 목사는 실제로 모범 농촌을 건설해 모든 농민과 농촌 교회 교역자들에게 본이 되고자 했으며, '예수촌'을 만들어 이 땅에 기독교 왕국을 건설하고자 농촌운동에 힘을 기울였다. 이러한 배경에는 과거부터 전해 내려온 농촌의 해묵은 나쁜 관습을 타파하고자 하는 목적도 있었다. 곧 관혼상제의 간소화, 금연, 금주, 도박 금지, 여성의 권리 향상, 남녀평등, 위생, 협동 등을 이뤄 나가기 위한 것이었다. 여기에 더욱 강조된 것은 고사, 굿, 경 읽기, 조상 숭배 등을 금하는 것이었다. 또한 농사 개량과 농업의 기계화를 통해 농촌 경제 향상에 주력했다.

광주 제중원. 1905년 미국 남장로교에서 설립한 종합병원. 초대 원장은 놀런(J. W. Nolan) 선교사

광주 제중원(후에 광주 기독병원) 2대 원장 윌슨(R. M. Wilson) 선교사와 가족

광주 제중원 치과의사 리비 선교사와 조수들(1938)

배민수 목사가 구상한 사회 혁명은 궁극적으로 자주 독립이었다. 그는 농촌 경제가 살아나면 나라는 필연적으로 독립할 것이라 믿었다. 그런데 이와 같은 일을 추진하려면 총회의 뒷받침이 절대적이었다. 그는 1930년에 열린 제19회 총회에 다음과 같이 헌의했다.

1. 본부가 경영하는 농민 생활 잡지를 각 노회에서 힘써 선전해 주십시오.
2. 농촌부를 조직하지 못한 노회는 속히 조직하게 해주십시오.
3. 의산 노회에서 남만 선교회에 농업 강사 1명을 파송해 주시되 강병주를 파송하며, 여비 반액은 의산 노회가, 나머지 반액과 유숙비는 청원하는 교회에서 담당하게 해주십시오.
4. 농촌사업협동위원회를 승인해 주십시오.
5. 본회에서 파송할 농촌사업협동위원회 총대는 정인과, 강병주 두 사람으로 선정해 주십시오.
6. 본부 사업을 확장하기 위하여 10월 세 번째 주일을 농촌 주일로 작정해 그날 연보하여 반액은 각 노회 농촌부가 쓰고 반액은 본부로 보내게 해주십시오.
7. 본부에서 농촌사업협동위원회와 협력하여 농촌사업 지도자강습회, 제2차 농사강습소, 지방 농사강습회를 진행하게 해주십시오.(……)[23)]

농촌부에 관심이 많았던 총회는 농촌부의 청원을 허락했다. 그런데 당시 농촌운동은 장로교회 총회 농촌부만이 아니라 다른 교단에서도 관심을 가지고 시행하고 있었다. 농촌운동을 효과적으로 하기 위해 1929년 장로교회를 비롯하여 감리교, 조선예수교연합공의회, YMCA, YWCA 그리고 외국 선교사회와 연합하여 농촌사업협동위원회를 조직했다. 그리고 실질적으로 일할 일꾼으로 장로교 소속 배민수 목사를 총무로 선정했다. 이렇게 농촌사업협동위원회가 가동되자 농촌 교회는 새로운 활기를 띠게 되었다.

> 농촌사업협동위원회는 주로 '농촌사업 지도자강습회'와 '농사강습'을 개최하였다. 1930년 1월부터 3월까지 농사강습회를 전국 21개 도시를 돌면서 개최했는데, 이 강습회에 등록한 사람 수는 4,280명이었고, 야간 신앙 집회에는 평균 4만여 명이 참석하였다. 계속해서 정례적으로 열렸다. 이렇게 해서 농촌사업협동위원회는 개신교회의 여러 교단들과 단체가 다 함께 협력하여 농촌운동을 실천한 에큐메니컬 운동의 첫 열매로 평가될 수 있다. 그런데 이 위원회의 활동은 한 해 동안 전개되다가 멈추어 버렸다.[24)]

1930년부터 농촌사업협동위원회의 해체를 주장하는 여론이 일기 시작했다. 교회는 영적 사업을 하는 곳이지 농촌 문제에 관여해선 안 된다는 주장이 강하게 일었다. 이 일로 자연히 농촌운동에 대한 찬반 시비가 벌어졌다. 이것은 점차 보수파와 진보파 사이의 논쟁으로 확산되었다. 농촌운동을 반대하는 사람들은 교회의 일차적 과제는 '신앙과 전도'에 있다고 강조하면서 영과 육을 구분하고 성과 속을 엄격히 떼어 놓는 이분법적 논리를 전개했다. 보수파의 김인서 장로는 다음과 같이 주장했다.

> '신앙과 밥'의 문제를 따로 구별하고 신앙과 농촌운동을 따로 떼어 놓고

-

진주 배돈병원

-

애락원에서 플레처(A. G. Fletcher) 원장이 한센병 환자 보이스카우트 단원들을 훈련하고 있다. 애락원은 한센병 환자 수용소로서 대구 동산병원의 분원처럼 세워졌다. 애락원은 수용된 한센병 환자들의 치료와 함께 구원을 위해 힘썼으며, 각종 직업 교도를 통하여 생의 의욕을 북돋아 주었다.

매켄지 목사가 담당했던 초기 한센병 환자 수용소의 신자들(부산)

매켄지 목사 한국 선교 20주년을 기념하는 '매견시(매켄지) 기념비' 건립식(1930)

> 신앙을 우선적으로 앞세워야 하며, (……) 기도해야 할 예배당에서 돼지 기르는 법을 가르치고 있으면 교회도 망하고 농사도 안 될 것이며, 따라서 신자와 불신자가 함께 일을 도모할 수 없으므로, 소수의 교인과 다수의 불신자는 기독교적 협동조합을 함께할 수 없다.[25]

보수파 채정민 목사 역시 "교회가 정치, 경제, 사회 등에 관여하지 말고 만민에게 영생하는 영의 양식을 먹여야 한다. 썩을 양식을 만들어 먹여선 안 된다"고 주장했다. 또한 이들은 농촌운동이 "성경적 근거가 없으며, 예수께서 농촌운동을 명하신 일이 없다"고 했다.[26]

그러나 진보파의 여론도 만만치 않았다. 진보파는 '전 국민의 8할 이상을 차지하는 농민들에게 영의 양식도 중요하지만 육의 양식이 더 필요하며, 만일 조선 땅에서 농사를 지을 수 없는 형편 또는 농촌이 삶의 터전이 되지 않을 경우 많은 농촌 인구가 어디로 가겠는가. 그들은 유리걸식하다가 죽거나 만주나 일본으로 떠나 버릴 것이다. 그러면 도대체 누구에게 구령 사업을 할 수 있는가' 하는 논리로 반박했다.

또 하나, 교계 지도자의 불화로 농촌부의 존폐 문제가 더 불거졌다. 배민수 목사와 정인과 목사 사이에 큰 불화가 끊이지 않았다. 이 불화를 수습하려면 총회 농촌부를 폐지해야 한다는 여론이 강하게 대두되었다. 여기에 YMCA 지도자들 사이에 경기도를 중심한 기호파와 평안도를 중심한 서북파가 서로 대립했다. 그리고 총회 농촌부와 숭실전문학교 농학과 사이에도 갈등이 빈번했다. 또한 농촌 교회를 위한다면서 실제적인 농사와는 거리가 먼 이론 중심의 강습도 문제로 대두되었다.

총회 농촌부 폐지운동을 강력하게 주장한 김인서 장로는 유명한 부흥사의 말을 인용하여 '교회의 일과 교인의 일은 다르다'고 주장했다. 이 주장은 '교인은 세속 사회에서 다양한 직업을 선택하여 살아가지만 교회는 신령한 일만 해야 한다'는 논지를 펴게 했다. 결국 1935년 9월 평양 서문밖교회에서 열린 제24회 총회에서 평서 노회가 헌의한 총회 농촌부 폐지안이 안건으로 상정되었다. 긴 토론 끝에 결론을 내지 못한 채 넘어갔으나 1937년 9월 대구 제일교회당에서 개최된 제26회 총회에서 농촌부를 해산하기로 결의했다.

하지만 농촌운동은 지속적으로 전개되었다. 여기에 영적인 영역과 육적인 영역을 분리시키고 거룩함과 속된 것을 엄격하게 나누어 영적인 '농촌 전도 사업'만은 지속해 갔다. 총회 농촌부에서 발행하던 월간지 《농민 생활》도 계속 발행되었다. 1942년에는 《개로(皆勞)》로 이름을 고쳐 발간했다. 그러나 후에 친일 잡지로 변질되었다.

농촌 질병퇴치운동

1930년대 조선인을 괴롭힌 3대 고질병으로는 나병(한센병), 결핵, 화류병(성병)을 들 수 있다. 조선 교회에서는 나병과 결핵을 퇴치하기 위해서 질병퇴치운동을 전개했다. 장로교회에서는 여수, 대구, 부산에 있던 나병원을 운영해 매년 총회에 보고했다. 질병퇴치운동을 위한 헌금이 필요했기 때문이다. 특히 1925년 9월, 제14회 총회 보고서에 따르면 다음과 같은 내용이 있다.

> 1. 감사한 것은 우리 동포 중 참상에 빠진 문둥병자를 위하여 조선 각지에 있는 신자 제위께서 동정하여 주신 금액이 예전보다 많으며, 혹은 개인으로 환자 1명씩 담당하여 치료하여 주신 이도 있는 것을 감사하오며, 특별히 문둥병자 구제에 전무한 황해도 출장 시 많은 동정을 받았는데, 오륙 세 된 어린이들이 의복을 많이 벗어 주기까지 했다 하오

부산 나병원을 찾아 입소를 기다리는 한센병 환자들

여러 곳에서 지원한 재원으로 한센병 환자들이 자원하여 집을 짓고 있다.

해주 결핵요양원교회

최흥종 집사(후에 목사가 되었다). 최흥종 집사는 자신의 전 재산인 토지 1,000평을 무상 기증하여 광주 나병원을 탄생시켰다.

포사이드 선교사. 1909년 거리에 버려진 한센병 환자를 돌보았다.

한센병 환자를 수용했던 봉선리 가마터(1909). 포사이드 선교사가 입구에 서 있다.

봉선리의 한센병 환자 수용소

니 실로 감사합니다.

2. 전 조선 문둥병자 2만여 명 중 1924년도에 3개처 병원에 수용된 환자가 1,200명이더니 금년 현재 수용 환자는 1,400여 명이오니 200여 명을 더 수용하게 됨은 전 조선 각 교회에서 열심히 기도하며 동정하여 주심으로 된 것이니 이에 감사합니다.
3. 문둥병자를 연보하기 위하여 많은 연보기(소, 돼지)를 사서 각처 주일학교 학생과 보통학생들이 진심으로 연보한 것에 더욱 감사합니다.[27)]

1921년에 평양장로회신학교를 졸업한 최흥종 목사는 한센병 환자를 위해 일생을 헌신했다. 최흥종은 목사가 되기 전까지 광주에서 유명한 건달이었다. 그는 구한말 순검을 역임했지만 나라가 망하자 광주에서 건달로 지내면서 장날만 되면 상인들에게서 돈을 뜯어내 자신이 거느리고 있는 건달들을 먹여 살렸다. 목포 프렌치 기념병원에서 의사로 재직하던 포사이드(W. H. Forsythe) 선교사는 1909년 광주에서 사역하던 오웬 선교사가 폐렴으로 사경을 헤매고 있다는 소식을 듣고 그를 치료하기 위해 광주로 가고 있었다. 그러다 나주에서 길거리에 쓰러져 있는 한 여인을 발견했다. 그 여인은 한센병 환자였다. 포사이드 선교사는 그 여인을 자기 말에 태우고 광주에 도착했다. 그리고 광주 봉선리에 벽돌을 굽던 가마굴을 깨끗이 청소해 그곳에 숙소를 마련하고 그 여인을 치료했다. 그러는 사이 오웬 선교사는 삶을 마감했다. 이 소식을 들은 최흥종은 부하 30여 명을 인솔하고 광주 북문안교회에 등록해 개종했다.[28)]

이 일을 계기로 최흥종은 목사가 되어서 평생 한센병 환자를 돌봤다. 그리고 광주에서 활동하던 쉐핑 선교사와 함께 한센병 환자를 치료하고 삶의 터전을 마련해 주었다. 그 후 목사 안수를 받고 광주 중앙교회에서 시무하면서 한센병 환자를 위해 활동하던 중 당시 유지급 인사 윤치호, 김성수, 김병로, 안재홍, 이인, 백관수 등을 만나 나병근절협의회를 만들었다. 그리고 정책 당국인 조선 총독부의 우가키 총독에게서 지원을 약속받았다. 그는 전남 여수시 율촌면 신풍리에 대지를 마련해 옮겼다. 이로 인해 1922년 한국 최초의 나병원인 광주 나병원이 설립되었다. 광주 나병원은 1936년 애양원으로 이름을 바꾸었다.

그리고 전국에 있는 한센병 환자 병원이 재정적 지원을 받을 수 있게 했다. 대구 병원은 일제의 황실로부터 200달러, 총독부로부터는 3,500달러를 지원받았다. 1925년에는 평양에 진료소가 설립되었으며, 1928년에는 황해도 해주에 미국 감리교 선교회에서 구세결핵요양원을 설립했다. 전남 광주 선교부에서도 전문병원인 광주 제중원을 설립하여 결핵 치료에 앞장섰다. 1932년에는 해주 구세병원의 제임스 홀 선교사 부부가 국내 최초로 크리스마스실을 발매하여 결핵 환자를 돕는 데 많은 도움을 주었다. 그러나 불행히도 조선 선교에 힘을 쏟던 외국 선교사들이 일제에게 강제로 출국당하자 그동안 결핵병원 운영에 도움을 주었던 실 판매는 명맥만 유지해 갔다.

절제운동

일제는 1919년 3·1독립운동 이후 무단 정치에서 문화 정치로 정책을 바꾸었다. 여기에는 조선 민족 문화를 파괴하려는 의도가 숨어 있었다. 그리고 이른바 일본식 퇴폐 문화가 조선으로 이식되기 시작했다. 화투를 비롯하여 술, 담배, 아편, 공창(公娼) 등이 만연했다. 1923년부터 시작된 절제운동은 금주운동, 단연운동, 공창폐지운동 등의 형태로 전개되었다.

특히 조선 교회는 선교사들이 선교 활동을 하면서 금주 · 금연운동을 이미 전개하고 있었다. 금주 · 금연운동을 하나의 절기 행사로 진행하면서 대대적인 캠페인을 벌이기도 했다. 주일 오후가 되면 마을을 돌아다니면서 금주가를 부르며 전도지를 나눠 주었다. 장이 서는 날이 주일이면 오전 예배를 마친 후 현수막을 제작하여 높이 들고 다니면서 금주와 금연을 외치기도 했다. 이후 조선에서는 기독교인은 술과 담배는 하지 않는 것으로 인식되었고 이것은 하나의 전통으로 자리 잡았다. 당시 많은 조선 사람들이 술로 인해 공창인 유곽 지대에 빠져들었고, 그들은 결국 빈털터리가 되어서야 그곳을 빠져나올 수 있었다. 《기독신보》에서는 공창에 대해 이렇게 언급했다.

> 공창은 인도적인 문제로 보나 풍기 문제로 보더라도 도저히 용납할 수 없는 제도이다. 그런데 정부는 어찌하여 이 제도를 오늘날 같은 20세기 문명 세계에서 노골적으로 허가하는가 (……) 정부의 정책이 얼마나 우습고 부끄러운 일인지 알 수 있다.[29)]

《기독신보》를 읽은 독자들은 한결같이 일본의 문화 정책이 조선의 젊은 청년들뿐만 아니라 모든 조선 사람들을 술로 취하게 하고 그로 인해 유곽이나 화투 놀이에 빠져들게 해 재산을 탕진하게 만든다고 비난했다. 그리하여 조선여자절제회를 만들었다. 초창기 순회 총무였던 손매례는 이렇게 호소했다.

> 술은 한 사람을 타락시켜 가정을 무너트리며 국가를 쇠약하게 하는 큰 마작이다. 따라서 우리 인생의 모든 불행은 거의 다 술이 만들어 낸다. 사랑하는 형제자매들이여, 먼저 술을 박멸하자. (……) 우리 조선에 새 가정을 건설하려면, 우리 사회를 아름답게 변화시키려면, 우리 조선의

-

절제회가 전개한 주마정벌행군(1922)

-

1923년에 조직된 조선여자절제회는 금주 · 금연 · 축첩폐지운동을 전개했다.
절제회 전국대회 모습(1959. 2. 11.)

새싹을 보려면 먼저 금주해야 한다.[30)]

술은 탄환 없는 대포와 같은데 오히려 용기를 준다고 믿게 했다. 여러 해 동안 연구한 결과, 그 비밀을 알게 되었다. 그러나 우리는 금주하고 금주운동을 철저히 하여 조선을 살리자, 조선의 금주운동은 모든 운동 중 가장 큰 운동이다. 육을 살리고 영을 살리는 운동이며 죽어 가는 조선을 살리는 운동이다.[31)]

1924년 봄 한남 노회에서 누룩 장사를 하는 교인에 대한 치리 문제를 놓고 논의하다가 총회에 헌의하게 되었다. 이때 총회는 당회가 나서서 그만둘 것을 권면하되 만일 이를 이행치 않을 경우에는 치리 징계하라고 결의했다. 금주운동에 대한 장로회 총회의 태도는 단호했다.

장로회 총회는 1926년 의학자이자 사회사업가 오긍선[32)]의 공창 폐지 강연을 개최했다. 그리고 금주 · 금연운동, 공창폐지운동에 적극적으로 지원하기로 결의했다. 이 운동은 자라나는 어린 세대에게도 필요하다는 여론에 따라, 1927년 11월 3일 황해도 황주에서 열리는 조선주일학교연합회에서도 금주운동을 전개했다. 이때 주일학교 연합대회 기간 중 '주마정벌행군'을 실시했다. 송상석, 홍성창, 이동휘, 이학봉, 한몽연 등을 중심으로 홍보원 1,200여 명이 커다란 깃대 20여 개를 앞세우고 악대를 동원하여 시가지를 돌면서 절제운동에 대한 전단지 수천 장을 뿌렸다. 그리고 마지막에는 화형식을 거행했으며, 저녁에는 교회에서 강연회를 개최했다.

금주운동은 〈동아일보〉와 평양 금주단연연맹 등 19개 단체가 후원한 전

> 국적인 운동이 되었다. 그리고 금주를 관철하기 위하여 조선민중 금주동맹을 결성하고 주정문제 연구부를 설치했다. 여기에 〈금주 신문〉을 발행하고, 금주에 대한 입법운동, 알코올중독자 치료부 설치 등 다양한 계획을 세우고 활발하게 실천해 나가기로 했다.[33)]

절제운동은 가시적이고 구체적인 성과가 있었다. 1935년 12월 16일 조선기독교절제회, 기독교 지도자와 일반 사회 유지들이 함께 미성년자 음주끽연금지법 실시 촉성회를 조직했다. 윤치호가 회장으로 선출되었으며, 후원 인사로는 정인과를 비롯하여 양주삼, 조만식, 김창준, 오긍선, 백낙분, 채필근, 이효덕, 송상석, 송진우, 방응모 등이었다. 이 촉성회는 1937년 6월 조선 총독부 심의실에 미성년자 음주 및 끽연 금지 법안을 제출했다. 이 법안은 1938년 3월 일제의 내각 법제국 심의회에 회부되어 통과되었다. 하지만 일제는 청소년은 물론 장년에 이르기까지 금주 · 금연운동에 갖가지 방법을 동원하여 방해했다. 그러나 오직 하나님이 주신 생명을 끝까지 정결하게 지켜야 한다는 정신 하나로 절제운동은 계속되었다.

4

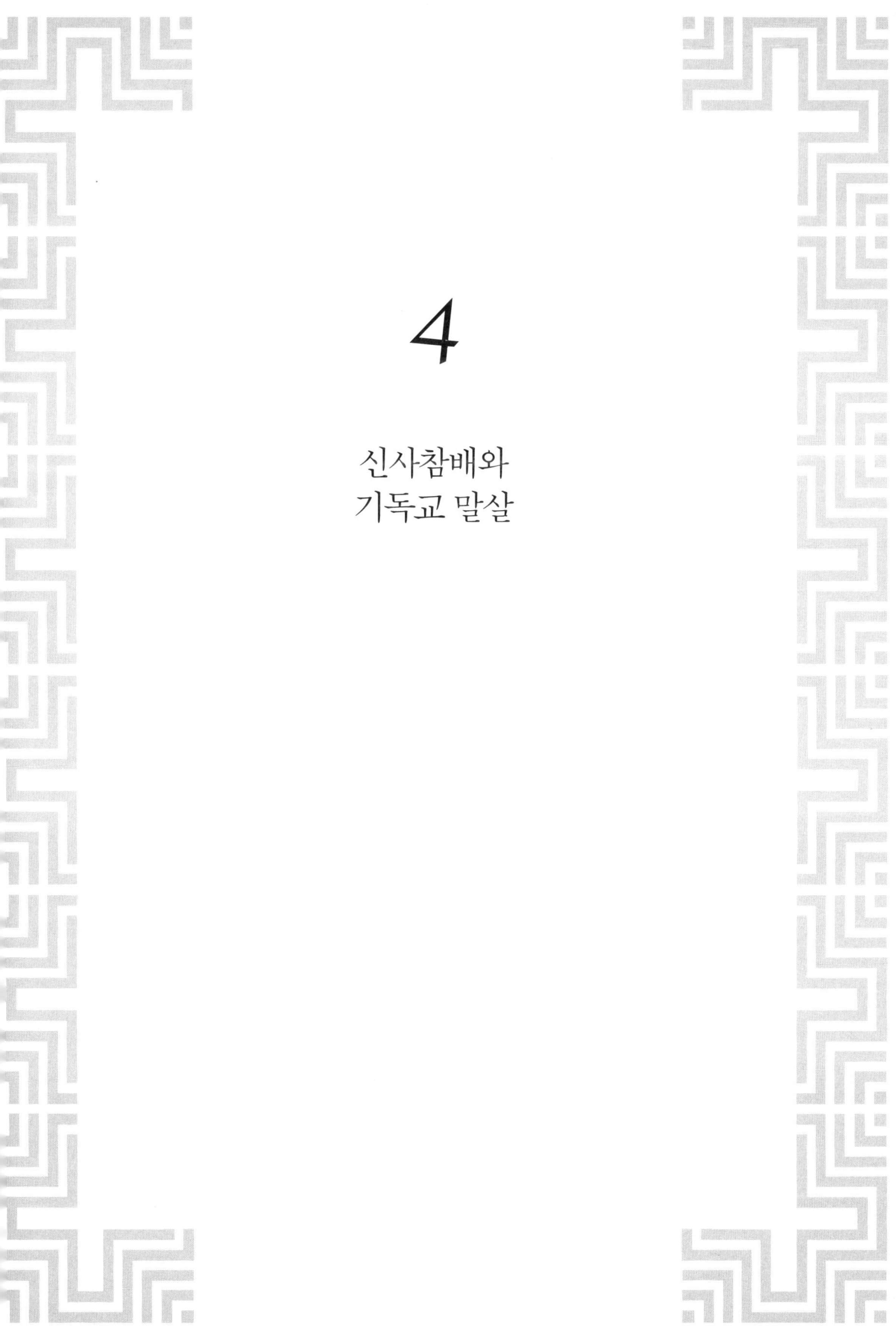

신사참배와
기독교 말살

1 신사참배 결의

신사

신사(神社)의 뿌리를 찾으려면 동양에서 가장 오래된 경전인 역경(易經) 곧《주역(周易)》으로 거슬러 올라간다.《주역》에 "觀 天之神道 而四時不忒 聖人以神道說敎而天下服矣(하늘의 신비한 도를 봄에 사시가 어긋나지 아니하니 성인이 신비한 도로써 가르침을 베풂에 천하가 복종하느니라)"라는 기록이 있다. 여기서 언급하는 신도(神道)는 중국 고대의 도교를 가리킨다. 그런데 일본에서는 일본 고대 사상과 신앙을 외래 종교인 유교, 불교와 구별하기 위해 신도라고 칭했다. 신도는 일본 고전《일본서기(日本書紀)》에서부터 사용되었다. 신도 역시 여느 종교처럼 여러 교파를 형성했다. 제사(祭祀)를 중심하는 신사 신도, 설교를 중심하는 학파, 외래 사상 이전으로 돌아가자는 복고 신도, 교조(敎祖)의 종교를 선포하는 교파 신도로 네 교파가 있다.[1)]

처음에는 수목이나 들, 돌에서 신(神, 가미)에게 제사했지만 신사 신도가 형성되면서 신사와 국가가 깊은 관계를 맺게 되었다. 신도는 원시적 자연 종교의 모든 종교적 요소를 갖고 있다. 개인적인 안위나 행복을 기원하는 기도, 국가의 번영을 비는 기도 등 신도 의식을 볼 때 신도가 하나의 종교임을 알 수 있다. 또한 신을 찬미하는 노래, 신으로부터 복을 받겠다고 감사하는 기원제 등도 있다. 천황의 조선(祖先)을 조신(祖神)으로 섬기고, 조선에 대한 열렬한 신앙으로 발전하면서 천황을 신으로 섬기며 모든 조상(祖上)을 각 신사마다 모시고 제사를 지낸다. 우리에게 잘 알려진 야스쿠니 신사는 공적이 있는 인물이나 군인을 신으로 모신 신사다. 일본 최초의 국조신인 아마테라스 오미카미(天照大神)를 모신 신사가 이세 신궁(伊勢神宮)이다. 일제는 신사참배를 국민의례라고 주장하면서 일본 국민이라면 누구나 마땅히 국조신을 숭경하며 신앙의 대상으로 여겨야 한다고 주장했다.

신사참배 강요의 배경은 1889년 반포된 일본제국헌법으로 거슬러 올라간다. 이 헌법은 국가 제사의 대권자이자 현신인 천황은 누구든지 침해할 수 없다는 전제 아래 교파 신도, 불교, 기독교 세 종교는 종교를 뛰어넘어 국가 제사인 국가 신도에 충실해야 하며, 종속(從屬)에 의해서만 신교의 자유를 유지할 수 있다고 발표했다. 그리고 1890년에는 교육칙어(教育勅語)를 발표해 교육의 연원은 황조 황종을 숭배하는 데 있다고 했다. 이처럼 신사참배는 일본 천황을 신으로 섬기는 것으로, 일본의 식민지인 조선에 내선일체(內鮮一體)라는 미명으로 이를 강요했다.

조선 신궁 건축

한일합병 후인 1912년, 일제는 조선에 신사를 세우려 했다. 당시 조선을 통괄했던 조선 총독부에서 매년 예산을 축적했다. 1918년 경성 남산에 신사를 건축하기 위해 공사에 착수하여 8년 만에 완공했다. 1925년 6월, 조선 신궁(朝鮮神宮)이라고 명명하고 제신(祭神)으로는 아마테라스 오미카미와 메이지덴노(明治天皇)를 모셨다. 그

평양 신사

남산 조선 신궁

조선 신궁 입구

리고 조선 신궁을 조선 신사의 총본산으로 삼았다. 이뿐 아니라 일본인이 많이 거주하는 지역마다 신사를 세워 일본의 국경일이나 천황이 관계된 행사가 있을 때는 반드시 신사에 참배토록 했다.

그런데 1924년 10월, 충남 강경보통학교에서 신사참배를 반대하고 나섰다. 충남 강경은 일찍이 일본인이 상주하면서 자신들의 조상을 섬기기 위해 신사를 설립한 곳이다. 당시 주일학교에 다니던 교사와 학생이 신사참배 반대운동을 국내 최초로 일으켰다. 이후 교사는 파면당하고 학생들은 정학을 당했다. 이 사건이 일어난 지 1년 후인 1925년 10월, 경성 시내 각급 학교에 조선 신궁 제식에 참가하라는 명령이 내려졌다. 이때 선교사들은 정동에 있는 이화여학당에 모여 오랜 시간 논의했다. 그리고 제식에 참가하지 않기로 결의했다. 세브란스 병원에서 의료 선교사로 활동하던 오웬스(D. D. Owens, 오은수) 선교사는 반대 이유를 다음과 같이 설명했다.

> 우리 개신교 신자들은 천주 교회당 안에 걸려 있는 십자가를 향해서조차 경례를 하지 않고 있는데, 신도에서 신령으로 받들고 있는 거울에 합장 예배하라는 것은 부당한 일이라고 극렬 반대했다.[2)]

일제는 국내 여론으로 잠시 후퇴했다가 암암리에 신사참배를 다시 강요했다. 1931년 6월 만주사변 당시 많은 일본 군인들이 희생되었다. 이때 평남도지사는 1932년 9월 평양 서기산에서 열리는 춘기(春期) 황령제(皇靈祭)에 참배하도록 평양 시내 각 학교에 명령했다. 미션 스쿨 당국자들은 기독교 교리에 위배되는 제식에 참석할 수 없다며 거부했다. 그러자 일제 당국은 국민의례만이라도 참가해 달라고 요청했다. 이에 평양 숭실전문학교와 숭실중학교, 숭의여학교 학생들이 참가했다. 이때 국민의례에만 참가하는 줄 알았던 이들은, 일제의 모략으로 만주사변 때 전사한 일본 군인들의 유골을 보관해둔 납골당을 향해 허리를 굽혀 절을 하고 말았다.

이를 빌미로 일본은 전국 각 학교에 신사참배를 명령했다. 이러한 일을 당한 평양 시내의 미션 스쿨은 당황할 수밖에 없었다. 각급 학교 기관장들은 1932년 9월 21일 조선예수교장로회 총회에 문의서를 제출했다. 이 문의서를 접한 총회는 1932년 차재명, 유억겸, 모펫 등 3명을 선출하여 조선 총독부와 교섭했으나 별다른 진전을 보지 못했다. 총회는 이 문제 해결을 위해 계속 노력했다. 그러나 일제가 패망하기까지 그 뜻을 이루지 못했다.

신사참배 결의

일제는 1937년 7월 7일 중일 전쟁을 일으키고 승리를 위해 본격적으로 황민화(皇民化) 정책을 수립했다. 그리고 1938년 2월부터 조선 총독부는 조선 교회에 대한 신사참배 계획을 수립했다. 이에 조선 교회에서 선출한 노회 총대 명단을 입수해 각 지방 경찰서장을 통해 신사참배 결의에 찬성해 줄 것을 강요했다. 이들은 세 가지를 요구하면서 이 중 하나만 택할 것을 요구했다.

1. 총회에 출석하면 신사참배가 죄가 아니라는 것에 동의할 것.
2. 신사참배가 상정되면 침묵을 지킬 것.
3. 1, 2항의 조건을 실행할 의사가 없으면 총대를 사퇴하고 출석하지 말 것.[3)]

이러한 안을 제시한 일본 경찰들은 노회 대표들을 만나 압력을 가했다. 교세가 강한 평양 노회, 평서 노회, 안주 노회 노회장을 차례로 설득했다. 우선 평양 노회장 박응률 목사에게 신사참배는 종교 의식이 아니라 국가 의식이므로 기독교인들이 앞서서 참여할 것을 제안하도록 했으며, 평서 노회장 박임현 목사는 신사참배 동의를, 안주 노회장 길인섭 총대에게는 신사참배는 종교의식이 아니라 국가 의식임을 재청토록 강요했다.

1938년 9월 9일 밤 평양 서문밖교회당에서 제27회 총회가 개회되었다. 첫날은 개회 예배로 끝났으며, 다음 날 총회가 속회되었다. 총회 분위기는 살벌했다. 고위 경찰관과 무술 경찰관에 포위된 채 목사 총대 88명, 장로 총대 88명, 선교사 대표 30명 등 모두 206명이 총회 총대석상에 앉아 짜여진 각본대로 회의를 진행했다. 총회장 홍택기 목사는 의장으로서 신사참배를 놓고 토의 절차 없이 곧바로 결의하고자 가(可)만 묻고 부(否)는 묻지 않았다. 10여 명이 대답했을 뿐 나머지 총대는 침묵했다. 이때 숨 쉴 사이도 없이 신사참배가 만장일치로 가결되었다고 선포하자, 블레어 선교사가 일어나서 의장의 불법 선포에 항의했다. 그러나 무력을 앞세운 일본 경찰들에 밀려 저지당했다. 그 옆에 있던 헌트 선교사가 재차 발언하려 하자 무술 경찰관이 곧바로 밖으로 끌고 나갔다. 이러한 소란 속에 총회 서기는 미리 준비해 놓은 신사참배 결의 성명서를 낭독했다.

> 신사는 종교가 아니요, 기독교의 교리를 위반하지 않는다는 본의(本意)를 이해하고 신사참배가 애국적 국가 의식임을 자각하여 이에 신사참배를 수행하고 급히 솔선하여 국민정신 총동원에 참가하여 비상시국하에서 총후(銃後) 황국 신민으로서 적성(赤誠)을 다하기로 기(期)함.[4]

회의장은 아수라장이 되었다. 그러나 무장 경찰관들이 독기 어린 눈과 행동으로 위협했다. 이때 평양 노회 총대 심익현 목사가 큰 소리로 총대원들의 신사참배를 실행하자고 발언하자, 의장은 그의 안을 받아들여 1938년 9월 10일 임원과 각 노회장 총 23명이 부총회장 김길창 목사의 안내로 평양 신사에 참배했다.

이러한 압력 속에서 신사참배가 결의되었지만 미국 북장로교 소속 킨슬러 선교사는 항의문을 서면으로 제출하자고 건의했고, 약 25명의 선교사가 신사참배를 반대한다는 의사를 정식으로 발표했다. 그러나 총회는 항의문을 기각했다. 이리하여 조선예수교장로회 총회는 치욕의 역사를 남겼다. 블레어 선교사는 당시의 수모를 회상하면서 다음과 같이 말했다.

> 총회는 경찰과 게임을 하려고 했던 한 무리들의 리더(지도자)의 손안에 장악되어 있었으므로 전혀 무기력했다.[5)]

민족운동의 마지막 보루였던 교회조차 일제의 집요한 탄압과 분열, 회유 공작에 못 이겨 신사참배를 결의하고 일본의 정책에 순응하게 되었다. 1938년 5월에는 경성기독교연합회라는 일제의 어용 단체가 조직되어 이른바 종교보국(宗敎輔國)을 서약하고, 그해 7월에는 이를 확대하여 조선기독교연합공의회(The National Council of Churches in Korea, 이하 KNCC, 이후 한국기독교교회협의회)를 결성했다. 같은 해 9월에는 비록 강요에 의한 것이긴 하나 장로회 총회에서도 신사참배를 결의했다. 이후 많은 교회들이 신사참배는 일본의 국가 의식이라며 적극적으로 참여했다.

조선 총독부는 조선교육령을 개정하고 창씨개명(創氏改名)을 통해 본격적으로 황민화 정책을 추진해 나갔다. 1938년에 추진한 조선교육령 개정을 통해 일본인 교사와 조선 총독부가 조선교육회를 운영했다. 조선교육회는 학교는 천황 폐하의 위엄이 충만한 신성 영역임을 조선 학생들에게 주입했다. 과거에는 학교의 명칭을 달리해 구별했지만 신사참배 결의 후 모든 학교의 명칭이 달라졌다. 보통학교, 고등보통학교, 여자고등보통학교를 일본의 학교처럼 소학교, 중학교, 고등여학교로 바꾸었으며, 학교에서 가르치는 교과 과목도 일본의 교과 과목과 동일하게 바꾸었다. 이때 개정된 과목을 살펴보면, 모든 학년은 수신, 일본어, 조선어, 산술 등을 배워야 했다. 5-6학년은 일본 역사, 지리, 이과, 직업, 가사(재봉)를 배웠다. 이 가운데 수신, 일본 역사, 지리는 천황 숭배 사상을 주입시키는 데 활용했다. 여기에 소학교 1-2학년은 조선어 수업이 주당 2-4시간인 반면, 일본어 수업은 주당 9-12시간이었다. 강점기 막바지에는 조선어 수업 자체를 없애고 일본어만 가르쳤다. 학생이 조선어를 사용하면 벌칙을 가하기도 했다.

또한 조선의 소학교 학생에게까지 황국신민의식이 몸에 배도록 했다. 매월 1일과 15일은 국체명징일, 매월 1일은 애국일, 매월 6일은 부국 저금일 등을 만들어 각종 행사에 황국신민으로 참여하게 한 것이다. 여기에 적당한 날을 택하여 근로 보국대 봉사일-예를 들면 산에 가서 소나무 진을 채취해 석유 대신 사용하도록 한 일, 매월 1회 폐물 회수 헌금일 등-을 만들었다. 이후 중일 전쟁이 심해지면서 매일같이 신사를 참배하는 등 일본화에 앞장설 수 있도록 철저한 주입식 교육을 시행했다.

1939년 11월에는 조선민사령(제령 제19호)을 개정 발표했다. 이 법령은 조선 고유의 성명제를 폐지하고 일본식 씨(氏)명제를 도입해 이름을 일본식으로 바꾸도록 했다. 이 법령을 통해 성씨로는 일본인인지 조선인인지 구별할 수 없게 되었다. 가령 김씨 성인 사람은 가네다(金田)로 바꾸도록 했다. 일본 성으로 바꾸지 않는 사람에게는 사회적 불이익이 가해졌다. 여행에 필요한 증명서를 준비할 때 일본식 성이 아닌 사람은 증명서를 발부받지 못했다. 학교도 마찬가지였다. 일본식 성을 사용하지 않으면 다니지 못했다. 이러한 억압에 창씨개명을 거부한 다수의 학생이 자퇴하는 일이 전국적으로 일어났다.

2 신사참배 반대운동

미션 스쿨 폐교

1935년 11월 14일 평안남도 도지사 야스다케 타다오는 공사립 중등학교 교장 회의를 소집하여 평양 신사에 참배할 것을 강요했다. 숭실중학교 교장 매쿤 선교사와 숭의여학교 교장 대리 정익성, 순안 의명중학교 리(H. M. Lee, 이희만) 선교사 등은 신사참배는 기독교 교리에 위반되기 때문에 참여할 수 없다며 이에 응하지 않았다. 이 사실이 야스다케 지사에게 전해졌다. 총회와 미국 북장로교 선교회에서도 이 일에 많은 관심을 갖고 기도하면서 준비하던 중 신사참배를 거부하기로 결의했다.

> 북장로교 선교회는 당국에 회답할 기일을 1주일 앞둔 1935년 12월 13일 위원장 허대전[J. C. Holdcroft]과 소열도[T. S. Soltau], 노해리[H. A. Rhodes]가 윤산온 교장실에서 밤늦게까지 회의를 거듭한 결과 신사참배를 거부하기로 결정하였다.[6)]

1907년 캐나다 장로교 선교부 맥레(D. M. MacRae, 마구레) 선교사가 함흥에 영생학교를 설립했다.

평양 숭의여학교 첫 입학생(1910)

1907년에 설립한 선천 보성여학교 2학년 재학생(1935)

총회의 결의와 달리 선교회는 신사참배를 반대했다. 그리고 반대 의견을 여러 경로를 통해 조선 총독부에 전달했다. 그러나 잘 해결되지 않자, 매쿤 교장과 모펫 박사는 학교 이사회와 경성 시내 교역자회를 소집하여 이 문제를 상의했다. 이 회의에서 선교사들은 신사참배를 하기로 했다. 그러나 교역자들이 완강히 거절하자 매쿤 교장은 사표를 제출하고 1936년 3월 21일 출국했다. 평양에 있는 미션 스쿨들은 더 이상 버틸 힘이 없어졌다. 1937년 10월 29일 미션 스쿨들은 폐교원을 제출했으며, 미국 북장로교에 속한 경성 정신여학교나 경신학교가 폐교했다. 대구 계성학교, 신명여학교 역시 폐교했다. 호주 장로교 선교회에 속했던 미션 스쿨 동래 일신여학교, 마산 창신학교, 의신여학교 등도 폐교했다.

미국 남장로교 선교회 역시 신사참배 문제를 심각하게 받아들였다. 이러한 사실을 알고 있던 미국 남장로교 선교회는 1937년 2월 2일 총무 풀턴(C. D. Fullton)을 조선에 파견하여 조사토록 했다. 풀턴 총무는 일본 고베중앙신학교 교장의 아들로서 일본에서 선교사로 활동하다가 귀국하여 해외 선교본부에서 사역했다. 일본은 풀턴 총무가 일본에서 태어나 선교사로 사역했기에 누구보다도 신사참배에 반대할 것이라 예견했다. 그리하여 경찰은 풀턴이 가는 곳마다 감시했다. 약 20일 동안 조사한 풀턴의 보고서가 발표되었다. 이 자리에 20여 명의 조선인들이 참석하여 학교를 계속 운영해 달라고 간청했다. 그러나 그의 답변은 분명했다. "현재 상태로는 학교 사역을 더 이상 계속할 수 없습니다."[7]

풀턴 총무의 성명서에 따라 미국 남장로교 선교회가 운영하던 전주 신흥학교, 기전여학교, 군산 영명학교, 멜본딘여학교, 목포 영흥학교, 정명여학교, 광주 숭일학교, 수피아여학교, 순천 매산학교 등 10개 중등학교가 1937년부터 신입생을 받지 않아 결국 폐교했다. 또한 캐나다 선교회에서 설립했던 함흥 영생중학교와 영생여학교

정신여학교(고등보통과) 제16회 졸업생(1924. 3. 25)

선천 여자성경학교 졸업생과 교사(1930)

진주 경남성경학원 학생들(1926. 2.) 앞에서 둘째 줄에 앤더슨 선교사, 김만일 목사, 커닝엄(F.W. Cunningham, 권임함) 선교사, 심문태 목사가 보인다.

전주 신흥학교 교직원. 앞줄 왼쪽 세 번째가 린턴 교장(1934. 9. 11.)

맥켄지 목사(왼쪽)와 부산진 일신여학교 학생들(1910)

목포 영흥학교 커밍(D. I. Comming, 김아각) 교장과 학생들(1920)

군산 멜본딘여학교 학생들과 교사들(1918)

광주 수피아여학교 고등과 제10회 졸업 기념(1929)

목포 정명여학교 보통과 제20회 졸업 기념(1933)

-

장맹섭 선생과 광주 숭일학교 4학년 학생들(1924. 2. 20)

-

대구 계성학교 제2회 졸업생(1913. 3. 20). 뒷줄 왼쪽부터 김영규, 김진문, 서달룡, 지효식, 앞줄 왼쪽부터 진기찬, 손인식, 이상학, 최경학, 현승환, 오경집

-

1902년에 개교한 군산 영명학교. 뒷줄 왼쪽 불 선교사 부부, 오른쪽 전킨 선교사 부부

-

군산 영명학교 고등부 학생들(1937)

도 신사참배를 반대했다 하여 폐교 처분을 당했다. 또한 만주 간도 지방에 있는 미션 스쿨 명동학교를 비롯해서 용정학교 역시 선교사들의 철수로 폐교했다. 미션 스쿨이 문을 닫자 재학하고 있던 학생 일부는 공립학교로 편입했다.

그러나 감리교회에서는 신사참배는 국가 의식이기 때문에 종교와 무관하다면서 교회와 학교로 하여금 신사참배를 하도록 함으로써 일제에 적극 협력했다. 이러한 관계로 감리교 미션 스쿨 배재학당을 비롯하여 이화학당, 배화학당, 평양 광성학교, 공주 영명학교, 개성 송도고등보통학교, 호수돈여학교, 연희전문학교(장 · 감선교회 연합으로 운영), 이화여자전문학교는 친일 교육을 그대로 시키겠다는 각서를 제출해 폐교하지 않고 해방을 맞이했다.

신사참배 반대운동

총회가 신사참배를 결의하자, 신사참배는 우상 숭배이므로 신사참배 결의는 있을 수 없는 일이라며 저항운동이 일어났다. 이 운동은 평양 산정현교회 주기철 목사를 중심으로 전개되었다. 일제는 이 일을 계기로 탄압을 가하기 시작했다. 신사참배 반대운동을 전개했던 목사와 신도 2,000여 명이 수감되었으며, 이중 50여 명은 형무소에서 순교했다. 신사참배를 반대한 교회는 200여 개나 되었다.

평양의 일부 교직자들은 일본인 오다 나라치(織田楢次, 전영복) 목사를 초청해 신사참배는 일본의 국가 의식인가 기독교인에게 우상 숭배인가를 주제로 강연을 열었다. 오다 목사는 신사참배는 우상 숭배이므로 반대해야 한다고 주장했다. 이 일로 평양을 중심으로 전개되던 신사참배 반대운동 주동자들은 힘을 규합할 수 있었다. 오다 목사는 조선 목회자들을 선동했다 하여 경성으로 돌아오는 길에 일본 경찰에 체포되어 얼마 동안 서대문형무소에 수감되었다. 다행히 경성에 있는 일본인 와가쿠사죠

-

오다 나라치(전영복) 목사 부부

-

서울 서대문구 현저동에 천막을 치고 전도했던 오다 나라치 목사 부부

주기철 목사와 그의 생가

웅천교회와 그 내부에 있는 주기철 목사 순교기념관

(若草町) 교회 교인인 중부경찰서 서장의 신원 보증으로 출소했으나 즉시 출국을 당했다. 이때 오다 목사의 강연을 들은 숭실전문학교에 재학하던 박동환이 강연 내용을 기록해 놓은 일기장이 고등계 형사에게 발각되어 조사받은 후 서대문 형무소에 수감되었다. 이 일로 학교를 다니지 못하게 된 그는 고향 담양으로 내려가지만 이 사실이 이첩되어 담양경찰서에 다시 수감되었다.

주기철 목사가 처음으로 신사참배에 정면으로 반대한 것은 부산 초량교회에서 시무하던 1931년 봄이다. 그는 연희전문학교 상과에 진학하여 공부하다가 뜻하지 않게 안질에 걸려 학업을 포기해야 했다. 이후 고향 경남 진해 웅천교회에서 신앙생활을 했다. 그러던 중 신유 은사가 강한 김익두 목사를 초청한 부흥회 때 김익두 목사의 안수기도를 받고 시력을 되찾았다. 이때 그는 하나님의 소명을 받고 평양장로회신학교에 진학했다. 3년 과정의 신학 수업을 마친 후 고향과 가까운 부산 초량교회의 청빙을 받아 목회했다. 초량교회에서 목회하던 그는 1931년 경남 노회에 신사참배 거부안을 제출했다. 다시 마산 문창교회를 거쳐 평양 산정현교회에 부임하면서 평양은 신사참배 반대운동의 본거지가 되었다. 그와 함께 신사참배 반대운동에 동참했던 채정민, 방계성, 김의창, 이주원, 박관준 등 10여 명이 중심이 되었다. 주기철 목사는 평양장로회신학교 교내 부흥회 때 요한복음 11장 16절을 본문으로 한 〈일사각오(一死覺惡)〉라는 제목으로 설교를 했다.

> 예수를 버리고 사느냐, 예수를 따라 사느냐, 예수를 버리고 사는 것은 정말 죽은 것이요, 예수를 따라 죽는 것은 정말 사는 것입니다. (……) 예수를 환영하는 때도 지금 지나가고 수난 때는 박두하였나니 물러갈 자는 물러가고 따라갈 자는 일사각오하고 나서기를 바랍니다.[8)]

1935년 5월에는 금강산 교역자 수양회에서 일본 제국의 종교 탄압을 지적하는 설교를 하다가 제지를 받아 중단당하기도 했다. 이 설교에서 그는 시대적 예언자로서의 사명을 갖고 하나님의 말씀을 선포해야 한다고 강조했다. 그래서 불경죄라는 죄목으로 평양 형무소에 구속되었다가 석방되는 일이 반복되었다. 이런 상황에서 그는 늘 자신의 순교를 염두에 두어야 했다. 그렇기에 그는 다음의 기도를 늘 염두에 두었다.

> 첫째는 죽음의 권세를 이기게 해달라는 기도였다.
> 둘째는 장기의 고난을 견디게 해달라는 기도였다.
> 셋째는 노모와 처자 그리고 교우들을 위한 기도였다.
> 넷째는 의에 살고 의에 죽게 해달라는 기도였다.
> 다섯째는 자신의 영혼을 주님께 부탁하는 기도였다.[9)]

주기철 목사는 신사참배는 철저한 우상 숭배라고 주장했다. 1939년 12월 15일 소집된 평양 노회의 임시 노회는 그의 목사직 면직을 결의했다. 그는 1940년 9월에 투옥되어 1944년 4월 감옥에서 순교했다.

신사참배를 거부한 최봉석 목사는 70세의 노쇠한 몸으로 신사참배를 거부하다가 순교했다. 이기선 목사 역시 의주 북하단교회에서 시무하다가 구속됐다. 채정민 목사도 신사참배를 반대하다가 구속됐다. 신사참배를 반대하는 목회자와 평신도 들은 동지를 규합하기 위해 평안남북도와 중국 동북부 3성(요령성, 길림성, 흑룡강성)을 순회했다. 다음은 신사참배 반대운동을 벌인 동지들이 1940년에 협의한 내용이다.

> 첫째로 신사참배를 실시하는 학교에는 자녀들을 입학 및 등교시키지 않

> 으며
> 둘째는 신사에 참배하여 타락한 기성 교회의 해체를 도모하고
> 셋째는 신사 불참배 동지만 단결하여 가정에서 참된 예배를 드리고 이를 육성하여 참 교회를 건설한다.[10)]

이상의 방침이 전국에 전해졌다. 이때부터 만주 동북부 3성, 평안남북도, 경상남북도, 전라남북도에 참배 반대자들이 교회를 이탈하여 짝을 지어 가정과 산에서 예배를 드렸다. 대표적인 일례로 한상동 목사는 1937년 평양신학교를 졸업하고 부산 초량교회에 부임했다. 그는 설교 때마다 신사참배를 우상 숭배로 규정하고 교인들에게 절대로 신사참배를 하지 말도록 했다. 1939년 마산 문창교회로 부임한 그는 신사참배 반대운동을 강력하게 추진하다가 결국 교회 장로들과 체포되어 마산경찰서에 40일간 구속되었다. 경찰서에서 풀려나온 이들은 평북 의주 지방에서 활동한 상황을 자세히 정리, 결의해 남부 지방에서 실천하기로 하나님께 몇 번이고 다짐했다.

> 첫째는 신사참배를 시인하는 노회원의 노회 출석을 저지하고 노회 부담금 납입을 거부하며
> 둘째는 신사 불참배자들만 모이는 새로운 노회를 결성하고
> 셋째는 신사참배에 굴복한 목사에게 세례를 받지 말도록 호소하고
> 넷째는 신사 불참배 동지들끼리 서로 돕고
> 다섯째는 신사 불참배 교인들끼리 가정 예배를 드리면서 계속 동지를 확보한다.[11)]

순천 지방 15인 사건에 관련된 인사들. 뒷줄 오른쪽 끝은 프레스턴, 왼쪽 끝은 크레인 선교사, 앞줄 오른쪽에서 세 번째가 안덕윤 목사

일제 말기 조선을 떠나기로 결의한 주한 선교사들

이들은 경상남도를 5개 지역으로 나누어 담당자를 정해 계속 운동을 전개해 갔다.

안동 서부교회 이원영 목사 역시 경상북도를 중심으로 반대운동을 전개했다. 이원영 목사는 일제의 황민화 정책인 신사참배, 조선교육령 개정, 창씨개명을 철저히 반대했다. 이 일로 그가 소속된 경안 노회에서 목사직을 박탈당했다. 교회도 빼앗기고 목사직까지 면직된 그로서는 설자리가 없었다. 1939년 5월부터 1945년 8월 15일 광복을 맞이할 때까지 투옥과 석방이 여러 차례 반복되었다. 이원영 목사의 동생 이원세, 이원식 역시 소학교 교사로 황민화 교육에 반대해 강제 퇴출되었다. 영주 제일교회 김진호 목사, 박충락 장로 또한 신사참배 반대운동에 가담하다가 고난의 길을 걸었다. 해방 후 이원영 목사는 산 순교자로 1954년 제39회 총회에서 총회장으로 선출되었다. 이원영 목사는 총회가 신사참배를 결의했던 죄과를 철저히 회개하고 〈신사참배 취소 성명〉을 발표했다.

전남 순천 지방 저항운동

일제는 태평양 전쟁을 앞두고 1940년 11월 전국에 있는 교역자 300여 명을 예비 검속했다. 그러나 교회의 강력한 반대에 부딪히자 전원 석방했다. 이후 전남 순천 지방에 있는 교역자 15명이 구속되는 사건이 일어났다. 순천 지방 목사, 전도사, 장로들은 총회가 신사참배를 결의하자 총회에 총대 파송을 중지했다. 이 일로 이들은 일제 경찰의 감시 대상이 되었다. 그러다 1941년 11월 프레스턴 선교사가 일제에 의해 강제 추방당했다. 선교사가 순천을 떠날 때 지난날 그와 선교 협력을 같이했던 순천 지방 목사와 장로 들이 떠남을 아쉬워하면서 순천역 앞에서 전송식을 가졌다. 이때 일본 경찰들은 미국 선교사와 내통했다는 죄명으로 전원 구속했다.

그러나 이 일은 신사참배에 반대하는 순천 중앙교회 박용희 목사의 행동을 감시하고 있던 일제가 이를 빙자해 구속 수감한 것이었다. 이와 함께 김순배, 나덕환, 김형모, 김형재, 선재련, 안덕윤, 양용근, 오석주, 김정복, 강병담, 선춘근, 박창규, 임원석, 김상두 등의 목회자들이 구속되었다.[12)]

경찰은 이들을 즉시 기소하고 광주 형무소로 이송했으며, 검찰은 1년형에서 3년형을 구형했고, 선고에서도 같은 형량을 내렸다. 이들은 광주 형무소에서 일제의 잔악한 탄압을 받으면서 옥살이를 했으며, 이중 양용근 목사는 가혹한 탄압으로 옥사하고 말았다. 양용근 목사는 전남 광양 출신으로 일제강점기 때 형과 함께 일본으로 유학의 길을 걸었다. 그러다 간토 대지진이 일어났다. 당시 일본 경찰은 조선인이 재난을 틈타 이득을 취하려 한다며 조선인을 단도로 찔러 죽이는 만행을 저질렀다. 이때 형은 동생 양용근을 살리기 위해 자신의 배 밑에 동생을 있게 했다. 이 일로 형은 살해당했으나 양용근은 기적적으로 살아났다. 그는 귀국 후 자신의 생명을 구해 주신 하나님의 은혜에 보답하기 위해 평양장로회신학교에 진학했다. 졸업 후 순천 노회에서 목사 안수를 받고 구례읍교회에서 사역하다 15인 사건으로 체포되어 순교했다.

여수 남면 우학리교회에서 사역하던 이기풍 목사 역시 신사참배를 반대하다가 체포되어 여수 경찰서에 얼마 동안 수감되었다. 심한 고문으로 신체에 이상이 오자 석방되어 목회지 우학리로 돌아왔지만 고문 후유증으로 강단에 서지 못한 채 1942년 6월에 죽음을 맞이했다. 이외 목회자들도 형기를 마치고 각기 교회로 돌아갔지만 일제가 목회지를 빼앗자, 낙향해 일본의 패망을 바라는 기도를 하며 지냈다. 이 무렵 전남 목포 양동교회 박연세 목사도 신사참배를 반대하다가 옥사했다.

> 박연세 목사는 중일 전쟁은 〈약육강식〉이라는 제목으로 설교를 하다가 일본 경찰에 구속되었다. 그는 재판 과정에서 "일본 천황이 높으냐? 예

신사참배 거부로 순교한 박연세 목사와 그의 생가

박연세 목사가 시무했던 목포 양동교회

> 수가 높으냐?"라는 일본 검사의 질문에 예수가 더 높다고 대답했다. 또 "예수가 재림하면 천황은 심판을 받느냐? 안 받느냐?"는 질문에 그는 분명하게 "예수가 재림하면 일본 천황도 심판을 받는다"고 말했다.[13)]

이것이 화근이 되어 2년형을 선고받아 대구 형무소로 이감되어 수감 생활하던 중 감옥에서 순교했다. 이러한 역사를 남긴 박연세 목사는 일본의 죄상을 누구보다도 잘 알고 있었다. 그는 1919년 3·1운동 당시 군산 영명학교 교사로 재직하고 있었는데, 군산 지방 3·1운동의 주동자로 밝혀져 군산 형무소를 거쳐 대구 형무소에 수감되었다. 대구 복심원에서 2년 동안 수감 생활을 한 후 석방되어 목회자의 길을 걷기 위해 평양장로회신학교에 진학했다. 졸업 후 전북 익산 동련교회, 고현교회에서 시무하다가 목포 양동교회의 청빙을 받아 사역하다가 결국 순교하는 영광을 맞았다.

> 일제 경찰은 1940년 6월부터 전국적으로 신사참배 반대운동자를 철저하게 색출하여 대량 체포, 투옥했다. 이렇게 해서 8·15광복까지 약 200여 개 교회가 문을 닫았고, 2,000여 명의 기독교 교인들이 투옥을 당했으며, 이 가운데 50여 명이 순교했다.[14)]

이 무렵 목포 연동교회에서 목회하던 이남규 목사는 신사참배를 반대하다 경범죄로 목포경찰서에 수감되었다가 출옥 후 교회에서 시무할 수 없게 되자 고향 무안 청계로 낙향했다. 그리고 순천 애양원교회에서 목회하던 손양원 전도사 또한 수난의 길을 걸었다. 그는 경상남도 칠원 출신으로 1937년 평양장로회신학교를 졸업하고 경남 노회 순회 전도사로 사역하다가 여수 애양원교회의 청빙을 받아 부임했다. 그는 여러 교회를 순회하면서 부흥 전도 집회를 인도했다. 그리고 가는 곳마다 신사참배는 우상을 섬기는 일이라고 주장했고 강력한 반대운동을 전개하다 1940년 여수경찰서 고등계 형사에게 체포되어 얼마 동안 여수경찰서 감방에서 수형 생활을 하다가 형이 확정되자 청주형무소로 이감되었다. 청주형무소에서 6년간 수형 생활을 하다가 광복을 맞아 석방되었다.

3 황민화 정책과 기독교 말살

국민정신 총동원 조선예수교장로회 연맹 출현

일제는 일반 국민과 교인을 일제의 노예로 만들기 위해 조선 교회를 통폐합함과 동시에 철저한 황민화 정책을 실시했다. 앞서 언급한 1938년 제27회 조선예수교장로회 총회에서 신사참배를 결의한 후 후속 조치로 그 자리에서 국방헌금을 실시했다. 이때 헌금액은 500원이었다. 이후 총회가 개회될 때마다 국방헌금이나 황군 위로를 위한 황군위문금을 모았다. 이런 일이 있은 지 얼마 안 된 1939년 6월 15일, 옛 부여의 왕도인 충남 부여에 부여 신궁을 건축하기에 이르렀다. 내선문화(內鮮文化)의 교류와 민족융합에 일익을 담당하고 나아가 동아친목(東亞親睦)의 대의를 만대에 물려주고자 함이었다. 1938년 7월에 조직된 국민정신 총동원 노선 연맹 이사장은 부여 신궁을 건축하는 데 조선기독교 목사가 직접 참여해야 한다는 뜻을 밝혔다. 그리하여 근로 봉사일을 정해 1941년 8월 12일 아침부터 13일 저녁까지 봉사하기로 하고 각 지역 목회자가 부여로 모여들었다. 참여한 목회자의 명단은 다음과 같다.

경성 노회 : 김형준, 竹山聖夫, 國原德興, 香原宏, 藤原鏡水, 大山寬集, 坂本率善, 松平亮乎, 鳴世鳳, 김아민, 平田建浩, 金子丁南, 白川允基, 이영근, 豊川秋雄

경기 노회 : 차광석,

황동 노회 : 이승길, 양석진, 왕계준

평양 노회 : 金村光吉, 金光亨元

의산 노회 : 泰安永泰, 金江烙喊

산서 노회 : 金澤昌郁

평서 노회 : 金井智學, 木村臨鉉, 山城奉周

황해 노회 : 權田伍均, 김선량

평동 노회 : 김성호, 위두찬

용천 노회 : 변황조, 박선택

함남 노회 : 金天忠誠

함북 노회 : 趙村昇濟

삼산 노회 : 金城靜岩

평북 노회 : 강도원, 최응선, 장용채

경북 노회 : 元城虛心, 玉川春道

강동 노회 : 허전담, 中原華錫

전북 노회 : 醫正喜秀, 金永原一, 高雅得恂, 廣田熙燮, 金世烈雄, 牧野道雄, 金田鏡大

군산 노회 : 이수현, 최상섭, 이창규, 계일승, 이재봉, 이춘원, 이근호, 김한규, 백남철

일제 때 한국인 목사들이 충남 부여로 동원되어 그곳에서 일하다가 식사를 하고(위) 잠시 휴식을 취하고 있다(아래).

경안 노회 : 三田鏡遠

충청 노회 : 김상기, 김진안, 이창재

전남 노회 : 神田庚吉, 이남규, 원창권, 김윤식, 新戶錫炫, 김태호, 廣木道, 양윤묵, 김면수

제주 노회 : 豊光在原

총회 연맹 : 金光洛泳[15)]

노회별로 동원된 인원은 경성 이남이 가장 많았다. 이것은 조선 교회 목사들이 신사 건축에 솔선수범함으로써 민중이 일본에 순응하게 할 뿐만 아니라, 교회가 지닌 신사에 대한 개념을 바꾸기 위한 수단으로 사용되었다. 이 일에 참여한 목회자들이 일본기독교 조선교단을 출범시킬 때도 대부분 참여했다는 사실에서 이를 확인할 수 있다.

1939년 9월 제28회 총회가 신의주 제2교회에서 열렸다. 이때 국민정신 총동원 조선예수교장로회 연맹을 결성하고 이른바 일제 국책 수행에 적극 협력하기로 했다. 이 결성식은 다음과 같이 거행되었다.

식순[16)]

궁성요배

국가봉창(기미가요 제창): 지휘 조택수

황국 신민의 서사

찬송: 32장

기도: 홍택기 목사

성서 봉독: 로마서 13:1-7 한경직 목사

취지: 윤하영 이사장

구약 낭독: 조승제 목사

선언: 김길창 목사

내빈 축사: 니시모토(西本) 평북 지사

축전 피로: 강신명 목사

묵도(황군 장병과 동양 평화를 위하여): 회원 일동

찬송: 1장

축도: 최지화 목사

국민정신 총동원 조선예수교장로회 연맹을 조직한 이들은 모두 친일파였다. 조직이 출범한 지 얼마 안 되어 이들은 중일 전쟁을 승리로 이끌기 위해 각 교회마다 애국반을 조직했다. 그리고 그해 11월 장로회는 지도 요강을 발표했다. 내용을 살펴보면, 모든 교회는 주일 예배 시작 전에 신사참배, 궁성요배, 황국신민 서사, 일본국가 제창 등 국민의례를 해야 한다고 되어 있다. 또한 교회의 헌법, 교리 의식 등을 전반적으로 재검토하여 민족주의적 색채를 배제하고 일본적 기독교로 전환하도록 했다. 일본적 기독교회란 천황의 명령에 절대 순종하는 교회를 말한다.

이에 조선 총독부 학무국은 1940년 3월 29일 총회에 창씨개명을 시달했다. 그러자 총회는 즉시 창씨개명에 협력했다. 그리고 1940년 5월까지 전국적으로 700여 개의 애국반을 결성했다. 애국반을 통하여 각종 행사를 진행하고 국방헌금 등을 모았다. 그 내역을 살펴보면 다음과 같다.

전승 축하: 594회(실제로는 604회)

무운장구 기도회: 9,053회(실제로는 8,953회)

국방헌금: 1,580,420원(실제로는 1,580,324원)

휼병금(恤兵金): 172,646원

유기(鍮器, 놋그릇) 헌납: 308점

강연회: 1,357회(실제로는 1,355회)

전상자(戰傷者)와 유족 위문: 181회

위문대: 1,580개[17)]

이 밖에도 조선예수교장로회 총회는 황기(皇紀) 2600년을 기념하기 위하여 1940년 10월 20일을 애국주일로 정하고, 이날 각 교회가 치러야 할 행사를 알려주었다. 이러한 조치들은 전 국민을 철저하게 일본화하는 데 큰 도움이 되었다. 그리고 중일 전쟁에 필요한 협력을 효과적으로 수행하기 위해, 1940년 9월에는 연맹 안에 상치위원회(常置委員會)를 조직했으며, 위원장에 신의주제일교회 윤하영 목사를, 총간사에는 교육부 총무인 정인과 목사를 선임했다. 이듬해인 1941년 9월 제30회 총회에서는 연맹의 상치위원회 위원장으로 전북 신태인읍교회 곽진근 목사를 선임했다.

1940년 말에는 국민정신 총동원 조선예수교장로회 연맹을 해체하고 대신 국민총력 조선예수교장로회 연맹을 결성했다. 이 단체가 출범하자 1940년 12월 5일부터 6일까지 경성 부민회관(지금의 서울시 의회회관)에서 전조선장로회 신도대회를 결성했다. 이 대회에 교회는 각 노회 대표를 5명씩 파송했으며, 시내 교인 약 400명을 합하여 모두 800여 명이 참가했다. 여기에 조선 총독부 간부가 대거 참여했다. 이 대회는 모두 일어서서 궁성요배를 하는 것에서 시작했다. 그리고 이어서 국가봉창, 황국

신민 서사 등을 차례로 한 뒤 끝날 무렵 '황군장병을 위하여, 그리고 동양평화를 위하여'라는 묵도로 마쳤다. 다음해 4월에는 전조선여신도대회를 소집하여 천황 탄생을 축하하는 천장절 봉축식과 함께 연맹 여자부를 결성하고, 강연회를 여는 등 부일 협력에 적극 동원했다.

일제는 중일 전쟁을 수행하면서 1940년 12월 4일 새벽 미군 기지인 하와이를 습격하고 마치 전쟁에서 승리라도 한 듯이 조선 교회를 다시 전쟁에 끌어들여 일제에 적극 협력토록 했다. 1941년 8월에 전시 체제로 돌입하자 장로교에서는 이른바 애국기(전투기) 헌납을 결의하고 애국헌납 기성회를 조성했다. 더욱이 1942년에 일본기독교 조선장로교단으로 명칭을 변경한 총회는, 대동아 전쟁의 목적을 완수하기 위해 철저하게 협력해야 한다고 주장했으며, 징병 의무와 정신을 드높이는 일에 앞장섰다. 이 일의 일환으로 상치위원회에서는 애국기 헌납 사업을 집행하기 위해 정인과 목사를 기성회 발전위원장으로 선임했다. 발전위원장직을 맡은 정인과 목사는 전국 교회로 하여금 미일 전쟁(태평양 전쟁)에 적극 협력하도록 했다. 이 사업의 성과는 다음과 같다.

> 1942년 2월 10일: 150,317원 50전 모금(일본 해군기 1대와 기관총 7대에 해당되는 비용)[18)]
> 1942년 6월 19일: 조선군 사령부에 육군 환자용 자동차 3대 기금 마련
> 1942년 9월 20일: 해군에 헌납한 함상 전투기(조선 장로호로 명함)

이외에도 각 가정에서 사용하는 밥그릇, 숟가락, 젓가락, 놋그릇, 요강 등의 일상용품 2,165점을 약탈해 갔으며, 조선 교회에 유일한 소망의 소식을 알리던 교회 종

1,540개를 전쟁 물자 공급을 위해 자진 헌납하게 했다. 이렇게 해서 모은 애국기 헌납 사업 총액은 119,832원이나 되었다.[19)]

또한 천황군을 지원하기 위해 천황군에게 편지와 위문품 보내기 운동을 전개했고, 천황군에 조선 청년도 지원할 수 있도록 허락해 준 일에 감사한다며 경성 승동교회에 모여 감사 예배를 드리기도 했다. 일제에 적극 협조하던 목회자들은 솔선수범하여 전시 근로봉사대를 조직하여 전쟁에 협력했으며, 매월 일정 금액의 국방헌금을 바쳤고, 신사참배할 때마다 황군 승리 기원 기도회를 열기도 했다. 막바지에는 조선 청년도 천황군에 지원해야 한다며 강연했으며, 스스로 창씨개명을 하면서 전 교인에게 창씨개명을 요구했다.

1941년 10월, 경성 교구 내 교역자와 신도 대표 50여 명은 충남 부여 신궁 건축을 위해 근로봉사를 했다. 또한 여성 지도자들에 의해 근로정신대로 동원된 여성들은 천황군 최전방인 남양 군도, 미얀마 전선 등으로 끌려갔으며, 인원은 대략 8~20만 명으로 추정된다. 한편 미군의 공격을 받은 오키나와의 천황군은 근로정신대를 감추기 위해 여성들을 총살했다.

1942년 9월, 평양 서문밖교회에서 조선예수교장로회 제31회 총회가 개회되었다. 당시 총회장 최지화 목사는 서툰 일본어로 총회를 진행했으며, 회순에 따라 총회 임원을 선출했다. 이때 새로 선출된 제31회 총회장은 김응순 목사였는데, 그 역시 최지화 목사와 같이 일본어를 사용했다. 총회 기록도 일본어로 했다. 총대원도 발언을 하려면 일본어로 해야 했다. 총회 둘째 날에는 오전 9시에 평양 신사를 참배하고 다시 회의장에 돌아와 국민의례를 거행했다. 그리고 평안남도 고등경찰과장 후쿠이의 시국강연을 듣고 회무에 들어갔다. 셋째 날에는 조선 주둔 일본군 보도부장 구라다케의 강연을 들었다.

1941년 11월 25일 평양 창동교회에서 개최된 제30회 총회 기념. 총회 창립 30주년 기념식과 함께 '황국신민 선사'를 결의했다.

일본기독교 조선장로교단 임직원 일동. 앞줄 오른쪽 네 번째가 채필근 목사

일본기독교 조선장로교단 전북교구 연맹 근로봉사대(1944)

일본기독교 조선장로교단 출현

1940년 9월에 장로회 총회를 해산하고 일본기독교 조선장로교단이 출현하면서 감리교회 역시 일본기독교 조선메도디스트 교단을 출범시켰다. 이외에 구세군, 성결교, 성공회 등도 일본 각 교단에 예속되었다. 1942년 1월부터 각 교파별로 일본 내 동일한 교파와 합동을 결의하거나 국내 교파 간 합동을 위해 교파합동추진위원회가 구성되었다. 이 위원회로 인해 1943년 1월 새문안교회에서 5개 교파의 대표 즉 장로 교파 19명, 감리 교파 9명, 성결 교파 4명, 구세군 교파 4명, 재조선 일본기독교회파 4명이 모여 조선기독교 합동준비위원회를 조직했다. 이날 모인 회의에서 7월이나 8월 중에 혁신교단 창립 총회를 개최하기로 했다. 그러나 3월에 열린 제2차 합동준비위원회는 암초에 걸려 진행할 수 없게 되었다. 구약성경에 대한 이해의 차이로 위원 사이에 의견이 달랐기 때문이다. 감리교 측은 구약성경에 나타난 유대 사상을 없애자고 주장했다. 즉 구약성경을 폐기하자는 안을 제출한 것이다. 그러자 이 일이 논쟁의 초점으로 떠올랐다.[20] 그리고 감리교와 장로교 대표 일부가 혁신교단을 만들어야 한다고 주장함으로써 모임은 결렬되고 말았다.

1943년 4월에는 '조선기독교 혁신교단'이 출범했다. 구약성경을 폐기하려는 감리교단측이 장로교회의 경기 노회 부회장 전필순 목사와 손을 잡고 함께 새로운 교단을 조직한 것이다. 이 조직에 앞장선 전필순 목사는 조선기독교 혁신교단의 통리로 추대되었다. 이 교단에서는 유대주의와 관련된 부분, 특히 출애굽기와 다니엘서, 요한계시록을 삭제하도록 했으며, 시간이 지나면서는 신약의 사복음서만 남겨 두고 모두 삭제하기로 했다. 이 일로 전필순 목사가 소속된 장로교회 경기 노회에서 반발이 크게 일었다. 그는 결국 마지막에는 탄핵을 당했고 경기 노회는 다시 총회로 복귀했다. 감리교단 내에서도 반기가 일자 감리교단 역시 혁신교단에서 탈퇴했다. 이로써

일본 나라에 있는 가시하라 신궁을 참배한 교역자들(1943). 일제는 1943년 4월 '조선기독교 혁신교단'이라는 기구를 조직해 구약성경과 요한계시록을 성경에서 삭제했다. 그리고 찬송가 개편을 단행하고 신약성경에서 마음에 들지 않는 부분은 검게 칠하여 보지 못하게 했다. 1943년 5월 5일 장로회에서는 혁신교단의 명칭을 '일본기독교 조선장로교단'으로 고쳐, 제1대 총리에 채필근, 제2대 김응순, 제3대 김관신 목사 등이 활동했다.

혁신교단은 자연스럽게 해체되었다.

이 일로 인하여 1943년 5월에는 조선 장로교회가 일본기독교 조선장로교단, 8월에는 조선 감리교회가 일본기독교 조선메도디스트단으로 명칭을 변경했다. 이 두 교단은 친일 성향이 강한 채필근 목사를 일본기독교 조선장로교단 통리로 선임했다. 그는 교단 실천 요목을 채택하고 부일 협력 지침을 마련했다.

일본기독교 조선장로교단 [21)]

국가에의 봉공

1. 대동아 전쟁 목적 완수에 협력함과 동시에 사상의 완벽을 기할 것
2. 시국의 진전에 즉응하여 여러 교회와 단체를 전시 체제화해 국가적 요청에 청헌할 것
3. 징병의무 및 정신을 높이 강조하여 신도에게 철저하게 할 것
4. 총후 봉공의 목적으로 다음 사항을 장려할 것
   1) 황군 상이장병과 유가족의 위문
   2) 군사 원호 사업
   3) 국민 저축 실시
   4) 귀금철류 헌납
   5) 전시 생활 지도와 절량(節糧)운동
   6) 전시 근로 봉사
   7) 매월 정액의 국방헌금
   8) 신사참배와 전승 기원 여행

황민의 연성(鍊成)

5. 각 신도의 가정마다 대마를 봉재하고(신당을 세우고—저자) 황도 정신을 철저히 할 것
6. 국체의 본의에 기초하여 충군애국의 정신과 경신 승조의 정신을 함양할 것
7. 아국(我國)의 순풍미속을 존중하고 질실(質實) 강직한 기풍을 길러 견인지구(堅忍持久)의 공고한 의지를 연성할 것
8. 신도의 황민 연성의 실을 거두기 위하여 황국 고전 및 국체의 본에 관한 지도 교본을 편찬할 것
9. 각 소에 연성회를 개최하고 교사(목사) 및 신도의 연성에 노력하며, 특히 황국문화(皇國文化)의 연구 지도를 도모할 것

교회 혁신

10. 기독교 교사(목사)로서의 교양을 높이고 솔선수범하여 세상의 사표가 되는 실을 거두기 위하여 다음 사항을 실시할 것
    1) 현 교사의 신학적 재교육운동
    2) 교사 양성 기관의 정비
11. 일본기독교를 확립하기 위해 특히 전문가로서 일본 교회의 연찬에 노력하고 일본적 신학을 수립시킬 것
12. 말세, 심판, 재림 등은 세상 일적, 물질적 해석을 고쳐 종교적, 심령적으로 해석할 것
13. 구약성서에 나타나는 비기독교적 유대 사상을 시정하기 위하여 그

에 적당한 해석 교본을 편찬할 것
14. 전시에 있는 반도 교화의 실을 거두기 위하여 신앙 부흥 및 전도 진흥의 구체적 방법을 강구할 것
15. 신도 필수 휴대(신찬미가, 기도문 및 예전 요의 등을 편찬한 것)
16. 국어(일본어) 상용을 적극 장려할 것
17. 예배당은 신축 또는 개축할 경우 일본적 양식을 고려할 것
18. 예배 혹은 집회 양식에 대하여 연구를 진행하여 될 수 있는 한 일본적 풍습을 원용할 것

결국 1943년 5월 7일 일본기독교 조선장로교단은 일제의 절대적인 감독하에 조직되었다. 이 과정에서 임원과 노회는 교구로 전환되었고, 과거의 행정 단위였던 노회를 각 도별로 정리했다.

일본기독교 조선장로교단 조직[22)]

1. 교단 본부

통리 : 佐川弼近, 金谷錫昌, 結城弘範, 德川仁果, 東原滿

부통리 : 新森一雄, 公山承吉, 山城仁植, 鐵原志化

(1) 총무국

국장겸임총무 : 金子鍾大

각국참사 : 木村常純, 牧山昌珪, 許田澹, 金宮瀅淑, 神農斗松

(2) 전도국

국장 : 岩村文主

주사 : 及川澤洙

(……)

(3) 교육국 국장 : 恩地圓

(4) 일요 수련국 국장 : 石川輔植

(5) 재무국 국장 : 高島漢奎

(6) 연성국 국장 : 金吉昌

(7) 후생국 국장 : 金井英三郞

(8) 출판국 국장 : 金本觀植

(9) 각 교구장

1) 평북제일 교구장 : 石川輔植 2) 평북제이 교구장 : 金城珍洙

3) 평남 교구장 : 義元學鳳 4) 황해 교구장 : 權田伍均

5) 경기 교구장 : 金井英三郞 6) 함북 교구장 : 趙村昇濟

7) 함남 교구장 : 安東教奉 8) 충청 교구장 : 具道信夫

9) 전북 교구장 : 金世烈雄 10) 전남 교구장 : 島田一清

11) 경북 교구장 : 東原厚植 12) 경남 교구장 : 김길창

13) 제주 교구장 : 河東順摸 14) 강원포 교구장 : 金天忠誠

15) 화북 교구장 : 金星三郞

2. 총회

의장 : 趙村昇濟

부의장 : 金城珍洙

서기 : 金子鍾大

총회 내에 법제 위원, 교사 검정 위원, 인사 위원, 교학 위원, 심판 위원,

상의원

(……)

교구제는 장로교단을 해체하고 모든 교단을 통폐합함으로써 일본적 기독교로 전환시키기 위한 장치였다. 이것은 조선의 모든 교회를 하나로 묶어 일본기독교 조선교단을 출범시키는 계기가 되었다. 그리고 일본적 기독교에 협력한 각 교단 지도자들은 일본 성지 순례라는 명목으로 황거, 야스쿠니 신사, 메이지 신궁, 이세 신궁, 가시하라 신궁, 헤이안 신궁 등을 순회하며 참배했다. 참여한 지도자들 대다수는 천황의 명령에 절대 순종하면서 교인들의 신앙생활을 지도했다.

일본기독교 조선교단 출범

비단 장로교만 일본적 기독교로 전환한 것은 아니었다. 재림 사상이 강한 성결교단은 아예 해체되었다. 결국 남은 교단은 감리교단과 구세군 교단이었다. 이 교단들은 일본의 정책에 순응하여 1945년 7월 19일, 조선 총독부 학무국 국장의 지시로 각 교단 대표 59명이 모였다. 이 모임이 있기 전 일본 오사카 한인교회에서 목회한 전인선 목사가 조선 총독부 정무총감 엔도의 지시로 3개월 전에 초청을 받아 일시 귀국했다. 전인선 목사는 여론을 조사하고 조선 교회의 대표자들과 만나 의견을 조율한 뒤 일본으로 건너갔다. 모든 작업이 끝나자 1945년 6월 25일 정무총감 엔도의 초청으로 장로교회, 감리교회, 구세군, 성공회, 재한 일본기독교회, 여기에 가톨릭 대표 등 55명이 조선 총독부 회의실에 모였다. 이들은 엔도 정무총감의 연설을 들은 뒤 1945년 7월 19일에서 20일까지 서대문 정동감리교회에서 모이기로 했다.

드디어 조선 교회가 말살되는 날이 가까워졌다. 각 교단 대의원 59명과 조선 총독부 학무국의 감시 아래 임원이 선출되었다. 창립 총회 의장에는 감리교 대의원 김인영 목사, 부의장에는 장로교 대의원 조승제 목사, 서기에는 장로교 대의원 김종대 목사가 선출되었다. 이 모임에는 조선 총독부 정무총감을 비롯해서 조선 주둔군 사령관도 참석하여 연설했다. 연설이 끝나자 각 교단 대표들은 자신이 속해 있는 교단을 해체하고 자신들이 맡고 있는 임원직까지 모두 사임했다. 그리고 새로 책정된 교단 규칙을 만들고 통과시킨 후 일본기독교 조선교단의 출범을 선언했다. 잠시 휴식 시간을 가진 후 일본기독교 조선교단은 임원 선출을 위한 투표를 실시했다. 투표는 비밀 투표였지만 현장에서 개표하지 않고 투표함을 정동감리교회에서 가까운 조선호텔에서 조선 총독부 학무국장의 입회하에 개표했다. 개표 자리에서 규합된 의견은 다시 회의장에서 발표했다. 통리자에 김관식 목사(장로교), 부통리자는 김웅태 목사(감리교), 총무국장에 송창근 목사(장로교)가 각각 선임되었다.

> 이날 선출된 일본기독교 조선교단 임원들은 1945년 8월 1일부로 봉직하도록 되어 있으며, 각 교파의 본부는 새로운 교회 본부에 8월 31일까지 보유한 재정을 양도하고, 1945년 12월 31일에는 각 교파의 모든 재산을 양도하는 것에 동의한다는 결의문을 채택하였다.[23)]

이처럼 일제의 강요로 일본기독교 각 교파 교단들은 일본기독교 조선교단으로 명칭을 바꾸면서 일제에 적극 협력했다. 일본기독교 조선교단은 본부 사무실을 서대문 신문로에 있는 피어선 기념성경학원에 두었다. 8월 1일 집행위원들이 모여 매일같이 결의된 사항을 준비하고 집행하는 데 힘을 쏟았다. 이들은 조선교단이 출범했다는 소식을 각 지방에 있는 교회로 보낼 시간도 없이 바쁜 나날을 보냈다. 당시 웃지 못할 사건이 광주에서 일어났다. 이때 통리자 김관식 목사는 해방 소식을 모른 채 전남 교구 광주 사무실에 들렀다. 이때 성갑식 목사가 라디오를 통해 일본이 항복했다는 소식을 전해 주자 김관식 목사는 군복을 벗어 버리고 양복을 입고 상경했다고 한다.

해방은 되었지만 권력에 눈이 어두웠던 이들은 교단을 계속 유지하려 했다. 김관식 통리자는 1945년 10월 18일에서 19일까지 정동감리교회에 모이도록 공고했다. 이 소집에 전 대의원 3분의 1이 출석했다. 김관식 통리자는 한마디 사과 없이 교단 명칭을 조선기독교회로 바꾸었다. 회의에 참석한 한 대의원이 통리자 김관식 목사에게 말했다. "당신의 통리자 직분은 조선 총독부에서 임명했으니 조선 총독부 총독에게 사의를 전달해야 합니다." 이 발언이 나오면서 회의는 무위로 끝났다.

4 신학교 폐쇄와 기독교의 변질

친일 평양신학교 설립

1938년 9월 조선예수교장로회 제27회 총회에서 신사참배를 결의하자 선교회에서 운영하던 평양장로회신학교는 선교사들이 자진 폐쇄했다. 이 일로 당시 교장이었던 로버츠 선교사는 안식년을 맞아 1939년 6월에 평양을 떠났다. 클라크 선교사가 임시 교장을 맡았다. 그러나 그는 신사참배를 결의한 총회에서 일할 목사를 양성한다는 것이 신앙 양심에 허락되지 않아 소극적이었다.

당시 조선예수교장로회 총회 신학교육부장이던 김선환 목사가 신학교육부 임원을 소집하여 교역자를 양성할 신학교가 필요하다며 총회에서 정식으로 신학교를 운영하자는 안을 총회에 헌의했다. 그리하여 우선 4개 선교회가 연합으로 사용하고 있는 평양장로회신학교 교사와 기숙사를 총회에 인계해 줄 것을 청원했다. 그러나 4개 선교회가 연합으로 운영하던 신학교가 폐쇄하자, 선교사 명의로 되어 있는 건물과 대지에 대한 사용 허가를 받지 못하게 되었다. 그러자 하는 수 없이 평양 서문밖교회당

일제 말엽 평양신학교 재학생들

평양신학교 찬양반(1940. 6. 7.)

과 모펫 선교사 기념관을 사용하도록 허락받았다. 1940년 9월 6일에서 13일에 열린 제29회 총회는 직영신학교 설립 경과를 보고했다.

> 이사장 : 김석창
>
> 서기 : 김관식
>
> 회계 : 김선환
>
> 실행위원 : 김석창, 이문규, 이인식, 이승길, 이영희, 김선환, 고한규, 김관식
>
> 설립자 : 김석창, 이인식, 이승길, 이문규
>
> 대표 설립자 : 이승길
>
> 교직원교장 : 채필근
>
> 교수 : 고려위, 다나카 리후〔田中理夫, 일본인〕
>
> 강사 : 이승길, 야마모토 신〔山本新, 일본인〕[24)]

이렇게 출발한 친일적인 평양신학교는 교사(校舍)가 여의치 않아 운영이 힘들었다. 더욱이 과거 선교사들이 운영하던 모든 학교 건물이 적산가옥(敵産家屋)으로 몰수되었다. 하지만 조선 총독부 학무국의 호의로 건물을 사용할 수 있었다. 이에 대해 교장 채필근 목사는 총회 석상에서 유창한 일본어로 감사의 뜻을 전했다.

> 과거 수십 년 간 반도 교회의 신도들은 미국과 영국인에 접근하여 국시국체에 순응하지 못한 것이 많이 있습니다. 우리는 알게 모르게 미국과 영국의 사상 관념과 예의 관습에 감염되었으며, 이 잔재가 아직도 많이

일제 말엽 조선총독부의 인가를 얻어 개교한 평양신학교 제1회 졸업생(1941)
맨 윗줄 가운데가 교장 채필근 목사

친일 평양신학교 재학생과 교수, 맨 앞줄 왼쪽이 조선기독교도연맹 위원장을 지낸 강양욱 목사

> 남아 있습니다. 우리는 이를 깊이 반성하며 국가에 범한 죄악을 철저히 회개하는 바입니다. 이에 대해서 우리는 기독교 일본화운동 제일선에 서서 미영 의존주의에서 완전히 벗어나서 순수한 일본 정신에 의해 갱생하기를 스스로 맹세하는 바입니다.[25)]

채필근 목사는 평양장로회신학교를 졸업한 후 도일하여 도쿄 정칙학교에서 영어를 익혀 도쿄제국대학 철학과에 입학한 수재였다. 그는 평양장로회신학교가 일제에 의해 해산되자 친일적인 신학교를 설립하기 위해 활동했다. 처음에는 한반도의 중심인 경성에 신학교를 세우기 위해 참여했지만 일제가 반일 정서가 강한 평안도 세력을 약화시키고자 평양에 신학교를 설립하려 하자 이에 동조해 학교 교장 직을 맡게 되었다. 이처럼 평양신학교는 일제에 협력했던 채필근, 이승길, 김석창, 김관식, 김응순 목사로 구성된 조직체였다.

당시 채필근 목사가 신학교 교장으로서 자질이 있느냐는 의혹이 제기되긴 했지만 일제의 탄압에 감히 대항하는 인물이 없었다. 이미 그들 모두 친일 인사였고 이들에 의해 친일 평양신학교가 탄생했다. 이로 인해 그들이 간 길은 일본의 승리만을 바라는 길이었음이 틀림없는 사실로 판명된 셈이다.

조선신학원 설립

평양장로회신학교가 폐쇄된 후 1939년 9월 평북 신의주에서 열린 조선예수교장로회 제28회 총회에서는 교역자를 양성하기 위해 경성 지역에 있는 목회자가 중심이 되어 경성 승동교회를 임시 교사로 한 조선신학원을 개설했다. 그러다 서북 세력을 이끌어 온 채필근 목사를 중심으로 신학교 재건준비위원회가 구성되고 조선 총독

조선신학원 설립 기성회 실행위원회(1939)

조선신학원 학우회 제1회 임원(1940)

서울 동자동에 있던 일본 천리교 경성 본부 건물을 인수하여 세운 조선신학원

부의 인가를 얻어 1940년 2월 평양신학교가 개교되었다.

기선을 빼앗긴 조선신학원은 경기도 학무부에서 사설 학원 허가를 받아, 1940년 4월에 개원했다. 조선신학원은 경성 승동교회 김대현 장로가 이사장 겸 원장을 맡았으며, 교수진은 김재준, 김영주, 함태영, 윤인구, 김관식, 송창근 목사 등이었다. 일본인 다우치(田內) 목사도 교수로 참여했다. 이 두 학교에서 배출한 목사 후보생은 총회 헌법에 준한 절차를 밟아 목사 안수를 받았고, 이들은 일본적 조선 교회를 이끌어 왔다. 한편 평양장로회신학교에 재직하던 박형룡 박사는 폐교 후 만주 심양으로 피신하여 만주신학교 교수로 있으면서 교역자를 양성했다.

경성에서 개교한 조선신학원은 비록 사설 학원으로 출발했지만 교수들은 김재준, 송창근, 한경직 목사로 대부분 진보주의자였다. 1940년 김재준 목사는 조선신학원 설립 준비위원으로 참여했다. 때마침 조선신학원 설립자로 참여했던 채필근 목사가 돌연 평양으로 이동하고 평양신학교를 설립하는 데 주요한 역할을 맡게 되었다. 그리하여 김재준 목사에게는 조선신학원을 통하여 새로운 신학 이념을 갖고 교역자를 양성할 수 있는 길이 열리게 되었다. 1940년 9월 제29회 총회에서는 조선신학원 이사장 함태영 목사가 이와 관련된 사항을 보고했고, 김재준 목사는 조선신학원 교육 이념을 보고했다.

1. 우리는 조선신학원으로 하여금 복음 선포의 실력에서 세계적일 뿐만 아니라 학적, 사상적으로도 세계적 수준에 도달하도록 한다.
2. 조선신학원은 경건하면서도 자유로운 연구를 통하여 자율적으로 가장 복음적인 신앙에 도달하도록 지도한다.
3. 교수는 학생의 사상을 억압하는 일 없이 동정과 이해를 가지고 신학

의 여러 학설을 소개하고, 다시 그들이 자율적인 결론으로 칼빈 신학의 정당성을 재확인함에 이르도록 한다.

4. 성경 연구에서 현대 비판학을 소개하며 그것은 예비적 지식으로 이를 채택함이요 신학 수립과는 별개의 것이어야 한다.
5. 신학은 어디까지나 교회의 건설적인 실재면을 고려해야 하며 신앙과 덕의 활력을 주는 신학이어야 한다. 신학을 위한 분쟁과 증오 모략과 교권 이용 등은 조선 교회의 파멸을 일으키는 악덕이므로 삼가 그러한 논쟁을 하지 않는다.[26)]

이처럼 자유로운 분위기에서 출발했던 조선신학원은 1940년 8월 당시 한강 이남 지방 출신이 36명이었던 데 반해, 함경북도과 만주 출신은 7명에 불과했다. 이처럼 남한 출신 중심으로 개교한 조선신학원은 남한 목회자 양성에 큰 힘을 실어 주었다.

1941년 12월 8일 선전 포고 없이 하와이 군사 기지를 습격하는 일본 군인

하와이 미군 군사 기지 폭격을 명령한 일본 군부

1945년 8월 6일 미군의 원자폭탄 투하로 폐허가 된 히로시마 신사

1945년 8월 9일 오전 11시 2분 나가사키에 원폭이 투하된 지점

-

태평양 전쟁을 승리로 이끈 극동사령관 맥아더 장군과 참모들

-

북위 38도선을 표시한 남북 분단의 표지

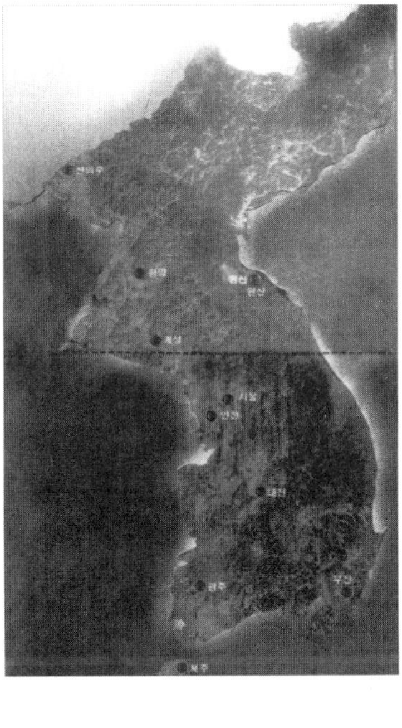

-

미소 강대국에 의해 북위 38도선으로 분할된
한반도

5

일제의 패망과
교회의 재건

1 해방과
북한 교회 재건

38선 등장

1945년 8월 15일, 조선 교회는 해방을 맞이했다. 그러나 해방의 기쁨은 잠시였다. 퇴각한 일본 제국주의 대신 북위 38도선을 경계로 한반도가 나뉘게 된 것이다. 38도선 이북은 소련이, 이남은 미국이 점령했다. 여기서 비롯한 남북 갈등은 지금까지 이어지고 있다. 한반도에 영원한 비극을 만들어 놓은 북위 38도선은 2차 대전이 끝날 무렵 얄타 회담에서 미국과 소련의 분할 정책에 따라 한반도의 지도를 펴놓고 북위 38도선을 그어 북은 소련군이, 남은 미군이 차지하기로 합의하면서 결정되었다.

1945년 8월 6일 아침 8시 15분, 미국 공군 소속 B29 비행기가 히로시마 상공에 나타났다. 미군 비행기가 공중에 나타나자 사이렌이 온 도시에 울렸지만 때는 이미 늦었다. 혹시라도 적기가 나타나면 방공호에 들어가 살 수 있으리라 믿었지만 소용없었다. 원자폭탄은 9,600m 상공에서 투하되었으며 곧바로 히로시마는 불바다가 되어 버렸다. 이 원자폭탄으로 사망한 사람은 24만 명 이상이며, 행방불명자 7,000여 명,

광복을 맞이한 전남 광양군민들이 만세를 부르고 있다.

목포역 앞에 세워진 독립만세 아치

1945년 8월 15일. 일장기를 내리고 그 자리에 다시 미국 성조기를 게양하고 있다.

부상자 15만 6,000여 명으로 총 40만여 명의 사상자가 났다.

이 무렵 소련군은 만주에 주둔한 일본 육군 713부대에 진격했다. 그리고 8월 8일 일본에 선전 포고를 함과 동시에 계속 남하면서 압록강 쪽으로 진격했다. 그리고 함경북도 나진을 거쳐 한반도에 자리를 잡았다. 미국은 8월 9일 오전 11시 2분에 나가사키에 원자폭탄을 투하했다. 그리고 소련군은 8월 13일에 청진까지 진주했다. 1945년 8월 15일 일본 천황이 항복을 선언하자 그 길로 소련군은 북한을 점령했다. 이에 놀란 미국은 북위 38도선 이남으로는 진주하지 못하도록 38선을 확정하고 이남에 미군이 주둔하도록 했다. 이 사건으로 한반도는 강대국의 힘에 의해 국경 아닌 국경이 생기면서 반세기가 지나도록 남과 북은 분단국으로 남게 되었다.

북한 교회 재건

미소 강대국에 의해 해방을 맞은 조선 교회는 영원한 하나님의 축복이 도래했다고 생각했다. 차가운 감옥에서 신사참배를 반대했던 성도 채정민, 이기선, 한상동 목사, 김인희, 최덕지 전도사, 오윤선 장로, 안이숙 교사 등 20여 명은 평양 형무소에서 출옥했다. 대구, 광주, 부산, 청주 형무소에서도 해방을 맞아 억울한 옥살이를 하던 성도들이 밝은 세상으로 나오게 되었다.

1945년 9월 4일, 신사참배를 반대하다 평양 형무소에서 옥사한 주기철 목사가 시무한 평양 산정현교회에서는 평양 교인들이 모여 사흘간 금식하며 부흥사경회를 가졌다. 이들은 일제의 강압에 못 이겨 신사참배, 동방요배, 황국신민 서사 제창 등에 참여한 것을 눈물로 통회 자복했다. 또한 출옥한 성도들은 평양 산정현교회에 모여 한국 교회의 재건에 대한 기본 원칙을 발표했다.

첫째, 교회의 지도자들은 모두 신사에 참배했으니 권징의 길을 취하여 통회, 정화한 후 교회에 나갈 것

둘째, 권징은 자책 혹은 자수의 방법으로 하되 목사는 최소한 2개월간 휴직하고 통회, 자복할 것

셋째, 목사와 장로의 휴직 중에는 집사나 평신도가 예배를 인도할 것

넷째, 교회 재건의 기본 원칙을 전한(全韓), 전국 각 노회 또는 지교회에 전달하여 일제히 이것을 실행케 할 것

다섯째, 교역자 양성을 위한 신학교를 복구, 재건할 것[1)]

이러한 재건 원칙이 발표되자 그해 11월 14일 평북 노회가 주체가 되어 평북 선천 월곡동교회(홍택기 목사)에서 교역자 퇴수회를 가졌다. 이 모임에는 평북 노회를 비롯해서 평동 노회, 용천 노회, 의산 노회, 산서 노회, 삼산 노회 등 6개 노회원 200여 명의 교역자가 모였다. 이 모임에 출옥 성도 이기선 목사는 자신이 경험한 신사참배 반대 입장을 간증했는데 이때 많은 교역자들이 은혜를 받았다. 박형룡 박사가 교회 재건 원칙을 발표할 무렵, 친일파로서 신사참배를 결의했던 증경 총회장 홍택기 목사가 재건 원칙을 반대하고 나섰다.

> 옥중에서 소생한 사람이나 교회를 지키기 위하여 고생한 사람이나 그 고생은 마찬가지였고, 교회를 버리고 해외로 도피 생활을 했거나 혹은 은퇴 생활을 한 사람 수보다는 교회를 등에 지고 일제의 강제에 할 수 없이 굴한 사람의 수가 더 높이 평가되어야 한다.[2)]

대한예수교장로회 창립 총회. 1912년 9월 2일 전라, 경기충청, 경상, 황해, 평안남, 함경, 평안북 일곱 노회의 회원이 참석하여 평양장로회신학교에서 최초의 총회를 열었다.

홍성사.

-

서대문형무소에 수감되었던 독립운동가들이 출옥하며 만세를 부르고 있다.

-

신사참배에 반대하여 평양형무소에 수감되었던 목회자와 신도 따라서 홍택기 목사는 "신사참배에 대한 죄의 벌칙은 하나님이 하실 일이지 사람이 할 수 있는 일은 아니다"라고 역설했다. 이렇게 해서 퇴수회는 결론을 내리지 못한 채 해산되었다. 한편, 그해 12월 초 북한의 5도(평안북도, 평안남도, 함경남도, 함경북도, 황해도) 16개 노회가 연합하여 북한5도연합회를 소집했다. 광복과 함께 북한에 진주했던 소련군의 점령으로 남북의 왕래가 금지되고 교회는 더욱 핍박받게 되었다. 소련군이 점령한 공산국가에서는 기독교를 용납하지 않았다. 이러한 환경에 놓여 있던 북한5도연합회는 총회를 대행할 수 있도록 임원을 선출했다. 회장에 김진수 목사를 선출하고, 그로 하여금 북한5도연합회를 이끌어 가도록 했다. 이때 결의한 몇 가지 내용을 살펴보면 다음과 같다.

첫째, 북한5도연합회는 남북이 통일될 때까지 총회를 대행할 수 있는 잠정적 협의 기관으로 한다.

둘째, 총회 헌법은 개정 이전의 헌법을 사용하되 남북통일 총회가 열릴 때까지 그대로 둔다.

셋째, 전 교회는 신사참배의 죄과를 통회하고 교역자는 2개월 간 근신한다.

넷째, 신학교는 연합 노회 직영으로 한다.

다섯째, 조국의 기독 문화를 목표로 독립기념 전도회를 조직하여 전도교화 운동을 대대적으로 전개한다.

여섯째, 북한 교회를 대표하는 사절단을 파송하여 연합국 사령관에게 감사의 뜻을 표하기로 한다.[3)]

이상과 같이 북한5도연합회는 신사참배했던 교직자들에게는 2개월간 근신토록 결의한 후 남한 교회와의 연락을 위해 대표단을 파송하기로 했다. 대표단으로는 증경 총회장 이인식 목사와 평동 노회장 김양선 목사가 선출되었다. 대표단은 소련 군정과의 마찰을 피하고자 파견 목적을 연합군 사령관에게 감사의 뜻을 표하기 위해서라고 밝혔다.

사실 대표단은 남한 교회 지도자들을 만나 교회의 앞날을 의논하고, 미국에서 귀국한 이승만 박사와 중국 상해에서 귀국한 임시정부의 김구 주석을 만나 그들의 노고를 치하하려 했다. 그러나 대표단이 남하한 후 38선이 가로막혀 그들은 북한으로 돌아가지 못하고 남한에 남게 되었다. 여기에 북한 공산당의 실력자 김일성은 소련군의 힘을 얻어 기독교를 탄압하면서 자신의 권력 기반을 만들어 가고 있었다.

평양신학교 재건

1938년 평양장로회신학교가 폐쇄된 후 광복을 맞이한 북한 교회는 새로운 각오로 교역자를 양성하기 위해 평양신학교를 재건했다.

> 새로운 각오로 문을 연 신학교는 북한5도연합회 구성에 주요한 역할을 한 김인준 목사에게 교장직이 맡겨졌다. 해방이 되자 평양신학교는 북한5도연합노회에서 직영으로 하기로 결의하게 되었다. 해방이 되던 해 12월 김인준 목사가 교장에 임명되었다.[4)]

재건된 평양신학교 교장인 김인준 목사는 평양 숭실전문학교를 거쳐 평양장로회신학교를 졸업하고 1929년 미국 프린스턴 신학교에 유학하여 모든 과정을 이수하고 1933년 귀국했다. 잠시 목회를 하면서 저술 활동을 하다가 다시 도미하여 리치몬드 유니언 신학교에서 박사 과정을 수료하고 귀국했다. 평양 여자성경학교에서 잠시 교수로 재직하다 다시 평양 근교에 있는 상흥리교회에서 시무했다. 해방이 되자 북한 5도연합회 결성에 힘을 쏟았다. 평양신학교 교장으로 재직하던 중 조선기독교도연맹 가입에 반대하다 1947년 소련군에 체포되고 시베리아로 유배되어 그곳에서 삶을 마감했다.[5)]

김인준 목사가 순교당하자 이성휘 목사가 교장으로 취임했다. 이성휘 목사는 평북 철산 출신으로 평양 숭실전문학교와 평양장로회신학교를 졸업하고 미국에서 신학을 연구했으며, 하노버 대학에서 신학 박사학위를 받고 귀국했다. 그는 1947년에 평양신학교 교장으로 취임했다. 당시 교수로는 최지화(조직신학), 김태복(신약 주해, 공관복음, 헬라어), 박경구(로마서, 목회서신), 강문구(조직신학), 김영윤(바울서신), 이학봉(실천신학) 목사가 강의했다.

이 무렵 태평양 전쟁 말기에 일제에 의해 강제로 추방되었던 선교사들이 다시 내한하여 남한에서는 선교회의 사업이 차차 제자리를 찾아가고 있었다. 그러나 북한은 소련군이 진주하고 있었기에 입국이 불가능했는데, 미 군정청의 특별한 교섭으로 블레어 선교사가 1947년 4월에 평양을 방문했다. 그의 보고에 따르면 평양신학교는 수업을 계속하고 있었으며 당시 재학생은 164명이었다.[6)]

당시 북한에는 평양신학교 외에 감리교의 평양 성화신학교가 있었다. 평양 성화신학교는 원래 평양 요한학교였으나 교역자를 양성하기 위해 평양 성화신학교로 개편했다. 이 두 신학교 학생은 600여 명이다. 당시 조선기독교도연맹(지금의 조선그리스도교연맹, 1996년 개칭) 서기로 있던 조택수 목사는 연맹위원장 강양욱 목사의 심복으로 평양신학교 현관에 스탈린과 김일성 사진을 나란히 걸어 놓고 신학생 1명씩을 불러 사상을 검증한 후 각각 60명씩 모두 120명만 수업을 듣게 하고 나머지는 모두 축출했다.

조선기독교도연맹에서는 1950년 두 신학교를 하나로 통합해 조선기독신학교를 세웠다. 당시 연맹 부총회장 김응순 목사가 교장으로 취임했다. 1950년 6월 25일 북한이 남침하자, 당시 3학년에 재학하고 있던 학생들에게 통신으로 졸업장을 전하고 폐교했다. 이때 졸업장을 받은 졸업생은 노재남, 안병무, 장승찬, 최용문, 임택진 등이다.[7)]

북한 교회의 수난

1) 주일 인민위원 선거

광복을 맞이한 북한 교회는 감격스러운 마음으로 교회를 재건했지만 뜻하지 않은 소련군 진주와 김일성 등장으로 탄압받기 시작했다. 그러다 1945년 11월 16일 평안북도 용암포 지역에서 윤하영, 한경직 목사를 비롯해서 몇 명이 모여 기독교사회민주당을 결성하고자 했지만 탄압으로 추진되지 못했다. 이러한 과정에서 기독교 교인과 학생 5,000여 명이 공산당 본부와 인민위원회 본부 등으로 집결해 퇴각을 요구하는 시위를 벌였다. 이때 공산당 당원과 소련군인 들은 학생들을 향해 무차별 총격을 가했고, 이로 인해 수십 명이 목숨을 잃는 참사가 벌어졌다. 이때 김화식 목사를 비롯해서 많은 민주 인사들이 구속당했다.

또한 1946년 3월 1일 독립운동기념일을 맞이해서 평양 교역자회에서는 3·1절 기념예배를 장대현교회에서 드리기로 했다. 같은 날 공산당측에서는 평양역 앞에서 기념식을 갖기로 했다. 그러자 기념예배를 하고 있는 장대현교회에 공산당들이 들이닥쳐 교인 일부를 구타했다. 이때 교인들은 신앙의 자유를 부르짖으며 항의했다. 당

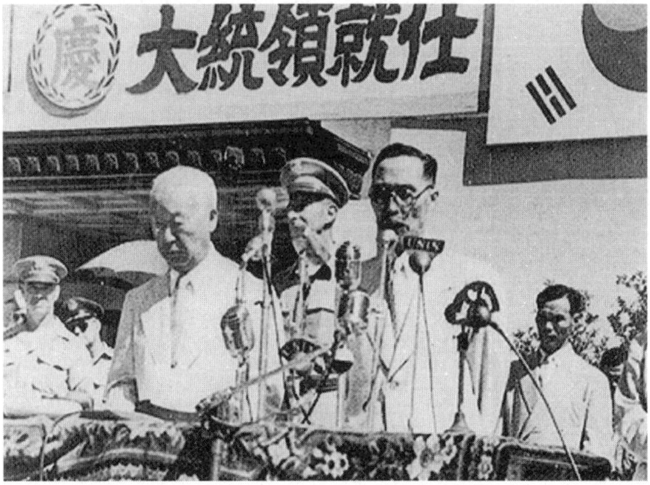

-

대한민국 초대 대통령으로 취임하는 이승만 박사(1948. 8. 15.)

-

조선민주주의인민공화국 서기장 김일성(가운데, 1948. 9. 9.)

시 공산당들이 주도했던 역전 기념식장에서는 수류탄 투석 사건이 발생하여 식장이 난장판이 되었다. 공산당들은 이 수류탄 투석 사건이 기독교가 공산당을 방해하기 위해 저지른 일이라고 뒤집어씌우면서 기회가 있는 대로 기독교를 탄압하고, 교회 지도자를 영장 없이 구속했다. 그러자 김일성과 공산당을 지지하는 어용 기독교 지도자 세력이 일어났다.

북한 공산당은 1946년 9월 5일 입법부 설립을 위해 시 · 도 · 군 인민위원 선거를 1946년 11월 3일 주일에 실시하겠다고 법령을 포고했다. 이처럼 주일에 선거를 실시하려 한 것은 참여하지 않은 교역자나 교인을 색출하여 숙청하려는 의도가 숨겨져 있었다. 이렇게 일자를 정한 것은 과거 일제 강점기 신사참배, 동방요배 강요와 다를 바 없는 일로 교회에 대한 일종의 선전 포고였다. 이러한 소식을 접한 교계는 이를 반대했다. 당시 평양에는 30여 개의 교회가 있었는데 목회자 대부분이 신사참배에 참여했지만 그중에는 출옥한 성도도 있고 신사참배 문제로 교회를 사임하고 은거한 목회자도 있었다. 이들은 한목소리로 주일 선거에 강경하게 반대했다.

1946년 10월 25일 북한5도연합회가 평양 산정현교회에서 소집되었었다. 이때 5도연합회 회장인 김진수 목사의 사회로 개회된 회의에서 총선거를 전면 거부하기로 결의했다. 이 결의문을 작성하여 김일성과 소련군 사령관에게 제출하기로 하고 7인 위원회를 선출했다. 7인 위원은 장대현교회 이유택 목사, 산정현교회 김철훈 목사, 사인장교회 최감은 목사, 연회동교회 김윤찬 목사, 신암교회 김길수 목사 등이었다. 이때 결의한 5개 조항을 살펴보면 다음과 같다.

> 첫째, 성수주일을 생명으로 하는 교회는 주일에는 예배 외의 여하한 행사에도 참가하지 않는다.

둘째, 정치와 교회는 엄격히 구별한다.

셋째, 예배당의 신성을 확보하는 것은 교회의 당연한 의무요 권리이다.
예배당은 예배 외에는 어떤 경우에도 사용을 금한다.

넷째, 현직 교역자로서 정계에 종사할 경우에는 교직을 사면해야 한다.

다섯째, 교회는 신앙과 집회의 자유를 확보한다.[8)]

북한5도연합회의 7인 위원은 곧바로 선거를 평일로 변경해 달라고 공산당 본부에 청원을 냈지만 거절당했다. 이때 7인 위원들은 다음과 같은 성명서를 발표했다.

> 우리는 목숨이 다할 때까지 평양을 사수한다. 우리는 신앙을 위하여 한국의 예루살렘 평양성을 위하여 이 작은 몸을 주님의 제단에 바치기로 한다.[9)]

이들은 교인들에게 투표에 참여하지 말 것을 통보했으며, 투표일인 주일은 새벽기도회부터 밤 12시까지 남아서 기도하며 온종일 교회에서 보내도록 했다. 많은 교인들은 이러한 지시에 따라 하루를 보내고 집으로 돌아갔다. 이때 지역 공산당원들은 투표에 참여하지 않는 교역자와 교인 들을 정치 보위부로 연행해 무자비한 고문을 시작했다.

2) 조선기독교도연맹 출현

이 무렵 공산당 당원들은 강양욱 목사를 비롯해서 기독교 어용 단체인 조선기독교도연맹을 결성하고, 김익두, 박상순, 김응순 목사를 강제로 가입시켰으며, 초대 총회장에 박상순 목사, 부총회장에 김응순 목사, 서기에 조택수 목사를 선출했다. 이들은 11월 3일 주일에 모두 예배를 드리고 오후에 꼭 투표장에 나와 투표에 참여토록 열심히 선전했다. 여기에 조선기독교도연맹은 11월 3일로 예정된 선거를 지지했다. 그리고 다음과 같은 강령을 주장했다.

> 첫째, 우리는 김일성 정부를 절대 지지한다.
> 둘째, 우리는 남한 정권을 인정하지 않는다.
> 셋째, 교회는 민중의 지도자가 될 것을 공략한다.
> 넷째, 교회는 선거에 솔선하여 참여하기로 한다.[10]

김일성의 장인 강돈욱 장로와 육촌간인 강양욱 목사는 당대 실력자로 부상했다. 그는 1943년에 평양신학교를 졸업하고 목사 안수를 받았다. 그는 1948년 조선기독교도연맹을 조직하고 민족 진영의 목사와 5도연합회 소속 목사들에게 조선기독교도연맹 가입을 강요했으며, 응하지 않는 자는 공산당원에게 고발해 갖은 고초를 당하게 했다. 이러한 상황에서 목사들은 어용파, 거부파, 불가피파로 나뉘었다.[11] 이 일로 북한 교회는 크게 양분되면서 상호 모략과 중상을 일삼았다.

이 과정에서 조선기독교도연맹이 공산당의 지지를 얻으면서 활기를 띠게 되었다. 조선기독교도연맹은 자신들의 힘을 과시하기 위해 강령을 발표했다.

> 첫째, 기독교의 박애적 원칙에 기초하여 인민의 애국열을 환기하며 조선의 완전 독립을 위하여 건국 사업에 일치 협력할 것
> 둘째, 민주 조선 건국에 해독인 죄악과 항쟁하고, 도의(道義) 건설을 위

하여 분투할 것

셋째, 언론, 출판, 집회, 결사와 신교의 자유를 보장하기 위하여 전력 할 것

넷째, 기독교의 발전을 위하여 매진할 것[12)]

조선기독교도연맹에서 발표한 강령에 반대하고 신앙의 자유를 부르짖은 5도연합회는 탄압과 숙청을 당하기 시작했다. 광복 당시 평양신학교 교장 이성휘 목사는 신학교가 조선기독신학교로 통폐합되자 자리에서 물러나야 했다. 그 뒤 공산당의 감시를 받다가 결국 한국전쟁 당시 우익 인사들과 함께 총살형으로 순교했다.

조선기독교도연맹에 가입하지 않는 목회자는 추방되거나 인민재판을 받아야 했다. 인민재판은 공개여론재판이기에 목회자나 평신도 들은 살아남지 못했다. 당시 북한 교회를 실질적으로 이끌고 왔던 김화식 목사를 비롯하여 김인준, 이정심, 김철훈, 이유택 등 많은 목사들이 순교를 당했다. 일부 목회자는 목숨을 건지기 위해 야밤에 38선을 넘기도 했다. 이러한 탈출은 계속되었다. 이처럼 목회자들이 숙청당하거나 월남하자 한때 북한에는 기독교가 사라지기도 했다.

1972년 남북적십자회담이 열릴 때 남측 기자들이 과거 조선기독교도연맹의 실질적인 인물이었던 강양욱 목사(당시 조국통일 민주주의 조선중앙위원장)에게 몇 가지 질문을 했다.

문 : 북한 기독교의 형편은?

답 : 내가 말하기 전에 당신들이 더 잘 알 것이다. 미 제국주의가 도발한 침략 전쟁 3년 동안 미 제국주의의 폭격으로 교회가 다 파괴되었으니까.

> 미군을 따라온 종군 목사들이 선전하기를, 미국을 반대하는 것은 하나님을 반대하는 것이라며 미국에 복종시키기 위한 술책을 썼다. 미국 선교사들이 종교를 선전했는데 교회를 파괴한 것도 미국 종군 목사였다. 하나님이 있다고 하면 그렇게 할 수 있겠는가? 그래서 교회는 없어졌고 신도들 중에서도 신앙을 포기하는 사람들이 많아졌다. 북반부에서 미국 선교사들이 선교를 했지만 다 말아먹기도 했다. (……)[13]

이 회견대로라면 북한에는 단 하나의 교회도 없으며, 교인도 공식적으로는 없다는 결론을 내릴 수 있다. 남북적십자회담 기자단의 일원으로 북한을 다녀온 〈한국일보〉 사회부 김창열 부장은 북한 교회의 실정에 대해 이렇게 밝혔다. "북한에 종교는 있을 수 없다. 있다면 그것은 유일한 종교, 유일사상이 있을 뿐이다."[14]

2 남한 교회 재건과 남부대회

남한 교회 재건

1945년 9월 8일, 극동사령부 미군 제24군단 소속 하지(J. R. Hodge) 사령관이 이끈 5,000여 명의 미군이 남한에 상륙하여 서울 한복판 조선반도호텔에 사령부를 설치하고 군정(軍政)을 실시했다. 하지 사령관은 9월 9일 조선 총독부로부터 남한에 주둔하고 있던 일본군 5만 명을 무장해제했다. 그러나 남한의 질서를 유지시키기 위해 조선 총독부 관리들을 계속 근무할 수 있도록 명령하고, 일제 경찰도 계속 치안을 맡도록 했다. 하지 사령관은 친일 인사들과 접촉하면서 정치적 공백과 치안 공백을 최소화하는 데 힘을 쏟았다.

이러한 상황에서 교회 안에 친일적인 인사들이 등장하게 되었다. 이로 인해 신사참배를 반대하다 옥고를 치르거나 낙향한 인사들의 입지가 좁아지자 새로운 갈등이 야기되었다. 그 대표적인 예가 1945년 9월 8일 소집된 남부대회이다. 여기에는 일본기독교 조선교단 소속 장로교 지도자 김관식, 김영주, 송창근 목사 등과 역시 일본

기독교 조선교단 소속 감리교 지도자 변홍규, 이규갑, 박연서 목사 등이 출석했다. 그러자 교단의 존속을 지지하는 세력과 이를 반대하는 세력이 맞서면서 감리교 대표들이 옛 교회의 환원을 주장하며 퇴장했다.

1945년 11월 27일 감리교 지도자 일부가 정동제일교회에서 남부대회를 성사시키기 위해 조선기독교 남부대회를 개최했다. 그리고 이듬해 4월 30일 제2회 남부대회가 정동제일교회에서 소집되었으며, 이때 배은희 목사가 대회장에 선출되었다. 그러나 대부분의 교파 지도자들이 불참해 대회의 의미를 상실하자 곧 해체되었다.

여기에 친일 세력들이 주동이 되어 남부대회를 개최하려 했지만 장로교회는 장로교회대로, 감리교회는 감리교회대로 분립되면서 대회는 자연히 와해되었다. 그러다 1946년 9월 3일 장로교, 감리교, 성결교, 구세군 등의 지도자들이 모여 조선기독교연합회를 재건했다. 회장에 김관식 목사, 총무 임영빈 목사, 간사 엄요섭 목사를 각각 선출해 오늘날 KNCC의 모체가 되었다. 조선기독교연합회는 1947년 3월 1일 서울운동장에서 3·1절 기념식을 거행했고, 4월에는 서울 남산에서 미군과 함께 부활절 예배를 개최하기도 했다. 이처럼 연합회는 한국 개신교를 대표하는 기관이 되었지만 이후 한국전쟁 때 연합회 총무 남궁혁 목사가 납북되는 비극을 겪기도 했다.

일제에 의해 강제 추방당한 선교사들이 내한하면서 교파주의는 더욱 깊게 뿌리내리기 시작했다. 한국전쟁 당시 미국의 참전으로 많은 군목이 종군에 임했다. 이때 미국의 오순절 계통 군목이 내한해 미국의 오순절 계통 교회가 서울을 중심으로 각 지방에 설립되었다.

장로교 남부대회 재건

조선기독교 남부대회가 해체되고 전국 각 지방 노회가 재건됨에 따라 일부 장

제32회 총회장 배은희 목사(1946)

제32회 총회가 개최된 승동교회

로교 지도자들은 각 지역에서 모임을 가졌다. 그 중 경남 노회가 가장 활발하게 전개되었다. 말 할 것 없이 경남 노회에서 가장 많은 신사참배 반대자가 나왔기 때문이다. 더욱이 순교자 주기철 목사와 최상림 목사는 물론, 출옥 성도 가운데 주남선 목사, 한상동 목사, 손양원 전도사도 경남 노회 출신으로 깊은 인연을 맺었다.

1945년 9월 2일 부산에 있는 교회들이 연합예배를 드리게 되었는데, 이때 최재화, 노진현, 심순태 목사 등 20여 명이 신앙부흥운동 준비위원회를 조직하고 과거의 모든 죄악을 통회하고 자복했으며, 정통 신학에 따른 교회 재건을 결의했다. 이 결의로 9월 18일 부산진교회에서 경남 재건노회가 조직되었고, 같은 해 11월 3일 제17회 경남 노회가 개회되어 출옥 성도 주남선 목사가 노회장에 추대되었다.

당시 전주 서문교회를 시무하다 신사참배를 반대해 결국 교회를 사임한 배은회 목사를 중심으로 전북 노회가 조직되고 배은희 목사가 노회장으로 선임되었다. 이에 따라 남한에 있는 모든 노회들이 재건되면서 대부분의 노회가 조직되었다. 이로 인해 남부총회를 재건할 필요가 대두되자, 1946년 6월 12일 서울 승동교회에서 장로회 남부총회를 소집했다. 남한에 있는 노회 대표들이 모여 총회를 이루었다 하여 남부총회라 했다. 총회장에 배은희 목사, 부회장에 함태영 목사가 선출되었다. 이들은 일제의 어용 단체 일본기독교 조선교단에는 참여하지 않았다. 하지만 배은희 목사는 조선기독교연합회에는 참여했다. 그렇다고 해서 그가 친일에 부역한 것은 아니다.

이들은 해방된 한국에 새로운 교단 총회를 조직하는 데 꼭 필요하다고 판단하고 다음과 같은 사안을 결의했다.

첫째, 헌법은 남북이 통일될 때까지 개정하지 않고 그대로 사용한다.

둘째, 제27회 총회가 범과한 신사참배 결의는 취소한다.

셋째, 조선신학원을 남부 총회 직영 신학교로 한다.

넷째, 여자 장로직 설정 문제는 남북통일 총회 시까지 보류한다.[15)]

한편 제1회 남부총회에서는 300만 구령운동을 전개했다. 300만 구령운동은 서울 남대문교회에서 사역하던 김치선 목사가 앞장서서 전개했다. 이후 전국에 있는 많은 목회자들이 이 운동에 열심히 참여했다.

대한예수교장로회 총회 재건

남한에서는 더 이상 남북통일 총회를 이룰 수 없음을 인지했다. 그리하여 1947년 4월 대구 제일교회에서 제2회 남부총회가 열렸다. 이때 1942년에 일제의 강압으로 해산된 조선예수교장로회 제31회 총회를 계승하여 제33회 총회를 열고, 해방이 되었기에 조선예수교장로회 총회를 대한예수교장로회 총회로 계승할 것을 결의했다. 이때 남북 분단으로 북한에서 공산당의 핍박을 견딜 수 없어 월남한 목사들이 큰 힘이 되었다. 이들은 해당 노회의 목사 3명 이상의 추천만 있으면 각 지방 노회에 가입할 수 있었다. 그리하여 교역자가 없는 교회나 월남한 교인을 중심으로 개척 교회를 설립하는 등 교회 성장에 크게 공헌했다. 또한 제33회 총회에서는 매년 8·15주일을 지키기로 결의했으며, 순교자들에 대한 추도식도 거행하기로 결의했다. 이후 이 두 행사는 교회가 중심이 되어 매년 거행되었다.

이승만 박사를 중심으로 한 정부 구성안이 나오자 미군정 입법부가 주일에 행사를 여는 것을 미리 차단하기 위해 다음과 같은 입안을 요구했다.

1. 주일은 일반적인 공휴일로 시행할 것

2. 공창(公娼)을 폐지할 것
3. 양조와 음주를 제한할 것
4. 흡연을 제한할 것
5. 아편 재배와 취급을 제한할 것
6. 교육과 종교의 관련에 대하여
7. 미신을 타파할 것
8. 교육 사업에 면세를 할 것
9. 형무소에서 목사를 교회사(教誨師)로 확정할 것
10. 기독교 사업을 위하여 적산(敵産) 중에서 불하(拂下)할 것
11. 나병원은 각 종교 단체가 책임 경영할 것
12. 기타[16)]

주일을 일반적인 공휴일로 함을 첫 번째로 삼은 것은, 1946년 11월 3일 북한에서 시행된 일로 많은 목회자와 평신도 들이 큰 고난을 당했기 때문이다. 그런데 1948년 5월 11일 주일에 남한에서도 유엔군의 감시하에 총선을 실시하게 되었다. 총회는 미군정과 의논하여 총선일을 하루 앞당겨 토요일로 변경했다. 그리고 신앙의 자유에 걸림이 되지 않도록 이후 총선이나 대선, 지방의 각종 선거는 수요일에 실시하도록 했다.

이외에도 교회 재건의 모습은 봇물 터지듯 나타나는데, 남부대회에서 합동 찬송가를 편찬하기로 했던 것에 이어 장로교, 감리교, 성결교회가 합동 찬송가를 만들었다. 당시 각 교파에서 사용하던 찬송가 중 장로교, 감리교, 성결교의 공통된 찬송가는 4:3:2의 비율로 편성하였으며, 그 외의 찬송곡도 수록하여 총 585장의 찬송과 시편

교독문으로 구성된 찬송가를 펴냈다.[17)]

미션 스쿨 교사와 주일학교 반사(班師)에 대한 방침도 규정되었다.

1. 교직원은 반드시 신자여야 할 것
2. 성경을 정과목으로 가르칠 것
3. 교내 기도회를 실시할 것
4. 주일 행사는 종교 행사 외에는 참가치 않도록 할 것[18)]

그런데 뜻하지 않게 주일에 여러 가지 행사가 개최되었고 이것이 문제가 되었다. 그리고 1948년 4월 28일, 경기도 파주군 조리면 죽원리교회 주일학교 유년부 학생들의 태극기 배례 거부 사건이 일어났다. 경기도 고양군 봉일천보통학교에서도 태극기 배례를 거부하자 학교 당국에서는 경기도 교육 방침에 따라 도지사의 입회하에 학무 회의가 열렸다. 그리고 국기배례에 참여하지 않는 학생은 퇴학, 교사는 파면하기로 결정했다. 이 일로 교사 1명은 파면당하고 학생 36명은 퇴학당했다.

이 사건을 가까이서 지켜본 죽원리교회 최중해 목사는 즉시 경기 노회를 거쳐 문제 해결을 위한 보고서를 제35회 총회에 헌의했다. 이에 총회는 정부와 마찰이 생기지 않도록 대책위원회를 구성했다. 위원은 이자익 목사를 비롯해서 이대영, 김영주, 권연호, 유호준 목사를 선임하고 선처를 위해 노력했다. 총회는 국기배례는 일제의 잔재로 최경례(最敬禮)를 하지 말고 거수경례를 하도록 정부에 청원했다.

첫째, 종교적 이유로, 과거 일제의 신사참배와 국기 경례 같은 행위는 기독교에서 금하는 서물(瑞物) 숭배이기에 신생 대한민국에서 실

제34회 총회 총대원들이 새문안교회에 모였다(1948. 4. 20.)

제35회 총회 임원. 앞줄 왼쪽부터 이순필, 박용희, 최재화, 김영주. 뒷줄 왼쪽부터 김종대, 서정태, 안광국, 유호준

총회 창립 40주년을 맞이한 총회원들(대구 서문교회, 1952. 5. 2)

제39회 임원 일동. 회장 이원영, 부회장 한경직, 서기 안광국, 부서기 강인구, 회록서기 박찬목, 부회록서기 박병훈, 회계 김윤란, 부회계 장평희

제39회 총회장 이원영 목사

행하는 국기배례에는 종교적 양심으로 응할 수 없으며

둘째, 국민적인 이유로, 일본은 천조 대신 또는 천황을 우상화하기 위한 방편으로 국기 경례를 강요했는데, 이는 대한민국 정부의 국기배례가 국민정신 앙양에 있는 것과는 사뭇 다르므로 일제의 잔재를 청산하는 것이 옳으며

셋째, 세계적인 이유로, 과거 구한국 시대에도 태극기 배례가 없었을 뿐 아니라 금일 세계의 강대국인 영국, 미국, 프랑스 등이 국기 답례를 행하고 있음으로 우리도 우방 국가와 함께 일제의 최경례가 아닌 국기 침례 혹은 거수례로 하는 것이 타당하다.[19]

총회는 이러한 사안을 손양원 목사에게 맡겨 당국과 교섭하게 했다.

신사참배 결의 취소

남부총회는 일제의 강압으로 신사참배를 결의한 것을 불법으로 규정하고 이를 취소했으나, 진실한 모습은 보이지 않았다. 그리하여 1948년 4월 서울 새문안교회에서 열린 제34회 총회에서 다시 한 번 신사참배 결의를 취소하고 신사참배를 결의한 날에 해당하는 주일을 통회, 자복일로 정하여 이를 실시했다. 1954년 4월 경북 안동교회에서 열린 제39회 총회에서는 신사참배를 반대하다 옥고를 치른 이원영 목사가 총회장으로 선임되면서 신사참배를 다시 취소하고 성명을 발표했다.

〈신사참배 취소 성명서〉

대한예수교장로회 제39회 총회는 1938년 9월 9일 평양 서문밖교회에서

> 회집한 제27회 총회 결의인 '신사참배는 종교가 아니므로 기독교 교리에 어긋나지 않으며, 신사참배가 애국적 국가 의식임을 자각한다. 이에 신사참배를 솔선 이행하고 국민정신 총동원에 참가하여 비상시국하에서 향후 황국신민으로서 충성을 다한다'는 결의는 일제의 강압에 의해 내린 결정이었으나, 이것이 하나님 앞에 계명을 범한 것임을 자각하고, 남부총회는 신사참배 회개운동을 결의하고 실행한다. 따라서 총회는 신사참배 결의를 취소함을 전국 교회 앞에 성명한다.[20]

이날 총회에서는 총회 기간 중 성찬식이 거행되기 전에 참회 기도회를 갖기로 했다. 그리고 총회 기간 동안 1차 연보를 하고 총대원들은 물론 전국 교회가 6월 첫 주일에 헌금을 해 신사 불참배로 순교한 성도들의 가족에게 위문금을 보내기로 했다. 또한 신사 불참배 교역자와 신자, 선교사를 제명한 노회나 학교, 각 기관에 명하여 제명을 철회하도록 했다.

1954년 4월 2일 상오 5시에 본회의가 모인 안동교회에서 총회장 명신홍 목사의 사회로 참회 기도회가 열렸다. 이날 순서에 따라 김윤찬 목사가 이사야서 57장 14절을 봉독한 후 '통회의 아침'이라는 제목으로 권면하고 제27회 총회 총대원으로 참석했던 장로가 기도했다.

> 신사참배 문제로 자진 제명을 원한 한부선 선교사를 제명한 당시 봉천 노회원이었던 김석찬 목사가 기도하고 순교자 가족을 위하여 헌금(26,058환)한 후 통곡 기도하고 주기도로 폐회하다.[21]

이처럼 총회가 신사참배 결의 취소를 여러 차례 거듭한 것은, 해방 직후 신사참배 문제를 적절히 해결하지 못했을 뿐만 아니라 수년간 온전히 회개하지 않았음을 보여 주는 반증이기도 했다. 김양선 목사는 "도리어 총회가 신사참배의 범과를 통절히 뉘우치지 못했다는 증거 외에는 아무것도 아니었고, 일부 교권주의자의 자기 명예를 위한 제스처에 불과한 것"이라고 비판했다.[22)]

3 기타 교단의 재건

감리교회 재건

감리교회는 일본기독교 조선교단이 형성될 때 해산되었다. 그런데 해방 직후 일제의 합동 교단을 존속하자는 운동이 일어났다. 1945년 9월 8일 새문안교회에서는 감리교의 변홍규, 이규갑 목사를 비롯해서 박연서 목사 등이 장로교의 김관식, 송창근, 김영주 목사 등과 함께 합동 교단의 존속을 의논했다. 이것은 북한 지역의 교회재건운동과는 성격이나 의도에서 판이하게 달랐다.[23)]

이때 생각을 달리했던 감리교 목사들이 퇴장하고 같은 날 동대문감리교회에서 재건중앙위원회를 개최하고 이규갑 목사를 위원장으로 추대하면서 감리교 재건운동에 박차를 가하게 되었다. 재건중앙위원회는 1946년 1월에 감리교신학교를 재건하고 변홍규 목사를 교장으로 추대했다. 그리고 장석영 목사를 감독으로 선출했다.

하지만 이에 대해 감리교 내부의 반대파들은 냉소를 보냈다. 반대파들은 1946년 4월 7일 이른바 부흥측 인사 강태희 목사를 중심으로 해서 수표감리교회에서 모여 조선감리회 부흥신도대회를 열고 같은 해 9월에 기독교 조선감리회의 부흥을 선언했다.

기타 교단

일제 말 해산되었던 성결교회는 1945년 11월 서울에서 재건 총회를 열고 의장에 천세광 목사, 총회장에 박현명 목사를 추대했다. 그리고 폐교되었던 경성신학교를 재건하고 잡지 《활천(活泉)》을 복간했다. 과거 조선예수교 동양선교회 성결교회라고 불렀던 명칭을 대한성결교회로 바꾸었다. 성결교회 교단은 연합 사업에 적극 참여하면서 1946년 조선기독교연합회에 가입했다. 이후 복음주의협회(National Association of Evangelicals, 이하 NAE)가 국내에 소개되자 개별적으로 가입했다. 1955년 제10회 총회는 복음주의 신앙 노선이 동양선교회(Oriental Missionary Society, 이하 OMS)와 성결교회의 노선에 부합한다고 보고 교단 차원에서 가입을 결의했다.[24]

구세군 역시 해방을 맞이하여 해산되었던 교단이 재건되었다. 1946년 10월 황종률 정령을 서기관장으로 임명하고 재건에 힘을 쏟아 자리를 잡았다.

침례교회는 1940년에 강제 해산되었지만 해방 후 1946년 9월 충남 강경에서 제36차 대화회(大和會)를 개최함으로 재건되었다. 원래는 동아기독교회라 했다. 그러나 1950년 한국전쟁으로 미국 남침례회에서 한국 교회를 위한 다양한 구호 사업이 전개되면서 대한기독교 침례회로 불렀다. 그러다 1959년 제49회 총회가 주류와 비주류 즉 기독교한국 침례회, 한국기독교 침례회로 나뉘면서 교권 다툼이 일어났다. 그러나 지도자들의 끊임없는 노력으로 1968년 두 교단이 통합되어 한국침례회연맹이 탄생했다. 이후 1976년에 교단 명칭을 기독교한국침례회로 바꾸면서 현재에 이르게 되었다.

해방 이전에는 감리교와 장로교가 중심이었다. 그리고 성결교, 침례교, 구세군, 성공회, 복음교회 등 군소 교파와 안식교, 여호와의 증인 등 기독교계 신흥종교가 자리를 잡았다. 그러나 해방이 되면서 해외에서 새로운 교단들이 우후죽순처럼 나타났다. 대표적인 교단으로 오순절교회, 루터교회, 나사렛교회, 퀘이커, 그리고 이단시되는 모르몬교가 자리를 잡았다.

루터교회는 전 세계적으로 널리 알려진 교파다. 한국에 들어온 것은 1958년 미국 루터교회에서 선교사를 한국에 파송하면서다. 이들은 처음부터 교회를 설립하지 않고 라디오 방송프로그램 〈루터란 아워(Lutheran Hour)〉를 통해 선교했다. 그리고 컨콜디아 출판사를 통해 출판 사업을 했으며, 베델 성서연구회와 기독교 통신강좌를 개설하여 복음을 알렸다. 1971년 제1회 창립총회를 통하여 한국기독교 루터선교회가 출범했다. 1980년에는 기독교한국루터회로 교단이 조직되면서 한국에 알려졌다. 기독교한국루터회는 2011년 현재 40여 개의 교회가 설립되어 있으며, KNCC에 가입해 있다.

6

한국전쟁과
교회의 수난

1 한국전쟁

한국전쟁과 주변국

1950년에 발발한 한국전쟁은 동족끼리 총뿌리를 맞대고 싸운 민족의 비극이다. 이 전쟁은 해방 후 남북한이 각각 정권을 수립하게 된 것에서 출발한다. 소련군의 힘을 얻은 김일성은 북한 공산당의 서기장으로서 1948년 9월 9일 조선민주주의 인민공화국을 설립하고 권력의 실권자가 되었다. 남한 역시 미군의 절대적인 지지를 얻은 이승만이 1948년 8월 15일 대한민국 정부를 수립하고 대통령이 되었다. 소련의 영향을 받은 김일성은 처음부터 국력 증강에 힘을 기울여 적화 통일의 전략을 세웠다.

중국 본토 또한 공산당 마오쩌둥이 장악하게 되자, 1949년 중화인민공화국이 중국을 대표하는 정권이 되었으며, 그동안 중국을 다스려 왔던 장제스는 본토에서 쫓겨나 대만으로 피난했다. 이러한 분위기가 조성되자 김일성과 소련은 남침의 기회만 노리고 있었다. 김일성은 모든 학교를 병영화하여 철저하게 군사 훈련을 시켰다. 그리고 1950년 6월 25일 새벽을 기해 보병 10개 사단, 탱크 242대, 항공기 211대 등 탱

크를 앞세우고 38선을 삽시간에 무너뜨리며 남하하기 시작했다.[1)]

당시는 주일이어서 대부분의 지휘관들은 가족과 주말을 즐기고 있었다. 무기는 일제 강점기에 사용했던 일제 무기와 미군이 쓰다 버리고 간 무기가 고작이었다. 이러한 상황에서 인민군을 막을 수 있는 길은 전혀 없었다. 인민군은 삽시간에 38선을 넘어 철원을 지났다. 그리고 곧장 의정부와 연천을 지나 서울 미아리고개를 넘어 돈암동에 진입했다. 대포 소리와 탱크 소리에 놀란 시민들은 어찌할 바를 몰랐으며, 인민군의 총에 상처를 입은 국군 장병들은 피를 흘리면서 시내로 몰려왔다. 남침한 지 48시간 만에 인민군은 서울을 장악했다.

서울 시민들은 공포 속에서 어찌할 바를 몰랐고, 겨우 서울을 빠져나간 시민들은 한강을 건넌 후 계속 남으로 피난 대열을 이으면서 탈출했지만 탱크를 앞세운 인민군이 먼저 앞을 가로막았다. 한국 정부는 자력으로는 방어할 수 없게 되자 미국에 도움을 요청하게 되었다. 요청을 받은 미국은 유엔 안전보장이사회를 개회토록 했고, 유엔은 불법 남침한 인민군을 향해 전투에 임하도록 결의했다. 이때 일본에 주둔하고 있던 미국 극동사령부 소속 병력을 투입하게 되었다. 이들이 부산으로 상륙하여 안양에서부터 인민군과 대치했지만 지형적인 환경을 잘 활용했던 인민군에 밀렸다. 그동안 이승만 대통령은 서울을 사수해 인민군을 퇴각시키겠다는 방송을 녹음해 놓고 서울을 빠져 나가 대전과 전주를 거쳐 부산으로 피난했다. 힘에 밀린 국군이 후퇴를 계속하자, 호남 지방에 있는 각 중·고등학교 재학생들이 학도의용군에 지원하여 인민군의 침공을 막으려 했지만 수포로 돌아갔다. 후에 이들은 인민군에게 곤욕을 당했다.

인민군은 대전을 점령하고 다시 방어력이 약한 호남 쪽을 공격했다. 호남 지방을 점령한 인민군은 다시 경남 지역을 침공했다. 인민군에게 점령된 지역에서는 새로운 시대가 왔다면서 인민위원회가 조직되었고, 이승만 정권에 협력한 우익 인사를 비롯해서 군경 유가족, 교회의 지도자들을 숙청 대상으로 삼아 인민재판을 통하여 끔찍한 살상을 자행했다. 인민군은 서울을 점령한 뒤 인민을 해방시킨다는 슬로건을 내걸었다. 병력이 부족했던 인민군들은 남한 각처에 흩어져 있는 남녀 중 · 고등학교 학생들을 감언이설로 속여 인민군에 지원하게 했다. 그리하여 최후의 격전지인 낙동강 전투에 엄청난 인민군 병력을 투입하게 되었는데, 유엔군과 국군의 희생도 컸지만 인민군의 손실 또한 엄청났다. 이후 맥아더 사령관의 지휘로 1950년 9월 14일 유엔군과 국군의 인천 상륙작전이 성공하자, 인민군은 서서히 퇴각했다. 같은 해 9월 28일 서울이 탈환되자 그 여세를 몰아 10월 1일 북진 통일을 부르짖으면서 유엔군과 국군이 반격을 가하여 드디어 평양을 함락하고 압록강을 향해 돌진하게 되었다.[2)]

그런데 뜻하지 않은 중화인민공화국의 인민군 즉 중공군의 개입으로 일시 후퇴해야 했다. 중국에서는 항미원조(抗美援朝) 정책을 펴면서 대대적으로 한국전쟁에 병사를 투입했다. 중공군은 인해전술로 유엔군과 국군을 압박하면서 계속 밀어붙였다. 엄청난 중공군의 개입으로 유엔군은 1951년 1월 4일 후퇴 명령을 내려야 했고, 잠시 서울도 중공군에게 넘겨줘야 하는 상황이 벌어지기도 했다. 그러나 유엔이 다시 반격을 가해 38선을 중심으로 전선을 지키다가 1953년 7월 27일 중공군과 유엔군의 군사협정으로 현재의 휴전선이 세워졌다.

한국전쟁으로 남북한의 거의 모든 도시는 폭탄 세례로 파괴되었다. 이 전쟁에 투하되었던 폭탄은 2차 대전 때 투하됐던 폭탄보다 많다고 한다. 그리고 국군은 22만여 명, 북한 인민군은 60만여 명, 미군 14만여 명, 유엔군 만 6,000여 명, 중공군 100만여 명의 사상자가 났으며, 질병으로 인한 민간인 사망자까지 합치면 희생된 민간인은 남북한 모두 600여만 명이나 된다. 그리고 1,000만여 명의 이산가족이 발생했다.

2 교회의 수난과 순교

교회의 수난

대한민국 정부가 수립된 지 얼마 안 된 남한은 신앙의 자유를 누렸다. 그리고 월남하는 목회자나 성도들을 따뜻하게 맞이하는 등 평온한 나날을 보내고 있었다. 주일이면 서울의 거리는 한산했으며, 교회로 향하는 성도들이 어느 때보다 많이 눈에 띄었다. 이러한 분위기가 계속되던 어느 날 갑자기 한국전쟁이 일어난 것이다. KNCC 총무였던 남궁혁 목사는 종로 2가에 있는 대한기독교서회 빌딩에 모여 전쟁에 대한 대책을 논의했다. 대개 월남했던 목사들은 서울을 사수해야 한다고 주장했지만, 피난가서 훗날 교인들을 지도해야 한다는 의견도 있었다. 그러나 성도들을 남겨 두고 떠날 수 없다는 쪽으로 의견이 수렴되었다. 그러나 막상 인민군이 서울을 점령하자 사수론을 부르짖던 월남 목사들은 앞 다투어 피난을 갔다. 공산당의 잔인함을 몰랐던 대부분의 남한 목사들은 대체로 서울에 남았다. 서울이 점령된 지 얼마 안 된 어느 날, 김욱은 종로 2가 YMCA에 '기독교민주동맹'이라는 간판을 내걸고 인민군 환영

기독교인 순교탑

77명 순교 묘비

77명이 순교한 영광 염산교회.
2009년 신축했다.

영광 야월교회 순교기념관

영광 야월교회 순교기념관 공원

영광 야월교회

순교탑

준비를 하고 있었다. 그리고 7월 9일 주일 오후 인민군 환영 대회를 개최했다. 이날 피난을 가지 못했던 대부분의 목사들은 이곳에 강제 동원되어 환영 대회에 참가해야 했고 사회를 맡기도 했다.

한때 좌익 사상에 기울었던 대구 출신 최문식 목사는 한국전쟁으로 서대문형무소에서 출감하게 되자, 종로 2가 대한기독교서회에 사무실을 마련하고 8월 21일 김일성 정권을 지지하는 궐기대회를 열었다. 이때도 본의 아니게 많은 목사들이 동원되어 김일성 장군을 찬양하는 노래를 불러야 했다. 이 대회가 끝나자 최문식 목사는 하루에도 수많은 목사를 사무실로 소환하여 자술서를 받게 하는 등 심리적으로 많은 압박을 가했다. 지방에서도 이런 일은 수없이 반복되었다. 어떤 경우에는 아예 교회당이 징발당하여 인민위원회, 여성동맹 위원회, 민주청년동맹 위원회 사무실로 사용되기도 했다. 여기에 목사나 전도사 들을 수시로 소환해 자술서를 쓰게 했으며, 인민재판을 통하여 처형하기도 했다.[3)]

순교자 속출

당시 전남 영광군 염산교회에서는 김방호 목사를 비롯해서 77명이 순교를 당했다. 영광군 야월교회의 전교인 65명은 공산당이 교회당에 감금한 채 불을 질러 모두 죽었다. 무안군 몽탄교회 정재련 전도사와 해제 중앙교회와 청계 복길교회의 여러 신도들도 순교를 당했다. 목포 연동교회 최명길 목사, 김계수 장로, 신안군 증도면 증동 성결교회 문준경 전도사, 진리교회 이판일 장로, 진도읍교회 김수현 목사, 강진군 강진읍교회 배영석 목사, 해남 신복균 전도사, 영암군 영암읍교회 신도 24명, 상월교회 나옥매 전도사 외 30여 명, 구림교회의 많은 교인들이 순교를 당했다. 일제 말 구례 중앙교회에서 시무했던 양용근 목사가 순천 15인 사건에 연루되어 광주형무소에서

24명 순교자 묘

24명이 순교한 영암읍교회(신축)

함태영 부통령의 친필 순교비

옥살이를 하다가 1943년 12월에 옥사한 바 있는데, 1947년 월남했던 이용선 목사도 이 교회에서 사역하다가 1950년 12월 지리산 공비에게 죽임을 당했다.

순천 지방에서는 덕양교회 조상학 목사, 애양원교회 손양원 목사, 소록도교회 김정복 목사, 구례읍교회 이선용 목사, 광주 선교부 조영택 · 김인재 전도사, 담양읍교회 김용선 전도사, 광주 양림교회 박석현 목사 등이 순교를 당했다. 전북 옥구군 미평에 있는 원당교회의 홍상식 외 31명, 신광교회는 김종대 장로 등 4명, 혜성교회는 정연행 전도사 등 5명의 신도들이 처형을 당했다. 역시 익산군 황등교회는 이재규 목사와 미국 유학을 갔던 계일승 목사의 부인 안인호 여사 등 10여 명, 낭산교회의 고영호 전도사, 김제군 만경교회의 김종환 목사, 대창교회의 안덕윤 목사 역시 순교를 당했다. 안덕윤 목사는 대창교회 교인들이 피난을 가라고 몇 번이고 권면했지만 사양했다. 그리고 결국 인민군에게 체포되어 대창 들녘에서 처형당했다. 그런데 바로 그 순간 서쪽 하늘에 찬란한 무지개가 떠올랐다. 인민군들은 그 순간 모두 도망쳤다. 이후 인민군이 퇴각하자 많은 주민들이 교회로 모여들었다.[4)]

김제군 죽산교회, 금산교회 등에서도 목사, 전도사, 장로, 신도 들이 처형을 당했다. 완주군 재네교회, 봉상교회, 삼례 후리교회, 동산교회에서도 처형당한 목사, 전도사, 신도 들이 있었다. 정읍군 매계교회, 천원교회, 앵성교회, 신태인교회, 한교교회 등에서도 목사, 장로, 전도사, 신도 들이 처형을 당했다. 정읍 두암교회도 윤임례 집사를 비롯해서 20여 명이 순교를 당했다. 고창군 고창읍교회 임종환 목사와 신도 수십 명이 순교를 당했고, 공음면 공음교회 오병길 전도사도 순교했다. 충남 논산 병촌교회도 신도 66명이 순교를 당했다.[5)]

전북 금산교회는 1905년 테이트 선교사가 이 지역 지주인 조덕삼에게 전도하자, 머슴 이자익과 함께 사랑채에서 예배함으로써 설립되었다. 교인들이 모여들자

신안군 증도에 있는 문준경 전도사 순교지 안내 표지

문준경 전도사 순교 기념비

대초리교회

문준경 전도사가 순교한 신안군 증도면 중동리교회

1908년에 조덕삼은 자신의 땅을 기증해 때마침 모악산 아래에 있는 제각(祭閣)을 매입하여 ㄱ자 평면 교회로 신축했다. 그런데 한국전쟁 당시 금산교회가 있는 마을이 온통 불바다가 되어 모든 집이 타버렸다. 그런데 그 불길 속에서도 유독 금산교회의 ㄱ자 예배당만은 불에 타지 않고 남아 100년의 역사를 간직한 교회로 남게 되었다. 이 교회는 전라북도 문화재자료 제136호로 지정되었다. 이것은 한국전쟁 당시 좌익과 우익이 한결같이 이 교회당을 지켰기에 가능했다.

금산교회는 머슴 이자익과 지주 조덕삼의 이야기로 유명하다. 장로 선거 때 지주인 조덕삼은 낙선되고 머슴 이자익이 장로로 선출된 것이다. 조덕삼은 머슴 이자익이 장로가 된 뒤에도 이자익 장로가 설교할 때마다 앞에 앉아 은혜를 받았다. 그리고 2년 후 장로로 장립을 받았다. 조덕삼 장로는 이자익 장로를 평양장로회신학교에 유학 보냈다. 그리고 이자익 장로가 목사 안수를 받자 금산교회에 초빙해 금산교회를 시무하게 했다. 이자익 목사는 장로교 총회 역사상 처음으로 1924년 제13회 총회 총회장, 1947년 제33회 총회 총회장, 1948년 제34회 총회장에 선임되었다.[6)]

서울에서도 신당동교회 안길선 목사, 김예진 목사, 주채원 목사, 영락교회 김응락 장로 등 많은 이들이 순교했다. 공산당에게 협조하지 않았다 하여 서대문형무소에 수감된 전인선, 김윤실 목사도 순교를 당했다.

납북된 목사도 많았다. 장로교회에서는 송창근, 남궁혁, 김영주, 유재현 목사 등이, 감리교회에서는 김유순, 양주삼, 방훈, 김희운, 조상문 목사가 납북되었다. 성결교회에서는 박현명, 이건 목사, 구세군에서는 김삼석, 김진하 목사 등이 납북되었다. 이들의 생사는 알 수 없지만 모두 처형되었으리라고 본다. 그리고 북한 현지의 목사와 신도 들도 순교를 당했는데, 이들 중 몇몇은 한국전쟁 전에 처형되기도 했다. 유엔군이 북진할 때 순교당한 목사도 있었다. 김익두 목사, 정일선 목사, 박경구 목사, 유

나옥매 전도사 외 30여 명이 순교한 상월교회 순교비

66명이 순교한 충남 논산 병촌성결교회. 왼쪽으로 순교탑, 오른쪽으로 병촌성결교회

23명이 순교한 전북 정읍 두암교회

두암교회 순교자 합장 묘

계준 장로, 백인숙 전도사 등이다. 이외에도 이름이 밝혀지지 않은 순교자가 많을 것이다. 지금의 한국 교회는 이처럼 수많은 이들의 순교 위에 세워진 것이다.

어느 순교자의 감사문

순교자 손양원 목사가 남긴 감사문은 한국 교회에 큰 영향을 주었다. 손양원은 경상남도 함안군 칠원에서 손종일 장로의 장남으로 태어났다. 손종일 장로는 1919년 3·1운동 때 칠원에서 만세 운동에 가담해 일경에 체포되어 구속되기도 했다. 이러한 가정에서 출생한 손양원은 1908년 아버지와 함께 기독교로 개종한 후 예수를 구주로 영접해 칠원교회에 출석하면서 신앙생활을 했다. 손양원은 칠원소학교에 재학할 당시 신사참배를 반대하다가 퇴학 처분을 당하기도 했다. 이 일로 상경하여 서울 중동학교에서 초등과 과정을 마치고 중등과 과정을 다녔지만 아버지가 3·1운동에 가담했다는 이유로 퇴학을 당하고 말았다.

손양원은 큰 뜻을 품고 도일하여 도쿄 스가모 중학교에 진학했다. 그리고 도쿄에서 동양선교회의 노방 전도팀에게서 큰 자극을 받고 귀국해 교역에 뜻을 두고 부산에 있는 경남성경학원에 진학했다. 이때 부산 초량교회에서 시무하던 주기철 목사의 성경 과목 시간에 은혜를 받고 그를 사모하게 되었다. 주기철 목사가 신사참배를 반대하다 투옥당하는 모습을 지켜본 그는 주기철 목사의 뒤를 따르기로 결심했다.

> 1925년 경남성경학원을 졸업하고 전도사가 되어 부산 나병원 전도사로 부임하였는데, 그는 보통 사람들이 가기를 꺼리는 나병원에서 일하는 것으로 그의 아가페 사랑의 사역을 시작하였다. 그는 천형의 병을 앓고 있는 불쌍한 환자들과 더불어 그의 사역을 시작하여 생을 마칠 때에

영암군 구림교회 순교자 합장 묘

구림교회

구림교회 순교비

구례중앙교회에서 설립한 양용근 목사, 이용선 목사 순교기념비. 구례읍 초입에 있다(1952. 4. 26.).

도 나병환자들과 더불어 살다가 순교함으로 그리스도의 사랑의 진면목을 보여 주었다.[7)]

그는 장차 목사가 되겠다는 큰 뜻을 안고 경남 노회의 추천을 받아 평양장로회신학교에 진학했다. 3년간의 수업을 이수한 그는 1938년 3월에 졸업하고 1939년 전남 여수 율촌에 있는 애양원교회에 전도사로 부임했다. 그런데 나환자들이 모이던 애양원교회에도 신사참배의 바람이 불어오고 있었다. 손양원 전도사는 신사참배는 우상 숭배라고 보고 이를 거절했다. 그러자 일본 고등계 형사의 체포로 여수경찰서를 거쳐 재판을 받은 후 광주 형무소에 수감되었다. 그는 광주 형무소의 간수에게서 갖은 회유를 받았지만 거부했다. 그는 다시 청주 형무소로 이감되어 그곳에서 수형 생활을 했다.

1945년 해방이 되자 장장 6년의 감옥 생활로 형극의 길을 걸어온 손양원은 자유의 몸이 되었다. 그는 석방이 되자 과거에 목회하던 애양원교회로 돌아왔다. 이때 천여 명의 나병 환자와 아이들까지 뛰어 나와 손양원 전도사를 환영하며 부둥켜안고 눈물을 흘렸으니 위대한 투사의 금의환향이었다. 해방된 이듬해인 1946년 3월 경남 노회에서 목사 안수를 받음으로 20년간 전도 생활을 끝내고 목사로서 목회 생활을 시작하였다.[8)]

그는 한센병 환자들과 어린아이들의 좋은 친구들로서 열심히 사역에 임했다. 그런데 1948년 10월, 여순 14연대 반란사건이 일어났다. 1948년 5월 10일 미군정하에 총선을 실시하려 하자 남한만의 총선은 한반도를 영원한 분단국가로 고착시키는 것이라며 이를 반대하는 이른바 4·3사건이 제주도에서 일어난 것이다. 제주에 있는 경찰 병력으로는 이를 진압할 수 없자 여수에 주둔하고 있는 14연대를 파송하여 진압하려 했다. 그런데 14연대에서 반란이 일어난 것이다. 이 반란은 여수는 물론 순천까지 번졌다. 당시 제4연대는 좌익 사상을 갖고 있던 김지회 장교, 홍수석 중위, 지창수 하사 등 40여 명이 남로당의 조직책으로 활동하고 있었다. 이들은 여수와 순천을 장악하고 경찰과 우익 진영 인사들을 대거 학살했다.[9)]

14연대 소속 병력들이 순천을 장악하자 순천 지역에 있는 순천중학교와 순천사범학교에 재학 중인 기독교 학생들이 민청 학생들에게 체포당했다. 이때 손양원 목사의 큰 아들 손동인은 순천사범학교 4학년, 둘째 아들 손동신은 순천중학교 2학년이었다. 민청 학생들에게 체포된 이들은 순천 냇가에서 처참하게 학살당했다. 이 사건으로 순천과 여수의 치안을 확보하기 위해 전남 도내에 있는 각 지역 경찰관들이 여수, 순천에 집결해 치안을 확보했다. 이 과정에서 손양원 목사의 두 아들을 살해한 안재선이 체포되었다. 이 소식을 접한 손양원 목사는 즉시 순천 제일교회 나덕환 목사에게 연락해 안재선을 살릴 방법을 강구했고 결국 그를 극적으로 구했다. 손양원 목사는 안재선을 양아들로 입양하고 예수를 영접하게 했다. 당시 손양원 목사는 두 아들의 영결식 때 "내 느낀바 은혜 받은 감사의 조건을 들어 답사를 대신하겠습니다"라며 감사문을 읽었다.

> 첫째, 나 같은 죄인의 혈통에서 순교의 자식이 나게 하셨으니 감사합니다.
> 둘째, 허다한 많은 성도 중에 어찌 이런 보배를 내게 맡겨 주셨는지 감사합니다.

손양원 목사 역사 박물관

애양원 역사 박물관

-

한센병환자를 치료하던 애양원 병원

-

애양원교회

-

손양원 목사의 두 아들의 묘

셋째, 삼남 삼녀 중에서도 가장 아름다운 두 아들, 장자와 차자를 바치게 된 나의 축복을 감사합니다.

셋째, 한 아들의 순교도 귀하다 하거늘 두 아들이 순교하게 해주심을 감사합니다.

넷째, 예수 믿다가 누워서 죽는 것도 큰 복이라 하거늘 하물며 전도하다가 총살 순교함이리요.

다섯째, 미국 가려고 준비하던 내 아들 미국보다 더 좋은 천국 갔으니 내 마음 안심되어 감사합니다.

일곱째, 내 사랑하는 두 아들 총살한 원수를 회개시켜 내 아들 삼고자 하는 마음 주신 하나님께 감사합니다.

여덟째, 내 두 아들의 순교의 열매로 말미암아 무수한 천국의 아들들이 생길 것이 믿어지니 감사합니다.

아홉째, 이 같은 역경 중에서 이상 여덟 가지 진리와 하나님의 사랑을 찾는 기쁜 마음, 여유 있는 믿음 주신 우리 주께 감사합니다.[10)]

두 아들을 살해한 안재선은 결혼하여 삼형제를 두었다. 첫째, 둘째는 목사가 되어 장남은 강원도에서, 차남은 전라남도에서 목회를 하고, 막내아들은 서울의 한 교회 집사로 봉사하고 있다.

1950년 한국전쟁이 일어나자 인민군은 여수까지 내려왔다. 애양원교회 교인들은 손양원 목사에게 율촌 신풍리 앞바다에 배를 대고 부산으로 피난을 가도록 주선했다. 하지만 배 위에서 어느 장로가 기도하는 모습을 지켜본 손양원 목사는 양을 버리고 피란할 수 없다며 배에서 내려 애양원교회로 갔다. 그리고 강단에서 기도하다가 인민군에게 체포되었다. 1950년 9월 28일 손양원 목사는 여수 미평 돌밭에서 순교를 당했다. 맨 앞줄은 손양원 목사가, 맨 뒷줄은 덕양교회 조상학 목사가 찬송을 부르면서 다른 성도들과 함께 순교했다.

이단 · 사이비의 등장

무서운 동족상잔이 끝나자 시민들은 수복된 서울을 바라보며 놀라고 말았다. 가난은 극심했으며 정들었던 집을 잃어버린 사람들, 여기에 전쟁으로 잃은 수많은 생명, 더욱이 인민군의 남침과 유엔군의 북진으로 가족이 뿔뿔이 흩어져 서로 소식을 알 수 없는 아픔은 더할 나위 없었다. 이러한 불안한 사회를 틈타 이단들이 나타나기 시작했다. 대표적인 이단은 나운몽의 용문산기도원운동이다. 이 기도원운동은 1947년 4월 성령을 체험하게 하고 입신, 방언, 신비 등을 체험하자 공허감에 빠져 있던 기성 교회 교인들이 용문산기도원에 들어가 이상한 체험을 하면서 기성 교회에 적지 않은 영향을 주었다.

1956년 9월 총회에서는 나운몽 집단을 이단으로 규정했다. 나운몽은 주역으로 성경을 해석하며, 공자, 석가를 신이 보낸 동방의 선지자라고 보았다. 가장 특이한 사실은 복음이 전파되기 전 세대의 사람들은 유교와 불교를 통해서도 구원을 받았다는 주장이다. 진리는 형식에 있지 않고 질에 있는 것이라며 유교, 불교, 기독교는 하나라고 주장했다.

또 다른 이단은 박태선 전도관운동이다. 박태선 장로가 1955년 3월 서울 남산 조선 신궁 터에 대형 천막을 치고 부흥회를 인도했을 때 뜻밖에 많은 사람들이 운집했다. 여기에 자신을 얻은 박태선은 갑자기 돌변하여 "썩은 냄새가 난다", "향기가 난다", "하늘에서 이슬비가 내린다"는 등 비성서적인 이야기를 하면서 많은 회중을 흥분시켰다. 그리고 동방의 의인을 자칭하며, 자신은 '주의 보혈을 받았고, 자기 몸에서 이루어졌기 때문에 남에게 분배해 준다'는 이야기를 서슴없이 했다. 이것이 피가름 사건이다. 이후 박태선 장로는 전국을 누비며 부흥회를 이끌었다. 그러다 1955년 11월 예장 경기 노회에서 그를 이단으로 규정하고 그의 장로직을 면직하도록 결의했다. 이듬해 예장 총회에서도 그가 가르치는 '교훈이 비성서적이며 장로교 교리와 신조에 위배됨으로 이단으로 규정한다'고 결의했다.

이러한 결의에도 불구하고 박태선의 천막 전도 집회는 더욱 활발해졌다. 더욱이 마지막 때에 요한계시록에 나타난 대로 14만 4,000명만이 들어갈 수 있는 시온성을 건설한다며 많은 교인들을 유혹해 경기도 부천시 소사에 터를 잡고 전 재산을 시온성 건설에 투입하게 했다. 이 일로 많은 교인들의 가정이 파탄했다. 박태선에게 현혹된 많은 신자들이 재산을 정리하고 부천시 소사로 몰려들면서 새로운 인구 이동이 일어나기도 했다. 이때 박태선은 모아진 재산과 헌금으로 시온 공장을 만들어 시온 제품을 팔아 일약 재벌이 되었다. 한 손에는 교권, 다른 한 손에는 재물을 쥐고 스스로 의인인 체한 그는 자신이 곧 하나님이라며 천부교(天父敎)로 이름을 바꾸었다. 그리고 자신은 절대로 죽지 않는다고 장담했지만, 마지막에는 그도 한 줌 흙으로 돌아갔다.

전쟁의 혼란과 함께 등장한 통일교는 1954년 5월 서울 성동구 북학동에서 정식으로 발족했다. 1955년 7월 교주 문선명은 혼음 사건으로 4명의 간부와 함께 구속되었다. 이 사건으로 연세대, 이화여대 교수와 대학생들이 연루되어 면직 또는 퇴학을 당했다. 통일교의 원리 강론은 창조론, 타락론, 복귀섭리론 등이다. 이중 타락론을 살펴보면 타락한 천사장이 뱀으로 나타나 하와를 속여 성관계를 갖게 했다. 이후 하와가 아담과 성관계를 맺고 있을 때 하나님이 나타나자 그녀는 부끄러워 하체를 가렸다. 이로 인하여 인류는 사단의 사악한 피를 갖게 되었다는 것이다.

또한 문선명은 자신이 재림주라고 주장하고 있다. 예수 그리스도의 십자가의 구속이 미완으로 끝났기에 자신이 그 미완을 완성시키기 위해 온 재림주라는 것이다. 따라서 자신이 인류를 구원하기 위해 온 구세주이기 때문에 자신을 믿어야 한다고 주장한다. 그는 통일교를 바탕으로 국내외를 막론한 엄청난 기업을 운영하면서 인건비를 착취하는 등 수단과 방법을 가리지 않고 통일교 선전에 안간힘을 쏟고 있다. 한때는 군사 정부의 반공 이론을 앞세우면서 승공 단체로 정부의 협력을 얻어 교세 확장에 박차를 가하기도 했다. 그리고 교회에도 깊숙이 침투하여 목사나 장로 들을 유혹해 교회를 파괴하는 일에 안간힘을 쏟기도 했다. 1971년 총회에서는 통일교를 이단으로 규정했으며, 통일교는 기독교가 아니라는 것을 확실하게 천명했다.

이러한 이단 규정을 내렸음에도 통일교는 갖은 방법으로 정치, 경제, 문화, 교육에 깊숙이 관여하고 있다. 최근에는 아산에 선문대학교를 설립하여 지도자를 양성하고 있다. 이처럼 혼란기를 틈타 등장한 이단과 사이비는 기성 교회를 위협할 뿐만 아니라 사회 전체를 위협하기도 했다. 이단과 사이비는 아직도 우리 사회 음지에서 활동하고 있다. 이단과 사이비에 대해 알지 못했던 숱한 교인들이 여기에 빠져 헤어나지 못하고 있다. 이후 한국 교회, 총회, 각 교단에서 이단 · 사이비 피해대책 조사연구위원회를 설치하고 이에 적극 대처하고 있다.

7

장로교의 분열

1 자유주의의 발흥과 여권 문제

《신학지남》 논쟁

1918년에 간행된 평양장로회신학교 기관지 《신학지남(神學指南)》은 국내에서 발행된 신학 잡지 가운데 가장 권위 있는 잡지였다. 《신학지남》이 발행되자 신학계가 서서히 변화하기 시작했다. 초창기에는 주로 선교사들이 기고했으나 1930년대를 전후해 서구의 신학을 연구한 인사들이 귀국하면서 집필에 활발하게 참여했다. 남궁혁 박사, 박형룡 박사를 비롯해서 송창근, 채필근, 김재준, 박윤선, 윤인구 등이 대표적인 인물이다. 그리고 남궁혁 박사가 《신학지남》 주필이 되면서 조선인 학자들이 신학 논문을 많이 발표했다. 조선인 학자들의 논문이 발표되는 과정은 편집장의 결정으로 진행되었다. 이 과정에서 일본에서 자유주의 신학 교육을 받은 신진 학자 또한 대거 집필자로 참여했다.

1935년 김재준 교수가 성경무오설을 반박하는 글을 발표했다. 그러자 박형룡 박사가 그해 11월 《기독교 근대 신학난제 선평(基督教近代神學難題選評)》이라는 책

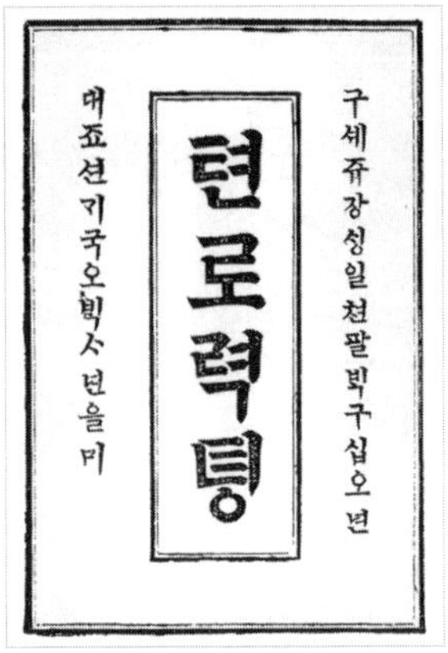

-

《신학지남》. 1918년 3월에 창간된 평양장로회신학교 기관지. 초대 편집인은 호주 선교사 엥겔이 맡았고, 처음 10년 동안은 신학교 교수진을 이루고 있던 선교사들이 집필자로 참여했다. 국판 160쪽 안팎으로 조선예수교서회에서 펴냈다.

-

게일 선교사가 번역한 《천로역정》(1895)

-

조선 선교 50주년 기념 축하대회(1934. 10. 19)

을 출간했다. 사실 남궁혁 박사는 《신학지남》 편집인으로서 조선의 젊은 신학자의 글이 보강되어 잡지가 한층 발전하기를 바랐다. 그런데 그 무렵 잡지에 실린 김재준, 채필근, 송창근 목사의 글이 문제가 되었다. 채필근 목사는 도쿄제국대학에서 철학을 연구하면서 비교종교학의 자유주의 신학에 빠져 있었다. 그리고 김재준, 송창근 역시 미국 감리교회가 설립한 아오야마 학원(지금의 아오야마 학원대학) 신학부에서 자유주의 신학을 연구했다. 그런데 이들이 조선 선교 50주년 기념사업의 하나인 《아빙돈 단권 성경 주석(*The Abingdon bible Commentary*)》 번역위원으로 참여한 것이다.

1935년에는 총회에서 《표준 성경 주석》의 필요성을 느끼고 25명을 집필위원으로 선정했다. 편집위원은 박형룡 박사를 비롯해서 로버츠 선교사, 정인과, 허대전, 김석락, 크레인 선교사 등 6명이었다. 이중에서 박형룡 박사는 위원장으로 선임되어 이 일에 책임을 맡게 되었다. 《표준 성경 주석》은 자유주의 신학의 물결을 막겠다는 의지를 갖고 출범했다. 그러나 자유주의 신학과 보수주의 신학의 대결 구도는 전혀 좁혀지지 않았다.

자유주의 신학 노선인 김재준, 채필근, 송창근 목사는 일본에서 유학하는 동안 일본의 자유주의 신학에 그대로 노출되었다. 이들은 1934년 평양 노회 심사위원들 앞에서 설명서를 내겠다고 주장하기에 이르렀고, 결국 이들은 《신학지남》에 기고할 자격을 박탈당했다.[1)]

기고 자격을 박탈당한 송창근 목사는 평양 노회의 단독적인 결정에 응할 수 없다며 1935년 여름에 발행된 《감격의 생활》이라는 잡지에서 교계를 비판했다. 그는 정통 신학자, 경건파, 교권주의자 등을 비판했다. 이러한 분위기에서 뜻하지 않게 1938년에 평양장로회신학교가 폐쇄되고, 1939년 조선신학원 설립위원회가 조직되면서 채필근 목사가 실무 책임자가 되었다.

《아빙돈 단권 성경 주석》 논쟁

조선 선교 50주년을 기념하고자 감리교회의 류영기 목사가 《아빙돈 단권 성경 주석》을 편집하여 출간했다. 방대한 이 책에 52명의 번역위원들이 참여했다. 이 책의 번역 출간에 참여한 인사들은 거의가 조선의 신진 학자들이었다. 그런데 희년을 맞이한 조선 교회가 기뻐할 이 일이 엄청난 신학 논쟁에 휩싸이고 말았다.

문제가 된 부분은 《아빙돈 단권 성경 주석》에 역사비평적 성경 해석법을 도입한 신진 학자와 자유주의 신학자들이 대거 참여했다는 점이다. 1935년 9월 평양 서문밖교회에서 개최된 제24회 총회에 황해 노회는 《아빙돈 단권 성경 주석》에 관해 헌의했다. 그리고 이 안건은 총회에 보고되었다.

《아빙돈 단권 성경 주석》은 성경을 파괴하는 고등 비평의 원리에 근거했다. 따라서 장로회 총회에 속한 목회자 입장에서는 정통파에 속한 평양장로회신학교에서 배운 내용과 너무나 달랐다. 《아빙돈 단권 성경 주석》은 성경에 나타난 이적을 부인하고 자연론의 윤리를 적용했다. 또한 예수 그리스도의 동정녀 탄생을 부인하고 예수 그리스도의 메시아 의식도 가이사랴 빌립보 지방에서 베드로의 신앙고백이 있었을 때 발생한 사건으로 설명했다. 십자가 대속론은 바울 신학의 산물이며, 예수의 육체적 부활은 유대 묵시문학에 근거한 것이라고 주장하며, 천국은 개인의 선한 생활로 얻어지는 것으로 죽은 후 이루어지는 하나님의 심판을 의미한다고 밝혔다.

박윤선 박사는 1968년 제104호 《신학지남》에서 《아빙돈 단권 성경 주석》에 대하여 "현대 사상의 입장에서 성경 원리를 등한시했으며, 자유주의적인 인간 철학과 합리주의로 문제를 다루었다"고 평했다. 이처럼 《아빙돈 단권 성경 주석》은 당시 조선 장로교회의 신조와 맞지 않았다. 이에 길선주 목사가 그 위험성을 강력하게 주장하기에 이르렀다. 길선주 목사의 주장에 대해 김양선 목사는 이렇게 언급했다.

> 그는 위대한 전도자였을 뿐만 아니라 대성경학자라는 관점에서 그 영향력이 인정되어야 하겠고 여러 설교와 성경 해석 방법이 당시 한국 교회의 표준으로 받아들여진 것으로 보아 우리는 그의 신앙을 엿볼 수 있다. [2]

길선주 목사는《아빙돈 단권 성경 주석》을 평가할 수 있는 성경적 지식이 있었을 뿐만 아니라 요한계시록을 만 번 읽었다. 그의 요한계시록 강해는 매우 유명했는데, 이 일로 성경학자로 인정받게 되었다. 길선주 목사의 주장은 곧 선교사들의 주장이었으며, 그 뒤 박형룡 박사도 같은 생각으로 조선 교회의 정통성을 지켜 왔다.

1935년 9월 제24회 조선예수교장로회 총회는, 신생사가 발행한《아빙돈 단권 성경 주석》은 장로교회의 교리에 위배되고, 신앙에 도움이 되지 않기 때문에 구독을 금지하기로 결의했다. 또한 이 책의 집필에 동참한 교역자들에게는 기관지를 통하여 사과할 것을 요구했다.

> 《아빙돈 단권 성경 주석》은 우리 장로회의 도리에 부합하지 않는 고로 우리 장로회에서는 구독치 않고, 그 주석에 집필한 본 장로회 사역자에게는 소관된 각 교회에서 살핀 후 그들로서 집필한 정신 태도를 기관지를 통하여 표명케 함이 가한 줄로 아오며(……)[3]

이때 채필근 목사는 즉석에서 사과문을 발표했으나, 송창근, 김재준, 한경직 목사는 오히려 신학을 탄압하는 것이라고 강력하게 항의하며 성명서를 발표했다.

이번에 문제가 된 신생사 발행《아빙돈 단권 성경 주석》에 대하여 본인 등은 총회의 권고를 따라 아래와 같이 발표한다.

1. 본인 등이 집필한 부분은 장로교 신경에 위반됨이 없다.
2. 타인 등이 집필한 부분이나 전체 편집에 대하여는 본인 등은 상담 혹은 관여한 일이 없다.
3. 본 주석의 내용에 대하여는 이미 제24회 총회에서 결정된 것인바 본인 등은 집필자의 일원으로서 유감의 뜻을 표한다.

1935년 10월 19일 송창근, 김재준, 한경직[4)]

《아빙돈 단권 성경 주석》에 참여했던 송창근, 김재준, 한경직 목사는 조선 장로교회의 보수 성향을 망각하고 비평하고 나섬으로써 보수와 진보의 충돌을 불러일으켰다.

창세기 저작 문제

1934년 9월에 평양 서문밖교회에서 열린 제23회 총회에서 서울 남대문교회 김영주 목사의 창세기 저작권 문제가 불거져 나왔다. 이것은 1934년 초에 발행했던 만국통일 주일공과(장년부)에서 야기되었다. 이 공과는 초교파적으로 조직된 조선주일학교연합회에서 매년 발행했다. 그리고 장로교회에서 장년부 공과용으로 사용했다. 이 공과 내용 가운데 일부가 조선예수교장로회 신조 제1조인 "신구약 성경은 하나님의 말씀이니 신앙과 본분에 대하여 정확무오한 유일의 법칙이니라"라는 내용에 위배되지는 않는지 전북 노회 총대 노회장 고성모 목사가 질의한 것이다.

히브리의 오랜 신화를 근본 삼았다는 문구와 창세기 저자가 확실치 않

> 다는 문구는 전선 교회에게 성경을 하나님의 말씀으로 신앙하는 데 막대한 의아를 일으키니 총회가 지시하여 주십시오. 창세기 저자가 모세가 아니라고 주장하는 목사가 어찌 시무를 할 수 있습니까.[5)]

여기서는 문제가 된 목사의 이름이 거명되지 않았다. 그러나 보수주의 입장에 있던 총대들은 해당 목사가 김영주 목사라는 것을 이미 알고 있었다. 김영주 목사는 함경도 출신으로 캐나다 연합교회 선교사들 밑에서 신앙생활을 했다. 그리고 스콧(W. Scott, 서고도) 선교사가 1926년부터 선교회 회장직을 맡으면서 진보적인 신학이 점점 영향력을 확대해 갔다. 이러한 분위기에서 김영주는 일본으로 건너가 관서지방에 있는 간사이 학원(지금의 간사이가쿠인 대학) 신학부에 진학했다. 이 학교를 졸업한 후 귀국하여 곧바로 서울 남대문교회 전도사로 사역하다가 1934년 경기 노회에서 목사 안수를 받고 서울 남대문교회 위임목사로 취임했다. 김영주 목사는 간사이 학원에서 성서 비평학을 연구했다. 그리고 창세기의 저자는 모세가 아니라 고대로부터 내려온 문서들을 후에 편집한 것이라 배웠다. 그는 이것을 당연한 것으로 받아들였다. 그런 그가 서울 남대문교회 위임목사로 취임하고 장년부에게 공과 공부를 실시하면서 창세기 저작권 문제가 대두된 것이다.

제23회 총회에서는 창세기 저작권을 다루기 위해 총회 안에 특별위원회를 구성하여 로버츠, 불(W. F. Bull, 부위렴) 선교사, 염남봉, 윤하영, 박형룡 등이 위원회로 위촉되었다. 이들은 1년간 연구한 결과를 1935년 9월 제24회 총회에 보고했다.

> 창세기가 모세의 저작이 아니라는 반대론은 근대의 파괴적인 성경 비평가들이 주장하는 이론으로, 그들은 과연 창세기의 모세 저작을 부인하

> 는 데 멈추지 않고 오경 전부를 모세의 저자가 아니라고 주장하며 모세 시대로부터 여러 세기 후대 어떤 인물들이 기록한 위조문서라고 주장한다. 또한 오경뿐만 아니라 구약 다른 여러 책과 신약 여러 책을 후대인의 위조문서로 받아들이며 그 기록의 내용에 신화와 고담과 미신과 허설과 각종 오류가 있다고 지적함으로 성경 대부분을 파괴하고자 한다. 그러므로 조선 장로교회 안에서 창세기를 모세의 저작이 아니라고 가르치는 목사들은 창세기만 아니라 오경 전부 내지 신구약 성경 대부분의 파괴를 도모할 것이 분명하다.(……)[6)]

이처럼 신구약 성경은 하나님의 말씀임과 동시에 신앙과 본분의 정확무오한 법칙으로 믿어야 한다는 것이 보수주의자의 성경관이었다. 이들이 연구했던 문안을 총회에 상정하여 이것을 주장하는 사람은 교회 신조 제1조에 위반하는 자이므로 교회의 교역자가 될 수 없다고 보고하자, 모든 총회 총대원들이 이를 승인했다. 김영주 목사는 이에 대응하지 않았다.

여권 문제

1934년에 평양 서문밖교회에 열린 제23회 총회에 함경남도 성진중앙교회에서 시무하는 김춘배 목사가 여권(女權) 문제에 대해 헌의했다. 당시 함남 노회의 22개 교회 여전도회에서 여성에게도 장로직을 허락해 달라는 청원서를 제출한 것이다. 1934년 8월 23일 《기독신보》에 김춘배 목사는 "장로회 총회에 올리는 말씀"이라는 글을 발표했다. 여기서 김춘배 목사는 총회 정치 제5장 3조를 '차별적 헌법'으로 규정하고 이 조항이 존속하는 것은 "우리 스스로 하루 더 모욕함이요 교회 발전을 그만큼 지연

시키는 것이라"고 경고했다. 이것이 총회에서 문제가 되었다. 당시 창세기 저작권 문제를 검토할 특별위원회에서 이 문제를 함께 다루게 되었다. 특별위원회가 연구한 결과 이듬해 제24회 총회에 보고되었다. 특별위원회에서는 김춘배 목사에게 성경 해석에 큰 오류가 있음을 지적했다.

> 사도 바울이 '여자는 조용히 하라, 여자는 가르치지 말라'고 한 것은 2,000년 전 한 지방 교회의 교훈과 풍습이요 만고불변의 진리가 아니라는 의미의 성경 해석은 큰 오류이다. 사도 바울이 고린도전서와 디모데전서에 여자의 교회 교권을 불허한 말씀은 2,000년 전 한 지방 교회의 교훈과 풍습을 의미한 것이 아니라 만고불변의 진리이다.(……)[7)]

특별위원회에서는 여권 운동이 대두하는 당시 사조에 환영받는 김춘배 목사의 해석은 성경에 있는 문맥을 살펴볼 때 도저히 용납할 수 없는 해석이라고 분명하게 규명했다. 그리고 이런 견해는 장로교회뿐 아니라 교회 정치가 다른 교파들도 같은 생각을 가지리라는 뜻을 피력했다. 이때 특별위원회에서는 성경을 인용하여 설명했다. 또한 여성의 강도권(설교권)과 치리권을 허락하지 않는 성경구절로 고린도전서 14장 33절에서 34절, 디모데전서 2장 12절에서 15절을 지적했다.

> 고린도전서 14장에 여자의 교회 공식상 언권을 불허한 것이 교훈 강도권과 치리권을 모두 금지하는 것은 분명하지만, 디모데전서 2장 12절에는 두 가지로 구분해서 말했다. 즉 '가르치는 것'을 허락지 아니하여 여자의 공예배석에서의 교훈 강도권을 금하고 '남자를 주관하는 것'을 허

> 락지 아니하여 그 교회치리권을 금했다.(……)[8)]

끝으로 특별위원회는 성서 비평학을 도입한 진보적인 성서 해석 방법을 따르는 교역자를 장로교회에서 제거하기 위하여 "총회는 각 노회에 명령하여 교역자의 시취 문답을 행할 때 성경 비평과 성경 해석 방법에 관한 문답을 엄밀히 하여 조금이라도 파괴적 비평이나 자유주의의 해석 방법을 취하는 자는 임직을 거절시키며, 이미 임명을 받은 교역자가 있다면 노회는 해당 교역자를 권징 조례 제6장 제42, 43조에 따라 치리할 것"을 건의했다. 그러나 김춘배 목사는 총회가 개회하기 전인 1935년 2월 20일 석명(釋名)을 발표해 목사직 제명은 이루어지지 않았다.

> 《기독신보》 제977호에 게재한 '여권 문제' 중에 교회에 폐해를 끼칠 문구가 있다 하여 총회에서 논의되어 특별연구위원을 택하기에 이르러서 여러분에게까지 걱정을 끼쳐 드리게 됨은 필자로서는 황송함과 책임의 중대함을 느끼고 이에 필자의 본의를 고하니 여러분이 참고하여 믿어 주시기를 바랍니다.[9)]

김춘배 목사는 자신의 주장이 잘못되었다고 시인한 것이 아니라, 교회 내에서 이미 여자들이 가르치고 있는데 여자에게는 안수를 허락하지 않는 것이 옳으냐는 문제를 제기한 것이라고 말했다. 그러나 이것이 교회에 피해가 된다면 취소하겠다고 하여 성경 해석에 관한 문제는 여전히 남게 되었다. 결국 김춘배 목사의 여권 문제와 필화 사건은 교회 내의 남녀 차별과 여성의 지위라는 본래 의미를 상실한 채 성경의 권위에 대한 보수와 진보의 갈등만 야기했다.

2 1930년대 신학적 변천

김교신과 무교회주의

1927년 김교신을 중심으로 해서 창간한 《성서 조선》에는 기독교의 존재 가능성은 교회 없이도 가능하다는 무교회주의적 기독교를 주창하는 글이 등장했다. 무교회주의 사상을 이해하기 위해서는 김교신의 스승인 일본의 성서학자 우치무라 간조의 사상을 먼저 살펴봐야 한다.

우치무라 간조는 1861년생으로, 일본에서도 가장 우수한 청소년들이 갈망하던 홋카이도 삿포로 농학교(지금의 홋카이도 대학 농학부)에 입학하여 선배들의 신앙심에 자극을 받아 기독교로 개종했다. 삿포로 농학교가 설립될 당시 일본 정부의 초청을 받고 일본에 온 클라크(W. S. Clark) 박사는 일본 청소년들에게 큰 꿈과 이상을 심어 주기 위해 영어 성경책 50권을 갖고 입국했다. 클라크 박사는 삿포로 농학교에 부임해 아이들을 가르치면서, 매일 수업 시작 전 1시간씩 영어 성경으로 영어를 가르쳤다. 이때 몇몇 학생들이 예수를 믿겠다고 했고 클라크 박사는 그들의 신앙생활을

-

《성서 조선》 간행위원(1927)
왼쪽부터 유석동, 정상훈, 김교신, 송두용. 뒷줄 왼쪽부터 양신석, 함석헌

-

평화주의자 우치무라 간조

지도했다.

이후 클라크 박사가 삿포로 농학교를 떠날 때 일본 청소년들에게 "청년들이여, 야망을 품어라(Boys, Be Ambitious)"라는 말을 남겼다. 이 말을 남기고 간 클라크 박사의 영향을 많이 받은 사람이 바로 우치무라 간조이다. 그는 비록 클라크 박사를 직접 사사하진 못했지만 졸업 후 잠시 공무원 생활을 하다가 1884년 선교사들의 도움으로 장학금을 받고 미국 회중교회 계통인 애머스트 대학에서 수학했다. 그는 당시 서양 철학의 권위자인 실리(J. H. Seelye)에게 깊은 영향을 받았다. 성경 역사와 과학, 철학을 공부한 그는 특히 서양 철학의 장단점을 배워 비판적 시각에서 서양 문화를 분석했다.

우치무라는 1888년에 귀국한 후 도쿄제일 고등학교(후의 도쿄제국대학)에서 교사로 있다가 천황 숭배를 반대해 교사직에서 물러나게 되었다. 그 후 〈만조보(萬朝報)〉 기자로 활동하면서 월간지 《성서의 연구(聖書之硏究)》(1900-1930)를 간행하면서 자신의 집에서 성경을 가르치거나 집회를 열기도 했다. 그러다 비전론(非戰論) 때문에 신문기자 생활을 더 이상 할 수 없게 되자 독립 전도자로 활동했다. 일본 기독교가 정부의 시녀 역할을 하면서 천황 숭배를 수용하고 있는 일본의 패권주의와 식민지 팽창, 이를 위한 청일 전쟁, 러일 전쟁에 협력을 아끼지 않았던 것과 달리, 우치무라는 일관성 있게 정부의 패권주의를 비판했다.[10]

우치무라는 일본 교회가 교회의 본질을 망각하고 일본 정부의 편에 서는 것은 비성서적이라고 지적했다. 그는 교회를 그리스도 안에 있는 신앙인의 교제와 제도적 교회, 기독교 신앙과 교회의 영적 생명과 형식적 제도로 나누어 생각하고 양자를 엄격하게 구별했다.

> 내가 해석한 바에 따르면 프로테스탄트주의는 그리스도 대 인교주의(人教主義)이며, 신앙 대 교회주의였고, 프로테스탄트주의는 복잡함에 대해 싸우는 단순한, 즉 죽은 제도에 대항해 싸우는 살아 있는 생명이었다.[11)]

우치무라는 기독교의 신앙은 생명력이 있어야 한다고 주장했다. 그의 이러한 주장은 일본 지식층에 깊이 뿌리내리기 시작했으며,《성서의 연구》를 통해 우치무라의 가르침을 받은 니토베 이나조(新渡戶稻造)는 도쿄제일고등학교 교장으로 재직하면서 우치무라의 사상을 제자들에게 가르쳤다. 그리고 평화주의자 야나이하라 다다오(矢內原忠雄) 역시 우치무라와 니토베의 영향을 받았다. 야나이하라는 도쿄제일고등학교 시절 1904년 런던 〈데일리 메일〉의 특파원으로 조선을 방문한 매켄지(F. A. McKenzie)의《대한제국의 비극》을 읽고 조선 식민지 정책이 얼마나 가혹한지를 알게 되었다. 여기에 우치무라가 운영하는《성서의 연구》에서 조선 독립운동을 하다가 투옥된 김정식의 간증을 듣고 조선에 관심을 갖게 되었다. 그는 성서를 연구하면서 언젠가는 성경을 갖고 조선인의 삶의 현장을 찾아가 그들이 원하는 길을 위해 살겠다고 다짐하고 하나님께 간절히 기도했다.[12)]

야나이하라는 도쿄제국대학을 졸업하고 스미도모 회사에 입사하여 현장 광업소에서 근무했다. 그리고 조선 사람을 위해 기도하던 중 뜻하지 않게 니토베 교장의 배려로 도쿄제국대학 경제학부 조교수로 임명받았다. 그가 담당한 과목은 식민지 정책이었다. 이 정책을 강의하려면 조선 총독부의 지배를 받고 있는 조선의 실상을 알아야 한다고 주장해 조선을 방문했다.

> 나는 조선 보통학교의 수업을 참관했다. 조선인 교사가 조선인 아이들에게 일본어로 일본 역사를 가르치고 있는 것을 보고 마음속으로 눈물을 흘린 적이 있다.[13)]

이러한 그에게 도쿄제국대학은 출교 처분을 내렸다. 이후 그는 우치무라와 함께 《성서의 연구》에서 활동했다. 당시 일본 학계와 지식인들 사이에 널리 알려진 인사들이 기독교로 개종했다. 구로사키 코우키치(黑崎幸吉), 아제카미 겐조(畔上賢造), 미타니 다카마사(三谷隆正), 난바라 시게루(南原繁), 이시하라 헤이빈(石原兵氷), 이토 유우시(伊藤祐之), 마사이케 메구무(政池仁), 스즈키 수케요(鈴木弼美), 후지사와 타케요시(藤澤武義) 등이 대표적이다. 특히 구로사키의 성경 주석은 조선에 널리 알려져 있다.

이런 인물들이 일본 곳곳에 자리를 잡고 있었기에 당시 일본에서 유학했던 조선인들은 우치무라를 비롯해서 무교회주의의 영향을 많이 받았다. 무교회주의자들은 기성 교회보다 성경이 더 우선한다는 이론에 빠졌다. 이러한 영향을 받은 김교신 등 몇몇 지도자들은 교회다운 교회, 새로운 교회를 위한 혁신운동을 주장했다.

김교신은 함경남도 태생으로 함흥공립 농업학교를 졸업하고 도쿄정칙영어학교를 다녔다. 그러다 동양선교회 노방팀의 전도를 받아 도쿄성결교회에서 신앙생활을 시작했다. 그러나 자신에게 세례를 준 기요미즈 준죠(淸水俊藏) 목사가 교인들에게 쫓겨나는 것을 목격하고 기성 교회에 회의를 느꼈다. 그 무렵 우치무라의 《성서의 연구》에 매료되어 무교회주의자가 되었다. 김교신은 1922년 4월 도쿄고등사범학교 영어과에 진학했다가 지리박물과로 전과했다. 그는 도쿄에서 7년간 유학하면서 무교회주의 사상에 많은 영향을 받았다.

귀국 후 1925년 우치무라의 문하생 함석헌, 송두용, 정상훈, 유석동과 함께 '조선성서연구회'라는 모임을 결성하고 성경 연구에 전념했다. 한편 함흥영생 여자고등보통학교에서 교사로 활동하면서 조선성서연구회를 발판으로 삼아 《성서 조선》을 창간했다. 그 무렵 김교신에게 경성에서 활동할 수 있는 길이 열렸다. 경성 양정고등보통학교(지금의 양정고등학교) 박물교사로 부임하게 되어, 그가 활동할 무대가 넓어지기 시작한 것이다. 이후 다시 경성고등보통학교(지금의 경기고등학교) 교사로 자리를 옮겼다. 김교신에게 교사는 부업이었다. 그의 본업은 《성서 조선》 출간과 조선성서연구회였다. 《성서 조선》 창간호를 보면 잡지의 성격을 잘 알 수 있다.

> 다소의 경험과 확신으로 오늘의 조선에 줄 바 최진최절(最珍最切)의 선물은 신기치도 않은 구 · 신약성서 일 권이 있는 줄 알 뿐이로다. (……) 오직 우리는 조선에 성서를 주어 그 골근을 세우며, 그 혈액을 만들고자 한다. 같은 기독교로서도 혹자는 기도 생활의 법열의 경을 주창하며, 혹자는 영적 체험의 신비 세계를 역설하며, 혹자는 신학 지식의 조직적 체계를 애지중지하나, 우리는 오직 성서를 조선에 주고자 한다. (……) 영원한 새로운 조선을 성서 위에 세우라.[14)]

김교신은 장로교회에서 신앙생활을 했으며 세례교인의 모든 의무를 잘 감당했다. 어떻게 보면 김교신은 누구보다도 더 잘 믿어 보려고 애쓰던 평신도였다. 이러한 그가 우치무라에게 배운 것은 무교회주의가 아니라 성경과 복음이라고 할 수 있다. 그에게는 예배당보다 성경이 중심이었다. 그에게 무교회주의는 조선 감리교회의 정경옥 박사에게는 자유주의, 박형룡 박사에게는 정통주의, 김재준 목사에게는 진보주의나 마찬가지였다. 그에게 무교회주의는 기독교 그 자체였다. 김교신은 자신의 무교회주의를 다음과 같이 설명했다.

> 나의 무교회주의란 극히 광의로 또는 정신적으로 해(解)한다. 신구약 성서를 관통한 정신, 그리스도, 바울, 루터의 정신, 기독교의 정신, 과연 우주에 꽉 찬 정기라고 해한다. 나에게 무교회주의라는 것은 진정한 기독교를 의미하는 것이요, 무교회의주란 것은 크리스천을 의미하는 것이다. 교회의 유무, 세례의 유무, 그런 것은 하등 관계가 없다. 무교회주의가 곧 복음, 무교회주의가 곧 신앙이다. 나의 무교회주의란 이런 것이요, 이 무교회주의야말로 내가 우치무라 선생에게 배운 바 최선은 최미(最美), 최고의 것이요, 이것이야말로 그리스도 자신의 정신이라고 확신한다. 나의 무교회주의는 결코 이 이하의 것은 아니다.[15)]

이러한 사상은 선교사의 주도로 좌우되던 조선 교회의 반감을 불러일으켰다. 그래서 김교신은 늘 '조선적 기독교', '민족적 기독교'를 부르짖었다. 그런데 이러한 반외세, 반선교사라는 기치를 내걸고 생겨난 수많은 종파들은 나중에 일제의 거짓에 속아 친일로 기울었다. 이것은 김교신의 무교회주의가 지식으로만 성경을 해석하려 했기 때문이다. 김교신은 형식주의에 빠져 있는 조선 교회에 대하여 극단적인 표현으로 예수 그리스도가 존재하지 않는다는 말을《성서 조선》에 발표하곤 했다.

《성서 조선》은 1942년 3월 158호의 권두언〈조와(弔蛙) : 개구리의 죽음을 조상(弔喪)함〉이 문제가 되어 폐간되었다. 이때 조선성서연구회에서 간부로 활동했던 사람들이 무더기로 체포되었다. 그중 김교신 등 12명이 억울한 재판을 받고 1년간 옥살

이를 했다. 이 일로 김교신은 고향 가까운 함흥 형무소에서 열병을 앓다가 45세의 젊은 나이로 삶을 마감했다.

이용도와 신비주의

조선 감리교회의 성령운동을 주도했던 이용도는 김교신과 김재준 목사가 출생한 1900년 4월 6일 황해도 금천군 서천에서 태어났다. 이용도는 어머니가 전도부인으로 사역하여 일찍이 기독교를 접했다. 아버지는 이용도가 교회 가는 것을 아주 싫어했다. 소 장사를 하던 아버지는 매일같이 새벽에 나갔는데, 그럴 때면 어머니는 세 아이를 깨워서 교회에 보냈다. 그런데 아버지가 때로 일찍 돌아오는 날이면 난리가 났다. 계속되는 욕설, 박살나는 접시, 아버지의 무서운 화를 보며 아이들은 울고불고 했다. 어린 이용도는 어머니의 치맛자락을 움켜쥐고 바들바들 떨었다. 한번은 아이들의 얼굴에 칼을 들이대고 위협하기도 했다. 이런 일이 빈번하자 어머니는 아이들을 살려야 한다는 생각에 신앙을 포기하려 했지만 그때마다 희미하게 "걱정하지 마라. 내가 너희 가족의 생명을 지켜 주겠다"는 하나님의 음성이 들렸다.

어려운 탄압 속에서도 생명을 지켜 주신 하나님의 은혜에 감사하면서 보통학교를 졸업한 이용도는 개성에 있는 미션 스쿨 송도고등보통학교에 진학했다. 하지만 어려운 가정 형편으로 방과 후에는 학교와 관계가 있는 제조 공장에 다니면서 학비를 마련했다. 그러다 기숙사비를 제때 내지 못해 쫓겨나기도 했다. 이런 일을 몇 차례 더 겪은 후에야 겨우 졸업할 수 있었다. 어려운 형편 가운데서도 3·1운동에 가담한 그는 2개월간 해주 경찰서에 수감되었다. 그러나 이 모든 일을 하나님께서 주신 사명으로 받아들였다. 그리고 성경을 마음껏 읽을 수 있는 기간을 주신 것에 감사하며 수감 생활을 했다. 1920년 2월에는 천황절에 참가하지 않았다 하여 다시 해주 형무소에서 6

개월, 1921년에는 불온 문서 사건으로 6개월, 1922년에는 태평양회의 사건으로 2년, 모두 네 차례에 걸쳐 3년 여 동안 옥고를 치렀다.

이용도의 어머니가 해주 감리교 선교부에서 전도부인으로 소명을 받고 시골 교회에서 사역하면서 경제적으로 어느 정도 안정을 찾자, 감옥에서 기도했던 대로 하나님과 약속을 지키기 위해 그는 경성 서대문에 있는 감리교 협성신학교에 진학했다.

> 이용도는 4년 만인 1928년에 신학교를 졸업하고 강원도 통천읍교회에 파송을 받았다. 그는 그해 12월 24일 통천읍교회 새벽기도회 도중 악마를 추방하는 신비적인 성령 체험을 경험한 이후 변화를 받고 능력 있는 설교가요 부흥사로 거듭난다. 마치 미국의 2차 대부흥운동 주역 C. 피니가 변화 받아 교파를 초월해 부흥회 초청을 받은 것처럼, 진정한 부흥을 요구하는 시대적인 분위기 속에서 이용도 목사는 1930년부터 평양의 산정현교회를 비롯하여 수많은 교회에서 부흥집회를 인도해 전국적인 명성을 얻기 시작한다.[16)]

이용도 목사가 가는 곳마다 성령의 역사가 일어나자 교파를 초월하여 그를 초청하기 시작했다. 혜성처럼 나타난 이용도 목사의 부흥운동은 조선에서 찾아볼 수 없는 신비주의 부흥운동이었다. 그는 부흥 강사로 초청을 받아 교회 강단에 올라가면 먼저 눈물을 흘리면서 얼마동안 서 있었다. 그 모습을 보는 순간 예배당은 눈물바다를 이루었다. 이러한 부흥운동은 과거 기성 교회 목사의 부흥운동과는 전혀 달랐다. 박형룡 박사는 신비주의 부흥운동에 대해 이렇게 언급했다.

> 근대 조선 교회 안에도 체험에 편중하는 자가 적지 않게 있어 이른바 신비를 말하며 묵상을 말해 자못 변태적 행동을 취하는 때가 종종 있다. 그래서 부흥회를 인도하는 자가 몸을 떨거나 회개 기도를 하던 자가 손을 떨며 환상을 보느니 하는 기이한 현상을 보게 되는 때가 있다. 몸을 떤다든가 환상 같은 것을 본다든가 하는 기현상은 서양 신자들 간에서는 벌써 오래 전에 있었던 기현상이므로 선교사들은 그런 것을 보아도 그리 놀랄 것이 없겠지만 이런 현상을 처음 보는 조선 교회 신자들은 적지 않은 호기심을 가질 수도 있고 의아해할 수도 있을 것이다.[17)]

정통파에 속한 박형룡 박사의 지적은 당연했다. 확실히 이용도 목사의 부흥회는 기성 사경회와는 전혀 달랐다. 그리하여 이용도 목사의 부흥운동에 대해 비판이 제기되었다. “선악의 개오사(皆吳師)”를 인용하여 ‘학생심(學生心)’을 강조했던 이용도 목사에 대한 비판이 끊이지 않았다. 언론 기관에서도 이 사실을 심도 있게 다루면서 그리스도인들이 어떻게 대처해야 할지에 대해 언급했다.

> 기성 교회로서는 최근 몇 해 동안에 여러 가지 어려운 문제를 가지고 있다. 그 어려운 문제라는 것은 남조선 지방으로는 무교회주의의 신자들이 (……) 서북으로는 황국주 일파와 원산 의녀선지를 중심으로 한 일파와 평양 이용도 목사를 중심으로 한 기도단 일파다. (……) 평양의 기도단도 기도를 중심으로 모이는데 이용도 목사가 여기에 참가한 듯하다. 그런데 이른바 선지자라 하는 한준명도 이용도 목사의 소개를 받아 평양에서 스스로 천사라 하여 어떤 여인을 새 구주로 삼아 모든 사람에게

> 경배케 하고 예언을 하며 방언을 통역하기도 했다.[18]

총회는 이용도 목사의 신비주의 부흥운동을 그대로 두면 조선 교회를 이단에서 건져 내는 데 한계가 있게 된다고 판단해, 총회 차원에서 다루기로 하고 제22회 총회에서 다음과 같이 결의했다.

> 본 총회는 이단으로 간주할 수 있는 단체(이용도, 백남주, 한준명, 이호빈, 황국주)에 미혹되지 말 것을 각 노회에 알려 주의시키기로 가결한다.[19]

총회에서 이단으로 규정한 단체는 모두 원산의 신비주의 예언운동과 연관되어 있었다. 이 중에서도 극단적인 황국주는 자신의 머리와 피와 영이 예수의 것으로 바뀌었다면서 스스로를 '주님'으로 참칭하며 성적(性的) 교통으로 구원에 이를 수 있다는 피가름의 원리를 주장했다. 결론적으로 박형룡 박사가 밝힌 대로 이용도 목사 등이 벌인 예언운동은 성령의 역사라기보다는 신탁이나 접신 같은 악령적 성격을 띠고 있었다.

> 아닌 게 아니라 동해안의 한 지방에 주의 신을 접하여 예언을 말한다는 한 여자가 일어나 많은 제자를 거느렸다 하고 또한 별별 기이한 언행을 함으로 지방 일대의 교회에 일대 계동(悸動)을 야기했었다. 그 여파는 다시 관서 지방 일대에 미쳐 교회에 불소한 고통을 주다가 그들은 마침내 일당의 신도를 모두 아예 다른 이름하에 일개의 신교파를 형성하기에 이르렀다. 그들 중에 이른바 주의 신을 접했다는 여자들의 언행은 그

평양 기도단. 뒷줄 왼쪽부터 김지영, 김익선, 이용도 목사, 김영선, 김예진

진보주의 신학자 김재준 목사(왼쪽)와 자유주의 신학자 정경옥 박사(오른쪽)

> 것을 일반적으로 관찰하면 정신이상이라 볼 만한 것이요, 매우 의미 있게 본다 하더라도 근년 서양 제국에 유행하는 이른바 강령술의 준비적 현상이라고나 할는지, 그 밖에 더 되지 않는 것이다. 듣는 바에 의하건대 그들의 지도자 간에 18세기 스베덴보리(E. Swedenborg)[20]의 저서들이 애독된다고 하니 그들의 이상이 영계와 직접 교통하고 있음을 추측할 수 있다. 그러나 그들이 받았다는 신의 계시 내용을 들여다보면 별로 가관할 자 없다. 예수의 성탄이 마리아의 나이 23세, 1월 3일에 되었다는 것, 예수 14세 때 요셉이 별세했다는 것, 예수는 16년간 목공을 했다는 것, 예수의 부활일이 4월 14일이었다는 것, 등을 예수의 신이 어떤 자녀에게 접하여 직접 언명했다고 하나, 그것은 신의 계시가 될 만큼 그렇게 중요한 가치를 가진 음신(音信)은 아니다. (……)[21]

이들의 활동으로 교계가 혼란해지자 베어드 선교사는 이들을 가리켜 영적 은사를 강조하는 이단이라 평가했다. 그는 이용도 목사를 신유 은사의 성령 역사를 주장하는 이단으로 규정했다.

이용도 목사는 1933년 10월 2일 원산에서 가족 친지가 지켜보는 가운데 삶을 마감했다. 평소 그가 말한 대로 가늘고 길게 사는 것보다는 짧고 굵게 산 인생이었다. 그가 사망한 후 변종호 목사가 《이용도 목사 서간집》, 《이용도 목사전》, 《이용도 목사 일기》, 《이용도 목사 연구 40년》, 《이용도 목사의 저술집》, 《용도신학》, 《이용도 목사 사모 50년》 등을 엮어 출간했다.

정경옥과 자유주의

정경옥 목사는 전남 진도 출신으로, 상경하여 경성 제일고등보통학교에 다니다가 경성 YMCA 영어학교를 수료했다. 성직자의 소명을 받고 교토 도시샤 대학 신학부에 진학했다. 1923년 9월 간토 대지진이 발생하자 곧바로 귀국, 감리교 협성신학교에 편입하여 1927년 3월에 졸업했다. 그해 9월 미국으로 건너가 게렛 신학교에서 조직 신학을 연구했으며, 같은 캠퍼스에 있는 노스웨스턴 대학 대학원에서 문학 석사학위를 받았다. 그는 스승인 롤(F. H. Rall) 박사의 영향을 받아 독일의 슐라이어마허의 종교 경험을 긍정적으로 받아들였고 리츨(F. W. Ritschl)의 도덕 신학을 배웠으며, 칸트와 바르트 사상에 심취했다. 귀국 후 그는 1930년대 초반에《신학 세계》의 주간을 맡으면서 60여 편의 신학 논문을 발표했다. 1934년에는 조선 감리교의 교리적 선언을 신학적으로 해설한《기독교의 원리》를 출간했다. 특히《위기의 신학》을 발표하여 바르트의 사상을 소개했으며, 독일의 성서학자 디벨리우스(M. Dibelius)와 불트만(R. Bultmann)의 양식 비평 연구를 소개했다. 당시 감리교 내에서는 어떤 논쟁도 일지 않았다.

그는 '신과 인간의 관계'를 인격적인 관계로 보고, 인간의 인격적 · 도덕적 성취의 극치를 예수 그리스도에게서 보았다. 이처럼 그의 기독교 이해는 도덕적 인격주의에 기초하고 있다. 이것이 그의 사회 변혁을 목표로 하는 사회 복음(Social Gospel)운동의 원동력이 되었다. 그는 건강이 악화되자 고향 진도에 내려와 2년간 요양했다. 이때 그의 역작《기독교 신학 개론》과 유명한 설교집《그는 이렇게 살았다》를 출간했다. 이 책들은 감리교 신학을 자유주의 신학으로 몰고 갔다.

그는 1939년 4월부터 1년간 만주 사평가에 있는 만주 감리교신학교에서 교장을 맡았다. 1941년에 다시 고향에 내려와 요양하던 중 그해 12월 태평양 전쟁이 발발하자 친미파로 활동하다 예비 검속에 걸려 약 8개월간 재판도 받지 못한 채 진도경찰서에 구금되었다. 석방 후 친일로 전향한 그는 1943년 2월부터 2년간 광주중앙교회 담임목사로 목회하면서 일본기독교 조선교단 전남교구장을 맡아 부역에 힘을 쏟았다. 이는 그의 신학 자체가 자유주의 신학임을 입증하는 근거가 되었다. 그는 말년에 조선 청년들에게 천황군 지원병을 독려하고 여성들에게는 정신대(위안부) 모집에 앞장서서 독려하는 등 성직자로서는 할 수 없는 일을 자행했다. 광주중앙교회에서 사역하는 동안 매일 새벽 4시부터 6시까지 2시간 동안 청년들에게 자신의 자유신학 사상을 설파했다. 그러다 갑작스레 복막염으로 두 차례 수술했고, 광복을 넉 달 앞두고 사망했다.

> 그는 신학적으로 신정통주의를 받아들였으며, 사회 복음을 그의 신학에 적용하고 있다. 그러므로 그의 신학은 자유주의 신학, 경건주의 신학, 신정통주의 신학, 사회복음주의 신학 등 여러 신학들이 혼합된 신학이라 볼 수 있다.[22)]

이단 사상과 사이비 종교 문제

이단 사상은 1927년 감리교회의 유명화라는 여신도가 입신 체험을 했다는 데서 출발한다. 예수가 자기에게 임했다고 주장하는 유명화는, 부흥회 강사로 나가면 부흥회 기간 동안 자신을 예수처럼 꾸미고 다른 여자들에게 강신극(降神劇)을 하게 했다. 마치 무당이 자신들의 제신(祭神)을 부르는 것처럼 극을 꾸미면서 노래 부르면 신자들은 그것에 매료되어 은혜를 받았다고 말했다.

이 무렵 유명화 같은 사람들이 나타났다. 백남주, 한준명이 대표적이다. 백남주와 한준명은 스웨덴의 신비주의자 스베덴보리와 인도의 선다 싱(S. S. Singh)이 쓴 신비주의 책을 읽고 영향을 받았다. 이들은 가는 곳마다 자신들이 하나님으로부터 직접 신을 받았다고 주장했다. 신자들은 이 일을 사실로 믿고 예언을 받으려 했다. 그리고 이들이 하는 대로 따라 하면 방언이 터진다는 소문이 나기 시작했다. 백남준과 한준명 등은 1933년 6월 3일 평양장로회신학교 후문 옆 100미터쯤 떨어진 곳에 중앙선교회관을 만들고 예수교회 창립선언문을 발표했다.[23]

이처럼 이단과 사이비가 성행하면서 자신만이 참된 기독교라고 선전하는 일이 비일비재했다. 이들은 기성 교회의 신자들을 유혹하여 참된 진리를 가르치는 교회를 이단시하면서 사회를 혼란에 빠뜨렸다. 1933년 9월 제22회 총회에서는 예수교회에 속한 백남주, 한준명, 이호빈 등을 이단으로 결의했다.

공산주의자의 반기독교운동

사도행전을 보면 예수가 부활 후 승천하자 많은 사람들이 예수를 메시아로 확신하고 회심했으며 한 곳에 모여 떡을 떼며 교제하고 기도했다.

> 믿는 사람이 다 함께 있어 모든 물건을 서로 통용하고 또 재산과 소유를 팔아 각 사람의 필요를 따라 나눠주며 날마다 마음을 같이하여 성전에 모이기를 힘쓰고 집에서 떡을 떼며 기쁨과 순전한 마음으로 음식을 먹고 하나님을 찬미하며 또 온 백성에게 칭송을 받으니 주께서 구원 받는 사람을 날마다 더하게 하시니라.[24]

원시 공산주의는 여기에 근거해 출발했다. 러시아에서 정교회가 타락하자 가난한 민중에게 공격을 받았다. 결국 러시아 정교회는 전 러시아 지역에서 공산주의자의 공격을 받았는데, 이 일로 공산주의 사상은 전 세계로 퍼졌다. 공산주의 사상이 사회주의 사상으로 성격을 달리하면서 러시아 영토였던 한반도 북쪽에 인접한 연해주에서 사회주의운동이 일어나기 시작했다. 사회주의운동의 대표적인 인물은 이동휘, 김립, 박진순이다. 이들은 1918년 5월 10일 '한인사회당'을 조직했다. 이것이 우리나라 최초의 사회주의 정당이다. 한인사회당을 이끌던 이동휘가 1919년 4월에 조직된 중국 상해 임시정부에 참여하면서 이들의 근거지는 상해로 옮겨졌다.

당시 사회혁명당을 이끌고 온 장덕수, 김철수, 이봉수 등은 1920년 5월에 고려공산당을 결성했는데, 이들은 '상해파 고려공산당'이라 불렸다. 이 무렵 러시아 바이칼 호를 중심으로 한 이르쿠츠크 한인공산당 지부가 결성되었다. 그해 9월에는 전 러시아 한인공산당이 결성되었다. 그리고 얼마 후에는 상해에 있는 여운형, 안병찬을 중심으로 한 '통일 고려공산당'이 출현했다.

국내의 사회주의운동은 일본에서도 유입되었다. 공산혁명으로 러시아가 망한 후 소비에트 사회주의 공화국연방(소련)이 등장하자 일본에서는 사회주의운동을 지상 천국을 이루는 방편으로 생각하는 이들이 생겨났다. 그리고 일본에 유학했던 조봉암, 변희용 등이 중심이 되어 1920년 2월 7일 '조선 노동공제회'를 조직하고 사회주의운동에 전념했다. 이들은 공식적으로 반종교운동 단체를 운영했다. 그리고 1923년 3월 24일부터 30일까지 '전조선 청년당대회'를 진행했다. 이들이 결의한 내용은 다음과 같다.

> 종교의 존재를 부인할 것이냐의 여부로 격렬한 논쟁 끝에 종교 존재 의의를 부인하기로 가결.[25]

이 결의로 기독교는 큰 타격을 받았다. 이들은 종교나 기독교는 민중을 마취시켜 참다운 민족의식을 갖게 할 수 없다고 결론 내렸다. 그리고 1925년 4월 20일 개최될 예정이었으나 일제에 의해 금지된 조선민족운동자대회의 토의 안건에는 '과학적 지식의 보급을 꾀하여 조선 대중으로 하여금 자본가적 편견, 미신, 특히 종교적 미몽으로부터 탈출'하게 한다는 반종교적 운동에 대한 내용이 들어 있었다.

실질적인 반기독교 운동은 1925년 10월 22일부터 28일까지 개최된 제2회 조선주일학교대회 방해였다. 이 방해운동을 주도한 단체는 한양청년연맹이다. 조선 주일학교대회는 조선에서 가장 큰 교단인 장로교회와 감리교회가 연합한 대회로 전국 각지에서 3,000여 명(정식 대표 1,997명)이 참석했다. 그런데 이 대회에 반기독교운동과 강연회 안내 전단이 살포된 것이다. 그러자 주일학교대회 주최측은 대회를 일시 중단하고 강연장으로 몰려가 광고물을 찢는 등 한양청년연맹과 충돌했다. 결국 한양청년연맹의 반기독교운동은 경찰의 금지 조치로 무산되었다. 이를 계기로 기독교와 일제의 유착 관계에 대한 의혹이 일어 반기독교운동의 좋은 선전 자료가 되기도 했다.[26)]

한양청년연맹에서는 1925년 12월 25일 예수의 탄생일인 크리스마스를 '반기독교의 날'로 정하고 반기독교운동을 공공연하게 홍보했다. 당시 김익두 목사 등 유명한 부흥사를 미신을 조장하는 집단이라 부르며 고등 무당으로 규정하고 부흥 집회를 방해했다. 그리고 1926년 2월 25일 북간도 용정 중앙교회에서 부흥회를 인도할 때는 철근 폭행과 시위를 일으켜 집회를 방해했다. 같은 해 5월 17일 전북 익산에서는 전북 민중운동자연맹과 익산청년회가 주동이 되어 김익두 목사의 부흥회를 방해했다. 당시 김익두 목사가 이끈 부흥운동에서는 수많은 기사와 이적이 나타났는데, 이로 인해 교회는 급속도로 부흥하고 있었다.

이처럼 부흥회의 물결이 강하게 일자 이에 대한 반대도 대단했다. 특히 러시아와 인접한 지역과 중국의 만주 지역에서 많은 순교자가 발생했다. 1928년부터 1935년까지 순교자가 생기면 생길수록 교회는 멈추지 않고 계속 성장했다. 연대적으로 살펴보면 1928년에는 만주 간도 지방의 방회초교회의 박창선 장로가 귀를 베인 사건에서 시작해, 남만주 삼원포교회에서는 주일 예배에 참석하러 가는 교인들이 성경책을 탈취당하는 일도 일어났다.

1931년에는 동만주 지방에서 교회당 13곳이 불에 탔으며 이로 인해 교인 4명이 순교했다. 같은 해 길림성 길림시 인근에서는 최태봉 외 7명의 순교자가 나왔다. 그리고 길림성 연길현 와룡동교회에 불을 내는 바람에 많은 교인들이 흩어졌으며, 연길현 적암동교회 노진성 영수가 순교했다. 그 근방에 있는 로티거우 교회당은 두 번이나 습격을 당해 재정적인 피해를 입었다. 그리고 남만주 지방 장로교회에서도 25명이나 순교했다. 1933년에는 남만주 마들령에서 선교하던 헨더슨(L. Henderson) 선교사가 순교했으며, 같은 해 9월에는 김영학 목사가 시베리아에서 순교했다. 그해 10월에는 간도 지방 김영국 목사와 김영진 목사가 탈피 참살당했고, 1935년에는 북만주 호림에서 한경희 목사가 순교했다. 한경희 목사의 순교 소식을 전해 들은 1936년 제25회 조선예수교장로회 총회는 송창근 목사를 파송하여 현지 상황을 살폈다.

> 우리는 북만의 순교자라면 한 목사만 알지만 한 목사 외에도 순교한 신자는 다 헤아릴 수 없이 많다. 잔악한 공산당에게 몽치에 맞아 죽은 순교자, 머리 가죽이 벗겨져 죽은 순교자, 말 못할 학살을 당한 여순교자가 수십 수백에 달했다. 죽임을 당하지는 않았지만 김현참 목사같이 공산당에게 살이 찢겨 벗겨지는 핍박을 당한 사람도 있다.[27]

당시 한양청년연맹과 고려공산청년회의 조직을 합법적인 단체로 활용하고 있던 박헌영은 월간지 《개벽》에 〈역사상으로 본 기독교 내용〉을 기고했다. 그는 기독교는 영토 확장이라는 제국주의의 야욕에 사용된 자본주의적 국가 옹호의 무기가 되었다고 주장했다. 박헌영 외에도 배성룡이 〈반종교운동의 의의〉라는 글을 투고했다. 여기에 〈동아일보〉 기자 한위건이 합세했다.

이처럼 사회주의자들은 보수 성향이 강한 조선기독교를 사회주의운동의 장애물로 간주해 기독교 비판에 힘을 쏟았다. 그리고 일제의 경찰력이 미치지 못하는 만주나 간도 지방에서는 폭력을 동원하여 기독교를 공격하는 일이 자주 발생했다. 그러나 장로교회와 감리교회가 연합하여 결성한 예수교연합공의회는 1932년 9월에 채택한 〈사회 신조〉 전문에서 사회주의운동에 대하여 "우리는 하나님을 아버지로 인류를 형제로 믿으며 기독교를 통하여 계시된 하나님의 사랑과 정의와 평화를 사회의 기초적 이상으로 생각하며, 모든 유물 교육, 유물 사상, 계급적 투쟁, 혁명 수단에 의한 사회 개조와 반동적 탄압에 반대한다"[28] 고 밝혔다.

이와 같은 선언을 발표한 조선 교회는 사회주의자가 비판하는 현실 교회를 개혁하기보다는 반공주의 노선을 택했다. 일제는 사회주의운동을 철저하게 탄압했는데, 이 일로 국내의 사회주의운동은 약화되었다. 이들은 자신들이 활동하기에 용이한 만주나 시베리아로 이동했다.

3 장로교 분열

고려파 이탈

1945년 해방과 함께 출옥한 일부 성도들은 신사참배했던 기성 교회 및 목사와 결별했다. 그리고 그들의 교회를 설립해 재건파라 불렀다. 재건파의 주도적인 역할을 했던 이기선 목사는 출옥 성도로서 평북 지방을 다니며 홀로 30여 개의 교회를 개척했다. 그는 1949년 5월 재건교회라는 간판을 내걸고 단독 교회를 출발시켰다. 재건파는 기성 교회를 이단시하며 정죄했다. 이것이 장로교 최초의 분열을 일으켰다.

고려파의 시초는 출옥 성도 출신인 한상동 목사로부터 비롯한다. 그는 출옥 후 자신이 시무한 평양 산정현교회에서 목회하다 1946년 모친의 장례를 치르기 위해 부산으로 갔는데, 38선 경계 감시가 심해 돌아오지 못한 채 부산에 주저앉게 되었다. 그는 한국의 신학이 자유주의에 물들었기 때문에 한국 장로교회를 재건하려면 새로운 신학교를 설립해야 한다고 주장했다. 그리고 만주 봉천(지금의 심양)에 있는 만주신학교 교수 박윤선 목사를 만나 뜻을 같이하게 되었다. 그리고 출옥 성도 출신 주남선 목사의 동의를 얻어냈다. 당시 경남 진해에 적산(敵產) 가옥 한 채를 얻어 개척 교회를 하고 있던 강주선 목사의 교회를 임시 신학교 교사로 쓰기로 합의했다.

> 1946년 5월 20일 한상동, 박윤선, 주남선 목사, 손양원 전도사 등이 진해에 모여 신학교 설립 기성회를 조직하고, 그해 6월 박윤선 목사의 인도로 제1회 하기 신학 강좌를 개설할 때 60여 명의 학생이 등록했다. 그해 7월 말에는 경남 교회 임시 노회가 모여 신학교 설립 문제를 다루고, 고려신학교 설립 건은 한상동 목사의 취지와 경과 보고를 듣고 본 노회에서 인정하고 원조하는 의미로 노회에서 관리하는 진해교회 부속 건물 2동을 교사와 기숙사로 사용하기로 가결하였다.[29)]

그리하여 1946년 9월 고려신학교가 부산진구 좌천동에 있는 일신여학교 교사를 빌려 정식으로 개교하게 되었다. 개교 예배에는 김치선 박사가 〈신학교의 신조〉라는 제목으로 설교를 했고 미국 정통장로교회 소속 미군 군목 벳졸드(J. Betzold)가 축사를 했다. 고려신학교 이사장에는 한상동, 교장에는 박윤선, 교수에는 한상동, 한동명 목사 등이 임명되었다.

고려신학교 설립에는 미국 독립 장로교회 소속의 헌트 선교사가 가담했다. 그해 말 만주에서 옥고를 치른 헌트 선교사와 해밀턴(F. E. Hamilton, 함일돈) 선교사도 교수진에 합세했다. 이처럼 두 선교사가 함께하게 된 것은 미국 장로교회가 갈라지면서 미국 북장로교회를 떠나 새로 출발한 독립 교회로 소속을 옮겼기 때문이다.

같은 해 12월 제48회 경남 노회 결의에서 '고려신학교 인준은 총회가 하는 것이며 노회는 신학교 인준을 할 수 없다'며 신학생 추천을 모두 취소했다. 이때 한상동 목사는 노회의 결의에 맞서 경남 노회 탈퇴를 선언했다. 한상동 목사는 고려신학교를 더욱 건실히 하는 방안으로 만주 봉천에 있는 만주신학교 교수 박형룡 박사를 고려신학교 교장으로 초빙하여 한국 보수 신학의 보루가 되어야 한다고 판단했다. 그리하여 1947년 5월 송상석 목사를 만주에 보냈다. 송상석 목사는 박형룡 박사를 만나 설득했다. 이후 박형룡 박사가 서울에 도착하자 많은 보수계 인사들이 조선신학원은 자유주의 신학교이므로 서울에 보수주의 신학교가 설립되어야 한다고 주장했다. 그러나 박형룡 박사는 자신을 초청한 부산 고려신학교에 내려가기로 결심하고 자신을 초청한 고려신학교에 몇 가지 제안을 했다.

> 고려신학교는 전국 교회의 지지를 얻을 것, 그리고 메이첸(J. G. Machen)파 선교회뿐 아니라 남북장로교, 캐나다, 호주 장로교 선교회와도 합동해야 한다는 것이었다. 이 조건에 한상동 목사는 동의하였고, 박형룡 박사는 일단 부산으로 내려가 1947년 10월 부산 중앙교회에서 고려신학교 교장 취임식에 참석하였다.[30)]

부산에 보수계 인사들이 모여 신학교를 설립했다는 소식이 전국에 퍼지자 학생들이 모여들기 시작했다. 이렇게 고려신학교가 자리를 잡아 나아가자, 경남 노회는 1947년 12월에 열린 제47회 경남 노회에서 결의한 신사참배자 자숙안에 불복한 목사들에게 사과문을 받기로 하고, 고려신학교를 인정하기로 결의했다.

그러나 1948년 4월 서울 새문안교회에서 열린 제34회 총회는 고려신학교 입학지원자에게 추천서를 주지 않기로 결의했다. 총회는 고려신학교를 출옥 성도 중심으로 운영되는 지나치게 배타적인 신학교라 판단했고, 총회의 동의 없이 일방적으로 개교했다는 점을 근거로 들었다. 이에 1948년 9월 부산 항서교회에서 열린 제49회 경남 노회는 고려신학교의 인준을 취소했으며, 같은 해 12월 경남 노회에서 재차 이 결의를 확인했다. 그리고 1949년 4월 대구에서 열린 제35회 총회에서는 고려신학교는 총회와 아무런 관계가 없다고 발표했다. 결국 고려신학교를 중심한 경남 노회는 배타적인 총회에서 이탈할 수밖에 없었다. 다른 노회들은 비교적 출옥 성도가 많지 않았고 신사참배를 했던 인사들이어서 노회 운영에 큰 장애가 없었다.

경남 노회는 해방 후 1945년 9월 부산진교회에서 재건 노회로 모임을 가졌다. 그리고 그해 11월 3일 경남 노회가 정식으로 개회될 때 출옥 성도 주남선 목사가 노회장으로 선임되었다. 그러나 다음 노회에서는 친일에 앞장서서 평양 신사참배를 인솔한 김길창 목사를 노회장으로 선임했다. 그 뒤 출옥 성도들의 입지를 압박하기 위해 고려신학교 인준을 철회한 것이다.

이러한 상황에서 한상동 목사는 김길창 목사가 이끄는 경남 노회를 탈퇴한다고 선언한 것이다. 그를 따르는 출옥 성도를 비롯해서 많은 인사들이 교회재건운동을 전개하면서 별도로 경남 노회를 조직하고 총회에 총대를 파송했다. 이리하여 유일하게 경남 노회만 한상동 목사가 이끄는 노회 총대와 김길창 목사가 이끄는 총대로 나뉘게 되었다.

1950년 4월 제36회 총회가 대구 제일교회에서 열렸다. 총회장으로 최재화 목사가 선임되었다. 그러나 이 총회는 고려파와 관련하여 많은 문제를 안고 시작되었다. 전권위원들이 결정한 총대권을 수용해야 한다는 의견과 분열의 근거를 제공한 고려파의 총대는 받아들일 수 없다는 의견이 대두된 것이다. 그리하여 전권위원회 보고를 받을 때까지 경남 노회의 총대 회원권은 보류되었다. 이러한 대립의 내면에는 신학교 인준 문제가 크게 작용했다. 게다가 미국 북장로교 선교사 캠벨(A. Cambel, 감부열),

킨슬러 목사 등은 장로회신학교를, 캐나다 선교사 스콧 목사는 조선신학원을 지지했다. 그러자 발언권을 요구하기 위해 회장석으로 달려가는 총대원들이 생겨났다. 이를 제지하기 위해 대구 지방 청년들이 회의장으로 뛰어들었다. 회의장은 말 그대로 아수라장이 되고 말았다. 사태가 악화되자 경찰까지 동원되었고, 결국 총대원과 경찰 들의 싸움으로 이어지고 말았다.[31]

실로 수치스러운 사건이었다. 이를 해결하기 위해 총회 임원, 증경 총회장, 각 노회장 들이 모여 합의하고 정회했다. 합의 내용은 다음과 같다.

1. 총회는 정회하고 9월 19일 오후 7시 30분 청주에서 속회한다.
2. 경남 노회 건은 특별위원 7인에게 합병, 조직, 해벌권을 주어 파송하기로 한다. 위원은 이대영, 이인식, 김광현, 조승제, 김상권, 박용희, 권세열로 한다.
3. 신학교 문제는 각 노회 대표 2인과 총회 임원 4인, 선교회 대표 1인과 신학교 합동위원(언권만)에 맡겨 안건을 만들어 노회에서 의견을 종합하기로 한다.[32]

이처럼 총회는 9월에 총회를 속회하기로 하고 해산했다. 정회 후 경남 노회 수습을 위한 특별위원회 7명이 분열된 경남 노회를 조정하여 하나로 만들었다. 총회가 위원들에게 일임한 권한 때문이기도 했지만, 경남 노회원들 간의 싸움이 이득이 없다고 판단한 양자가 서로 이의를 달지 않아 해결된 듯했다.

그러나 제36회 총회가 있은 지 두 달 뒤인 6월 25일 한국전쟁이 발발해 9월에 모이는 총회는 무산되었다. 그리하여 다음해 5월 24일 피난지인 부산 중앙교회에서 총회가 속회되었다. 당시 전권위원장 이대영 목사는 다음과 같이 보고했다.

> (……) 문창교회에서 노회를 회집해 분리와 통일을 묻는 투표를 거쳐 통일을 이루어 냈다. 그러나 마산 고려신학교측이 이에 응하지 않아 전권위원들이 각 지역에서 설득하고 권고했으나 순조롭지 못했다. 그러던 중 6·25동란이 발발하여 일시 중지되었다가 이듬해 3월 14-15일 양일에 걸쳐 마산 고려신학교 측의 회의 참석과 회답을 기다렸으나, 답이 오지 않아 경남 내 5개 노회 중 3개 노회만 병합할 수 있었다. 경남 노회의 장래를 위하여 고려신학교를 중심으로 한 전 마산 노회측에게 다시 돌아올 수 있는 길을 열어 두어 총회에서 떨어지지 않기를 청원한다.[33]

결국 제36회 총회에서 경남 노회 총대로 김길창 목사측의 총대를 받기로 가결했다. 이로써 총회에서 인정받지 못한 고려신학교 한상동 목사는 자신이 시무하고 있던 부산 초량교회를 분립하여 삼일교회를 창립했다. 이 일로 인하여 경남 노회에 속한 교회가 둘로 분립되면서 각 교회마다 쟁탈전이 벌어졌다. 한상동 목사측은 경남법통 노회를 조직해 결국 기성 교회와 결별했다. 게다가 교파 확장을 위해 과거 신사참배에 앞장선 인사들을 영입하기도 했다. 고려파는 어느 정도 교세가 확립되자 1952년 9월 11일 진주 성남교회에서 제1회 고신측 총노회를 조직했다. 교회 568개, 세례교인 15,350명, 목사 111명으로 이른바 고려파 교단이 출범하게 된 것이다.

부산에서 개교한 고려신학교 교수 일동

조선신학원 교수와 신학생 야유 예배(1947. 5. 2.)

한신대학교 신학전문대학원 본관. 한신대학교는 오산에, 목회자 양성을 위한 신학전문대학원은 서울 수유리에 있다.

대한예수교장로회 분립

1) 조선신학원의 설립

해방 이후 남한 교역자 양성에 큰 힘이 되었던 조선신학원을 총회직영신학교로 청원하기 위해 송창근, 김관식, 김재준, 김영주 목사 등이 나섰다. 1946년 6월 12일 남부대회 총회에서 조선신학원을 총회직영신학교로 청원하자 아무런 검토 없이 조선신학원에 대한 총회직영신학교 청원안이 통과되고 말았다. 이에 대해 김양선 목사는 다음과 같은 글을 남겼다.

> 재건 복구되는 교회를 위한 교역자 양성의 필요를 절실히 느낀 나머지 신학 사상 문제라든지 경영에 관한 문제를 신중히 검토하지 않고 조선신학원의 요청에 따라 아무런 토론, 검토도 하지 않고 조선신학원의 요청을 그대로 받아 총회의 직영신학교로 만들었기 때문에 후에 여러 가지 난제가 발생하였다.[34)]

조선신학원이 총회의 인가를 받자 1947년 4월 12일 설립 인가를 받게 되었다. 그리고 7월 12일에는 재단을 만들어 법인 인가와 대학 인가를 받고 학위를 수여할 수 있는 자격을 부여받았다. 대학 인가를 받자 교수 요원을 충원하기 위해 보켈, 커닝엄, 스콧, 박형룡, 김진홍, 심문태, 명신홍 등을 초빙했다. 다음은 당시 발표된 교수진 명단이다.

> 전임 교수 : 김재준, 한경직, 최윤관, 서고도
>
> 전임 강사 : 전성천, 정대위, 조선출, 공덕귀, 이영희, 김관석, 김정준,

박봉랑, 차보은

외래 강사 : 박창해, 장원, 나운영, 유재기, 엄은섭, 유기천, 장하구, 지동식, 고병려, 김태묵, 이규용, 최희순, 김익호, 백영화, 최거덕, 김종대[35)]

1947년 4월 18일 대구 제일교회에서 열린 제33회 총회에서 신학원 이사회의 보고가 있었다. 총회에서 선임된 신학원 이사 명단은 이자익 목사를 비롯하여 함태영, 김영주, 김종대, 이창규, 김춘배, 문승아, 김상권, 양화석, 정순모, 조남수, 이원영, 구연직, 정규태, 계일승 목사 등이며, 이중 실행 이사는 이자익, 함태영, 김영주, 김종대, 이창규, 김춘배, 문승아 목사 등이었다. 이날 이사회에서 총회에 보고한 내용은 다음과 같다.

교수와 강사 : 24명

학생 : 313명

1947년 4월 12일부로 문교부 전문학교령에 따라 조선신학원이 인가를 획득했고 머잖아 대학 인가도 날 것이다.

거제도 신정률 씨와 그 외 분의 재산 2,000만 원을 받아서 재단법인에 수속 중이다.

1년간 경상비 : 112만 7,005원 44전[36)]

이처럼 총회직영신학교로 인가되자 조선신학원 당국은 각 선교회에 이사와 교수 파견 등의 협력을 요구했다. 그러나 캐나다 선교사를 제외한 모든 선교회가 이에 응하지 않고 주저했다. 미국 북장로교 선교회는 아직 정식으로 관계할 시기가 아니라며 회답을 유보했다. 미국 남장로교 선교회에서는 다음과 같은 질문에 회답을 요구했다.

1. 교육 방침에 있어 정통적인 성경 해석과 신학을 가르칠 것
2. 이것을 실현하기 위하여 필요하다면 현 교수진을 모두 퇴진시킬 것
3. 귀교가 이 두 조건을 수락한다면, 본 선교회는 시험적으로 교수 1명과 이사를 파송하는 동시에 약간의 경비를 담당할 것이다.[37)]

이에 대하여 조선신학원은 정통적인 성경 해석이나 신학을 무시하지 않으며, 이것을 기우할 필요도 없을 뿐만 아니라 이 문제로 교수의 총사퇴를 강요할 필요도 없다고 표명함으로써 미국 남장로교 선교회와는 완전히 결별했다.[38)]

인가 당시 조선신학원은 덕수궁 근방에 있는 일본기독교 경성교회(조선일보사 뒤에 있는 서울 덕수교회)에서 얼마간 수업을 했다. 그러다 남궁혁 박사가 미군정 관제국장으로 재직할 당시, 서울 용산구 동자동에 있는 일본천리교 경성본부 건물을 불하받아 이전했다. 그리고 서울 중구 저동에 있는 조선천리교 조선본부 건물(지금의 서울 영락교회)을 인수하여 조선신학원 여학생부 수업을 진행했다. 조선신학원은 1949년에 조선신학교로 교명을 바꾸었다가 1950년 4월 다시 한국신학대학으로 교명을 바꾸고 정부 인가를 얻어 4년제로 학부 운영을 했다. 그리고 4년 과정을 이수하면 목사안수를 받고 사역에 임하게 했다. 이후 수유리 캠퍼스로 이전했다가 1969년 경기도 오산으로 캠퍼스를 확장하면서 1992년 종합대학인 한신대학교로 발전했다. 수유리 캠퍼스는 한신대 신학대학원으로 운영하면서 목회자를 양성하고 있다.

2) 김재준과 51인 진정서 사건

박형룡 박사와 신학 입장이 다른 김재준 목사는 일본 도쿄의 아오야마 학원 대학 신학부에서 수학했다. 이후 미국 프린스턴 신학교에 입학했지만 정서가 맞지 않아 피츠버그에 있는 웨스턴 신학교로 옮겼다. 여기서 구약학을 전공해 신학 석사학위를 받은 후 1932년에 귀국했다. 그는 평양에 있는 숭인상업고등학교에서 영어 교사와 교목으로 재직했으며, 이후 북간도에 있는 용정중학교에서 교사로 봉직하면서 진보주의 신학을 따르는 목회자들을 만났다. 그는 선교사들의 정통주의 신학에서 벗어나 자유롭게 학문할 수 있는 분위기를 조성해야 세계 교회와 유대를 갖고 학문할 수 있다고 주장했다. 당시 종교개혁 이후 생긴 정통주의 신학과 조선 교회가 수용하고 있는 축자영감설(逐字靈感說)은 18세기 유럽에서는 이미 몰락하고 있었다. 그러나 미국에서는 프린스턴 신학교나 메이첸 박사를 중심으로 정통주의가 형성되어 있었다. 김재준은 예언자적 사명을 갖고 이미 조선 교회의 주류를 이루고 있는 정통을 깨고 새로운 시대에 맞는 신학이 요청되어야 한다면서 정통주의 신학을 비평했다. 귀국 후 3년간 발표한 그의 논문은 주로 예레미야, 아모스, 이사야의 예언자적 입장이었다. 그러나 조선 교회는 정통주의를 고수하면서 조선 신학의 정통에서 벗어나는 것을 용납하지 않았다. 그는 평양 숭인상업고등학교에서 성경을 가르쳤다. 원래 평양장로회신학교에서 강의하려 했지만 정통주의자 박형룡 박사와 보수적인 선교사들 사이에 그가 뚫고 들어갈 틈은 없었다. 그러다 《신학지남》의 주필로 있는 남궁혁 교수의 호의로 잡지의 편집위원으로 활동할 수 있었다. 김재준은 1933년부터 1935년 박형룡의 반대에 부딪혀 편집위원 자리에서 물러나기까지 《신학지남》에 8편의 논문을 기고했다.[39) 김재준이 《신학지남》에 발표한 논문은 한결같이 고등비평 이론에 근거한 것이었다. 그는 《신학지남》에 이런 글을 발표했다.

> 부활하신 그리스도의 몸은 그러면 그의 육체적 전 존재를 하나도 잃지 않는 동시에 그의 영적 생명을 포함해 가장 적응된 표현 기관인 몸, 즉 영화(榮化), 영화(靈化), 영원화한 몸이었던 것이다. (……) 그리스도가 살아나셨다면 복음은 참말이다. 그러나 그가 다시 살지 않으셨다면 전 기독교는 허망 중의 허망이다.[40]

신정통 신학을 지향하던 김재준이 예수의 부활 사건을 기초로 삼는 바르트 신학을 따라 예수 그리스도의 부활을 강조하는 것은 당연하다. 그러나 예수의 부활에 관해 논하는 바르트의 논지는 전혀 따르지 않았다. 김재준은 예수 그리스도의 부활을 역사적인 사실이요 기독교 진리의 전제라고 말했다.

그러나 다른 곳에서는 보수주의자와 견해를 달리했다. 예를 들면 이사야서 7장 10절에서 17절에 있는 '임마누엘'에 대한 해석이다. 이것을 이사야가 직접적으로 예수 그리스도를 예언한 것이 아니라 이상왕(理想王)의 탄생을 믿는 신앙으로 그리스도에게서 성취되었다고 보았다. 이것은 바르트의 영향을 받은 구약학자 폰 라드(G. von Rad) 등이 취한 견해다. 이들은 동정녀로 번역된 히브리어 '알마'를 젊은 여인으로 해석했다.

제33회 총회에서 뜻하지 않은 진정서가 제출되었다. 이 진정서는 조선신학원 재학생 51명이 제출했다. 이들은 김재준 교수의 강의 내용이 신신학과 이설이 가득하다며 총회의 선처를 호소했다. 이러한 진정서가 나온 것은 1946년 4월 이일선 신학생이 학우회 총회 때 배부한 《이상촌(理想村)》이라는 잡지에 실린 김재준 교수의 〈추천사〉에서 기인한다. 이들은 김재준 교수가 쓴 〈추천사〉에 자유주의 신학이 담겨 있음을 발견했다. 그날 학생들은 김재준 교수의 신학적 경향을 문제 삼는 격론을 벌였다. 그러나 결론을 맺지 못한 채 학우회 총회는 파행으로 끝나고 말았다. 이후 학생들이 거세게 동요하기 시작했다. 그리하여 정규오, 박요한 등 10여 명의 신학생들이 김재준 교수의 신신학적 근거 자료 등을 수집하고 문서로 만들어 교계 지도자들에게 호소했으나 별 반응을 얻지 못했다. 그러자 그냥 있을 수 없다고 판단한 이들은 최후의 수단으로 학생들에게 연판장을 받기로 했다. 그리하여 51명이 날인한 진정서를 제33회 총회에 제출한 것이다. 진정서의 내용은 다음과 같다.

대한예수교장로회 정통 신학 옹호 선언

호소

장로교회는 성경에 절대 권위를 두고 그 위에 건설된 교회입니다. 성경은 천계(天戒)와 영감으로 기록되었다는 초자연적 성경관을 우리는 견지합니다.
'신구약 성경은 하나님의 말씀이니 신앙과 본문에 대하여 정확무오한 유일의 법칙이니라'고 하신 신조 위에 대한예수교장로교회가 섰고, 이 신조는 한국 교회 안에서 영원히 보수되어야 할 우리의 가장 순수하고 복음적인 신앙고백입니다. 그러나 우리는 불타는 소명감에 몰려 장로교 총회직영신학교인 조선신학원에 적을 두고, 성경과 신학을 배우기 시작한 지 연여(年餘)에 우리가 유시로부터 믿어 오던 신앙과 성경관이 근본적으로 뒤집어지는 것을 느꼈습니다. 우리 지식의 유치미발의 소치이겠습니까? 신학 교양의 부족에 기인되는 바이겠습니까? 그러나 신앙은 신앙입니다. (……) 그러므로 우리는 먼저 '신앙은 보수적이나 신학은 자유'라는 조선신학원의 교육 이념을 수긍할 수 없습니다. 근대주의 신학 사상과 성경의 고등비평을 증거합니다. (……) 그러므로 온 세계가 다 이 자유주의 신신학 사조로 흘러간대도, 우리는 단신 순복음의 전사가 되어 전 세계를 향해 도전하는 것을 부끄러운 일로 여기지 않습니다. 교회 사상 삼위일체나 기독론이나 기타 성경적 교리가 투쟁 없이 제정되거나 완성된 것은 하나도 없습니다. 무너져 가는 우리 교계도 아다나시우스(St. Athanasius) 같은 진리의 사람이 일어서야 할 때가 왔습니다. 루터와 같은 굳센 신앙의 용사가 일어나야 할 때입니다. 이날 우리는 온갖 비난과 욕설과 방해를 무릅쓰고 이 중대한 신학 교육 문제를 전 선교회에 호소하는 바이오니, 제위는 이 어린 것들의 맑은 신앙 양심에서 솟아 나오는 가련한 호소를 물리치지 마시고 양찰하신 후 선히 지도하여 주십시오.

1947년 4월 정통을 사랑하는 신학생 일동 근백[41)]

이 내용은 두 가지로 요약할 수 있다. 첫째, 신학은 보수주의, 정통주의가 중심이 되어야 한다는 것, 둘째, 교권을 강화하여 평양장로회신학교의 전통을 회복해야 한다는 것이다.

그리하여 1947년 봄 김재준 목사의 신학 방법론으로 인하여 보수 계열 신학생 51명이 성명서를 발표하고, 총회에 진정서를 제출하게 되었다. 이 진정서를 받은 총회는 1953년 4월 대구 서문교회에서 모인 제38회 총회에서 한국신학대학을 규제하고 나섰다.

김재준 교수에 관해 진정서를 총회에 제출한 신앙동지 51인 가운데 일부(1947. 9. 15.)

총회 창립 40주년을 맞이한 총회원들(대구 서문교회, 1952. 5. 2)

대구에서 모인 예장 제38회 총회(1953. 4. 27)

3) 김재준 목사 제명

1947년 제33회 총회에서는 이 일을 조사하고 수습하기 위해 수습위원 8명을 선정하여 조선신학교원에 파견했다. 위원들이 신학교에 방문하기 하루 전인 4월 25일, 김재준 교수는 이사장 함태영과 교장 송창근, 기타 직원이 출석한 가운데 전교생을 모아 놓고 〈역사적 비판에 대하여〉라는 글로 자신의 신학적 입장을 설명하고, 총회에 진정한 51명의 신학생 중 6명은 퇴학, 45명은 무기정학에 처했다. 그리고 김재준 교수는 진정서에 대한 반문인 〈진술서〉를 학생과 수습위원에게 보냈다. 총회에서는 회장 이자익, 서기 계일승, 위원 함태영, 김원희, 이창구, 문창국, 녹스 선교사(R. Knox, 노라복), 로드 선교사 등으로 심사위원회를 구성했다. 이들은 1947년 5월 12일부터 15일까지 종로 신문로에 있는 피어선기념성경학원에 있는 총회 사무실에서 송창근, 김재준을 소환하여 문답식으로 조사했다.

조선신학원 이사회에서는 김재준 교수의 교수직을 정지시켜야 된다는 안으로 투표했으나, 9대 11로 부결되었다. 결국 김재준 교수를 1년간 미국에 유학시키는 동시에 조선신학원 교수진을 윈(S. D. Winn, 위인사) 선교사, 보켈, 커닝엄, 스캇, 김진홍, 심문태, 박형룡, 명신홍 목사 등의 새로운 교수로 개편하기로 했다. 교섭위원으로 함태영, 송창근, 계일승, 김광수 4명을 선임했다. 그러는 사이 신학생들의 동요가 심해져 서둘러 폐회해야 했다. 그리고 마지막으로 김재준 교수를 불러 사과를 받았다.

그러나 김재준 교수는 조선신학교에서 발행하는 잡지 《조선신학교》에 〈편지를 대신하여〉라는 글로 총회를 비난했으며, 자신이 주필로 있는 잡지 《십자군》에서 '성경유오설'을 주장했다. 또한 《십자군》 제2호에는 성서 영감을 비판한 고등비평론을 주장할 수 있다는 반문을 내놓기도 했다.

이러한 그의 행동을 더 이상 묵과할 수 없었던 총회는 김재준이 소속된 경기 노회를 통해 김재준 목사의 신학을 검증하는 모임을 몇 차례 갖고 토론했지만 그를 지지하는 일부 세력 때문에 해결하지 못했다. 그러나 총회에서는 그가 소속되어 있는 경기 노회로 하여금 처단케 해야 한다는 의견이 지배적이었다. 결국 당시 경기 노회장 전필순 목사가 노회를 열어 김재준 목사를 제명했다. 이에 대한 내용이 〈기독공보〉에 소개되었다.

> 이번 총회 이후 한국신학교[42] 졸업생은 교역자로 채용치 않기로 결정하였고, 제36회 총회는 성경유오설을 주장한 김재준 씨의 목사직을 면직하도록 경기 노회에 명하고, 만일 경기 노회가 실행하지 않을 경우 총회에서 직접 면직시키겠다는 강경한 태도를 보였다. 또한 앞으로 장로회 총회신학교 외의 다른 신학교를 졸업한 학생은 1년간 재교육을 받은 후에 강도사로 세우기로 결의하였다.[43]

그러나 경기 노회는 여러 차례에 걸친 모임에도 불구하고 김재준 목사의 문제에 결론을 내리지 못했다. 오히려 경기 노회는 총회에 항의서를 제출했다. 〈기독공보〉에는 1953년 4월 제38회 대구 제일교회에서 김재준 목사의 면직을 당석에서 직결한다고 발표했다.

> 이번 총회에서는 경기 노회장 전필순 씨를 불러, 거기에 대한 항의서가 들어왔으나, 총회는 그 항의에 대하여 제37회 총회가 김재준 목사 면직을 경기 노회에 명하였음에도 불구하고 하회가 상회에 불복 항의하는 것은 있을 수 없다는 입장을 표명했다. 그리고 작년의 결의대로 당석에

> 서 직결하도록 하였다. 회장은 회원들을 정숙시키고 "목사 김재준 씨는 제36회 총회 결의를 무시하고 성경유오설을 계속 주장했으므로 권징 조례 제6장 42조에 의하여 목사직을 파면하고 그 직분을 주 예수의 이름과 그의 직권으로 금한다"고 선언한 후 전원 일동의 간곡한 기도가 있었으며, 본인에게는 서면으로 이 사유를 통보하기로 하였다.[44]

제38회 총회에서 결의된 내용은 다음과 같다. 첫째, 조선신학원 졸업생들에게는 일체 교역자 자격을 부여하지 않는다. 둘째, 한국신학대학 교수 김재준 목사는 목사직을 박탈하고 그의 소속 노회인 경기 노회에 제명을 지시하여 이를 선포케 한다. 셋째, 제36회 총회 시 성경축자영감설을 부정한 한국신학대학 교수이자 캐나다인 스콧 목사를 심사하고 해당 노회에 명하여 처단케 한다. 넷째, 각 노회에서 위 두 교수의 사상을 옹호, 지지, 선전하는 자는 해당 노회에서 처벌한다.[45]

이처럼 1947년 대구에서 모인 제33회 총회 이후 논쟁이 된 김재준 교수 문제는 일단락된 것처럼 보였다. 그리고 총회는 김재준 목사가 경기 노회에 소속되었기 때문에 김재준 교수 제명 사실을 경기 노회에 속한 교회에 발송했다.

그러나 이에 반대했던 진보주의 입장의 일부 총대원들은 별도의 대책을 강구했다. 그리고 한국신학대학 출신자에게 목사 안수를 주지 않기로 한 총회의 결의를 따르지 않고 목포 노회에서 한국신학대학 출신을 목사로 안수했다. 총회에서는 즉시 비상대책위원회를 구성하여 이를 조사하도록 했다. 비상대책위원회는 1954년 4월에 열린 제39회 총회에 진상을 보고했다. 목포 노회는 1953년 5월 12일 정기 노회에서 한국신학대학 졸업생에게 목사 안수를 주었고, 총회를 지지하는 김점래, 송암석 목사의 항의는 무시했다. 이후 송암석, 김병규, 문철수, 이귀동, 김일남 목사 연서로 항의

서가 제출되었다. 그리하여 목포 노회는 이남규 목사를 노회장으로 하는 측과 김점래 목사를 노회장으로 하는 측으로 양분되고 말았다. 비상대책위원회에서는 양분된 목포 노회를 재조직하기 위하여 다음과 같은 결의문을 채택했다.

> 이남규 목사를 회장으로 한 목포 노회는 제38회 총회 결의에 위반하였으므로 김점래 씨를 회장으로 한 측과 사무 연락하기로 하고, 1953년 9월 16일까지 좌기 사항을 실행하되, 실행하지 아니할 때에는 노회를 재조직하기로 한다.
>
> 1. 조선신학교 졸업생의 목사 안수, 강도사 임직은 불법으로 인정하고 시정하되, 안수한 목사는 총신에서 1년간 공부하도록 할 것
> 2. 1952년 9월 16일부터 1953년 5월에 발표한 총회 성명을 취할 것
> 3. 제36회, 제37회 총회 결의에 의하여 성경유오설을 지지, 옹호, 선전한 자를 심사 처리할 것
> 4. 호헌 대회에 참석한 자는 사과 성명을 할 것
> 5. 이른바 김세열 총회에 참석한 자는 심사 처리할 것
> 6. 남장로 선교회측과 고등성경학생과 일반 교우에게는 총회에 대한 태도를 명백히 하는 성명을 발표할 것[46]

그러나 이러한 비상대책위원회의 결의문을 이남규 측에서는 무시했다. 그러자 1953년 9월 18일 비상대책위원회에서 파견한 안광국 목사의 인도하에 이남규 목사 측의 시무를 정지시키고, 김점래 목사로 목포 노회를 재조직했다. 그리하여 1953년

10월 7일 목포 제일교회에서 김점래 목사의 주도로 목포 노회를 재조직했다.

제41회 총회에서는 충북 노회의 추천서 사건이 발생했다. 충북 노회장 김영주 목사가 총회의 결의에 불복하여 충북 노회 제13회 정기 노회에서 한국신학대학에 추천서를 써준 것이다. 이를 해결하기 위해 총회에서는 전권위원을 파송하여 총회를 지지하는 부노회장 박영재 목사를 노회장으로 삼고, 김영주 노회장과 총회의 관계가 끊어졌음을 선언했다. 그러나 충북 노회가 이에 불복하자 전권위원장 권연호 목사는 퇴장하고 말았다.

결국 충북 노회는 한국신학대학측과 총회측으로 양분되었다. 이후 옥천 남, 옥천 북, 청산, 원담, 대비, 황청, 외평, 사인, 천안, 수안보, 충주, 대사리, 음성 등 많은 곳에서 교회가 분열되고 교회당 쟁탈전이 일어나면서 유혈 사태까지 일어났다. 총회는 안광국 목사를 파송해 안정을 도모했고 노회 목사, 장로 등의 노력으로 100여 교회 중 67개 교회를 확보했다.[47)]

이후 총회에서는 김재준 목사 면직을 선언하는 공문과 권유문을 각 교회에 발송했다.

> 어두운 가운데 잠자고 있는 이 땅에 사는 백성에게 복음을 전해 주었고 먼 나라 영국에서 우리나라 평양 대동강까지 와서 대동강에서 피를 흘리신 토머스 선교사의 순교의 복음으로 시작해, 장로회 초대 선교사 원두우 목사가 전하는 복음을 받아 이 나라 겨레가 구원을 얻고 교회들이 왕성하여 세계 선교에 빛나는 역사를 가진 한국 장로교 70주년을 맞는 오늘날까지 대한예수교장로회는 편안한 걸음을 걸어 사랑하고 화평하고 연락하여 많은 교회와 신자를 낳았고, 이 은혜 속에서 본 경기 노회

> 도 62회의 역사 깊은 빛나는 장로회 전통을 지켜 왔다.
> 그러나 경기 노회 제62회에 이르러 김재준 씨 치리 문제를 위요(圍繞)하고 분열의 위기에 이르게 됨은 우리 교계에 말할 수 없는 유감이며, 이 일에 대해 세간에서는 여러 가지 오해와 억측과 비난으로 인연하여 신성한 교회가 영광이 되지 못할 뿐 아니라, 사실의 내용을 충분히 이해하지 못하는 교직자나 교우가 일시적 오해로 탈선될까 염려하는 마음으로 이에 여러 가지 예증을 들어 사실을 밝힘과 동시에 이미 잘못 이해되었던 교회나 교직자, 교우까지 충분히 이해하시고 돌아와 주 안에서 하나 되시기를 바라며 삼가 권유문을 보냅니다.[48]

이처럼 간절하게 권유문을 보내고 다시는 분열의 아픔을 갖지 않기를 바랐다. 하지만 한국신학대학과 한국신학대학 출신 목회자들은 대한예수교장로회 총회와 함께할 수 없다는 판단을 내려 결코 돌아올 수 없는 강을 건너고 말았다.

4) 대한예수교장로회 분립 선언

김재준 목사를 지지했던 세력들은 대한예수교장로회 총회와 함께 갈 수 없다며 총회를 탈퇴했다. 그리고 1953년 6월 10일 서울 용산구 동자동에 있는 한국신학대학 강당에서 과거 조선신학원 출신 목사들이 중심이 되어 전북 노회를 비롯한 군산 노회, 김제 노회, 충남 노회, 경서 노회, 경북 노회, 목포 노회, 충북 노회, 제주 노회 등 9개 노회 대표 47명이 모여 법통 제38회 총회를 별도로 선언했다. 이때 전주 서문교회에서 시무했던 김세열 목사를 총회장으로 선출했다. 그는 김재준 목사를 절대적으로 지지했다. 이들은 제36회, 제37회 총회에서 결의된 모든 불법 결의를 취소한다고 선언한 후 새로운 총회의 역사를 만들어 가자고 주장했다.

> 제36회, 제37회 총회에서 결정된 모든 불법 결의를 취소 선언하면서 새로운 교회로 발진했다.[49)]

이들은 복음의 자유, 양심의 자유, 노예적 의존 사상의 배격, 에큐메니컬 세계 교회 갱신이라는 분명한 목표로 형해(形骸)만 남은 총회를 반정(反正)하기 위해 분열이 아닌 '갱신'을 한다고 선언했다. 그리고 1954년 6월 한국신학대학 강당에서 총회를 다시 열고 '대한기독교장로회(The Presbyterian Church in Republic of Korea)'라고 명칭을 변경했다. 총회가 새로 출범하자 대한기독교장로회 총회 제2회 총회장 박용희 목사는 성명서를 발표했다.

> 1. 명칭 변경에 대하여 본 총회가 이미 중외에 교회의 평화를 유지하고 세계복음운동에 있어서 서로의 협조를 주창해 왔음은 주지의 사실인바, 본 총회는 세계 장로회의 본류를 확보하고 그 분쟁과 마찰을 피하여 에큐메니컬.운동 달성에 박차를 가하기 위하여 그 명칭을 '대한기독교장로회'로 당분간 사용하기로 결의하였다. 신학적으로도 역사적인 예수를 그리스도로 신앙하는 때에 비로소 그리스도인이 되는 것임으로 '기독교'라는 것이 합당하며, 이것이 전 세계의 교회가 공동으로 채용한 것임이 사실이며, 한국 교회에서도 세계 기독교회와 공통된 명칭을 사용함이 가한 줄 아는 바이다.
> 2. 신조, 헌법 등에 대하여 본 총회는 사도전승의 〈사도신경〉을 우리의

신앙고백으로 삼으며 우리 장로회의 공동 신조를 준수한다.

3. 본 총회는 전 세계 장로교회의 주류를 따라 세계교회회의에 협조하여 에큐메니컬 운동을 적극 추진하여, 국내에서도 기독교연합회와 제휴 협력하며 제반 협동 사업에 적극 협력한다.[50)]

초대 총회장은 전북 노회 대표 김세열 목사가 선임되었다. 여기에 참여했던 대부분의 노회는 호남 지방에서는 전북, 군산, 김제, 목포, 제주 노회였으며, 영남 지방은 경서, 경북 노회였다. 충청 지방은 충남, 충북 노회였으며, 여기에 경기 노회도 일부 참여했다. 그리고 캐나다 연합교회 선교회가 합세하여 외국과 관계를 맺게 되었다. 이 일로 각 지역에 있는 교회마다 보수와 진보로 나뉘면서 교파 분열이라는 적지 않은 시련을 만나게 되었다. 그리고 한국 장로교회는 세 번째 분열에 처하게 되었다. 대한기독교장로회는 한국기독교장로회(The Presbyterian Church in Republic of Korea)로 명칭을 바꾸었다. 그리고 일반적으로 '기장'이라 부르게 되었다. 기장은 세계교회운동에 앞장서서 한국 교회를 세계에 알리는 일에 힘을 기울였다.

당시 한국 교회는 보수적인 신앙에 길들여져 있어서 대한기독교장로회를 이끌고 가는 인사들의 지도력으로는 장로교회 평신도를 인도하기에 역부족했다. 후에 기상 총회 지도급 인사인 전경연 박사가 저술한《신앙고백의 교회》에 대해 전북 노회가 질의서를 냈다.

(……) 기독교장로회가 신조를 고치기 위해 발족한 것같이 말하고, 웨스트민스터 신앙고백을 빌려 읽어서는 안 되니 새 신조를 만들어야 한다는 등의 신조 5개조를 발표했다. 그런데 내용에서 문제가 되는 몇 가지

> 가 있다. 예를 들면 성경관이 달라져 있고, 동정녀 탄생이 빠져 있으며, 신자의 최후 부활과 심판에 대한 내용이 없다. (……) 우리의 발족이 과연 이것이며, 앞으로 갈 방향이 이것인가?[51)]

《신앙고백의 교회》가 신학적인 문제를 다루기에 논쟁은 쉽게 가라앉지 않았고, 지도자들 간에 이견이 표출되면서 많은 문제를 남겼다. 총회가 완전히 분리되자 초기부터 한국 장로교회와 손 잡고 일해 오던 4개 장로교 선교회〔미국 북장로교, 미국 남장로교, 호주 장로교, 캐나다 장로교(후에 캐나다 연합교회)〕 중 본래 자유주의 신학의 기치를 종종 내비치던 캐나다 선교회가 대한기독교장로회와 합류해 자신들의 태도를 분명히 했다. 그리고 1954년 제39회 총회 개회 후 교세를 정비했다. 교회는 568개, 목사는 291명, 교인은 2만 1,917명이었다.[52)]

한편 부산으로 내려갔던 박형룡 박사는 고려신학교 운영진과 자주 마찰이 빚어지자 더 이상 머물지 못하고 상경했다. 그리고 조선신학원과 대치할 수 있는 보수 신학교를 설립하기 위해, 1948년 5월 임시 교사로 서울 남산 공원에 있는 조선 신궁 자리에 장로회신학교를 설립했다. 이 신학교는 박형룡 박사를 따라 부산에서 상경한 일부 고려신학교 학생, 조선신학원에서 나온 51명의 신학생, 평양신학교에 재학하다 월남한 신학생 들이 중심이 되었다. 교장은 박형룡 박사였으며, 교수는 권연호, 김선두, 계일승, 김현정 목사가 주축이 되었다. 이때 신학교는 예과 2년 본과 3년 과정이었다. 그리고 그해 7월에 첫 졸업생을 배출했다. 고려신학교나 조선신학원에서 본과 3년 과정을 이수한 학생들이 졸업한 것이다.

장로회신학교와 조선신학원에서 졸업생이 배출되자, 1949년 4월 제35회 총회에서 조선신학원 출신 총대들의 끈질긴 반대에도 불구하고 장로회신학교는 총회직영

-

1948년 2월 박형룡 박사는 남산 조선 신궁 사무실에서 장로회신학교를 개교했다. 1949년 6월 제2회 졸업생. 앞줄 왼쪽부터 김양선, 도양술, 강신명, 킨슬러 선교사, 박형룡, 유호준, 박창환, 황선이 목사

-

한국 보수신학의 대부 박형룡 박사(오른쪽)와 박윤선 박사(왼쪽)

대한기독교장로회 제44회 총회 임원들

한국전쟁 때 기차에 짐짝처럼 실려 남으로 오고 있는 피난민들

선교부의 특별 배려로 목회자 가족들이 트럭을 타고 피난길에 오르고 있다.

신학교로 인준을 받게 되었다. 그리하여 총회 안에 신학교 두 곳이 존립하게 되었다. 그러자 장로회신학교를 지지하는 세력은 조선신학원의 총회직영신학교 인준을 취소하려 했고, 이로 인해 두 신학교 간의 갈등이 증폭되었다.

이러한 갈등을 해소하기 위해 총회 내에 두 신학교 합동위원회를 설치했다. 그런데 불행하게도 한국전쟁으로 이 일을 추진하지 못하고 만다. 그리고 1951년 5월 임시 수도 부산에서 열린 제36회 총회 속회에서 두 신학교의 인가를 취소하고 총회직영신학교를 신설하기로 결의했다. 이 결의에 따라 1951년 9월 피난지 대구에서 총회신학교를 설립하게 되었다. 초대 교장에 캠벨 선교사, 교수에 박형룡, 한경직, 명신홍, 김치선, 계일승 목사, 킨슬러 선교사 등이었다. 이렇게 출발한 총회신학교는 학사 일정이 시작되고 장로회신학교 재학생과 조선신학교 학생 일부, 고려신학교 학생 일부가 총회신학교에 편입학하면서 수업에 열중했다.

이후 임시 수도가 서울로 환도되자 1954년 4월 총회신학교는 옛날 남산 공원 조선 신궁 터로 이전했다. 당시 학제는 예과 2년제로 고등학교를 졸업한 학생이 지원할 수 있었으며, 각 지방 고등성경학교 졸업생은 예과 입학 자격시험에 합격한 뒤 다시 예과 입학시험을 치러야 했다. 본과는 예과 2년을 수료하면 자동적으로 입학할 수 있다. 일반 4년제 대학 학부 졸업생은 본과 입학 자격시험을 치러야 했다. 또 별과 입학 자격은 지방 성경학교를 졸업하고 전도사 사역을 하거나 장로 시무 경력이 있는 자에게 주어졌으며 학력에 관계없이 시험을 볼 수 있었다. 그러나 부산 장로회신학교 재학생들은 해당 학년에서 수업을 받았다. 이후 1955년 4월 총회신학교는 '대한예수교 장로회 신학교'라는 이름을 정문에 내걸었다.

4 예장통합과 합동의 분열

총회직영신학교 인가 취소

1948년 5월, 서울 남산에서 장로회신학교가 문을 열었다.

> 학생들은 고려신학교에서 올라온 학생들과 조선신학교에서 뛰쳐나온 학생들과 평양신학교에서 휴학하고 월남한 학생들이 모여와 합류하였다. 이렇게 정통 보수의 장로회신학교를 세우기까지 힘써 준 인물은 이정로, 권연호, 이인식, 김선두, 김광수, 계일승, 이운영, 이재형, 전인선, 김현정 등이었는데, 이들 중 두 분은 이미 일제 때 총회장을 역임한 목사들이었다. 신학교는 이처럼 급조된 가운데 학생들이 몰려왔고 교수는 권세열 목사 등 여러분이 수고를 하여 명실공히 신학교로서 갖출 것은 모두 준비된 형편이었다.[53]

이렇게 학생들이 몰리자 장로회신학교는 재정적인 어려움에 처했다. 그리하여 하는 수 없이 선교회에 보조를 요청했다. 문제는 장로회신학교는 선교회와 아무런 관계가 없기에 비공식적인 통로로 교섭해야 했다.

장로회신학교는 당시 미국 북장로교 선교회 총무 일을 맡고 있는 애덤스(E. A. Adams, 안두화) 선교사를 찾았다. 그는 보수적인 신학 노선인 매코믹 신학교 출신이다. 하지만 여건이 여의치 못해 다른 방법을 모색하던 중 다행히 학교를 설립한 지 한 달 만인 1948년 7월 9일 장로회신학교 제1회 졸업생을 배출하게 되었다. 장로회신학교 제1회 졸업생 명단은 다음과 같다.

> 엄두섭 하종관 박창환 손치호 정규오 차남진 박요한 정희찬 조원곤 최석홍 박영창 이노수 김준곤 윤광섭 장세용 백운기 이양배 신복윤 이치복 김동수 박충락 김득수 박치순 손두환 임병길 박영환 전상성[54)]

27명의 졸업생들은 사역지에서 좋은 평가를 받았다. 그리하여 1949년 봄 노회 때 총회직영신학교로 승인해 달라는 헌의안을 충북 노회를 비롯해서 경남 노회, 순천 노회, 경북 노회, 전남 노회, 경동 노회 등에 제출했다. 드디어 1949년 4월 제35회 총회가 서울 새문안교회에서 장로회신학교를 직영신학교로 승인했다. 그런데 1950년 4월 제36회 총회가 대구 제일교회에서 회집이 되었지만 경남 노회 총대 문제로 육탄전이 벌어지는 등 임원 선거조차 열리지 못한 채 비상 정회로 끝나고 말았다.

그리고 비상 정회 선언 두 달 뒤 한국전쟁이 일어났다. 이후 1951년 5월 30일 부산 중앙교회에서 제36회 총회가 속개되었다. 이때 모인 속회 총회에서는 그동안 총회에서 직영신학교로 인준한 한국신학대학과 박형룡 박사가 운영하는 장로회신학교의 인준을 모두 취소했다.

총회신학교 설립

1951년, 두 직영신학교의 인가를 취소하고 새로 대한예수교장로회신학교를 설립했다. 그리고 대한예수교장로회 총회가 직영한다는 의미에서 총회신학교라 불렀다. 이 명칭은 양 신학교 지지자들의 감정을 완화하고 대한예수교장로회 총회에서 운영한다는 의미를 심어 주기 위해서였다. 총회신학교를 설립하기 위해 부산 광복교회당에서 모인 총회신학교 이사회는 이사장에 권연호, 서기에 노진현, 회계에 김광현 목사 등을 선임했다.

제2차 이사회는 1951년 7월 25일 대구에서 열렸는데, 총회 임원 김종대 목사와 서정태 목사는 제외하고 모였다. 신학교 위원회는 교장 선임 문제를 제기했다. 해방이 된 이상 한국인이 교장이 되어야 한다는 주장이 대두되었지만 조선신학교측의 반발을 예상해서 우회적으로 선출하기로 했다. 그리하여 초대 교장으로 미국 북장로교 선교사 캠벨을 만장일치로 결의했다. 교수 인선은 투표로 가결했다. 교수로 린턴 목사, 하퍼(J. Hopper, 조하파) 목사, 킨슬러 목사의 선임이 만장일치로 가결되었다. 기타 한국인 교수는 부가 1표에서 4표까지 있었다. 명단은 박형룡 목사, 계일승 목사, 한경직 목사, 김치선 목사, 명신홍 목사이다.[55)]

총회신학교는 1951년 9월 18일 피난지 대구 서문교회에서 개교했다. 그런데 교수가 아직 정해지지 않은 가운데 학생을 모집하게 되었다. 그리하여 교장과 이사회 임원이 명신홍, 김윤국 목사에게 부탁해 입학시험을 치렀다. 이날 지원한 학생은 대부분 부산 장로회신학교에 재학한 신학생이었다. 한국신학대학 재학생과 고려신학교 재학생 일부도 지원했다.

1951년 9월 총회의 결의로 총회신학교를 개교한 대구 서문교회

평양장로회신학교 교수. 앞줄 오른쪽 첫 번째가 박형룡 박사

서울 남산에 문을 연 총회신학교 강당

그런데 초대 교장 캠벨 선교사는 교장 취임 후 곧 안식년을 맞이했다. 그리하여 교장 서리로 미국 북장로교 선교사 킨슬러 목사가 취임했다. 전임 강사는 김상권, 이자익, 오천명, 현수길, 도로시 킨슬러(킨슬러 교장 서리의 부인), 최의원 등이었으며, 시간 강사는 박병훈, 김봉학, 이홍두, 미라보, 차기벽, 정성표, 한명수, 박상록 등이었다. 한 해를 넘긴 총회신학교는 1952년 5월 6일 제1학기 개학식을 대구 서문교회당에서 거행했다.

당시 신학교 본부는 애덤스 선교사가 살던 주택을 사용했으며, 수업은 대구 서문교회 아래층에서 이뤄졌다. 학생 수가 많아지자 대구 서남교회에서도 수업했다. 그리고 지방에서 온 학생들이 많아지자 기숙사가 부족해 1952년 10월 미국 교회의 재정 지원을 받아 남녀 기숙사를 건축했다. 또한 전쟁 고아원을 개조하여 기숙사로 사용하면서 총 137명(남학생 95명, 여학생 42명)이 기숙사 생활을 했다. 같은 해 1월 16일 문교부에 신학교 설립 인가를 신청했다.

1951년 9월 대구 서문교회를 임시로 사용하는 동안 500여 명의 신학생을 수용할 수 있는 891평 반 규모의 교사가 완공되었다. 공사비로 총 5,000만 원이 소요되었다. 건물이 완공되기까지 미국 남북장로교회의 지원이 컸다. 이처럼 미국 교회가 관심을 갖게 된 것은 한국전쟁으로 북한에서 신학교를 다니던 학생들이 대거 월남하고, 무서운 전쟁 속에서도 하나님의 은혜로 신앙이 자유로운 나라인 남한을 수복했기 때문이다. 그리하여 교역자 양성 기관인 총회신학교에 아낌없이 지원했다. 당시 정황을 〈기독공보〉는 이렇게 전했다.

> 한국 교회 교역자 양성을 위한 유일한 기관인 장로회 총회신학교에 국제적인 기금이 답지하고 있다. 과거 얼마 동안 총회를 이탈한 일부 비법

적인 소치로 분규 중에 있던 운영 면을 정리하고 대구에 총회직영신학교를 재건하고 옛 명목을 회복하고자 적극 노력하던 차에 다시 국제적인 박차를 더하여 차차 본 궤도에 오르고 있다. 과거 반세기 동안 한국 교회 교역자를 길러 내던 장로회 총회신학교 시설은 철의 장막 저편에 들어가게 되고, 그 후 신학교 교육은 교사도 시설도 없이 길거리에서 방황하며 착란하였으나, 피란 중에도 총회는 영단을 내려 착란한 신학교 문제를 정리하고 직영신학교를 대구에 개교하게 되었다. 그러나 학교 시설은 없고 학생은 모두 전재(戰災) 학생이니 그 환경은 말로 표현할 수가 없다. 이 소식을 들은 미국 프린스턴 신학교 학생들이 장로회 총회 신학교를 위하여 3,000불을 헌금하여 그것으로 권위 있는 신학 서적을 사서 보내왔는데, 이 소식을 들은 미국 남장로교회의 유니온 신학교에서도 학생들이 헌금하고 또 북장로교 더뷰크 신학교에서도 학생들이 헌금해서 각각 현금으로 보내 왔다는데, 그것으로 150명을 수용할 수 있는 기숙사를 벌써 구입했다고 한다. (……)[56]

1953년 4월 제38회 총회에서는 당시 교장 서리로 봉직한 킨슬러 선교사 대신 교장은 한국인으로 한다고 결의했고 이 내용을 이사회에 전했다. 그리고 박형룡 박사를 교장으로 선임했다. 지금까지 선교사가 맡아 왔던 학교장에 한국인이 교장으로 취임한 것은 한국 교회로서는 역사적인 일이다. 최초의 한국인 교장 취임식을 〈기독공보〉는 다음과 같이 소개했다.

한국 교회 사상 유례가 없던 대식전이 지난 9월 2일 대구 서문교회 예배당에서 개최되었다. 장로회 총회신학교 교장을 한국인으로 한다는 총회의 결의에 따라 이사회에서 한국인 초대 교장으로 추대된 박형룡 박사와 김치선 박사와 계일승 박사를 취임케 하는 등 예식은 한국 교회의 신학 수립의 기초를 세운 것과 같은 엄숙한 식이었다. (……) 취임식 예정 일자인 2일 오전 10시 30분에 신학교 이사장 선임을 선두로 개막되었다. 이사장의 개회식 선언과 〈하나님은 신이시니 신령과 진정으로 예배하라〉는 성광교회의 성가대에 맞추어 시작되었고, 찬송가 18장 〈예수의 이름 권세여〉를 합창하였다.[57)]

박형룡 박사는 교장 취임사에서 '한국 교회 신학 수립의 기초 확립'이라는 취임 메시지를 전하면서, 한국 신학을 역사적으로 고찰하며, 한국적 신학 교육의 족적을 살피고, 총회신학교의 교육 목표는 한국 교회 신학 사상을 확립하는 것이며, 신학교 경영은 외원의존불가(外援依存不可)이며, 전국 교회는 의무를 다하라고 촉구했다. 박형룡 박사의 교장 취임에 대해 총회록은 다음과 같이 기록하고 있다.

1. 본 신학교 별과 입학 지원자에 대하여 장로 경험 5년 이상 된 자로서 특별한 자격과 노회 특별 추천자에게는 전도사 3년 경험자와 동급 취급할 수 있음을 결의하였다.
2. 제38회 총회 시 한인 교장을 세우기로 결의함에 따라 본 이사회는 캠벨 선교사의 교장 사면을 받고, 박형룡 박사를 교장으로 선임하는 데 1953년 8월 6일 부산 총회 사무실에서 전원 일치로 결의하였다.
3. 신임 교장 박형룡 박사의 교장 취임식과 김치선, 계일승 박사 두 교수

의 취임식은 1953년 9월 2일 오전 10시 30분에 대구 서문교회당에서 거행하였다.

4. 교장 보좌를 위하여 재정 위원 3인과 교육 위원 3인을 두었다.
5. 본교 교수는 타 직무와 겸직할 수 없음을 결의하였다.
6. 1951년 9월 18일부터 대구시에 임시로 개교한 본교는 1953년 10월 21일에 본과는 서울 남산공원 박물관으로 이전했고, 예과는 1954년 4월 7일에 완전 이전하였다.
7. 본교 별과 입학 규칙은 연령 30세 이상, 전도사 경험 3년 이상자로 하였다.
8. 순교자 유가족과 상이군인 출신의 학생에게는 학비를 반감해 주기로 하였다.
9. 129만 환으로 교수 주택 2동을 구입하였다. (……)[58)]

3년간 계속된 한국전쟁은 1953년 7월 27일 북한군과 유엔군 간에 휴전협정이 이뤄지자 중단되었다. 그해 8월 실행위원회는 총회신학교를 서울로 이전하기로 했다. 이미 수업이 시작될 학기가 가까웠기에 9월 한 달 동안 서울로 이전하기 위한 준비를 해야 했다. 그리고 10월부터 서울에서 수업을 시작하기로 했다.

우선 임시 교사로 서울 남산공원 안에 있는 기독교박물관 건너편의 납골당을 사용하기로 했다. 1953년 10월 21일부터 본과와 별과가 서울로 이전했으며, 1954년 4월 7일에는 예과가 합류함으로 서울로 모두 이전했다. 그리고 용산구 도원동에 있는 일본인 유곽에 도원동 기숙사를 마련했다. 이후 교실이 턱없이 부족해지자 남산공원 빈터에 천막을 치고 수업해야 했다. 그리하여 당시 임시 교사로 쓰던 조선 신궁 자리를 총회신학교 신축 부지로 삼아 한국 교회를 세계적인 교회로 만들고 세계적인 목회자를 배출하려는 계획을 세웠다. 그러나 뜻하지 않은 사건을 만나고 말았다.

3,000만 환 사건

박형룡 박사는 총회신학교를 한국 교회 보수신학의 요람지로 만들기 위해 학교 신축에 의욕적으로 임했다. 때마침 평양 숭의여자 중·고등학교가 서울에 재건되고 남산공원 국유지(경성 신사당 포함) 일부를 불하받아 크게 확장했다는 소식을 접했다. 박형룡 박사는 이 학교 부지 확보에 공이 큰 브로커를 만나 남산공원 국유지를 캠퍼스 부지로 불하받도록 도와 달라며 3,000만 환을 건넸다. 브로커는 남산공원을 불하받아 신학교를 건축할 수 있도록 해주겠다고 장담했다. 하지만 이 일은 결국 사기극으로 끝나고 말았다. 이 사기극에 말려든 박형룡 박사는 설자리를 잃었다. 그러나 그를 지지한 일부 세력은 학자여서 실리에 어두웠을 뿐이라며 그의 잘못을 용서해 주어야 한다고 주장했다. 이러한 주장이 힘을 얻으면서 한 푼도 변상받지 않고 1958년 3월 이사회에서 그의 사임을 수리했다. 그리고 노진현 목사를 교장 서리로 임명했다. 그러나 3,000만 환 사건은 결국 총회로 옮겨졌다. 총회는 이 사건을 다시 거론해야 했기 때문에 각 지방 노회마다 자파 총대 확보에 안간힘을 기울였다.

5 통합측 총회와 예장측 총회

에큐메니컬을 지지하는 통합측 총회

1) 연동측 총회

1959년 5월 경기 노회는 노회장 이환수 목사의 사회로 총대를 선출했다. 박형룡 박사를 지지하는 주요 세력은 NAE 회원들이었다. 그런데 이들은 부정한 방법으로 반대측인 에큐메니컬측보다 더 많은 총대가 선출되게 했다. 개표 결과 박형룡 박사의 지지 세력인 황금찬 목사가 총대로 선출되었다. 그러나 투표에 부정이 개입된 사실을 알게 된 경기 노회는 노회장 이환수 목사와 서기 서재신 목사에게 책임을 물어 사임하게 하고 재투표를 실시했다. 1959년 6월 29일 부회장 강신명 목사가 임시노회를 소집하고 정기 노회에서 선출한 총대를 무효로 선언했다. 다시 총대를 선출했는데 박형룡 박사 지지 세력은 목사 1명, 장로 1명만 선출되었고, 에큐메니컬 세력이 절대 다수로 선출되었다.

그런데 경기 노회 총대 명단에 경기 노회장 이환수 목사측과 부노회장 강신명 목사측 명단이 각기 총회 서기부에 등록되었다. 세력이 약해진 NAE측 이환수 목사는 자신이 노회장이라며 총회 서기부에 총대를 등록했다. 에큐메니컬 강신명 목사측도 총회 서기부에 총대 명단을 제출했다.

1959년 9월 제44회 총회가 대전 중앙교회에서 총회장 노진현 목사의 사회로 개회되었다. 그러나 개회되자마자 총대 문제로 혼란에 빠졌고 파행으로 치달았다. 총회 서기부는 경기 노회 총대의 두 명단을 놓고 총회에서 해결해 줄 것을 요청했다. 총회는 양측 입장을 다 청취한 뒤 투표했다. 투표 결과 정기 노회 지지표 119표, 임시 노회 지지 124표, 기권 5표로 임시 노회에서 선출된 총대가 인정되었다.

다음 날 총회가 속개되자 경기 노회장 이환수 목사가 전날 일단락된 노회 총대 문제를 다시 제기했다. 여기에 NAE측 박희몽, 김자경 장로 등이 차례로 나와 총대들을 향하여 '독사의 자식들'이라고 하는가 하면 "에큐메니컬은 용공이며 신신학이며 단일 교회 운동이다!"라고 외치며 회의를 방해했다. 총회장 노진현 목사는 그들이 자신을 지지하는 회원들이기에 아무런 제재도 하지 않고 방치했다.

결국 경기 노회 정기 노회에서 선출한 총대측을 정식 총대원으로 받는다는 총회장의 선언이 있은 후 다시 회의가 진행되었다. 바로 이때 군산 노회 총대 안광국 목사가 앞으로 나가 불법 총회를 계속하는 총회장과 임원들을 더 이상 지켜 볼 수 없다며 임원 불신임안을 발표했다.

1. 뜻있는 75주년 총회 장소를 불법적으로 결정한 것
2. 총대 명부를 1개월 전에 발표하지 않은 것
3. 경기 노회 총대를 불법적으로 취급한 것
4. 상회비를 납입하지 못한 노회 총대권을 불인정하겠다는 것

5. 회의법을 무시하고 회의를 혼란케 한 것[59]

이 일로 총회는 초긴장 상태로 접어들었으며, 양측 증경 총회장과 각 선교부 대표 들이 모여 타협안을 찾았다. 하지만 결국 해결책을 찾지 못한 채 총회장 노진현 목사는 정회를 선언했다.

> 이때 중앙교회 교인들이 회의장에 들어와서 회원들이 앉아 있는 의자를 뒤엎고, 또 사찰은 고무신짝으로 회원 아무나 난타하여 회의장은 수라장이 되고 말았다. 그래도 150명의 총대 회원이 그 자리를 고수하고 회의를 계속하려고 하자 NAE측 인사요 중앙교회 목사이며 총회 부회장인 양화석 목사가 나타나서 더 이상 이 장소를 빌려 줄 수 없으니 나가라면서 총대원들을 축출하였다.[60]

총회를 더 이상 진행할 수 없었던 총회장 노진현 목사는 증경 총회장들과 상의하여 더 이상 총회를 계속할 수 없다고 판단하고 증경 총회장 일동으로 건의안을 제출했다.

> 1. 현 총회의 정세하에서는 회무를 원만히 진행하기 곤란하므로 금년 11월 24일 화요일 오후 7시까지 정회하고, 그전으로 경기 노회 총대는 개선하여 오도록 할 것(단 총회 장소는 계속 서울 새문안교회당으로 할 것)
> 2. 특별위원회를 원 · 부 총회장과 증경 총회장과 각 노회장으로 구성하

고 총회 당면한 문제를 수습하도록 하여 주실 것

증경 총회장 일동[61]

이때 에큐메니컬 지지 세력 총대들은 그 길로 상경하여 9월 29일 오전에 서울 연동교회에서 직전 총회장인 전필순 목사의 사회로 속회를 열었다. 여기 참석한 총대는 목사 71명, 장로 74명 선교사 10명으로 모두 155명이었다. 이날 개회한 자리에서 총회장에 이창규 목사, 부회장에 김석진 목사, 서기 김광현 목사 등 임원을 선출했다. 에큐메니컬을 지지한 총대들이 연동교회에서 모여 임원을 정하고 조직했다 해서 이들을 연동측 총회라 불렀다.

연동측 총회가 진행되면서 NAE를 연구하기 위해 위원으로 전필순, 김석찬, 한경직, 강신명, 유호준 목사를 위촉했으며, 교회 평화를 위해 특별위원회 위원으로 이기혁, 유재한, 전필순, 김석찬, 한경직, 강신명, 유호준 목사를 위촉하여 연구하게 했다. 연구위원회 보고 내용은 다음과 같다.

1. 과거 수년간 교계의 혼란은 NAE에 관계된 이들의 파당적 행동에 기인한 까닭이므로 이제부터 본 총회 소속 교역자들은 해당 단체에서 탈퇴하고 본 장로회의 신조와 전통을 고수해야 한다.
2. 본 총회로서는 일부에서 잘못 선전하는 바와 같이 WCC는 용공 단체도, 신신학 운동도, 독자적인 교회 기구를 지향하는 바도 아니나, 현 우리 교계 실정에 따라 교회 평화와 통일을 이루게 된다면 WCC에 총대 파견을 정지할 용의가 있다.[62]

제40회 총회 장소. 서울 영락교회(1955. 4. 22.)

1959년 9월 제44회 총회가 개회된 대전중앙교회

대전중앙교회에서 개회된 제44회 총회 환영 현수막(1959. 9. 24-28.)

난장판이 된 대전중앙교회. 총회장 노진현 목사가 비상 정회를 선포하고 부회장 양화석 목사(대전중앙교회)는 교회당을 더는 사용하지 못한다며 총대들에게 나가 줄 것을 요청했다. 대기하던 대전중앙교회 교인들은 우격다짐으로 총대들을 밖으로 내몰았다.

2) 통합측 총회의 출범

연동측 총회는 1960년 2월 17일 서울 새문안교회에서 제44회 총회를 개최했다. 새문안교회에서 열린 총회에는 에큐메니컬을 지지하는 총대원은 누구나 참여할 수 있었다. NAE측을 지지한 세력은 1959년 11월 24일 서울 승동교회에서 제44회 총회를 속회했었다. 이때 부총회장으로 선임된 순천 제일교회 나덕환 목사를 비롯하여 적지 않은 서울 승동측 인사가 1960년에 연동측 총회에 참여했다. 또한 미국 북장로회, 미국 남장로회, 호주 장로회 소속 선교사들도 참여하여 이때부터 '통합 총회'라는 명칭을 사용했다. 그리고 통합 총회가 법통 총회임을 선언하고 선언문을 채택했다.

> 대한예수교장로회 제44회 총회가 1959년 9월 24일 대전에서 회집되었다가 분열된 후 교회는 일시적으로 혼란기에 있었으나, 이번 남장로교 선교회 통합 안에 따라 노회 총수 34노회 중 32노회, 총대 233명(참관인 13명)과 미국 연합장로교, 미국 남장로교, 호주 장로교의 세 선교회 대표 18명, 총합 264명이 회집하여 제44회 총회가 완전 성립되었으므로 본 총회는 이에 대하여 다음과 같이 선언한다.
>
> 1. 대한예수교장로회는 제44회(통합) 총회만이 75년의 전통을 이어받은 법통 총회이다.
> 2. 본 총회는 대한예수교장로회의 명의를 참칭하는 어떠한 불법 집단의 법적 행사나 치리를 인정하지 않는다.
> 3. 현재도 분파 중에 있는 노회 및 교회는 조속히 본 총회에 귀의할 것을 권한다.
> 4. 국제기독교교회협의회(International Council of Christian Churches,

예장 통합측이 제44회 총회로 모인 새문안교회

서울 광장동에 있는 장로회신학대학교

1959년 11월 24일 서울 승동교회에서 예장 합동 총회가 속회되었으며, 총회장 양화석 목사의 사회로 회의가 진행되었다. 왼쪽부터 서기 박찬목 목사, 부서기 김삼대 목사, 회록서기 정규오 목사, 부회록 서기 송희용 목사

> 이하 ICCC)는 본 대한예수교장로회와는 결코 관계를 맺을 수 없으며, 이와 더불어 관계 있는 자는 엄중 처단할 것을 선언한다.[63]

새문안교회에서 모인 통합 총회는 1960년 9월 제45회 총회에 승동측 총회도 모일 것이라 예상하며 다시 화합할 수 있는 기회가 올 것을 믿고 열심히 기도했다. 하루를 연장한 총회는 특별위원회를 선정했다. 위원으로는 유재한 목사를 비롯하여 김세진, 김석찬, 박종열, 김진호, 김선량, 김천규 7명을 선임했다. 이들은 즉시 모임을 갖고 승동측과 협의했지만 끝내 합의점을 찾지 못했다.

여기에 교단 분열로 총회신학교도 통합측, 합동측으로 나뉘면서 통합측은 1959년 11월17일 미국 선교회의 지원을 받아 임시로 서울 대광고등학교에서 얼마 동안 수업이 진행되었다. 1960년 4월 광장동에 새 건물을 신축하고 1961년 2월 정부로부터 장로회신학대학교로 인가를 받고 예장통합측 목회자를 양성하고 있다.

한편 NAE측에 속한 총대들은 그해 11월 24일 서울 승동교회에서 제44회 총회를 속회하고 총회장에 양화석 목사, 부회장에 나덕환 목사를 선출했다. 이렇게 해서 에큐메니컬측을 통합측이라 부르게 되었으며, NAE측을 합동측이라 부르며 오늘에 이르게 되었다. 이후 통합측에서는 합동 조건으로 WCC를 탈퇴했지만, 일이 성사되지 않자 다시 가입하고 에큐메니컬 운동에 힘을 기울이고 있다.

합동측 총회

1) 보수를 고수하는 합동측 총회

합동측은 1959년 12월 31일 남산 교사를 내준 보상비로 2,200만 환(800만 원)을 정부로부터 받고 1960년 3월 28일 남산동 소재 야간 신학교인 대한신학교(교장 김치선)를 주간에만 사용한다는 조건으로 이전했다. 대한신학교에서 한 학기를 공부하고 후학기인 1960년 8월 22일부터는 ICCC의 매킨타이어(C. McIntire)에게서 10만 달러를 받아 용산구 한강로 2가 4층 건물을 교사로 사용했다. 매킨타이어는 1948년에 근본주의 연대 ICCC를 결성했는데, 한국의 보수적 기독교인들은 어느 정도 그 영향을 받고 있었다.[64)]

> 용산에서 5년 동안 머물면서 400명의 졸업생을 배출하였다. 소명 의식과 복음의 순수성을 지키려는 의지가 없었다면 견디기 힘들었을 것이다. 다행히 남아 있는 학생들은 복음과 소명감에 불타 남한 전역에 흩어져 나가 곳곳에 교회를 개척하는 큰 역사를 이루어 냈다. 정말 놀라운 것은 이 시련기에 졸업한 사역자들이 거의가 교단성이 강하고 투철한 개혁 신앙으로 무장되어 있다는 점이다. 게다가 유능한 종들이 이때 많이 배출되었다는 것은 하나님의 큰 축복이었다.[65)]

이렇게 자리를 잡은 총회신학교는 3,000만 환 사건으로 물러난 박형룡 박사가 교장직을 수행할 수 있도록 1960년 9월 제45회 총회에서 직권을 회복시켰다. 그리고 그해 11월 16일 취임 감사예배를 드렸다. 총회신학교 교수 중 일부는 광나루 통합측인 장로회신학대학교로 나갔으며, 용산측은 박윤선 목사, 명신홍 박사와 함께 일할 수 있음을 큰 힘으로 여기고 선교회의 도움 없이 전국 교회의 지원 아래 신학교 재건에 혼신의 힘을 기울였다. 교수진은 이상근 목사, 최의원 목사, 차남진 목사, 김의환 목사, 한철하 목사 등이 합류하면서 대폭 보강되었다.[66)]

2) 승동측 총회

1960년 통합 총회 조직 소식을 접한 노진현 총회장은 9월 29일 전국 교회 앞으로 성명서를 발표했다. 1959년 9월 29일 서울 연동교회에서 모여 불법으로 조직된 집단이나 분파적인 어떠한 언동에도 현혹되지 말고 교회 설립 75주년의 전통과 순수한 복음 진리를 파수해 달라는 내용이었다. 그리고 9월 30일 대한예수교장로회 총회 임원 일동은 '대한예수교장로회 제44회 총회 정회 후 신도께 보내는 메시지'를 전국 교회에 발송했다.

> 총회의 원만한 진행과 교회의 평화를 위하여 이상과 같이 정회한 후 소란한 틈을 이용하여 목사 안광국 씨가 강단에 올라가서 산회 도중의 회원을 향하여 이른바 임원 불신임안을 낭독하여 소란을 일으켰고, 이러한 불법을 기초하여 다음 날부터 서울 연동교회에서 집회까지 진행되었다고 합니다. '임원 불신임'은 우리 총회 헌법이나 규칙에는 없는 일입니다. 이는 분명히 세상 법인데 세상 법으로서도 일단 정회 후에는 도저히 일어날 수 없는 것입니다. 뿐만 아니라 정부 총회장을 포함하는 중대한 불신임안은 절차에 따라 정중한 비밀투표를 해야 하는 것이지 정회 후 일개 회원의 고함이나 구두 가결로 되어선 안 된다는 것은 삼척동자라도 알 수 있습니다. (……) 지나간 6·25동란 중 우리는 친척을 잃고 재물을 잃었습니다. 우리에게 명예와 생명을 빼앗은 복음 진리는 변할 수 없습니다. 형극의 가시밭길을 걷는 우리 총회를 위하여 기도하여 주시기 바랍니다. 노진현 총회장의 명의로 총회 통지가 갈 때까지 기다려 주시고 여하한 유설(流說)에도 현혹되지 마시고 다만 주께 상달되는 기

도의 제단을 계속 쌓아 주십시오.[67)]

노진현 총회장은 연동측 총회를 향하여 '단말마적 몸부림'이라는 거친 용어를 동원하면서 불법이라고 규탄했다. 그리고 교회의 일치를 기다리던 총회는 증경 총대와 임원 들이 참석한 가운데 11월 24일 서울 승동교회에서 제44회 총회를 속회했다. 전국 27개 노회 목사 총대 105명, 장로 총대 104명 합계 209명의 총대가 참석한 가운데 노진현 총회장의 인도로 임원을 선출했다. 총회장에 양화석 목사, 부총회장에 나덕환 목사, 서기에 박찬목 목사, 회록 서기에 정규오 목사가 선임되었다.

신구 임원이 교체된 후 총회장 양화석 목사가 등단하여 회의를 진행했다. 이때 WCC 영구 탈퇴, NAE와의 관계 청산을 골자로 하는 안건이 결의되었다. 이와 함께 광나루에 있는 장로회신대학교로 간 계일승, 김윤국, 박창환 교수를 해임하고 박형룡, 김치선, 김홍전 박사 등을 총신대학교 교수로 임명했다. 여기에 미국 북장로교, 미국 남장로교, 호주 장로교 선교사들로 하여금 중립을 촉구하는 경고문도 채택하여 발송했다. 그러나 WCC, NAE, ICCC 지지자들은 각기 다른 노선이었다. 이러한 국제적인 노선에 대한 이견이 한국 교회를 갈라놓아 극심한 대립을 초래했다.

3) 고려파와 승동측의 결합, 그리고 고려파의 환원

합동측은 보수 신학을 고수했다. 그리고 WCC와의 관계 때문에 진보 신학과 관계를 끊고 같은 신앙 노선인 고려파와 합동하는 것이 시급했다. 박형룡 박사는 보수 신학끼리 하나가 되어야 한다고 주장했다. 그리하여 함께 힘을 모으면 한국 교회에 큰 희망이 될 수 있으리라 믿고 보수 세력을 강화하고자 했다. 박형룡 박사는 한때 고려신학교에서 박윤선 목사와 함께 교수로 활동했기에 보수 신학과 좋은 관계를 유지해 왔다.

> 1959년 고려신학교에 오랫동안 몸담고 있던 박윤선 목사가 떠나자 고려신학교도 난감한 상태였다. 박윤선 목사가 없는 고려신학교는 그 존재 의의를 상실한 것이나 다를 바 없었다.[68)]

그동안의 신학 갈등으로 세가 약해진 고려파는 박윤선 목사를 잃자 승동측과 합동을 도모하고자 했다.

> 고려신학교측은 1960년 9월 20일부터 23일까지 부산 남교회당에서 회집된 제10회 총회에서 본 교단과의 합동을 추진하기로 정식 결정하고 황철도 목사 등 9명의 추진위원이 선임되었다. 1960년 제45회 총회에서 승동측과 '신앙 노선이 동일한 고려파 교회와 합동하자'는 제안을 받아들여 고려신학측과의 합동을 만장일치로 가결하고 노진현, 정일영, 양성봉, 배태준, 심천, 양화석, 이환수, 김윤찬, 고성모, 정규오 등 합동추진위원 10명을 선정하였다.[69)]

이상과 같은 결의에 따라 1960년 10월 25일 합동측과 고려측의 양측 합동위원회가 대전 중앙교회에서 열렸다. 이 모임은 양측 합동위원회로서는 큰 의미가 있다. 월간지 《파수꾼》에서는 이 일을 다음과 같이 전했다.

> 한상동, 노진현, 고성모 목사와 양성봉 장로로부터 과거를 일소하고 백

예장 분열 후 합동측 지지자들이 서울 승동교회에 모여 속회를 하고 있다(1959. 11. 24.).

합동측과 통합측의 분열로 예배 도중 형사가 들어와 예배를 중단시키고 있다(승동교회).

WCC 가입 문제로 1959년 분열했던 장로교회가 하나 되기 위한 운동의 일환으로 실시한 부활절 연합예배(1961. 4. 2.)

지로 환원하여 합동하자는 감격스러운 인사가 있었다.[70)]

이날 모임은 참으로 감격스러운 자리였다. 서로 보수라고 갈라섰던 형제가 이제는 그리스도 안에서 하나가 되어야 한다는 주님의 명령에 따라 하나로 모였다. 이 자리에서 합동 원칙을 세웠다. 특별히 고려신학교측에서 제기한 헌법 수정, 교리, 정치 생활 면, 신학교 일원화, 사업(선교, 병원, 학교, 기타), 외국 선교사에 관한 안건 등을 발표했다. 합의된 안건은 양측 총회에서 절대적인 지지를 얻었다.

그리고 1960년 12월 13일 서울 승동교회에서 합동측과 고려파가 함께 모였다. 고려파 총대 131명, 승동측(합동측) 총대 233명 총 364명이 참석한 가운데 역사적인 합동 총회가 개회되었다. 이날 사회는 고려파 총회장 송상석 목사가 맡았으며, 설교는 박형룡 목사가 했다. 1부 예배가 끝나자 2부 회무 진행은 합동측 총회장 고성모 목사가 진행했다. 그리고 그간의 진행을 합동위원회 서기 정규오 목사가 보고했으며, 이어서 고려파 전성도 목사가 '취지 및 선언문'을 낭독했다.

> 승동측과 고려파는 합동 후 〈새찬송〉를 출간하였다. 목사 101명, 장로 92명, 선교사 2명, 총 195명의 총대가 참석한 가운데 제46회 총회가 1961년 9월 21일 부산 남교회에서 개최되어 한상동 목사가 총회장에 선임되었다. 총회는 잡지 《파수꾼》을 신학교 기관지로 채택, 널리 보급하였다.[71)]

그런데 결국 양측이 가장 관심을 두고 있는 문제는 신학교 운영이었다. 합동위원회에서 '신학교는 총회 직영으로 일원화'하자는 의견이 나오자, 고려파 한상동 목사는 1962년 고려신학교의 복교를 지지해 결국 합동의 의미를 상실하게 되었다. 1963년 2월 25일, 고려파는 부산 고려신학교 복교를 강력하게 지지하는 홍반석, 이근삼, 오병세 목사 등이 중심이 되어 고려신학교의 환원을 선언하는 성명서를 발표했다.[72]

그리하여 고려파 환원 총회가 열렸다. 1963년 9월 17일부터 20일까지 부산남교회에서 7개 노회, 445개 교회(목사 116명)의 총대 목사 36명, 장로 36명, 합계 72명이 참석하여 대한예수교장로회(고신) 제13회 환원 총회를 조직했다. 이때 7개항의 성명서를 발표했다.

1. 우리는 합동 전 총회로 돌아간다.
2. 우리는 칼빈주의 신학을 고수한다.
3. 우리는 웨스트민스터 신앙고백을 계승한다.
4. 우리는 합동 전 고신측 헌법과 규칙을 채용한다.
5. 우리는 칼빈주의 생활 원리에 입각한 경건 생활에 힘쓴다.
6. 우리는 복음 전도 사업에 힘쓴다.
7. 전국적인 신앙 동지를 규합하여 총회를 구성하고 합동 전 총회를 계승한다.[73]

고려파는 합동측 총회와 합동한 후 34개월 만에 다시 환원했다. 한상동 목사와 송상석 목사의 영향력이 강한 경남 노회는 175개 교회 중 163개 교회가 고려파로 환원했다.

4) 총신대학교 이전

합동측 신학교인 총회신학교는 외부의 원조 없이 교단의 전폭적인 협력으로 차음 자리를 잡아 갔다. 1965년 8월 30일 백남조 장로(초대 재단법인 이사장)의 헌납으로 현재의 있는 총신대학교 부지(사당동, 18,000평)에 연건평 884평의 교사를 신축하고 이전했다. 이러한 역사적인 일의 이면에는 명신홍 박사의 공로가 컸다. 백남조 장로가 대지를 기증했지만 그냥 앉아만 있을 수 없어서 도미하여, 1964년 9월 C.R.C.(Council of Religious Churches)의 에큐메니시티 위원회(Committee on Ecumenicity)로부터 3만 달러를 보조받기로 했으며, 미국 방문 기간 중 4만 달러의 헌금을 확보했다. 여기에 '사랑의 동산' 모금 운동에 20만 명이 참가했다.

그리고 1969년 12월 문교부로부터 총회신학교가 총신대학교로 인가를 받으면서 합동측은 더욱 든든하게 서갈 수 있었다. 이후 총신대학교는 합동측 직영신학교로서 그 본분에 성실하게 임했다. 1983년 5월 용인시 양지리 내 천 평 대지 위에 지하 1층 지상 3층으로 연건평 1,500여 평의 건물을 신축하고 총신대학교 신대원을 이전하며 목회자를 양성하고 있다. 그러나 교권에 휘말리면서 합동측은 다시 주류와 비주류로 나뉘었다.

6 합동측의 계속되는 분열

합동측 주류

합동측의 분열은 대전 중앙교회 이영수 목사가 교단 권력을 장악하면서 서서히 대두되었다. 이 일로 이영수 목사를 지지하는 세력과 반대하는 세력으로 나뉘면서 주류와 비주류의 세력 다툼이 이어졌다. 결국 1970년대 후반에 이르러 주류파에 밀린 비주류파는 총신대학교 학장 김희보 박사가 성서문서설을 주장하는 신신학자라면서, 박형룡 박사가 주장하는 정통 신학으로 돌아가야 한다고 주장했다. 이들은 박형룡 박사의 아들 박아론 박사를 교장으로 선임하고 서울 방배동에 총회신학교를 설립했다. 이로써 교단은 둘로 분열되고 총회신학교도 양분되고 말았다.

한 교단에 하나의 신학교가 있어야 하는데 양분되자 이사회와 교수회도 갈등을 일으켰다. 이러한 갈등은 1980년대로 이어졌으며, 그 가운데 신학생들은 교권주의자 이영수 목사와 학장 김희보 박사의 퇴진을 요구했다. 이사회는 주동 신학생을 제적시킬 것을 교수회에 지시했다. 그러나 교수들이 이에 반발해 일괄 사퇴했다.

당시 예장 총회는 대전에서 분열될 때와 마찬가지로 황해도 세력과 전라남도의 대표적 인물 정규오 목사를 중심한 세력이 10여 년간 주도해 왔다. 신학대학 부실 운영으로 학장이 바뀌고 이사진이 대폭 개편되면서 교단의 주도권이 평안도 세력(김윤찬 목사)과 영남 세력(이영수 목사)으로 넘어가면서 이 두 세력이 총회와 총신대학을 운영해 왔다. 이 무렵 문교부의 사립학교법 개정에 따라 신학교의 명칭이 대한예수교장로회 총회신학대학에서 총신대학교로 변경되었다. 그러면서 이사진 15명이 주류측에 등록했다. 이로 인해 이사회는 주류측 일색이 되었다. 그런데 총회가 직영하는 신학교이기에 총회의 사전 승인이 반드시 필요한 이사회를 주류측의 뜻에 맞는 인사로 선출함으로써 비주류측이 반발하게 되었다. 그리고 비주류측은 총회신학교 복교운동을 전개했다.

복교운동은 정규오, 박찬목, 백동섭, 박병진, 최선재 목사 등이 주축이 되었다. 이들은 1979년 초 서울 방배동 영광교회에서 총회신학교를 개교했다. 3월 개강식에는 예상과 달리 700여 명의 신학생들이 몰려와 비주류측에 힘을 실어 주었다. 이로써 주류와 비주류가 대립하게 되자 매년 총회 임원 선거를 앞두고 갈등의 골이 더욱 깊어졌다. 교권을 장악한 주류측은 노회를 분립시켜 세력을 약화시켰다. 대표적인 노회가 전북 노회, 충남 노회, 서울 노회, 한남 노회 등으로, 이 노회를 양분 또는 세 등분으로 분립했다. 이 노회들은 비주류 세력이 강했는데, 총회 전권위원회가 노회의 결의 없이 분립을 결정하는 등 전횡한 탓에 문제가 증폭되었다.

당시 전남 노회는 호남 지방의 대노회로서 비주류측의 본산이었다. 전남 노회에는 교육기관으로 광주신학교와 광주 숭일중·고등학교가 있었다. 더욱이 산하에 150개가 넘는 교회가 있어, 총회 내에서 가장 규모가 큰 노회였다. 그런데 총회 전권위원회가 이러한 불법적인 횡포로 호남권을 자극하자 교회는 분열의 길로 치닫게 되었다.

용인에 있는 총신대 신학대학원 강당

제주 선교 100주년을 기념해 제93회 총회를 개최하고 있는 예장(합동)측(2008. 9. 22.)

주류측의 이러한 교권 행포는 결국 이에 맞서는 비주류측의 총회신학교 복교라는 또 하나의 사건으로 전개되었고, 이것은 교단 분열의 원인이 되었다.[74]

합동측 비주류

주류측의 교권 횡포로 비주류측은 설자리를 잃고 말았다. 1979년 9월 20일 제64회 총회가 대구 동부교회당에서 회집되었다. 그런데 이날 총회 현장에는 주류측의 음모가 나돌았다. 하지만 비주류측은 주류측의 음모를 전혀 눈치 채지 못했다. 주류측은 비밀리에 지역 간의 위화감을 부추기는 유인물을 뿌렸다. 총회 개회 시간은 오후 6시 30분이었다. 그런데 주류측은 4시에 모두 입장했다. 이때 교회 정문에는 200여 명의 정사복 경찰관과 신학생 들이 정문을 에워싼 채 삼엄하게 경비하고 있었다. 회의장 밖에는 회의장으로 입장하려는 700여 명의 총대와 방청객 들이 문을 열어 달라고 아우성쳤다.

> 소란한 바깥 풍경과 상관없이 회의장 안에는 쾌재를 부르면서 임원 선거를 진행하고 있었다. 잠시 후 상처받은 영광의 총회장과 부총회장이 발표되었으니, 그 이름은 한석지 목사와 이영수 목사였다.[75]

이 발표를 들은 비주류측 총대들은 대구 범어동에 있는 작은 은일교회에서 700여 명이 입장해 총회를 개회했다. 증경 총회장 정규오 목사의 사회로 개회되었다. 임원 선출은 7명의 공천위원으로 하여금 선출하도록 하고, 본회의에 이를 보고하자 뜨거운 박수가 나왔다. 총회장에 김일남 목사(목포 노회), 부총회장에 백동섭 목사(한남노회)가 선임되었다. 중요한 안건은 전국 교회와 노회를 정립하기 위하여 지역별로 대책위원 50여 명을 위촉하고, 안건은 모두 임원회에 일임하기로 했다. 다음 속회일은 11월 6일 서울 청암교회(이환수 목사)에서 개최하기로 하고 정회했다.

이처럼 합동측 총회가 주류와 비주류로 갈라서면서 교단은 더욱 분열되었다.

합동신학교 설립과 비주류의 재분열

1979년 10·26사태로 박정희 유신 정권이 무너지고 열망하던 민주화의 바람이 전국을 휩쓸었다. 이러한 때를 맞이한 총신대학교 신학생들도 민주화의 힘을 얻어 총신대학교의 실권자 이영수 목사와 김희보 학장 퇴임을 요구하고 나섰다. 총신대학교의 재정 비리를 고발하는 고발장을 신학생 146명이 서명하여 당국에 제출했다. 당국은 조사 결과 비리는 없다고 발표했다. 이사회에서는 고발장에 참여한 신학생을 모두 제적시킬 것을 교수회에 강력히 지시했다. 하지만 교수회는 이를 거부했다. 이에 반발한 신학생들은 이사회의 이사들을 감금하고 강제로 사퇴서를 작성하게 하는 등 극한 행동을 단행했다.

학내에 학생과 이사회의 갈등이 극심해지자, 김희보 학장은 도의적인 책임을 지고 사표를 제출했다. 이사회는 즉시 사표를 수리하고 박윤선 박사를 학장 대리로 임명했다. 그러나 박윤선 박사와 이사회 사이에 이견이 생기자 그는 사표를 내고 미국으로 갔다. 후임으로 젊은 신학자인 교목실장 정성구 박사를 후임 학장으로 임명했다. 그러나 노장 교수들의 반발이 심해 학교에 머물 수 없었다.

이후 박윤선 박사를 구심점으로 하는 새로운 신학교가 요청되자 1980년 11월 11일 합동신학교가 설립되었다. 이날 개교 예배 때 소개된 교수는 박윤선 박사를 비롯하여 신복윤, 윤영탁, 김명혁, 박형룡, 최낙재 등 엘리트 교수였다. 그리하여 합동신학교를 중심으로 합신측 교단이 출현하게 되었다.

1979년 초 개교한 복구총회신학교는 신학생 700여 명이 몰렸으며, 초대 교장에 박형룡 박사의 아들 박아론 박사가 선임되었다. 그러나 불행히도 1년을 넘기지 못하고 해임을 당했다. 분파주의로 알려진 ICCC 계열과 밀착되었기 때문에 그는 사임하고 말았다. 그러나 박아론 박사를 지지한 세력은 비주류 총회에서 이탈하여 '합동 계승측'이라는 작은 교단을 창립했다. 그리고 고문에 이환수 목사, 총회장에 박아론 박사를 선임했다. 비주류 계열은 이후 합동보수측의 김일남, 백동섭, 박병진 목사, 중립측의 노진현, 윤낙중 목사, 연합노회측의 박영환, 고성일 목사, 합동계승측의 박아론 박사 등으로 재편성되었다.

합동보수측과 청담동측의 결별

비주류의 본산인 합동보수 교단이 다시 분열되었다. 박아론 박사의 교장 해임 후 정규오 목사를 교장 서리로 임명한 복구총회신학교는 1981년 성북구 종암동으로 이전했다. 인사위원회에서는 미국에 있는 이진태 박사를 초빙하기로 했지만 정규오 목사가 교장직을 계속하겠다고 버텼다. 하지만 총회 교섭위원의 활동으로 이진태 박사를 초청하여 1981년 8월 예정대로 이진태 박사가 교장으로 취임했다. 정규오 목사는 광주로 내려갔다.

> 1981년 9월 총회가 순천 순광교회에서 회집되어 총회장을 선출하였는데 연합측(김인승, 백동섭, 손치호, 최선재, 박병진)에서는 손치호 목사를, 광주측에서는 황성수 목사를 후보로 내세우고 격렬한 득표 작전이 일어났다. 그러나 결과는 연합측의 손치호 목사의 승리로 끝나고 말았다. 여기에 총회 서기는 광주측인 광주 중앙교회 변한규 목사가 선임되

예장(합신측)이 설립한 합동신학원(지금의 합동신학대학원대학교) 제1회 졸업식(1981. 2. 24.)

예장(개혁측) 총회 임원들(2011. 9. 23.)

예장(대신측) 김치선 박사가 설립한 대한신학교 재학생과 김치선 박사

> 었다. 그런데 임원은 양측에서 밀었던 사람들이 선출되고 임원회가 모일 때마다 두 세력들로 대결이 극심해지자 실질적으로 총회가 갈라진 상태였다. 총회를 앞두고 양측에서 소집한 장소가 각기 달랐다.[76]

총회장 손치호 목사가 목포 제일교회에서 총회가 열린다는 소집 공고를 냈다. 서기 변한규 목사는 광주 중앙교회에서 총회가 열린다는 소집 공고를 냈다. 같은 날 목포와 광주에서 각각 총회가 열리게 된 것이다. 당시 손치호 총회장을 지지한 교회는 1,300개, 서기 변한규 목사를 지지한 교회는 500여 개에 불과했다. 이것이 이른바 홍은동측(합동보수)과 청담동측의 분열이다. 이 분열은 교권 암투와 신학교 장악이 원인이 되었다.

대교단의 형성과 재분열

1985년 합동보수인 청담동측과 개혁 교단, 일부 중립 노회가 합동하여 개혁 교단이 형성되었다. 개혁 교단은 장족의 성장을 이루어 2,800여 개가 넘는 교회로 성장했다. 이로 인해 총회직영신학교 설립이 필요함을 절감하게 되었다. 그리하여 모금운동이 전개되었는데, 이 운동에 참여한 교회가 많아지면서 1985년 약 55억 원이라는 거금이 모아졌다. 이 자금으로 충북 음성에 대지를 매입하고 개혁신학교를 신축했다. 그런데 이사장 김수복 장로가 자신의 형제와 일가친척을 이사회에 진입시켜 사유화하려는 움직임이 포착되었다. 개혁측 총회는 법에 호소했지만 개혁신학교는 결국 정부로부터 폐교되었다.

더 이상 교단의 분열된 모습을 노출시킬 수 없다는 판단에 개혁측과 서울측 2개 교단이 합동하기로 추진하던 중 뜻밖에 과거 비주류 전체 교단(홍은측, 봉천측, 냉천측, 방배측, 신림측, 웅봉측)과 1961년에 분리된 호헌측까지 합동하여 개혁측 합동교단이 형성되게 되었다.

> 1998년 12월 15일 전주 동부교회(강성찬 목사)에서 역사적인 합동 총회가 모이게 되었다. 9개 교단 217개 노회, 1,799명의 총대, 그리고 방청객까지 2,000여 명이 입추의 여지 없이 큰 교회당을 빼곡히 매웠다. 설렘과 엄숙한 긴장감마저 감도는 가운데 정책위원장 변한규 목사의 사회로 무거운 입이 열리면서 총회는 시작되었다.[77)]

예배 순서에 따라 진행되면서 정규오 목사의 격려사는 많은 목회자에게 큰 감동을 주었다. 정규오 목사는 과거 자신의 잘못을 회개하면서 눈물로 이야기를 이어 갔다. 그리고 마지막에 "신학과 신앙이 같은 형제 교단끼리 합동하게 되었으니, 다시는 헤어지지 말자"고 하자 뜨거운 박수가 나오기도 했다.

그러나 이 감격도 불과 2년을 넘기지 못했다. 2000년 9월 제85회 총회가 광주중앙교회에서 개회되었다. 총회장은 제85회 새 임원을 선출하기도 전에 긴급동의를 발의해, 총회에 해를 끼쳤다는 이유로 특정 회원 몇 명을 즉결 처분했다. 이로 인해 회의장에는 "총회장은 물러가라"는 고함이 여기저기서 터져 나왔다. 이 일로 총회장은 젊은 총대원들의 손에 끌려 단상에서 내려와야 했다. 주류는 합동측의 역사를 그대로 이어가게 되었고, 비주류측은 개혁측이라 하여 다시 분리되면서 사분오열되어 교단은 다시 분열을 맞았다. 모든 교파들이 자칭 정통 보수라고 부르짖었기에 누가 진정한 보수 정통인지 알 수 없었다. 이 일을 통감한 개혁측은 1998년 9월 대한예수교장로회 개혁측 제83회 총회에서 합동측에서 분열해 나온 9개 교단을 하나로 통합하는 운동을 전개했다. 1999년 9월 전주에서 모이는 제84회 총회는 9개 교단 대표들이 모여 하나의 총회로 개회되면서 한국에서 세 번째로 큰 개혁측 교단이 형성되었다. 당시 새로운 교회일치운동이라는 측면에서 많은 언론이 이를 적극적으로 홍보했다.

개혁측의 재분열

2004년 6월 11일, 개혁측 교단 내의 비주류 세력이 광주 가족회관에서 소위원회를 구성하고 모임을 가졌다. 소위원회는 예장합동측의 서기행 목사, 최성구 목사, 권영식 장로, 예장개혁측의 김정중 목사, 변남주 목사, 김상술 장로로 구성되었다. 회의에 앞서 예장합동측 증경 총회장 최기채 목사는 오랫동안 헤어졌던 형제들과 다시 하나 되는 일이 잘 성사되기를 기원했으며, 예장개혁측 증경 총회장 김정중 목사는 설교를 통해 서로 존중하며 주님이 기뻐하시는 화평을 이루도록 한 알의 밀알이 되자고 강조했다. 한편 이 자리에 예장개혁 원로 정규오 목사가 91세 노구를 이끌고 참석했다.[78]

양측 교단 대표들이 몇 차례 상면을 하고 2004년 9월 제89회 예장합동측 총회에서 개혁 교단을 영입하기로 결의했다. 이러한 통합의 열기는 2005년 9월 27일 대전중앙교회에서 열린 제90회 총회로 이어졌다. 개혁측과 합동측이 통합된 것이다. 그러나 서울 종암중앙교회 조경대 목사를 중심으로 한 일부 반대 세력은 개혁측을 그대로 지켰다. 이로 인해 개혁측은 둘로 분리되었다. 종암동측은 다시 몇 개의 교단으로 분립되었다. 그리고 개신대학원대학교를 중심으로 개혁의 신학을 계속 이어 가고자 했다. 개혁측으로 계속 남았던 개신대학원대학교는 과거 평양장로회신학교의 역사와 전통을 이어가면서 목회자를 양성하기 위해 서울 성북구 미아동 203-8번지에 건물을 신축하고, 1993년 정부로부터 개신대학원대학교로 인가를 받아 목회자를 양성하고 있다. 이후 박사과정까지 운영하는 학교로 성장했다.

예장대신측

1961년 몇몇 목사가 분리를 주장하며 예장 성경장로회 총회를 세웠다. 예장 성경장로회 총회는 김치선 목사를 중심으로 세워졌다. 김치선 목사는 1948년 8월 서울 남대문교회 내에 야간으로 대한신학교를 개설하여 신학생을 양성하다가 미국 성경장로교 선교회의 지원을 받아 1960년 9월에 '대한예수교 성경장로회'를 창립했다. 그리고 이듬해 총회를 개최함으로써 독자적인 장로교회 총회를 형성했다. 이후 대한예수교 성경장로회는 교단 총회 명칭을 '대한예수교장로회(성장측, 성경장로회를 줄인 말)'로 변경했다가, 1971년 제7회 총회에서 다시 오늘날의 '대한예수교장로회(대신)'로 변경했다. 이 교단 총회는 대한신학교를 대신측 총회인준신학교로 두고 신학생을 양성, 배출했다. 현재는 총회인준신학교로 여러 학교를 두고 있는데, 대한신학교(대신총회신학연구원)를 비롯하여 대한신학대학원대학교, 안양대신대원을 두고 있다. 1992년에 다시 주류측과 비주류측으로 분열되었는데, 비주류측은 독자적으로 대한신학교를 운영하고 있다.

예장호헌측

고신측과 합동했던 예장합동측은 1962년 9월 제47회 총회 때 다시 둘로 나뉘었다. 하나는 합동측, 그리고 다른 하나는 호헌 총회라는 이름으로 분열되었다. 합동측과 호헌 총회는 총회직영신학교로 호헌 총회 평양신학교를 두었다. 그리고 1978년 제63회 총회에서 호헌 총신으로 부르는 호헌총회신학교로 명칭을 바꾸었다.

합동측과 고신측의 재분열

1960년 예장합동측과 고신측이 하나가 되어 예장합동측이라 했으나, 1963년 고신측이 일부 환원함으로 합동측은 승동측만 남게 되었다.

환원 후 고신측은 교단의 교권주의와 고신대학교 문제로 또다시 분열했다. 한상동 목사가 계속 총회장을 맡아 고신 총회의 주도권을 쥐고 있는 교권주의에 대한 반발, 그리고 고려신학대학교의 재산권 문제에 따른 정치적인 싸움으로 인해 고신은 환원파, 한상동 목사를 중심으로 한 부산측, 송상석 목사를 중심으로 한 마산측이 서로 갈등 관계에 있었다. 그러다 교단의 일부가 송상석 목사를 고소하자, 이에 반대하는 세력이 석원태 목사(현 경향교회 원로목사)를 중심으로 하여 고신측을 탈퇴해 새로운 교단을 세웠는데, 이 교단이 반고소 고려파로 불리는 고려측이다.

이상과 같은 분열로 대한예수교장로회(예장)라는 이름을 사용하는 교단이 250여 개나 되었고, 여기에 비인가 신학교까지 설립하여 교역자를 양성했다. 더욱이 비인가 신학교에서 배출된 교역자는 정상적인 신학 교육을 받지 못한 채 졸업하기 때문에 자질을 의심하지 않을 수 없다. 어느 비인가 신학교에서는 4년 학부 과정을 2년으로 단축해 졸업시키고 졸업과 동시에 목사 안수 하는 일이 비일비재하다.

7 한국 장로교 교단의 분열 이유

지금까지 한국 장로교 교단의 분열 역사와, 그와 함께하는 신학교의 분열 역사를 살펴보았다. 신학교는 교단 총회의 존재와 함께하기 때문에 장로교 교단 수만큼 신학교도 존재한다. 한국 장로교 교단 중에서 전국적으로 널리 잘 알려진 교단은 극히 일부에 불과하다. 그 외에는 교단의 교세가 크든 작든 교단의 생존과 직결되기 때문에, 각 교단은 교단의 실질적인 정체성을 떠나 교단의 세력과 확장을 위해 신학교를 운영하고 있다. 한국 장로교 교단이 이렇게 자주, 그리고 많이 분열하게 된 이유는 복합적이겠지만, 여기서는 다음 두 가지로 요약해 본다.

첫째, 일제 당시 신사참배 동의자와 거부자 간에 생긴 신학 사상 노선의 이해관계가 이후 분열의 씨앗이 되었다. 그리하여 교단의 분열은 항상 진리와 비진리, 진보와 보수, 법과 은혜로 양분되었다.

둘째, 사실상의 근본적인 이유는 교단 내 목사들 간의 정치적 이해관계와 지방 세력에 의한 투쟁의 연속이었다.

《그리스도와 문화(*Christ and Culture*)》를 저술한 기독교 윤리학자 리처드 니버(R. Niebuhr)는 1929년에 또 하나의 역작을 발표했다. 바로 《교단 분열의 사회적 배경(*The Social Sources of Denominationalism*)》이다. 여기서 니버는 당시 상황이 어떠하든 교단의 분열과 교파주의는 "교회의 윤리적 패배"라는 점을 단호하게 지적한다.

<table>
<tr><th>교단</th><th>분열 차수와 시기</th><th>분열 내용</th><th>주요 쟁점</th></tr>
<tr><td rowspan="8">장로교</td><td>제1차 분열(1952)</td><td>고신의 분립</td><td>신사참배</td></tr>
<tr><td>제2차 분열(1953)</td><td>예장과 기장의 분열</td><td>신학적 노선</td></tr>
<tr><td>제3차 분열(1959)</td><td>통합과 합동의 분열</td><td>WCC 가입</td></tr>
<tr><td>제4차 분열(1961)</td><td>합동(예장총회 승동측과
고신측의 합동)과
대신의 분열</td><td rowspan="5">3차 분열 이후부터는
특별한 분열 쟁점은
없다.
굳이 이유를 든다면
교권주의와 교단이기주의
때문이라 할 수 있다.</td></tr>
<tr><td>제5차 분열(1962)</td><td>합동(예장총회 승동측과
고신측의 합동)과
호헌의 분열</td></tr>
<tr><td>제6차 분열(1963)</td><td>합동(예장총회 승동측)과
고신의 재분열</td></tr>
<tr><td>제7차 분열(1979)</td><td>합동과 합동 보수의 분열</td></tr>
<tr><td>제8차 분열(1981)</td><td>합동과 합신의 분열</td></tr>
</table>

감리교	제1차 분열(1946) (통합, 1949)	재건파와 부흥파의 분열	일제 잔재 청산
	제2차 분열(1954) (통합, 1959)	총리원측과 호헌파의 분열	감독 선출
	제3차 분열(1974) (통합, 1978)	총리원측과 갱신 총회의 분열	감독 선출
성결교	1961	기독교대한성결회와 예수교대한성결회의 분열	국제 연합 기구(WCC, NAE, ICCC) 가입과 탈퇴
침례교	분열(1959) (통합, 1968)	대한기독교침례회연맹 (포항 총회)과 기독교대한침례회연맹 (대전 총회)의 분열	총회와 선교부의 갈등

[표 5] 한국 개신교의 교단 분열과 새 교단의 탄생

8 감리교와 기타 교단의 분열

감리교 분열

해방 직후 재건파와 부흥파로 양분된 감리교단은 1950년대에 총리원과 호헌파로 다시 분열했고, 1970년대는 총리원과 갱신총회로 다시 분열했다.[79] 이러한 분열은 교권과 깊은 관계가 있다.

> 1966년에 제10회 총회에서 감독 선거를 위해 무려 111회나 투표를 하였으나 뽑지 못하였다. 감독을 결정한 것은 1967년 3월 특별 총회에서였다.[80]

1974년에 개최한 제12회 총회에서는 감독 선출을 둘러싸고 한 차례 논란이 일었다. 당시 감독 후보는 호헌파와 성화파로 나뉘었는데, 이 때문에 감독 선거투표를 24회나 했다. 결국 감리교의 갱신파는 마경일 목사를 감독으로 선출했으며, 호헌파는 김창희 목사가 감독으로 당선되었다. 그러나 여기에 가담하지 않는 중립파가 생기면서 다시 분열되었다. 이 일로 총회측을 지원하던 미국 감리교 본부는 선교비 지원을 중단했다.

1975년 11월 세 파가 교단 통일을 표방하면서 통합 선언문을 발표했다. 그리고 그해 12월 서울 광림교회에서 통합 총회를 개최했다. 이 모임은 총리원측과 통합총회측이라는 양자 구조로 얼마 동안 유지하다가 1978년 재통합되면서 하나의 교단이 되었다. 이처럼 감리교단은 기독교대한감리회가 전통을 이어가고 있으며, 여기에 참여하지 않는 예수교대한감리교회의 교단 등 작은 교단들이 아직 남아 있다.

성결교단 분열

한국의 대표적인 교단 중 성결교회와 침례교회의 분열 역시 한국 교회사에서 간과할 수 없는 사건이다. 한국에 상륙한 지 오래된 성결교단은 그동안 많은 지도자를 배출했다. 1946년에는 KNCC에 가입했다. 이후 NAE 연합 사업에도 적극 참여했다.

성결교회는 두 연합 기관에 가입함으로 대외 활동의 폭이 넓어졌다. 그러나 신학 노선을 자유주의와 용공주의(容共主義)로 규정함으로써 지지파와 반대파로 양분되었다. 이 일로 1961년 5월 NAE를 지지한 교회들이 서울 독립문성결교회에 모여 보수 총회를 개최했다. 여기에 힘을 얻은 교회들은 1962년 4월 제17회 총회를 독자적으로 열고 교단 명칭을 예수교대한성결회(예성)로 개칭했다. 이로써 성결교단은 기독교대한성결회(기성)와 예수교대한성결회로 분리되었다.

분열 당시 예성 소속 교회는 257개회, 교인은 50,130명이었다. 그러나 기성 소속 교회는 474개, 교인은 96,405명이었다. 이 일로 양측은 KNCC와 NAE에서 모두 탈퇴했다. 결과적으로 교단 지도자들의 교권 분열로 두 개의 교단이 생긴 것이다. 이후 기독교대한성결회는 부천에 있는 서울신학대학교에서, 예수교대한성결회는 안양에 있는 성결교대학교에서 교역자를 양성하고 있다.

8

민족과 함께하는
한국 교회

1 한일비준 반대운동과 한국 교회

이승만의 자유당 독재 정권은 4·19혁명으로 종말을 고했다. 혁명 주체 세력인 대학생들은 학원으로 복귀하고 행정 수반으로 허정이 임시로 정부를 관리했다. 내각제를 중시한 헌법이 통과되면서 과거 자유당 정권의 국회는 해산되었다. 새로운 내각제 헌법에 따라 참의원 · 중의원 양원제에 의한 국회의원 선거가 실시되었으며, 과거 야당이었던 민주당 후보들이 대거 당선되었다. 이로써 국회에서는 장면을 내각 수반으로 선출하고 윤보선을 대통령으로 선출함으로써 민주당 정권이 출범했다. 그동안 억압과 탄압 속에 살았던 시민과 학생 들은 언론과 집회의 자유를 누리게 되었는데, 너무나 많은 것을 요구하면서 시위를 일으켜 시위 공화국이라 할 정도였다.

한편 민주당 정권은 민주주의적 토대 위에 민주주의를 실현하려 노력했다. 하지만 일부 정치군인의 야욕으로 민주당 정권은 무너지고 말았다. 1961년 5월 16일 박정희 육군 소장은 국토를 방위해야 할 군인들을 서울로 진입시켜 군사 쿠데타를 일으켰다. 육군 본부와 각 주요 기관을 장악한 박정희는 국가최고재건위원회를 조직하고 자신이 의장으로 취임하면서 모든 권력을 쥐었다. 이들은 혁명 공약대로 모든 부정부패가 일소되면 즉시 군에 복귀한다고 했지만, 권력의 맛을 본 이들은 자신이 내건 공약을 휴지조각처럼 여겼다. 이들은 군정을 이양한다며 군복을 벗고 정치 일선에 나섰다. 그리고 공화당을 만들어 박정희를 공화당 대통령 후보로 등록한 후 민주당 윤보선 후보와 경쟁했다. 이때 군인들은 부정한 방법으로 윤보선을 낙선시키고 박정희를 대통령으로 당선시켰다.

대통령에 당선된 박정희는 그동안 해결하지 못했던 한 · 일 국교 정상화를 위해 노력했다. 그러나 박정희는 한 · 일 국교 정상화를 통하여 과거 36년 간 일제가 식민지에서 자행하고 착취한 모든 굴욕적인 일들에 대한 보상으로 국가 경제발전에 도움을 받고자 했다. 이를 위해 박정희 정부는 굴욕 외교를 펼쳐 1965년 6월 22일 한 · 일 국교 협정이 조인되었다. 굴욕적인 협정 내용을 살펴보면 평화선이 철폐되었고, 우리의 40해리 전관수역 주장을 철회하고 일본이 주장하는 12해리 전관수역이 설정되었으며, 불법으로 가져간 모든 한국 문화재를 일본의 소유로 인정해 버렸다.

그해 볕이 따갑게 내리쬐는 무더운 여름, 한국 교회의 교계 지도자들은 금식과 철야 기도회를 갖고 최초로 가두시위에 돌입했다. 그리고 한 · 일 비준 반대운동을 대대적으로 전개했다.

> 이중 7월 5일과 6일 양일간에 걸쳐 서울 영락교회에 모여 '국가를 위한 기도회'를 개최하였다. 이때 첫 날에는 3,000여 명이 모여 기도회를 갖고, "국민이여 각성하자, 비준을 막자"라는 표어를 가슴에 달고 거리에 나가 항의 데모를 하였다.[1]

한 · 일 비준 반대운동이 전국으로 확산되자, 모든 국민과 교인은 불평등한 한 · 일 국교 정상화는 있을 수 없는 일이라며 반대했다. 대학생들 또한 연일 시위를 하면서 굴욕적인 한 · 일 국교 반대운동을 벌였다. 그러나 군사 정부는 힘없는 대학생과 교회를 총칼로 제압하고, 일본으로부터 무상 3억, 유상 2억 총 5억 달러를 보상받는 것으로 두 나라의 국교를 맺었다. 이후 정부는 일본에게 받은 5억 달러의 보상금으로 국가경제 5개년 계획을 수립하고 추진해 나갔다. 힘으로 밀어붙였던 박정희 정권은 3선 개헌을 목표로 먼 포석을 놓고 있었다.

한·일 비준 반대를 외치며 시위하는 기독 청년들(1965. 7. 5.)

5·16쿠데타로 정권을 찬탈한 후 국립묘지에 선 박정희 장군(오른쪽)과 장도영 장군(왼쪽)

박정희 정권은 1975년 4월 9일 인혁당 사건을 조작하여 그 중 8명을 처형했다. 이 소식을 들은 유족들이 오열하고 있다. 2007년 이들은 모두 무죄 판결을 받았다.

2 5·16군사 쿠데타와 저항운동

5·16군사 쿠데타

1961년 5월 16일에 일어난 쿠데타는 우리 현대 민족사에 엄청난 비극을 남겼다. 이때는 해방과 함께 남북 분단과 신탁통치, 그리고 곧 이어진 한국전쟁의 아픔으로 갈피를 잡지 못하던 아픈 시대였다. 그리고 영구 집권을 향한 이승만 정부의 개헌 등으로 나라가 어수선했고, 결국 3·15부정 선거로 이어진 이승만 정권은 4·19혁명으로 무너졌다. 그 뒤를 이은 민주당이 표방한 내각책임제는 국민의 민의를 존중했지만 끝없는 시위와 투쟁으로 국권을 유지하기가 어려웠다. 민주주의의 경험이 적었던 국민은 나라를 위해 해야 할 일은 알지 못한 채 누려야 할 권리만 주장했다. 이때 박정희를 중심으로 한 군인들이 '혁명 공약'을 부르짖으며 5·16군사 쿠데타를 일으켰다. 이들은 정권욕에 사로잡혀 헌법을 고쳐 가면서 정권을 연장했고, 나중에는 유신헌법을 만들어 영구 집권하려 했다.

이때부터 교회는 차가운 정치 환경 속에 있는 자신을 발견했다. 1965년 한국 교회는 일본과의 국교 정상화에 반기를 들었다. 그리스도인으로서 조국의 운명을 방관할 수 없었기 때문이다. 기독교는 역사적 종교로서 인류 구원을 향한 하나님의 역사적 경륜을 선언하며, 국가와 사회의 현실을 하나님의 뜻에 따라 진단하고 역사 건설에 엄숙한 책임을 지는 종교이다. 따라서 한 · 일 국교 재개와 같은 중대한 사건에 그리스도인이 양심적 소신을 널리 전하는 것은, 민주 국민으로서 당연한 권리이자 엄숙한 종교적 의무이다.

유신 독재와 한국 교회의 저항

이것은 정치적 이슈에 대한 교회와 정부 간의 정면대립이었다. 교회의 힘은 숫자에 있는 것이 아니라 정당한 태도에 있다. 개신교 교회의 신도 수는 200만 명이 채 안 되었다. 교회는 기도회를 열고 시위를 하는 등 직접적인 행동으로 호소했으나, 정부가 국교정상화 조약을 비준하는 것을 막지 못했다. 그 후 박정희 정권이 3선을 위한 헌법을 개정하려 할 때에도 교회는 연대하여 투쟁을 벌였다. 박정희 정권은 영구 집권을 위하여 유신 헌법을 공포하고 긴급 조치라는 초헌법적 악법을 만들어 이에 저항하는 시민, 대학생, 교수, 성직자 등 양심 세력들을 무차별 구속하고 투옥했다.

이러한 불법적 작태에 교회는 힘을 모아 대처했다. 개신교 8개 교단 321명으로 구성된 '기독교 정의구현 전국 성직자단'이 1975년 3월 20일 서울 연동교회에서 성직자 120여 명이 모여 발대식을 가졌다. 대표위원 김형태 목사(연동교회), 고문 강신명 목사(새문안교회), 강원용 목사(경동교회), 김관석 목사(KNCC) 등 5명을 추대하고 사무국장에 조승혁 목사를 선임했다. 이들은 성명서를 통하여 오늘의 현실은 교회가 예언자적 사명을 다하지 못한 데 원인이 있다고 전제하고, 억압당하고 있는 서민 대중과 농민, 노동자의 친구로서 그들의 권익 보호를 위해 함께 투쟁할 것을 분명히

했다. 그리고 성직자는 결코 위정자의 적이 아니며 그들이 권력을 바르게 사용하도록 권고하며 기도하는 선지자 나단의 입장임을 분명히 했다. 성직자단에는 장로교를 포함하여 감리교, 기장, 성공회, 복음교회, 구세군, 성결교회, 루터교회 목사 등 400여 명이 참여했다. 불의가 판을 칠 때 사회정의 실현을 위해 일어선 성직자들은 마치 의로운 광야의 소리처럼 어둠을 밝히고자 했다.

이들은 유신 헌법 철폐와 산업 선교 현장에서 일하다가 투옥된 인사들을 위한 기도회와 가족돕기운동을 전개했다.[2] 1970년대 박정희 정권의 3선 개헌 반대 범국민 투쟁위원회 위원장으로 활동한 김재준 목사는 1966년에 아름다운 찬송시를 썼다. 〈어둔 밤 마음에 잠겨〉라는 찬송은 역사에 어둠이 짙을 때 국민이 어떻게 생활해야 하는지를 보여 주며 국민들에게 희망을 주었다.

박정희 정권 시대에는 종로 5가에 있는 한국기독교회관과 기독교방송(CBS)을 중심으로 매주 금요일 집회를 가지면서 독재에 항거했다. 이때 한국 교회는 서로 연합하여 독재에 항거하며 예언자적인 사명을 감당해 나갔다.

3 신군부와
5·18광주민주화운동

신군부의 등장

1979년 10월 26일, 박정희 대통령이 자신의 심복 김재규 중앙정보부장이 쏜 권총에 사망했다. 교계에서는 애도하는 의미에서 교단장이 담화문을 발표할 뿐이었다. 1979년 12월 6일 통일주체국민회의에서 최규하 대통령 권한대행자가 제10대 대통령으로 선출되었다. 그리고 12월 21일에 대통령 취임식을 갖기로 했다. 최규하 대통령의 취임으로 제4공화국이 출범했지만 여전히 유신헌법에 의해 선출되었다. 이에 한국교회 지도자들은 최규하 대통령에게 하루 속히 헌법을 개정해서 새로운 민주주의를 실현할 것을 강력하게 요구했다.

유신 정권의 몰락으로 국민들은 민주화의 큰뜻이 한반도에 이루어질 것으로 기대했다. 대통령 유고로 당시 최규하 국무총리는 국가의 안녕과 질서를 위해 1979년 10월 27일 오전 4시를 기해 제주도를 제외한 전국에 비상 계엄령을 선포했다. 계엄사령관으로는 육군참모총장 정승화가 임명되었다.

1979년 12월 12일, 전두환을 중심으로 한 일부 정치군인들이 총칼을 동원하여 신군부 정권을 출범시켰다. 전두환 합동수사본부장이 이끄는 군내 사조직인 하나회 중심의 신군부 세력이 최규하 대통령의 재가 없이 당시 계엄사령관 정승화 육군참모총장을 불법적으로 강제 연행하는 과정에서 군 내부에 무력 충돌이 발생했다. 이것이 12·12사태이다. 힘에 밀린 정승화 참모총장은 곧 체포되어 군법에 회부되었고 이 사건은 신속히 처리되었다. 군부를 장악한 전두환, 노태우 장군은 자신들의 정권을 창출하기 위해 반대 세력을 즉시 축출했다. 그리고 이들은 이른바 민주 언론에 참여했던 인사들을 해직했다.

이때 최규하 대통령과 전두환 중앙정보부장 서리를 향하여 정치 일정을 밝힐 것을 요구하는 시위가 대학마다 일었다. KNCC는 '정치 발전 견해'를 밝히기로 표명했다. 1980년 4월, 19개 대학에 휴교령이 내려지자 이에 반대하는 대학생들의 철야 농성이 시작되었다. 그해 5월 시민들은 〈서울의 봄〉을 노래하며 민주주의가 꽃 피울 날이 곧 올 것을 희망하면서 매일같이 거리로 쏟아져 나왔다. 이에 김대중을 포함한 재야인사들이 중심이 되어 '민주화 추진 국민선언'을 발표했다.

> 1980년 5월 15일에는 전국 대학생들이 3일째 가두시위를 벌이면서 30개 대학 10만 명이 서울역 앞 광장에 집결하여 민주 헌법 제정 및 민주 헌법에 의한 대통령 선출을 요구하였다.[3)]

이러한 요구에 놀란 제4공화국 최규하 정부와 전두환은 더 이상 물러설 수 없다고 판단해 1980년 5월 17일 '비상계엄 전국확대조치'를 발표했다. 그리고 전·현직 국가 원수 비방 금지, 정치 활동 금지, 대학 휴교 등을 골자로 하는 계엄 선포 10호를

-

12·12 신군부 쿠데타를 일으킨 전두환 장군(오른쪽)

-

광주에 진입한 신군부 휘하의 군인들

-

신군부 공수부대와 싸우는 광주 시민군

-

공수부대에 무참히 살해된 광주 시민과 학생

발표했다. 그리고 전두환은 시위대와 일부 정치인들을 처단하고 정권을 장악하려고 준비했다.

5·18광주민주화운동

1980년 5월 18일 비상계엄령이 선포되자, 광주에서는 대학생들이 비상계엄령 철폐를 부르짖으며 거리로 나와 계엄군과 대치했다. 광주에 투입된 계엄군은 악명 높은 공수부대였다. 이들은 광주 시민과 학생 들을 향해 무차별 총격을 가했다. 이에 격분한 시민들은 무기고를 점령하고 스스로 시민군을 편성했다. 시민군은 그들이 폭도가 아니며 공산당도 아님을 드러내기 위해 태극기를 앞세우고 계엄군과 대치하면서 치안을 담당했다. 이 일로 광주는 외부와 완전 차단되었다. 보안사령관 전두환은 투입된 계엄군의 보고를 수시로 받으면서 작전을 지시했다.

> 광주에 있는 시민군은 광주 시민의 재산과 치안을 유지하기 위해서 온갖 힘을 기울이고 있었지만, 언론은 광주는 암흑의 세계가 되었으며, 빨갱이들과 폭도들이 들끓고 있다고 악선전을 하였다. 여기에 배후 세력은 김대중이라면서 곧 그를 체포하고 그와 관계된 학생, 시민, 정치인들을 모두 배후 세력으로 규정하고 체포하게 되었다.[4)]

한동안 시민군에 밀린 계엄군은 광주를 빠져 나와 다시 진격하기 위해 작전을 세웠다. 그리고 5월 22일 새벽을 맞이하여 광주 외곽에서 탱크와 무장한 헬리콥터 등을 앞세우고 광주로 진격했다. 이때 시민군은 광주 시민의 재산과 인명을 최소화하기 위해 순순히 무기를 버리고 계엄군에게 투항했다. 하지만 계엄군은 시민군과 일반 시민, 대학생을 적으로 보고 총격을 가했고 수많은 희생자가 발생했다. 결국 전두환 군부 세력에 의해 한국 민주주의의 태동이 지연된 것이다. 이 일로 김대중은 내란 음모죄로 군법에서 사형을 선고받았으며, 수많은 사람들이 옥고를 치렀다. 계엄군에게 희생된 시민들을 대상으로 간소한 장례 절차가 진행되었고, 광주시 외곽에 있는 망월동 공동묘지에 안장되었다. 저자는 1989년 10월 30일 장로회신학대학교 신대원에서 한국교회사를 수강했던 신학생들과 함께 국립 5·18민주묘지를 방문했다. 이때 신대원생 150여 명이 질서정연하게 줄을 서서 〈5월의 노래〉를 합창했다. 가사의 일부분을 보면 이렇다.

> 꽃잎처럼 금남로에 뿌려진 너의 붉은 피/ 두부처럼 잘리어진 어여쁜 너의 젖가슴/ 오월 그날이 다시 오면 우리 가슴에 붉은 피 솟네.

1993년 문민정부가 들어서면서 군부가 명명한 광주 5·18 폭도사건은 '5·18 광주민주화운동'으로 재평가받았다. 그리고 1993년 광주시 북구 운정동에 국립 5·18민주묘지를 조성해 희생자들의 묘를 이곳에 안장했다. 한국 교회는 1995년 5월부터 매년 5월 18일을 전후해서 광주 5·18기념공원에서 5·18광주민주화운동 기념예배를 드리고 있다.

4 복음화운동과 한국 교회의 급성장

한국 교회 100주년 기념대회

공식적으로 한국에 복음이 들어온 시기는 1884년 7월과 9월로 보고 있다. 1884년 6월 24일부터 7월 8일까지 2주간 일본 주재 감리교 맥클레이(R. S. Maclay) 선교사가 조선에 의료 선교와 학원 선교를 위해 내한했다. 그가 방문했을 때 조선의 정정(政情)은 개화파와 수구파의 대립으로 불안했다. 맥클레이 선교사는 일본을 몇 차례 방문한 김옥균을 만나 그의 도움으로 고종을 만날 수 있었으며, 고종에게 조선 방문 목적을 전해 문화 선교를 할 수 있었다. 이를 토대로 한국 감리교회에서는 1984년 7월 4일을 기해 잠실체육관에서 한국 선교 100주년 기념대회를 개최했다.

한국 장로교회(통합측)에서는 1884년 9월 20일 미국 북장로교 선교사 앨런이 입국한 날을 기해서 1984년 9월에 한국 선교 100주년 기념대회를 개최했다. 당시 예배, 강연, 축하 등 행사가 진행되었으며, 서울 염광여자상업고등학교 학생 150명으로 구성된 고적대와 40명으로 구성된 대광고등학교 밴드부의 팡파르가 우렁차게 울렸다. 그리고 태극기와 대회기를 앞세운 예배위원과 대회위원들이 입장해 역사적인 대회의 막을 올렸다. 이날 한경직 목사는 〈앞서가는 언약궤〉(여호수아 3:14-17)라는 제목의 설교를 했다. 순서에 따라 축사는 동역 교회 대표 넬슨(H. Nelson) 여사, 세계개혁교회연맹 대표 피셔(L. Vischer), KNCC 대표 서병주 목사(기감 감독 회장) 등으로 이어졌다. 그리고 총재 한경직 목사가 공로패, 기념패 등을 전달했다. 이어서 대회 선언문을 채택하고 마지막으로 다 같이 일어나 헨델의 〈할렐루야〉를 합창하고 주기도문으로 대회를 마감했다.

한국 교회 100주년 기념대회 선언문

(……)

1. 한국 교회는 지난 100년 동안의 여러 가지 인간적 허물과 죄악을 하나님 앞에 자백하고 회개하며 그의 자비와 용서를 간구한다.
1. 한국 교회는 그리스도의 고난 받는 제자로서 사회의 도덕적 및 영적 가치 향상을 위해 헌신하고 봉사한다.
1. 한국 교회는 민중과 문화 속에 그리스도의 복음을 전파하기 위한 선교 활동에 사랑과 진리로 하나가 되어 그리스도의 명령을 순종한다.
1. 한국 교회는 민족과 국가의 발전과 화해와 통일을 위하여 자주적으로 참여하고 행동한다.
1. 한국 교회는 모든 피조물의 평화와 정의 구현을 위하여 세계 모든 교회들과 함께 기도하고 능동적으로 행동한다.[5]

한편 예장합동측 총회는 언더우드 선교사와 아펜젤러 선교사가 입국한 1885년 4월 5일을 기준으로 해 1985년에 4월에 100주년 기념대회를 잠실체육관에서 개최했다. 이날 합동측에 속한 전국의 교인 만 5,000명이 모여 뜻있는 행사에 참여했다. 예배 중 순서에 따라 합동측 총회가 파송한 선교사들이 하나하나 소개되었다. 노회별 점심 식사 후 오후 2시에는 4만 명이 모여 한국기독교 100주년 기념 전국대회가 열렸다. 이날 총회장 최훈 목사는 〈제21세기를 향한 우리의 좌표〉라는 제목으로 설교했다. 이러한 대회의 열기를 바탕으로 이후 각 지방을 순회하면서 기념선교대회가 열렸다.

> 1985년 4월 16일부터는 서울, 인천, 대전, 대구, 부산, 전북 지역에서 한국기독교 백주년 기념 선교보고 성회가 열렸다. 1985년 5월 28일에는 한국기독교 선교 백주년 기념 전국 여전도회연합회 대회가 대전 중앙교회에서 약 4,000명이 참석한 가운데 열렸다.[6)]

전국 여전도회연합회 대회에 참석한 회원들은 복음의 새 역사 구현에 시대적 사명을 재조명하면서 민족 복음화에 일익을 담당할 것을 굳게 다짐했다.

한국기독교선교 100주년 기념사업

1) 한국기독교선교 100주년 기념대회

한국기독교 100주년기념사업협의회는 1984년 8월 15일부터 19일까지 한국기독교선교 100주년 기념대회를 서울 여의도 광장에서 개최했다. 이 기념대회는 한국 선교 100주년을 맞이하는 뜻있는 행사로, 특정 교단의 몫이 아니라 교파를 초월하며 보수와 진보의 갈등을 해소하고자 참여했다. 보수 교단인 예장합동측을 비롯해서 개

한국기독교 100주년 선교 대회(1984. 8. 15-19.)

인천에 있는 한국기독교 100주년 기념탑. 1986년 3월 30일 준공했다.

혁측, 고신측, 대신측, 진보 교단으로는 예장통합측을 비롯해서 한국기독교 장로회, 기독교대한감리회 등 20개 교단이 함께 조직을 만들었다. 이사장에는 통합측 영락교회 한경직 목사가 취임했으며, 사무총장에는 예장고신측 김경래 장로가 취임해 사업을 추진해 나갔다. 초교파적으로 조직된 이 대회는 매일 밤마다 해당 주제를 갖고 모였다.

1984년도 한국기독교선교 100주년 기념대회 순서[7)]

첫 날 : 감사와 회개의 밤

둘째 날 : 화해와 일치의 밤

셋째 날 : 교회 성장과 교회 갱신의 밤

넷째 날 : 민족 통일과 평화의 밤

특히 이 기간에 초청된 강사는 세계적인 전도자 빌리 그레이엄 박사, 독일 신학자 몰트만 박사, 일본 목회자 모리야마 목사였다. 이 대회에는 자그마치 350-400만 명이 참여했으며, 매일 밤 여의도 광장을 메울 정도로 많은 회중이 참가하여 대회를 성황리에 마쳤다.

또한 100주년기념사업협의회에서는, 인천기독교연합회의 건의를 받아 1885년 4월 5일 언더우드 선교사와 아펜젤러 선교사 부부가 상륙했던 제물포항(지금의 인천광역시 중구 항동)에 100주년 기념탑을 건립하고 1986년 4월 5일 제막식을 거행했다. 이곳은 수도권 전철 1호선 종착역에서 그리 멀지 않은 해변에 세워졌다. 약 50평의 대지 위에 17미터의 우뚝 솟은 조형물로 조성된 기념탑에서 언더우드 선교사와 아펜젤러 선교사 부부의 조상(彫像)을 볼 수 있다.

2) 양화진 외국인 선교사 묘원과 기념관 건립

양화진에는 외국인 선교사들이 잠들어 있다. 헤론 선교사가 최초로 안장된 후 이 땅에서 삶을 마감한 선교사와 그 자녀 들이 안장되어 있다. 그러나 외국인 선교사의 수가 감소하자 결국 방치되었다. 이곳을 돌보는 관리인이 없자 허술하기 그지없는 이곳에 마을의 개들이 몰려다녔고 여기저기 분뇨로 더럽혀졌다. 한국에 손꼽을 대형 교회가 적지 않고 성도 수가 수만 명이 넘는 교회가 있지만 누구 하나 이곳을 돌보지 않았다.

이에 한국기독교 100주년기념사업협의회에서 주축이 되어 기독교 실업인의 투자를 받았다. 당시 모은 총 7억 원의 성금으로 양화진을 외국인 선교사 묘원으로 단장했다. 그리고 묘원 옆에 1985년 6월 한국기독교 100주년선교기념관을 건립했다. 그리하여 3층으로 된 350평의 예배당을 완성했다. 지하는 자료실, 1층은 사무실, 2-3층은 예배실로 사용했다.

2001년 5월 마포구청의 지원을 받아 2005년 5월 외국인 선교사 묘원 조성을 완료했다. 2005년 4월 100주년기념사업협의회는 '한국기독교선교100주년기념교회' 설립추진위원을 선정하고 그해 7월 10일 창립 예배를 드렸다. 그리고 양화진 묘원과 선교기념관 관리 운영에 관한 모든 책임과 권한을 한국기독교선교100주년기념교회에 위임했다. 현재 한국기독교선교100주년기념교회는 양화진 묘원을 관리하고 있으며, 마포구청의 지원을 받아 한국기독교 100주년 기념 및 양화진 홍보관을 신축해 그곳에서 예배드리고 있다. 양화진 홍보관은 양화진을 탐방하러 온 순례자들에게 공개하고 있다. 이곳을 순례하려면 양화진 관리사무소에 연락해야 한다. 그러면 100주년기

-

양화진 외국인 선교사 묘원에 있는 한국기독교 100주년선교기념관

-

경기도 용인시에 있는 한국기독교순교자기념관

념사업협의회에 소속된 자원봉사자의 안내를 받으며 관람할 수 있다.

3) 용인 한국기독교 순교자기념관

한국기독교 순교자기념관은 경기도 용인시 양지면 추계리에 있다. 그동안 한국 교회는 일제의 탄압으로, 그리고 한국전쟁으로 많은 순교자를 배출했다. 그러나 이들의 거룩한 순교의 피를 헛되지 않게 하기 위해 100주년기념사업협의회에서는 기독교 실업인의 협조를 얻어 건물을 신축하고자 기도했다. 그러던 중 뜻하지 않게 서울 영락교회 정리숙 권사가 자신의 임야 10만 평을 100주년기념사업협의회에 헌납했다. 그리하여 1989년 11월에 한국기독교 순교자기념관을 완공했다. 순교자기념관은 총 36평의 3층 건물로 1층은 휴식 공간, 2층은 소회의실, 3층은 순교자기념실, 순교자 유품 자료실로 되어 있다. 이곳에는 622명에 이르는 순교자의 명단이 헌정되어 있는데, 영정 사진이 있는 순교자는 220명에 지나지 않는다. 그동안 한국기독교100주년기념사업협의회에서 관리하다 지금은 양화진을 관리하는 한국기독교선교100주년기념교회에서 관리하고 있다.

청년 기독교도의 민족 복음화에 대한 열정

해방 당시 교인 수는 남한 20만 명, 북한은 30만 명 합계 50만 명으로 집계되었다. 1970년대에 들어서면서 한국 교회는 실로 놀랄 만한 성장을 거듭했다. 1973년 5월 31일 서울 여의도 광장에서 열린 빌리 그레이엄 목사 전도대회에는 51만여 명이 모여 "5,000만을 그리스도에게"를 외쳤다. 당시 한국 기독교인의 수는 400만 명을 헤아렸다. 1970년대 중반부터 교세는 젊은이들을 중심으로 급성장하기 시작해 서울 영락교회의 경우 1974년 세례교인 중 청년층이 70%였고 1975년에는 73%가 20

대였다.[8)]

1970년대 군사 독재에 항거하며 일어선 젊은이들은 한국기독학생회총연맹(Korea Student Christian Federation, 이하 KSCF)이었다. 이들은 현실을 무시하고 종탑 쌓기, 교권 투쟁, 미신적인 복만을 추구하는 교회를 떠나려는 성급하고 우매한 태도를 지양하고, 긍정적인 차원에서 사회 참여를 통해 분골쇄신해야 함을 강조했다. 학원의 비민주화와 국민의 알 권리를 포기하게 하는 정보 정치로 벽에 부딪히자, 사회 참여를 통한 투쟁은 더욱 거세게 일어났다. 역사에서 볼 수 있듯 죽음을 넘어선 우수한 신앙인은 압력이 가해질수록 저항 또한 강해졌다. KSCF는 반목과 부정한 사회 질서를 넘어 좀더 현실적으로 문제를 파악하고자 했으며, 기독교의 사랑을 토대로 한 정신 무장을 주장했다.

> 우리의 이 선언은 "또 무리에게 이르시되 아무든지 나를 따라오려거든 자기를 부인하고 날마다 제 십자가를 지고 나를 좇을 것이니라"(누가복음 9:23)라고 말씀하신 주님의 말씀에 순응한 우리의 고백임을 재천명하는 바이다.[9)]

> 젊은이들이 이처럼 모여든 배경에는 5·16군사 쿠데타 후 계속되는 실망과 혼란 속에서 희망을 포기하지 않는 기독교, 불의와 부정에 목숨을 건 예언자적 대처와, 실천과 고발이 그치지 않는 민족 유일의 혈맥이었던 기독교인들의 삶의 모습과, 진리에 참신하고 끈질긴 헌신, 물불을 헤아리지 않는 강렬한 의지의 근원적 확신, 그것이 이 땅에 새 시대의 기약과 영도의 샘으로 교회로부터 압도해 오고 있었기 때문이다.[10)]

> 이 시대 젊은이들 또한 절대자에 대한 의지와 어두운 시대에 어떻게 삶을 살아야 할 것인가를 깊이 생각하며, 참다운 인생의 길이 어떤 것인가를 깊이 생각하고 결단한 젊은이들의 성숙한 행동들에 의한 것이었다고 말해야 할 것이다. 그 결과 기독교 인구의 증가는 1970년에서 1980년까지 무려 500만 명이 증가하여 연평균 40%의 성장이었으며, 1982년 기독교인 수는 900만 명을 넘어서 전 종교 인구의 30%에 육박하고 있었다.[11]

또한 대한예수교장로회 청년연합회(장청)와 한국기독교장로회 청년연합회(기청)는 시대적 사명과 독재에 항거하기 위해 함께 공동신앙을 고백하며 민주화운동에 앞장섰다. 전두환 군사 독재가 극에 달했던 1985년 8월 14일 이들은 광복절 연합예배를 가지며 공동성명을 발표했다.

> 지금부터 100년 전 '척양척왜, 보국안민'의 함성이 드높았던 이 전북 고부 황토현에 함께 모인 우리 장청과 기청 모두는 파국으로 치닫는 고난의 민족 분단 속에서도 일치하게 하시고 분투하게 하시는 성령의 역사를 따라 다음과 같이 공동으로 신앙을 고백하는 바이다.
> 동족상잔 6·25의 참상이 치유되기도 전에 맞이한 교회 분열은 갈가리 찢겨진 교회의 모습이며, 하나님 앞에 역사 앞에 대과오였기에 교계 장청과 기청은 교회의 수치를 회개하고 하나 되게 하시는 성령의 도우심을 힘입어 교단 통합, 교회 일치의 선봉이 되고 주역이 되려 한다. 권력은 총구를 통하여 나온다는 힘의 논리만을 펼치며 분단국가의 질곡을

계속 심화시키고 있는 군부 독재 통치를 거부하고 결코 하늘의 선물로 주어지는 것이 아닌 민주주의 쟁취를 위해 우리 모두는 함께 싸워 갈 것이다. 폭력과 독재의 만연은 전 민중의 삶을 파탄시키고 있다.
우리는 민중의 피어린 생존권 투쟁에 함께 연대할 것이며 지원을 아끼지 아니할 것이다. 한국 교회는 한국 선교 2세기 첫 장을 열어 교회 일치, 민주 쟁취, 민족 통일, 민중 해방 그날까지 실천적 신앙 속에서 여러 선한 양심 세력과 함께 더욱 굳게 연대하여 나갈 것이다.[12)]

정부에서는 계속해서 교회와 종로 5가 한국기독교회관에 정보부 소속 직원들을 파견하여 목사의 설교를 감시하고 검토했다. 그리고 자기들의 뜻에 맞지 않으면 온갖 방법으로 탄압하고 구속했다.

전군신자화운동

한국 교회 군선교 사역의 시작은 한국전쟁 중이던 1951년 이승만 대통령이 군목 제도를 창설하면서 시작되어 지금까지 60여 년의 역사가 있다. 1969년 전군신자화운동과 제1차 진중세례운동을 시작으로 전군신자화 후원회(지금의 한국기독교군선교연합회)를 초교파, 범교회적으로 설립했다. 1990년에는 논산 육군훈련소를 비롯하여 각 지역 예비사단 훈련소에서 지역 교회의 협력으로 신병세례식을 실시하고 있으며, 이는 꾸준히 성장해 한국 교회의 부흥에 힘과 활력소가 되었다.[13)]

2000년대에 이르러서는 초교파 범교회적 사역의 실천으로 군선교센터로 육해공군본부 교회당이 건축되는 등 한국 교회 연합사역에 모범적인 모델을 제시했다. 2012년 한국기독교군선교연합회는 비전 2020 사역 실천 프로그램을 마련해 전개하

1951년 제1회 육군 군목 수료식. 한국전쟁 이후 군복음화운동이 시작되면서 종군 목사를 배출했다.

군 선교 40주년 기념행사에 참석한 군 선교 관계자(2012. 4. 17.)

고 있다. 이 프로그램은 국군 장병들이 바른 신앙으로 병영 생활을 하게 함으로써 필승의 군대가 되어 사고를 예방하고, 사기를 진작하며, 명랑하고 보람찬 성공적인 군복무를 함은 물론, 나라와 민족을 사랑하는 모범 국민으로 육성하여 사회와 국가를 밝고 건강하게 만들며, 복음화된 통일 조국을 건설하는 데 목표를 두고 있다. 그러기 위해 비전 2020 실천운동을 세 가지로 분류했다. ① 국가: 애국애족 ② 군: 신앙전력화운동 ③ 교회: 21세기 기독교운동이다.[14] 이 운동을 통해 2020년에는 전 국민의 75%인 3,700만이 기독교인이 되어 정치 · 경제 · 사회 · 교육 · 언론 · 문화 등 모든 영역에서 선택받고 준비된 하나님의 사람들로 인해 건강하고 밝고 생명력 있는 행복한 나라가 되길 바란다.

한국기독교군선교연합회는 군복음화를 통하여 민족 복음화, 나아가 세계 복음화에 기여한다는 명확한 선교 전략과 함께 21세기 한국 교회의 성장과 영혼구원운동이라는 목표를 세워 선교의 핵심이 되고 있다. 2011년 집계에 따르면, 우리나라의 군인 교회는 1,000여 개이며, 군종 목사 260여 명, 일반지원 교역자(민간인) 350여 명, 군종 행정관 30명, 군종 사병 2,000여 명, 기독군인연합회, 국군장로연합회, 국군기독부인회 등이 활동하고 있다. 또한 군 복무기간 중 약 30만 명의 군인이 군대 내에 있는 교회에 출석했는데, 이는 군인의 전체 종교 비율 중 50%를 차지한다.

이제 이렇게 중대한 군선교를 위하여 기독교는 정규 군복을 입은 군종 목사에 의존하는 군선교 활동보다는 비정규 목사와 사역자 들을 통한 선교를 시도해야 할 때가 되었다. 이에 군선교연합회는 일회성 지원에 대해 단순한 선교와 위문 행사는 분명히 구분해 진행하며, 기독 청년이 군에 입대할 때에는 단순한 병역 의무 때문이 아니라 군인 선교사로 사역하게 하기 위하여 주님께서 그들을 파송했음을 느끼고 행동할 수 있도록 그들의 사명을 위해 온 교회가 함께 기도해야 할 것이다.

더욱이 260여 명의 군종 목사가 1,000여 개의 예배당에서 사역하고 있는데, 이러한 수적 열세 또한 군복음화의 발목을 잡고 있다. 이를 극복하기 위해서는 군인 교회를 통하여 초신자 양육을 강화하고 군인이 군인 교회를 통하여 깊은 기도와 성령의 도우심으로 말씀에 철저하면서도 체험적인 확고한 신앙을 가질 수 있도록 해야 한다. 매년 25만여 명이 군인 교회에서 세례를 받고 있다.[15] 따라서 이제 온 교회가 협력하여 그들을 철저한 제자로 훈련하고 양육하는 프로그램이 마련, 확충되어야 할 것이다. 그리하여 이들이 제대 후에도 교회에 출석할 수 있도록 연계할 뿐만 아니라, 군복무 중에는 고향 교회와 연계해 때로는 면회로 위로함으로써 사랑을 체험하게 하는 등 적극적인 선교를 시도해야 할 것이다. 이 모든 부분이 한국 교회가 함께 기도하며 추진해야 할 사역이다. 통계상으로 1년 동안 청년 15만 명이 예수를 영접한다면 그 영향력은 실로 엄청나다. 따라서 군 복음화가 더욱 활성화될 수 있도록 모든 한국 교회가 군 선교를 위해 협력해야 할 것이다.[16]

9

21세기를 향한
한국 교회

1 하나를 향한 연합 기관

한국기독교교회협의회

한국 개신교회를 대표해 온 KNCC의 역사는 한국 개신교의 역사와 관련이 깊다. 그동안 장로교 선교사와 감리교 선교사가 함께 주일학교 연합 사업을 하면서 1911년에는 그 명칭을 장·감연합선교회로 불렀다. 그리고 1918년 2월 조선예수교장감연합협의회를 조직했다. 이후 1924년 9월 조선예수교연합공의회 창립 총회가 열렸다. 이것이 오늘날 KNCC의 전신이다. 이때 참여한 대표 기관은 조선 장로교 총회, 미 감리교 연회, 미 남감리교 연회, 미 감리교 선교회, 미 남감리교 선교회, 미 북장로교 선교회, 미 남장로교 선교회, 캐나다 장로교 선교회, 호주 장로교 선교회 등이다. 1926년 9월에 열린 제4회 조선예수교연합공의회에는 조선 YMCA, 조선 YWCA, 조선 주일학교연합회, 영국성서공회(지금의 대한성서공회) 등 12개 단체가 참여했다.

이후 1930년 조선예수교서회, 1931년에는 조선기독교여자절제회가 가입해 한국 교회를 대표하는 기관으로 발전했다. 1934년에는 조선예수교연합공의회를 조선기독교연합공의회로 변경했다. 연합공의회는 일제가 한국 교회를 탄압하면서 해체당하는 슬픈 일도 겪지만, 1946년 9월 3일 조선기독교연합회라는 명칭으로 다시 조직되었으며, 1948년에 대한기독교연합회로 개칭되었다. 해방 이후 남북 분단의 슬픈 역사를 안고 남한에 단독 정부가 수립되자 교회 연합운동은 활발하게 진행되었다. 그러나 한국전쟁으로 당시 연합회 총무였던 남궁혁 박사가 납북되었으며, 당시 한국 교회의 대표적인 인사 김영주 목사, 송창근 목사, 김규식 박사도 납북되었다. 이들은 북한에서 모두 순교한 것으로 알려져 있다.

이승만 정권 때는 기독교가 정권에 밀착되어 함께 이승만 정권을 지지하기도 했다. 더욱이 함태영 목사가 부통령으로 재직할 무렵에는 절대 권력에 힘을 보태 주었다. 그러나 박정희 유신 정권 때는 독재에 저항하면서 민주화운동에 앞장섰다. 현재 사용하고 있는 명칭인 한국기독교교회협의회는 1970년부터 사용했으며 일반적으로 KNCC로 불린다. 1980년대를 거치면서 군사 독재에 대항해 민주화운동에 크게 기여했다. 2011년 12월 말 KNCC에 가입된 교단은 대한예수교장로회(통합), 기독교대한감리회, 한국기독교장로회, 한국구세군, 대한성공회, 기독교대한복음교회, 한국정교회, 기독교대한하나님의 성회, 기독교한국루터회 등이다.

한국기독교총연합회

한국 교회는 1970년대, 1980년대를 거치면서 1,200만 명의 신도가 확보되었다. 한국 교회 대표 기관인 KNCC는 진보 성향 교단들이 참여하여 운영해 왔다. 그러나 진보 · 보수와 함께 수행할 초교파적 기관이 필요하다고 판단한 교계 지도자들은 1984년 9월 한국 교회 100주년기념사업협의회를 조직했다. 100주년기념사업협의회는 KNCC 계열, 비KNCC 계열을 따지지 않고 전국 교회가 협력해 한국기독교선교

-

한국기독교교회협의회 제53회 총회(2004. 11. 15.)

-

2008년 서울 시청 앞 광장에서 열린 한국 교회 부활절 연합예배

사랑의 쌀 나누기 운동본부에서 홍콩을 경유하여 북한에 쌀 만 톤을 전달했다.

한국기독교장로회의 북한 수해 지원. 평화와 통일을 위한 남북나눔운동은 1994년부터 밀가루와 우유, 육아용품, 아동복, 탁아원 비품 등을 북한에 지원해 왔다.

강남중앙침례교회에서 모인 한국기독교총연합회 창립 총회(1989. 12. 28.)

100주년기념사업을 완성했다.

1989년 1월 한국 교회 각 교단을 대표하는 강원용, 조향록(기장), 오경린 감독(기감), 정진경 목사(기성), 림인식 목사(예장통합), 최훈 목사(예장합동), 최창근 장로(예장통합) 등이 한국 교회의 원로 한경직 목사와 논의했다. 같은 해 2월 대전 유성에서 준비위원회를 구성하고 4월에는 서울 영락교회에서 준비위원회를 갖고 회장에 한경직 목사를 추대했다. 그리고 9월에 각 교단 총회를 통해 교단의 동의를 얻어 창립총회를 갖기로 했다.

드디어 1989년 12월 28일 36개 각 교단 대표와 6개 기독교 기관 대표가 모여 정관을 통과시킨 후 전형위원회에 의해 임원이 선출되었다. 회장에 박맹술 목사(예장통합측 총회장)가 선출됨으로써 한국기독교총연합회(Christian Council of Korea, 한기총, 이하 CCK)가 출범하게 되었다. 그동안 준비위원회 위원장으로 수고한 한경직 목사는 명예회장으로 추대되었다. 2000년 1월 정기 총회 때 50개 교단과 18개 기관이 참여하여 명실공히 한국 개신 교회를 대표하는 기관으로 자리를 잡았다. CCK는 북한 쌀 보내기 운동, 해외 난민 보호운동, 북한 탈북자 돕기 운동 등을 전개했다. 그러나 2011년 CCK는 대표회장에 선출되기 위해 금품을 살포하는 등 타락의 온상으로 전락하고 말았다. 이 일로 예장통합측 교단을 비롯해서 백석, 기성, 예성, 하나님의성회 등 10여개 교단이 개혁을 부르짖으며 과거 금품 선거로 얼룩졌던 CCK를 바로잡기 위해 2012년 1월 2일에 열린 제23회 정기 총회에 불참했다. 그러나 제22회 대표회장인 길자연 목사는 제23회 총회를 개최하고 대표 회장에 합동측 소속 홍재철 목사를 선임했다.

그러나 제23회 정기 총회에 불참했던 10여 개 교단은 CCK 개혁을 부르짖으면서 2012년 3월 29일 한국교회 100주년기념관 대강당에 모여 '한국교회연합' 창립 총회를 개최했다. 이날 창립 총회에서 예장대신측 총대 김요셉 목사를 대표 회장으로 선임하고 모든 조직 구성을 완료하고 폐회했다.

한국장로교총연합회

문화관광부에 등록된 예장(대한예수교장로회를 사용하는 교단)은 64개나 되고 등록되지 않은 교단은 250여 개나 된다. 예장이라는 명칭을 사용하는 교단은 1980년 12월 8일 통합측 총회를 비롯해서 합동측, 기장측, 고신측 등 4개 교단이 총회에서 한국장로교회협의체를 구성하고 이듬해 2월 한국장로교총연합회 창립 총회를 개최했다. 같은 해 4월 5일에는 장로교회의 모 교회인 서울 새문안교회에서 한국장로교총협의회 창립 감사예배를 드렸다. 창립 총회 때 대신측 교단이 가입해 모두 5개 교단이 참여했다. 이후 매년 한 차례 하나의 장로교회라는 주제로 총회를 개최하고 있다.

1986년 5월에는 한국장로교총연합회에서 한국장로교 일치연구위원회와 한국장로교회 예배모범위원회를 조직하고 합동회의를 개최했다. 1993년 5월에는 장로교회의 일치와 연합 예배를 매년 5월에 드리기로 하고 5개 장로교단 총회장 공동선언문을 발표했다. 1996년 대한예수교장로회 총회(개혁광주측)가 탈퇴했으나, 개혁서울측과 개혁합신측이 가입하여 회원 교단이 모두 9개 교단이 되었다. 2011년 12월 말 총 27개 교단이 한국장로교총연합회에 가입했다. 가입한 교단과 총회장 명단은 다음과 같다.

제10회 한기총 정기 총회(1999. 1. 29.)

제23회 한기총 정기 총회에서 홍재철 목사가 대표 회장으로 선임되었다(2012. 1. 2.). 앞줄 오른쪽에서 일곱 번째가 대표 회장

한국교회연합 창립 총회. 대표 회장에 대신측 김요셉 목사가 선임되었다(2012. 3. 29).

가입일	교단	총회장	총회 사무실 주소	전화
1981년 2월	통합	박위근	서울 종로구 연지동 135 한국100주년기념관	02-741-4350
	합동	이기창	서울 강남구 대치3동 1007-3 총회 본부	02-559-5600
	고신	정근두	서울 서초구 반포4동 58-10 총회 본부	02-592-0433
	기장	유정성	서울 강북구 수유동 산 76	02-3499-7600
	대신	강경원	안양시 동안구 신촌동1037 홍일빌딩 710호	031-382-6386
1994년 11월	백석	유중현	서울 서초구 방배3동 1031-3 미주빌딩1층	02-584-9845
	호헌1	장명진	서울 영등포구 대림3동 733-6 2층	02-835-9170
1996년 1월	합신	권태진	서울 종로구 연지동 기독교연합회관 1601호	02-708-4458
1997년 7월	합동동신	최병준	인천시 서구 심곡동 304-2 서해파크빌 401	032-574-9756
	호헌2	김바울	의정부시 의정부동 358-21	031-765-8084
	피어선	김홍기	평택시 용이동 11 평택대 305 총회본부	031-659-8155
	합동복구	박남교	서울 동작구 상도4동 279-4220	02-821-0387
1998년 5월	합동중앙	조갑문	고양시 덕양구 주교동 567-8	031-964-2782
1999년 5월	중앙	백기환	서울 노원구 월계4동 128-1	02-943-3124
2002년 11월	합동개혁	정서영	서울 관악구 남현동 602-41 총회본부	02-3486-6310
2003년 1월	개혁총연	최원석	서울 종로구 연지동 기독교회관 608	02-745-5161
2006년 2월	고려개혁	박동섭	서울 종로구 사직동 304-43	02-725-4072
	합동복음	김상영	서울 관악구 중앙동 41-305 부흥교회	02-872-3555
	합동총회	최능력	서울 관악구 신대방동 342-31	02-989-5004

2006년 10월	합동대림	곽성현	서울 중랑구 묵1동 171-8 임마누엘교회	02-971-0789
	개혁선교	이봉룡	서울 종로구 효제동 13 정화빌딩	02-747-2258
2008년 11월	보수	정동환	서울 안산시 상록구 사2동 1470-13	031-418-8387
2010년 5월	개혁	황인찬	서울 종로구 숭인동 1388 동양파라빌 90	02-2238-0192
	개혁정통	김인식	서울 중랑구 상봉동 118-28	02-743-8474
2010년 8월	합동선목	김국경	서울 중랑구 상봉동 118-28	02-433-5001
2011년 6월	한영	한영길	서울 구로구 개봉동 415-9	02-2616-9859
2011년 11월	개혁국제	박래면	서울 서대문구 충정로 3가 270 3층	02-747-7877

[표 6] 한국장로교 총연합회 회원 교단(가입 순서대로) (한국장로교총연합회 사무국)

한편 한국장로교총연합회는 한국 장로교 총회 100주년을 맞이해서 한국 장로교 전체가 공유해야 할 자랑스러운 기념 행사를 계획했다.

일시	기념 행사 내용	장소
2012년 1월 31일	목사 · 장로 연합기도회	서울교회
2012년 4월 4-10일	한국 장로교 100년 사진전	인사동 서울미술관
2012년 4월 7일	한국 장로교 100주년 기념 학술대회	새문안교회
2012년 5월 10일	장로교 계통 신학대학 연합 합창제	양재 횃불선교센터
2012년 9월 1일	한국 장로교 총회 설립 100주년 지념대회	서울 잠실실내체육관
2012년 9월 셋째 주	한국 장로교 총회(모든 장로교단)	미정

2012년 4월 8일 부활절에 정동제일교회(감리교)와 승동교회(장로교)에서 각각 따로 예배를 드렸다. 위 정동제일교회, 아래 승동교회

2012년	한국 장로교 모델 교회 선정	미정
2012년	한국 장로교 100년 다큐멘터리 제작 방영	미정

[표 7] 한국장로교총연합회 100주년 기념 행사[1)]

한국장로교총연합회에서는 특정 교단만을 위한 행사가 아니라 한국 장로교 전체가 공유할 수 있는 기념비적 100주년을 위해 기도로 준비해 왔다. 한국장로교총연합회는 100주년 기념 행사 준비위원회가 마련한 8가지 사업을 통해 지난 100년을 평가하고, 앞으로 나아갈 방향을 신학적으로 정립하며, 선교적 · 기독교 문화적 비전을 제시하기로 했다. 이것은 단순한 일과성 행사 중심의 사업이 아니라 세계 교회사에 영향을 미칠 사업이다.[2)]

우선 목사 · 장로 연합기도회는 한국 장로교 100주년을 기념하는 첫 사업으로, 2012년 1월 31일 서울교회에서 열렸다. 모두 1,200여 명이 참가해 100주년을 지낼 수 있도록 해주신 하나님의 은혜에 감사하는 마음으로 기도회를 가졌다. 하나의 장로교가 100년을 지내면서 250여 개의 교단으로 분열된 일에 통회, 자복하는 회개의 기도를 통해, 모든 참여자들이 하나의 장로교가 되게 해달라고 눈물을 흘리며 기도회에 임했다.

그리고 한국 장로교 100년 사진전은 2012년 4월 4-10일까지 서울 종로구 인사동에 있는 승동교회 건너편 서울미술관에서 '한국 장로교회와 민족'이라는 주제로 열렸다. 대한민국 근현대사에서 한국 장로교가 차지하는 역사적 지점을 사진을 통해 조명해볼 수 있었다. 또한 하나님이 한국 장로교를 민족의 여명기에 어떻게 사용하셨는지를 기록물을 통해 확인할 수 있었다. 감사, 성장, 비전이라는 세 단계로 구분된 전시는 한국 장로교가 나아갈 길을 제시했다.

한국 장로교 100주년 기념 학술대회는 2012년 4월 7일에 열렸다. 2001년부터 한국 장로교 신학회가 조직되어 장로교의 정체성 회복을 위한 신학 토론과 발표를 바탕으로 장로교 신학자들이 매월 모여 장로교의 연합과 일치를 위해 연구한 것을 토대로 진행되었다. 장로교의 신학적 뿌리가 되는 개혁 신학을 찾기 위해 설립된 종교개혁 500주년 기념사업회가 한국 장로교 100주년 역사위원회와 연합하여 '장로교회가 한국 문화에 미친 영향'이라는 주제로 신학적 · 역사적 의미와 방향을 제시했다.

또한 목회자를 양성한 장로교 계통 24개 신학대학 연합합창제는 다음 세대의 주역이 될 장로교 계통 각 신학대학 재학생들이 참여해 하나님께 영광을 돌리는 자리였다. 또한 한국 장로교 모델 교회 선정은 모든 교회의 귀감이 되는 빌라델비아 교회 같은 자랑스러운 한국 장로교회상을 부각하기 위한 것이다. 정확하고 공정한 선정을 위해 규정을 정하고, 그 규정에 따라 신학자와 목회자, 평신도까지 참여해 하나님이 원하시는 모델 교회를 만들고자 한다.

그리고 한국 장로교 100년 다큐멘터리 제작 방영은 100년 동안 성장해 온 한국 장로교의 영광스러운 일뿐만이 아니라 부끄러운 일까지 모두 담아 제작해, 후세에 신앙 교육 자료로 활용할 예정이다. 2012년 9월 1일 서울 잠실 실내체육관에서 열릴 한국 장로교 총회 설립 100주년 기념대회에서는, 한국에 있는 모든 장로교회 교인들이 모여 연합 예배를 드릴 예정이다. 이날은 존 칼빈이 제시한 성찬 예식 순서를 따름으로써 하나의 공동체임을 상기시키고자 한다. 이 땅에 장로교 총회가 창립된 지 100년이 되는 역사적인 이날은 한편으로는 250여 개 교단으로 분열된 일에 대해 회개할 좋은 기회가 될 것이다. 마지막으로 한국 장로교 총회는 2012년 9월 셋째 주간에 모든 예장 총회가 '일교단 다체제'를 선언하고 이를 통해 제2의 종교개혁이 일어나길 바라

한국장로교총연합회 소속 증경 총회장들 한경직 목사 사택 방문 (1996)

한국장로교총연합회 제29회 정기 총회(2011. 11.)

한국 장로교의 날(2011. 9. 20.)

는 마음으로 기도하며 준비하고 있다.

한편 한국 장로교를 이끌고 갈 목회자를 양성하는 신학교가 각 교단마다 설립되었지만, 정부의 인가를 받고 목회자를 배출하는 장로교 신학교는 2012년 1월 현재 총 24개이다. 〔표 8〕에 이들 신학대학의 명단을 정리했다.

교단	학교명	총장	주소	전화
고신	고신대학교	김성수	부산시 영도구 동산1동 149-1	051-400-2230
고신	고려신학대학원	한정건	천안시 삼용동 40-1	041-557-5131
개혁	개신대학원 대학교	나용화	서울 강북구 미아3동 203-8	02-945-0910
개혁 국제	국제신학 대학원대학교	김요한	서울 관악구 신림1동 1577-5	02-839-0388
계신	계약신학 대학원대학교	이영훈	경기 광주군 초월면 대쌍령리	031-768-5541
합동	광신대학교	정규남	광주시 북구 본촌동 산 70	062-571-7251
합동	대신대학교	전재규	경북 경산시 백천동 137	053-810-0701
통합	대전신학대학교	황순환	대전시 대덕구 오정동 226-22	042-606-0114
대신	대한신학 대학원대학교	정효제	안양시 만안구 석수1동 381-1	031-473-5944
백석	백석대학교 신학대학	장종현	천안시 안사동 산 85-1	041-550-9125
통합	부산장신대학교	최무열	김해시 구산동 764	055-320-2500
통합	서울장신대학교	문성모	경기도 광주시 경안동 219-1	031-799-9000

초교파	웨스트민스터 신학대학원 대학교	박영선	용인시 동백죽전대로 201-11	031-270-6000
대신	안양대 신학대학	김영실	안양시 만안구 앙양5동 산147	031-449-5271
통합	영남신학대학교	권용근	경북 경산군 진량면 봉회동	053-320-2511
통합	장로회신학 대학교	장영일	서울 광진구 광장동 353	02-450-0700
중앙	중앙신학 대학원대학교	백기환	용인시 남사면 아곡리 285	031-339-9015
합동	총신대학교	정일웅	서울 동작구 사당동 산 31-3	02-3479-0253
합동	칼빈대학교	길자연	용인시 구성면 마북리 142-12	031-284-4752
한영	한영신학대학교	한영훈	서울 구로구 개봉동 산 22-1	02-2616-4091
기장	한신대학교	윤응진	오산시 양산동 411	02-902-3181
통합	한일장신대학교	정장복	전북 완주군 상관면 신리	063-230-5400
합신	합동신학 대학원대학교	박형용	수원시 팔달구 원천동 40-1	031-212-3694
통합	호남신학대학교	차종순	광주시 서구 양림동 108	062-651-1552

[표 8] 정부 인가 신학대학교(한국장로교총연합회 사무국)

2 평화 통일을 향한 한국 교회

단일 교회를 위한 연합운동

미국 북장로교 선교회 총무 스피어(R. E. Speer)는 1898년 조선 교회가 가장 무서워하는 위험 6가지를 언급하면서 '교회 내 분쟁과 갈등'을 다섯 번째 위험으로 분석했다. 이러한 시기에 미 북장로교 의료 선교사 에비슨은 의료 사업의 일치 협력을, 그리고 미 북감리교 선교사 모리스는 교육 사업의 연합을 주장했다. 이러한 장로교와 감리교의 협조 기운은 크고 작은 선교 사업으로 이어졌다.

이에 스피어 총무 역시 각 교파 선교회간 선교지 분할에서 나아가 교회 일치 계획을 세워야 한다고 주장했다. 1893년 미 북장로교선교회와 미 북감리교선교회 사이에 체결된 예양 협정을 상세히 소개한 그는 "조선에 하나의 그리스도의 교회(One Church of Christ in Korea)가 있게 되기를 원한다"고 밝히면서, 가톨릭을 제외한 성공회까지도 여기에 포함되어야 한다고 말했다.[3] 그는 예수님은 하나 되게 하시는 분으로, 분열시키는 힘보다 더 강한 힘을 지닌 분임을 확신했다.

그리하여 1905년 여름 미 북감리교 선교사 벙커의 숙소에서 장감 선교사들이 회집했을 때, 교파의 차이보다 영적 일체감이 좌중을 사로잡았고, 조선 내 모든 기독교 세력이 하나 되는 일에 대한 갈망이 강하게 일었다. 그 결과 1905년 9월 11일 장감 선교사 150여 명이 모여 재한복음주의선교연합공의회(The General Council of Evangelical Missions in Korea)를 조직했다. 이들은 조선에 단일한 개신교 그리스도의 교회가 세워져야 할 시기가 되었다고 판단했다. 그리하여 대한예수교라는 이름을 짓고, 선교연합공의회가 준비한 계획에 따라 단일 교회가 형성되기까지 자주적 조선 교회를 조직한다고 결의했다.

그러나 미국 교단 본부가 이에 반대하고 나섰다. 미국 남장로교 선교본부에서는 대한예수교에 대한 회의와 새 교회의 신경, 예배 규범 등에 대한 문제를 제기했고, 나아가 장로교와 감리교의 차이를 언급하면서 연합은 불가능하다는 입장을 표명했다. 이 일로 단일 교회 형성 계획은 수포로 돌아갔다.

비록 단일 교회를 세우지 못한 아쉬움은 크지만 이것을 부정적으로만 해석할 필요는 없다. 여러 나라의 교회가 단일 교단을 이루고 있다. 독일의 경우 루터 교회가 90%를 차지하며, 일본의 경우 단일 교단을 이루고 있다. 하지만 교인은 국민의 1-2%에 불과하다. 일본의 경우를 좀더 살펴보면, 일본은 작은 교회가 중심이다. 이것은 우치무라 같은 교회 지도자가 무교회주의 운동을 펼친 결과라 할 수 있다. 교인에게 개인적 신앙생활은 잘 가르쳤을지 모르지만 전도와 선교 사역에 대해서는 가르치지 않았기 때문이 아닌가 한다. 더욱이 일본 교회는 지식을 위한 교회로 전락해 버렸고, 우치무라가 주장한 무교회주의가 성행하고 있다.

이와 달리 우리나라는 복음 전하는 일을 중시해 왔고, 이것을 바탕으로 교회가 성장했다. 이것은 복음 전파야말로 교회 성장의 원동력임을 반증한다. 그러나 여기서 깊이 생각해야 할 것은, 남한 교회가 세계에서 유례를 찾을 수 없을 만큼 수많은 교파로 분열된 점이다. 이것은 우리의 죄악이다. 사람들 앞에서 어떤 말로 분열을 합리화한다 해도 하나님은 칭찬하지 않으실 것이다. 과거의 모든 역사적 사건은 바꿀 수 없다. 그렇기에 지금 어떻게 하나님께서 원하시는 길을 찾아 그 일을 바르게 행하느냐가 우리의 당면 과제다.

21세기를 맞은 한국 교회가 언제까지 분열된 모습으로 갈지는 알 수 없다. 범죄를 저지르는 교인이 나타나고 세상 법정에서 아전인수식 공방을 하는 교회가 있는 것이 현실이다. 그렇기에 우리는 늘 하나님 앞에 우리의 죄를 회개하고 무릎 꿇고 옷을 찢으며 철저히 참회하고 새로워져야 한다. 다른 교파와 하나 되는 교회를 만들지 못하는 것은 성직자의 책임이 크다. 궁극적으로 분열된 교단과 한국 교회의 일치 운동이 일어야 한다. 앞으로 CCK나 KNCC가 하나가 되는 연합운동이 일어나길 기대한다.[4)]

제1차 남북기독자회

모든 교회는 한 몸이요 한 지체다. 어느 한 지체가 당한 고난은 결코 그 한 개인의 아픔이나 한 교회의 아픔이 아니라 모든 교회와 성도의 아픔이다. 그동안 남한 교회는 북한에 두고 온 형제자매와 친척을 위해, 그리고 북한 교회를 위해 쉬지 않고 기도했다. 그러나 말로 표현할 수 없는 고통을 겪고 있는 북한 교회와 교인을 향한 하나님의 사랑을 적극적으로 실천하지 못하고 있었다. 부분적으로 몇몇 교회와 지도자가 앞장서서 북한 동포를 돕고자 노력하지만 그것 또한 법적으로 열려 있지 않아 여의치 않았다. 북한 동포를 향한 사랑을 품고 그것을 행하다 법적인 문제로 수감되는 이들도 상당했다.

그러다 1980년대에 들어서면서 남북으로 갈려 갈등을 겪고 있는 우리 민족과 국가의 평화 통일에 대한 논의가 서서히 일기 시작했다. 이것은 1981년 4월에 열린 KNCC에서 통일문제위원회를 창설하기로 한 데서 비롯되었다. 이에 따라 이듬해부터 KNCC 안에 통일문제위원회를 설치했다. 그리고 1983년에 열린 한미 교회협의회에서는 미국 역시 한반도 분단에 책임이 있음을 확인했다.

1984년 10월 29일부터 11월 2일까지 일본 도쿄 교외의 도산소(東山莊) 국제센터에서 세계교회협의회 국제문제위원회(CCIA/WCC)가 주최가 되어 한국 KNCC 대표를 비롯해서 일본그리스도교협의회(NCCJ) 대표 등 세계 20개국 NCC 대표자 65명이 '동북아시아의 평화와 정의 협의회'라는 주제로 모이게 되었다.[5)]

그리고 1985년 11월 11일부터 19일까지, 세계교회협의체 국제문제위원회(CIA/WCC) 간사 바인게르트너(E. Weingertner)가 북한 교회를 방문했다. 이때 그는 조선기독교도연맹 위원장 고기준 목사에게 KNCC가 보낸 찬송가 여섯 권을 전해 주었다. 고기준 목사는 답례로 1983-1984년에 북한에서 발행한 신구약 성경 몇 권을 보내 주었다. 이를 다시 KNCC에 전함으로 남북한 기독교의 첫 교류가 이루어졌다. 국제문제위원회의 북한 방문 보고서에 따르면, 10명 내외의 신앙 공동체를 가진 가정 교회가 500개 있으며, 이중 평양 시내에 30-40개의 신앙 공동체가 있었다. 목사는 한국전쟁 전에 목사 안수 받은 10명의 목사와 1972년부터 3년간 평양신학원에서 배출한 20명의 목사가 있었다. 그 외 전도사, 장로, 집사는 200명, 신도는 만여 명이었다. 성경과 찬송가는 1983-1984년에 걸쳐 만 권 이상 출판했다.[6)]

이러한 사실이 알려지자 세계 교회가 북한 교회에 관심을 갖게 되었다. 미국 교회는 1986년 4월 18일 10명의 대표단을 꾸려 평양을 방문해 그곳 지도자들과 예배를 드렸다. 사실 미국은 북한에게 적국으로 증오의 대상이었지만 북한 역시 그리스도의 사랑으로 용서받고 화해의 길을 통하여 한반도의 평화 통일이 하루속히 이루어지기를 기도했다. 미국 교회 대표 일행은 어느 전도사가 예배를 인도하는 가정 교회에 참석하여 예배한 후 북한에서도 평화를 절실하게 요구하고 있음을 미국 전역에 소개했다.

> 내부가 분열되면 집은 온전히 설 수 없습니다. 우리 민족은 분열된 집과 같습니다. 우리의 소명은 이 집을 하나로 만드는 것입니다. 우리는 이 소명을 나누고 있는 형제자매들과 손잡기를 원합니다.[7)]

1986년 9월 세계교회협의회 국제문제위원회가 주관하는 제1차 남북기독자회가 스위스 글리온에서 개최되었다. 남북 대표 11명이 참석한 이 회의는 남북이 갈라진 지 반세기 만에 대면한 역사적 모임이다. 비록 구체적인 협의가 이루어지진 않았지만, 함께 예배하고 성만찬을 함께할 수 있었던 것만으로도 충분히 의미 있었다.[8)] 이 사실이 세계 교회에 알려지자 NCCJ도 깊이 참회하면서 북한을 방문했다. 일본 대표단은 NCCJ 총무 마에지마 무네도시(前島宗甫) 목사와 일본 기독교단 총무 나카지마 마사아키(中嶋正昭) 목사, 도쿄 여자대학 수미오 미키오 총장 3명이 1987년 5월 6일부터 13일까지 평양을 방문했다. 이들은 평양 방문에 앞서 성명서를 발표했다.

> 금세기 초 이래 일본 제국의 강권, 억압하에서 조선 민족의 역사는 피로 점철되고 비극에 사무쳤다. 일본인도 같은 권력에 의해 비극을 체험했다고는 하나, 그 역사의 와중에서 우리는 기독인으로서 이웃을 사랑하라는 예수 그리스도의 가르침을 따르기에 충실하지 않았다. 더구나 한반도에 있는 이웃의 고통을 함께 나누려 하지 않고 있다. 한반도에서 사

6·15공동선언 이행과 평화 통일을 위한 금강산 기도회. 앞줄 오른쪽 네 번째가 조선그리스도교연맹 강영섭 위원장

2007년 평양 봉수교회에서 열린 평양성령대부흥 100주년 기념대회

장충체육관에서 열린 남북 공동 평화 통일 기도 연합 예배(2011. 3. 1.)

서울 월드컵경기장에서 열린 평양대부흥 100주년 기념대회(2007. 1. 7.)

봉수교회 재건축 헌당. 예장(통합) 남선교회 전국연합회가 2005년 조선그리스도교연맹의 재건축 요청을 받아들여 2008년 7월 16일 평양 봉수교회를 헌당했다. 연건평 600평, 지상 3층으로 1,200명의 성도가 함께할 수 있다.

> 는 사람들은 동일 민족임에도 38선으로 분단된 상황에 놓여 있다. 이 분단의 책임을 져야 할 우리 일본인은 그 책임을 지키기는커녕 오히려 전후 42년의 역사 속에서 그 분단이 고정화되는 것을 좌시해 왔다.[9)]

평화 통일과 선교에 관한 기독자도쿄회의

1988년 4월 인천에서는 '한반도 평화 통일을 위한 기독교 세계대회'가 열렸다. 한국의 KNCC 대표는 물론 세계 각국의 300여 명의 성직자, 평신도 들이 함께해 한반도 평화 정착을 위해 기도했으며 이를 위해 세계 교회의 협력을 촉구했다. 그리고 1988년 노태우 정부는 민족자존과 통일 번영을 위한 특별 선언인 7·7선언을 발표하면서 남북 지도자의 만남을 제의했다. 그해 11월 첫 주일에 평양 봉수교회가 신축 완성되어 헌당 예배를 드렸다.

그러던 중 WCC 국제문제위원회가 주관하는 남북지도자회의가 스위스 글리온에서 1988년 11월 23일에서 25일까지 비공개로 진행되었다. 남한에서는 대한성공회 주교 김성수 신부(KNCC 회장)를 비롯한 11명이 참석했고, 북한은 조선기독교도연맹 위원장 고기준 목사를 비롯한 7명이 참석했다. 이날 고기준 목사는 세계 인류사에서 한 문화, 한 말, 한 피를 가진 민족으로서 분단된 상태로 서로 만나지 못하고 함께 예배하지 못하는 민족은 우리뿐이라며, 그리스도 안에서 우리가 화해와 사랑을 이뤄가는 평화의 군사로서 함께 기도하며 일해 나가자고 했다.

이후 1990년 7월 10일부터 13일까지 제1회 조국 평화통일과 선교에 관한 기독자도쿄회의가 도쿄에 있는 한국YMCA 회관에서 조선그리스도교연맹, 한국 4개 교단, 한국 NCC, 미국 · 캐나다 · 독일의 WCC, 아시아기독교협의회(Christian Conference of Asia, 이하 CCA) 등 100여 명이 모임을 가졌다. 그리고 이듬해인

1991년 7월 9일부터 12일까지 제2회 조국 평화통일과 선교에 관한 기독자도쿄회의가 다시 열렸다.[10)]

또한 남북기독자의 모임은 1995년을 희년으로 선포하고, 매년 광복절 전 주일을 '평화통일 기도 주일'로 지키기로 합의했다. 제6회 남북기독자의 모임은 1998년 10월 8일에서 10일까지 오사카 한인교회에서 열렸으며, 조선그리스도교연맹에서는 위원장 강영섭 목사 등이 참가했다. 이때 저자도 한국 교회 대표로 참가해 강영섭 위원장을 만나 대화를 나누었다. 당시 보고한 바에 따르면, 북한에는 봉수교회와 칠골교회가 있으며, 가정 교회는 500여 개, 교인은 총 1만 2천명이라고 했다.

조선그리스도교연맹은 WCC와 유대관계를 맺고자 했다. 이후 독일 교회는 2년마다 열리는 독일 교회의 날에 남북 대표를 초청해 함께 예배할 수 있도록 해주었다. 1998년 8월 옛 동독 지역인 라이프치히에서 독일 교회의 날이 열렸다. 이때 북한의 조선그리스도교연맹 위원장 강영섭 목사가 설교하고 남한 KNCC 총무 김동완 목사가 성찬식을 집례해 동포들과 예배하며 성찬식을 가졌다. 이 자리에 모인 이들은 서로 사랑을 나누며 통일을 위해 기도했고, 재독한인교회협의회를 통해 여러 해 동안 어려움에 처한 북한 동포들을 위한 사랑을 북한에 전했다. 이후 조선그리스도교연맹의 초청을 받아 독일교회협의회 임원들이 북한을 방문했다.

조국 통일은 언젠가 이루어질 것이다. 그러나 그날은 하나님만 아신다. 우리는 이 일이 속히 이루어지기를 바라며, 남북이 하나 되어 부끄럼 없이 만나 그리스도의 사랑을 나눌 수 있도록 기도해야 할 것이다.

남북한 정상회담

남한 정부는 무엇보다 대화의 중요성을 인식하고 정상이 만나 대화하며 통일을

일본 오사카에서 모인 제6차 남북한 기독교 지도자. 오른쪽부터 김수진, 문세광, 김형록, 강영섭 조선그리스도교연맹 위원장, 백도운, 국제부장 황시천, 박완신, 이진희. 뒷줄 중앙 미국 장로교회 총회 김인식 총무

KNCC에서 1988년 2월 29일 열린 제37회 정기 총회. '민족의 통일과 평화'를 위한 '88선언'을 제창했다.

제1차 남북정상회담에서 김대중 대통령과 김정일 국방위원장이 손을 맞잡고 〈우리의 소원은 통일〉을 부르고 있다(2000. 6. 15.).

남북공동선언문에 서명한 뒤 악수를 나누는 노무현 대통령과 김정일 국방위원장(2007. 10. 4.)

향한 발걸음을 조심스럽게 걸어갔다. 다시는 한국전쟁과 같은 동족상잔의 아픔이 일어나지 않도록 할 뿐만 아니라 특히 어려움 가운데 있는 북한의 형제들을 돕고자 했다. 그리고 2000년 6월 15일 김대중 대통령과 김정일 국방위원장이 평양에서 남북공동 정상회담을 개최하고 〈남북공동선언〉을 발표했다.

> 1. 남과 북은 나라의 통일 문제를 그 주인인 우리 민족끼리 서로 힘을 합쳐 자주적으로 해결해 나가기로 하였다.
> 2. 남과 북은 나라의 통일을 위한 남측의 연합제 안과 북측의 낮은 단계의 연방제 안이 서로 공통성이 있다고 인정하고 앞으로 이 방향에서 통일을 지향시켜 나가기로 하였다.
> 3. 남과 북은 올해 8월 15일에 즈음하여 흩어진 가족 친척 방문단을 교환하며 비전향 장기수 문제를 해결하는 등 인도적 문제를 조속히 풀어 나가기로 하였다.
> 4. 남과 북은 경제 협력을 통하여 민족 경제를 균형적으로 발전시키고, 사회, 문화, 체육, 보건, 환경 등 제반 분야의 협력과 교류를 활성화하여 서로의 신뢰를 다져 나가기로 하였다.
> 5. 남과 북은 이상과 같은 합의 사항을 조속히 실천에 옮기기 위하여 빠른 시일 안에 당국 간의 대화를 개최하기로 하였다.[11]

이러한 합의 사항에 두 정상이 서명했으며, 동행한 일행과 북한 당국자와 함께 그 자리에서 〈우리의 소원은 통일〉을 불렀다. 그리고 남북한 당국자의 협의에 따라 남북한을 잇는 철로 공사를 시작했다. 공사가 끝나자 철도 운행이 중단된 지 52년 만인

2002년 2월 12일, 침목에 미국 부시 대통령과 김대중 대통령이 사인을 했으며, 2002년 2월 20일 임진강 역에서 도라산 역까지 기차가 운행되었다. 2007년 10월 4일에는 노무현 대통령이 방북하여 김정일 국방위원장을 만나 정상회담을 가졌다.

한국 교회 지도자들은 2006년 11월 30일 조선그리스도교연맹 강영섭 위원장의 초청으로 평양 봉수교회를 방문했다. 그러나 봉수교회의 시설이 낡아 그냥 둘 수 없어서 예장(통합) 남선교회 전국연합회에서 3년에 걸쳐 지원해 2007년 12월에 재건축을 완공하고 입당 예배를 드렸다. 교회 건물 내에 예배당을 비롯하여 부속실로 조선그리스도교연맹 사무실과 평양신학원 등이 있다.

3 세계를 향한 한국 교회

한인 디아스포라를 위한 선교 사역

일제의 압박으로 하루아침에 집과 농토를 잃은 우리 농민들은 눈물과 한숨으로 하늘에 호소하며 갈 바를 알지 못한 채 낯선 타지로 삶의 터전을 옮겨야 했다. 누구 하나 반겨 주는 이 없는 외로운 땅에 정착하여 목숨만 겨우 이어 갔다. 이것이 한인 디아스포라의 삶이었다. 한국 교회는 사랑을 품고 이들을 찾아가 위로하고 희망과 용기를 불어 넣어 주었다. 이들은 고통 중에서 주님을 만나 주님께서 주시는 힘과 능력으로 모범적인 디아스포라 공동체를 형성했다. 그렇기에 한인 디아스포라 공동체의 중심에는 늘 교회가 있었고, 교회는 한인 디아스포라의 삶에 등대 역할을 해왔다. 이것은 하나님의 놀라운 은혜였다.

현재 우리나라의 디아스포라 현황을 살펴보면 700만 명 이상의 재외동포가 180여 나라에 흩어져 살고 있다. 그 중 160여 나라에 한인 교회가 세워졌고, 교회를 중심으로 교민 사회를 이뤄 가고 있다. 적게는 교민의 50%, 많게는 70-80% 이상이 주님의 제자가 되었다.[12] 또한 이들의 자녀들이 성장해 한인 디아스포라 사회를 아름답게 만들어 갈 것이며, 더 나아가서는 지도자, 목회자가 되어 그 사회를 복음화할 것이다. 그러기 위해서는 한인 디아스포라 공동체를 영적으로 이끌어 갈 세계적인 선교 채널을 만들어 나가야 한다.

세계 선교 사역

한국 교회는 지금까지 14,000여 명의 선교사를 파송했다. 여기에 교단과 선교 단체에 정식으로 등록하지 않은 선교사를 포함하면 2만 명 정도가 될 것이다. 한국은 현재 세계 2위의 선교사 파송국으로 주목받고 있다. 세계 선교 사역에 대한 소명은 한인 디아스포라 사회에서도 강하게 작용하고 있으며, 한인 디아스포라를 중심으로 세계 선교 사역을 위한 선교회가 조직되어 적극적으로 활동하고 있다. 이 책에서는 대표적인 세 선교 기구를 소개하고자 한다.

세계한인선교사회(World Korean Missionary Fellowship, 이하 WKMF)는 1977년 7명의 선교사가 선교사동지회를 만들면서 시작되었다. 이듬해에는 정식 명칭을 한국선교사동지회라 하고 홍콩 주재 홍종만 선교사(당시 최고령자)를 1대 회장으로 선임했다. 1986년에는 미국 시카고 휘튼 대학에서 미국 비자 문제 등을 돕고 서로 협력하기 위해 100여 명의 한인 선교사들이 모였다. 이때 명칭을 세계한인선교사회로 바꾸고 체제를 정비해 4년마다 모임을 갖기로 했다. 2004년에는 900여 명의 선교사들이 모여 제16대 임원을 선임하고, 선임된 공동회장 4명 중 1명을 대표회장(이준교, 이집트 선교사)으로 선임했다.

기독교한인세계선교협의회(The Korean World Mission Council for Christ, 이하 KWMC)는 1988년 미국에 거주하는 한인 128명이 선교를 목적으로 모임을 가진 것에서 시작되었다. 당시 한국 장로교회 총회 통합측 전도부 총무를 역임한 김계용 목사를 중심으로 미국에서 활동하는 각 교단 대표들이 중심이 되었다. 휘튼 대학에서 5,000달러를 지원하여 세계에 흩어져 있는 한인 선교사들의 비자 문제를 해결할 수 있었고, 기숙사 등의 편의를 제공할 수 있었다. 1992년에는 400여 명, 1996년에는 2,000명, 2000년에는 3,000명, 2004년에는 만 명 정도가 모였다.

한국세계선교협의회(Korean World Mission Association, 이하 KWMA)는 1990년 6월 25일 서울 소망교회에서 창립 총회를 갖고 회장 곽선희 목사, 총무 전호진 목사를 선출했다. 한국 교회 교단 선교회와 선교 단체가 상호 협력하고 연합하여 선교의 남은 과업을 완수하는 데 목적을 두고 있다. 1991년 11월 5－8일 제1차 민족과 세계복음화회의를 개최한 뒤 4년마다 선교대회를 가지며 선교연합운동에 힘쓰고 있다. 세계 선교 사역을 위해 교파를 초월하여 조직을 구성해, 현재 이사장에 충신교회 원로 박종순 목사, 회장에 강승삼 목사가 선임되었다.

이 세 선교 기구는 하나님의 선교를 위해 2020년까지 100만 명의 한인 자비량 선교사를 세계 258개국 25,000종족에 파송하는 데 뜻을 같이하고 있다. 이 100만인 자비량선교사 파송운동을 위해 황성주 목사가 일하고 있으며, 새로 양육될 100만 자비량선교사는 현재 선교 사역하고 있는 선교사와 혼동되지 않도록 사역자로 통일하기로 했다.

오늘날 중국에서 근무하는 전문직 한인은 대략 60만 명이다. 이들 중 최소 20%가 기독교인이라고 한다면, 중국에는 12만 명의 사역자가 하나님의 선교를 감당하고 있는 셈이다. 현재 KWMA는 이들을 조직화해 선교 훈련을 진행하며 선교 전략을 개발해 서로 협력할 수 있도록 연계하는 체계를 갖추어 나가는 데 힘을 기울이고 있다. 또한 2030년 10만 정병(精兵) 선교사 파송 계획을 세우고 있다. 우리나라 해외 선교사를 17,000명으로 본다면 그동안 증가 추세를 감안할 때 2030년에는 약 46,000명의 선교사를 파송할 수 있다. 여기에 한인 디아스포라를 선교 마인드를 가진 현지 사역자로 양성하고, 이들 모두를 연결한 체제를 구축하는 것이다. 그리하여 한국의 성장 추세를 유지하고, 디아스포라를 선교사로 육성하면서 10만 정병 선교사로 양육하는 것이다.

하나님께서는 시대마다 하나님의 복음을 증거할 나라와 소명자를 세워 일하셨다. 하나님의 음성을 듣고 순종하는 니라와 민족에게 내린 하나님의 복은 기독교 역사를 통하여 확인할 수 있다. 지금 하나님께서는 우리 민족에게 세계 선교의 사명을 주시고 감당하라고 명하셨다. 따라서 한국 교회와 성도는 이 부르심이 민족과 개인에게 주신 무한한 복으로 여기고 순종해야 할 것이다.

4 위기에 처한 한국 교회

잊지 말아야 할 한국 교회의 밑거름

하나님께서는 한 개인에 대한 기대도 있지만 국가와 민족을 향한 기대와 소망도 갖고 계신다. 그러므로 개인과 국가, 나아가 세계는 주님께서 원하시는 목적을 이루기 위한 삶을 살아야 한다. 주님께서는 “너희가 이것을 알고 행하면 복이 있으리라”(요 13:17) 하셨다. 여기서 너희는 개인이 아니라 공동체를 의미한다. 공동체가 행할 것을 알고 행하는 것은 복된 일이다.

하나님께서는 모든 사람에게 은사를 주셨다. 우리 각자는 각자의 은사, 마음, 능력, 성격, 경험을 고려하여 그리스도의 몸 가운데 자신이 감당해야 할 부분이 무엇인지를 찾아 실천해야 한다. 무엇보다 그리스도를 닮은 삶으로 그리스도를 증거해야 한다. 그리스도인은 그리스도를 닮는 삶을 살아야 하며, 하나님의 영광을 드러내야 할 소명이 있다. 모든 것이 하나님의 영광을 위해 존재한다. 예수님께서는 “아버지께서 내게 하라고 주신 일을 내가 이루어 아버지를 이 세상에서 영화롭게 하였사오니”(요

17:4)라고 말씀하셨다. 이 땅에서 '아버지께서 하라고 주신 일'을 이루심으로 하나님께 영광을 돌린 것이다. 하나님을 믿는 순간 우리는 하나님의 자녀가 되고 그분께 속하며, 그분을 사랑하게 된다. 그리고 그분의 가족 공동체를 사랑하는 법을 배운다. 하나님의 영광을 위해 살려 한다면 많은 것이 달라져야 한다. 예수님께서 겟세마네에서 땀이 핏방울같이 흐를 정도로 기도하신 것처럼, 오늘 우리도 이러한 고민과 함께 영원한 생명을 향해 달려가야 한다.

세계 어느 나라의 역사를 살펴보아도 우리나라에서처럼 복음을 통해 최상의 영적 지도자가 양육되고 나라의 정신적 · 물질적인 모든 분야에서 빛을 발한 역사를 찾기란 쉽지 않다. 한국 교회는 이 놀라운 역사를 이루도록 해주신 하나님께 가장 먼저 감사드려야 한다. 한국 교회가 이룬 역사를 계승하고 발전시키기 위해서는 우선 사회의 지탄을 받고 있는 일, 우리 주님께서 슬퍼하시는 일이 무엇인지를 알아 신속하게 참회하고 새롭게 되어야 한다. 그렇게 한다면 분명 한국 교회는 새로운 모습으로 더 놀라운 시대를 맞이하게 될 것이며, 세계의 어둠을 밝힐 수 있는 아름다운 시대를 맞이할 것이다.

한국 교회는 지난 100년 동안 길고 험난한 세월을 살아왔다. 잔인한 일제 강점기, 동족끼리 총부리를 겨누고 싸운 한국전쟁, 암울했던 군사 독재 등 혹독한 시대를 살아오면서 오직 성령의 능력과 베풀어 주신 지혜로 이겨 낼 수 있었다. 자기 자신보다 이웃을 위해 산 선교사와 신앙의 선배 들을 통해, 우리 자신과 이 민족이 무한한 하나님의 사랑을 받았음을 알고 그들처럼 살아가야 할 것이다.

전국에 묻혀 있는 외국인 선교사와 그 자녀들이 '예수 오실 때'를 기다리고 있음은 하나님께서 우리 민족에게 베풀어 주신 은혜가 얼마나 풍성한가를 보여 준다. 서울 양화진 외국인 선교사 묘원에 묻힌 켄드릭 선교사의 유언이 떠오른다. 스물다섯의 꽃다운 몸으로 한국 땅에서 선교하다가 삶을 마감하면서 남긴 말이다. "만일 내게 천(千)의 생명이 있다 해도 조선에 바치리라(If I had a thousand lives to give, Korea should have them all)." 우리나라에 주님의 사랑을 들고 와 헌신적으로 봉사하면서, 천하보다 더 귀한 생명을 아낌없이 줌으로써 어둠을 밝힌 선교사와 신앙의 선배에 대한 감사를 잊지 말아야 할 것이다.

새로운 역사를 위한 회개운동

지나온 기독교 역사를 통해 우리가 받은 은혜는 무엇인가? 그것은 1907년 평양대부흥운동이요 전국에서 일어나 세계로 비화된 성령의 불이다. 그렇다면 이 시대 한국 교회와 한국 선교사가 선교지에서 내놓을 것, 그것은 무엇인가? 세계 교회 지도자들은 한국 교회가 오늘날과 같이 성장하게 된 원인을 평양대부흥운동으로 보며, 이러한 대부흥운동이 일어날 수 있었던 배경으로 성경 공부, 새벽기도, 합심기도, 통성기도로 본다. 새벽마다 일어나 한 가지 기도 제목으로 기도하는데 그 소원을 들어주지 않는 부모가 있을 수 없듯이 하나님께서도 들어주지 않을 수 없으셨을 것이다.

그러므로 우리는 1907년 평양에서 시작되어 전국에 번진 놀라운 성령의 역사가 이 나라와 교회를 부흥시켰음을 되새기며 말씀과 참회기도, 자신의 삶을 변화시키는 진정한 신앙인의 자세로 돌아가야 한다. 그러기 위해 한국 교회와 목회자, 나아가 세계 각지에서 사역하는 선교사에게서 기도하는 모습 곧 예수 그리스도께서 본을 보여주신 거룩한 모습이 나타나 주님께 영광 돌리는 교회가 되기를 기도해야 한다. 1907년 평양대부흥운동의 역사가 선교사에 의해 시작된 것처럼, 지금 주님의 사자로서 세계에 파송 받아 사역하는 한인 선교사들을 통하여 세계의 성령운동과 기도운동이 다시 일어나 오순절의 놀라운 역사가 온 세상에 일어나길 기원해 본다. 더 나아가 이러한 역사가 21세기 세계를 변화시키는 힘이 되기를 기원한다. 선교사를 많이 파송하는 것도 중요하지만 그보다 더 중요한 것은 예수님의 마음과 사랑을 품고 성령의 충만함을 받아 주님의 손과 발이 되는 것이다.

2012년은 한국 장로교 총회 창립 100주년을 맞이하는 해다. 이때 1907년 평양에서 일어났던 회개운동이 각 교단마다 일어나길 바란다. 그리고 이 운동으로 한국 교회가 생명이 넘치는 교회가 되어 각 지역에서 놀라운 부흥의 역사가 있기를 기도한다.

> 길선주 장로는 설교를 했는데 설교의 마지막을 실증적인 예증으로 끝맺었다. 한 끈의 밧줄로 자기의 가슴 둘레를 단단히 얽어매고 그 한 끝을 한 사람에게 잡게 하고 강대상 곁에 서 있는 윤산온 선교사에게 도와달라고 말했다. 그것은 죄에 얽매인 사람이 그 줄을 끊고 하나님께 돌아오려고 하는 행동인 것을 설명하고 그 줄을 잡아당기면서 죄 아래 속박되어 있는 사람이 몸부림치듯 하다가 결국 그 줄을 끊고 강대상으로 달려가 윤산온 선교사와 서로 껴안았다. 윤산온 선교사의 말에 의하면 길선주 장로가 그 밧줄을 끊으려고 할 때 회중은 숨을 죽인 듯이 고요했다. 그러나 그 밧줄을 끊고 서로 팔을 벌려 껴안았을 때, 그 결과는 입으로 설명할 수가 없었다. 많은 사람들이 자기들의 죄를 회개하려고 울부짖었고, 고백하는 사람들이 계속 일어나는가 하면, 어떤 사람들은 마룻바닥에 넘어져서 완전히 통회의 눈물을 흘리고 있었다. 길선주 장로는 온 회중에게 집으로 돌아가서 자기와 관련된 사람에게 자기의 죄를 자복하고 저녁 집회에 다시 오라고 선포했다.[13)]

1907년의 역사적인 이 사건을 우리는 기억해야 한다. 우리에게도 그날이 반드시 올 것이기 때문이다. 그렇기에 우리는 다가올 100년을 바라보며 새로운 역사를 계획해야 한다. 100년 후 교회사가들이 오늘의 역사를 평가하리라는 것을 잊지 말아야 한다.

교회를 떠나는 교인들

오늘날 한국 교회에는 목회자와 교인 간에 깊은 갈등의 골이 있다. 대형 교회를 지향하는 목회자 가운데는 교회를 마치 기업처럼 생각하는 이들도 많다. 더욱이 전도주일이나 총동원 전도 주일에는 교인들을 총동원해 다른 교회 교인들을 데려다 놓고 "이번 총동원 주일에 우리 교회에 ○○명이 출석했습니다"라고 광고하며, 동원된 교인들에게 상품권을 주는 기이한 행태가 벌어지기도 한다. 한때 어느 일간지에서 신문을 구독하면 자전거 1대를 무료로 주는 판매 전략으로 구독 부수를 높인 일이 있었다. 이후로 이 신문에 대해 자전거 일보라는 냉소적인 농담이 나오기도 했다.[14] 과연 지금의 작태가 자전거 일보와 무엇이 다른가.

요즘 교회마다 세대 교체가 이뤄지면서 원로목사를 추대하는 일이 많아졌다. 그런데 원로로 추대 받으면서 수십억 원, 수백억 원을 요구해 불상사가 벌어지기도 한다. 가난한 교인들의 눈에 구체적인 액수를 언급하는 원로목사가 과연 어떻게 비치겠는가. 예수님은 당신을 따르려면 있는 것 모두 가난한 자에게 주고 따르라고 하셨다. 그때 한 부자 청년은 자신이 지닌 부 때문에 근심하며 돌아갔다. 그런데 이런 설교를 수도 없이 많이 했을 원로목사가 예수의 정신을 정면으로 위배하고 있다. '사람은 빈손으로 왔다가 빈손으로 가는 것이 당연한 이치'라고 외치던 그들이 어찌하여 돈의 노예가 되었는지 정말 알 수 없는 일이다. 얼마 전 잘 아는 장로의 말을 듣고 크게 실망한 적이 있다. 그 지방 노회에서는 승용차는 최고 소나타 이상은 타고 다니지 않기로 결의했다고 한다.[15] 한국 교회 교인들의 생활 수준이 자가용을 타고 교회에 올 교인이 그리 많지 않을뿐더러 대부분이 서민들이다.

이처럼 교회의 대형화, 세속화로 교회에 실망해 천주교로 개종하는 교인이 해마다 늘고 있다. 더욱이 기독교에 혐오를 느껴 불교로 개종하는 신자들도 많다고 한다. 2006년 5월 통계청 발표에 따르면, 개신교인은 전체의 1.6%인 약 14만 4,000명이 감소했다. 반면 천주교는 74.4%, 불교는 3.9% 증가했다. 〈기독공보〉에 따르면 개신교 신자가 개종하는 이유는, 외형에 치중하는 것, 직분 싸움, 헌금 강요와 교세 확장 몰두, 서로 상처를 주되 용서와 화해가 없는 것 등이다.[16] 개신교 신자가 다른 종교가 아닌 천주교로 개종한 이유를 살펴보면, 성당의 성스럽고 엄숙한 분위기, 성직자와 성도의 생활에서 드러나는 성스러운 이미지, 개인의 사생활을 침해하지 않으려는 노력, 술과 담배에 대한 무규제, 제사 허용, 다른 종교에 대한 관용적인 태도 등이 있다. 그리고 수입의 50-60%까지 납부하는 교구 공납금 제도, 집에서 가장 가까운 성당에 다니도록 지도하는 신자 관리 제도, 재산과 주택을 소유하지 않는 성직자의 청렴 청빈한 생활을 들 수 있다.[17]

만일 한국 교회가 스스로 회개하고 각성하지 않는다면 교인의 유출은 더욱 심해질 것이다. 오늘날의 유럽 교회는 교인이 없어 교회당이 모슬렘에게 팔려 가거나 심지어 교회당을 매입한 건물주가 술집으로 개조하기도 했다. 한국교회가 이런 상황이 되지 않으려면 우리의 선택과 결의가 어느 때보다 중요하다.

한국 교회 목회자의 모범, 한경직 목사

필자는 세계가 인정한 20세기 한국 기독교의 대표적인 목회자 한경직 목사의 일대기를 담은《아름다운 빈손 한경직》을 집필했다. 청빈과 겸손한 삶을 실천해 누구나 본받아야 할 목회자상을 제시했던 그는, 소천한 후에도 여전히 한국 교회의 큰 어른이자 섬기는 자, 낮은 자의 모습으로 나라와 민족을 위해 봉사한 인격과 덕망이 회자되며, 온유와 겸손, 경건과 사랑의 모범으로 전해지고 있다. 서울 영락교회를 개척하고 원로목사가 된 그는 화려한 주택을 거절하고 경기도 광주 산골 마을의 자그마한 집에서 살았다. 당시 딸 내외가 근처로 이사해 한경직 목사를 보살폈다. 하지만 그는 딸 내외가 곁에 있으면 교회에 피해를 줄 수도 있다며 떠날 것을 권했다. 혼자된 아버지를 두고 떠날 수 없었던 딸 내외는 완강히 버텼지만, 결국 아버지의 뜻에 따라 그곳을 떠나야 했다.[18)]

인간적으로 생각하자면 노구에 혼자된 삶이 얼마나 외로웠겠는가. 그러나 그는 모든 것을 하나님께 맡기며 말년을 보냈다. 평생 통장 하나 만들지 않은 그가 남긴 것은 40여 년 동안 쓴 1인용 침대, 안경, 해진 양복 몇 벌, 말년을 함께한 휠체어, 그리고 낡은 성경책이 전부였다.

2011년 KBS 1TV는 성탄 특집으로 〈한경직 목사의 아름다운 빈손〉을 방송했다. 이 다큐멘터리는 자신에게 허락된 모든 것을 국가와 민족을 위해 쏟아 부으며 스스로 가난한 삶을 선택한 한경직 목사의 삶과 정신이, 혼돈에 빠진 이 시대에 던지는 메시지를 전했다. 아울러 지금 우리는 어디로 가고 있는지 그리고 무엇을 위해 사는지 다시 생각해 볼 기회를 주었다.[19)]

나오는 말

새 시대를 위한 회개와 용서를 바라며

노예제의 비인간성을 고발한 문제작 《톰 아저씨의 오두막》은 미국의 사실주의 작가이자 노예제 반대자인 헤리엇 비처 스토가 1852년에 출간한 책이다. 스토 부인이 노예무역으로 팔려 온 아프리카 흑인들이 겪는 참상을 이 책을 통해 고발할 수 있었던 것은, 부조리한 사회를 바로잡을 수 있으리라는 믿음 때문이다. 이처럼 저자 역시 펠 수 없을 정도로 산산이 분열된 한국 교회가 언젠가는 하나 되어 하나님께 영광 돌리는 날이 올 것이라 믿으며, 이 책이 그런 영적인 능력을 발휘하길 바라면서 썼다.

반만 년 역사 속에서 세계사에 큰 빛을 발하지 못한 우리지만, 이제 복음의 빛으로 이 나라 구석구석을 더욱 밝게 비추어 전국을 복음화하고 나아가 어두운 세계 구석구석을 비춰 나가야 한다.

최근 한국 기독교는 기복 신앙, 내세적 신앙, 이데올로기에 종속된 세계관, 교파 간의 치열한 경쟁 등 이전의 모습을 대체로 간직하고 있는 가

> 운데 교권 세습, 일부 지도자의 도덕적 타락과 권력 지향, 교인 수의 감소, 물신 숭배적 가치관 등 새로운 문제에 직면했다. 돌이켜 보면 오늘날 한국 교회가 가지고 있는 많은 문제는 6·25전쟁을 겪으면서 시작되었거나 심화되었다. 6·25전쟁은 일탈적 신앙 양태와 성경 해석을 낳았고, 물질적 복을 내세에 대한 소망과 교묘하게 결합시켜 기복 신앙을 강화시켰다. 또한 6·25전쟁은 나라와 민족뿐만 아니라 교회마저 이데올로기에 따라 분열시키고 말았다. 6·25전쟁의 참혹한 경험은 남한과 북한의 교회에 깊은 상처를 남겼고 서로를 이해하는 데 큰 장애가 되고 있다. 그리고 일제 강점기의 역사를 청산하지 못한 상태에서 맞았던 6·25전쟁은 교단의 분쟁과 분열이 촉발되는 환경을 조성했다.[1]

한국 장로교의 분열에는 교권의 욕망에 근거한 지방색이 크게 작용했다. 그랬기에 전쟁이 지난 후에도 화해운동에 앞장서지 않았으며, 민족에게 희망을 주지도 못했고, 분열만이 살길이라 생각했다. 여기에 자신의 교회만 성장하면 된다는 무한이기주의가 함께 작용했다. 세계에서 가장 큰 교회가 우리나라에 있다. 만일 그 교회가 이웃 교회를 조금이라도 생각했다면 교회를 지금처럼 대형화하지 않았을 것이다. 서울 강남에 있는 몇몇 대형 교회 역시 자신의 몸집 불리기에만 관심을 두고 있다.

이러한 교회의 대형화는 가난한 서민이 주님의 사랑을 나누면서 예배할 교회가 사라지고 있다는 것을 반증한다. 우리나라는 경제협력개발기구(OECD) 국가 중 자살률 1위를 기록하고 있다. 그렇다면 스스로 삶을 끊고자 하는 많은 영혼들을 위해 교회가 할 수 있는 것은 무엇인가. 교회가 이들의 영혼을 치유하고 위로하기보다 엄청난 크기의 교회당을 신축하는 데에만 힘쓴다면 교회의 미래는 어떻게 될 것인가. 더욱이 대형 교회마다 후계자를 북한 정권처럼 세습하는 일이 계속 이어진다면 과연 누가 그러한 교회에 다니겠는가. 오늘날 유럽 교회가 그저 유서 깊은 문화재 정도로 여겨지고 있다는 점을 우리는 곱씹어 봐야 한다. 더욱이 최근 한국 교회에 나타나고 있는 현상 가운데 가장 우려할 만한 것이 청소년 신자의 감소이다. 우선적으로 교회는 젊은이들이 왜 교회를 떠나는지 진지하게 고민하고 이를 해결해야 한다.[2)]

또한 바라기는 북한 동포에 대한 사랑을 놓지 말아야 한다. 그리하여 우리 민족이 하나 되는 통일을 이루고 한때 한국의 예루살렘이라 불렀던 평양이 통일 조국에서 재현되기를 바란다. 그러기 위해 가장 시급히 이뤄야 할 것이 회개와 용서와 화해이다. 한국 장로교 총회 창립 100주년을 맞아 서로가 그간의 잘못을 회개하고 서로 용서함으로써 삼천리금수강산에 복음의 계절이 오기를 모두 함께 기도해야 할 것이다.

주

1부

대한예수교장로회 총회의 출범

1) 곽안련, 《장로교회 사전휘집(長老教會史典彙集)》(조선야소교서회, 1910), 10쪽.
2) 차재명 편, 《조선예수교장로회 사기》(신문로교회당, 1928), 82-83쪽.
3) 언더우드 선교사는 효율적인 선교 활동을 위해 조선에서 선교하던 네 장로교(미국 남 · 북장로교, 캐나다 장로교, 호주 장로교) 선교회가 전국을 넷으로 분할해서 선교하는 방안을 제안했다. 즉 지역을 구분해서 선교하는 '예양 협정'을 제안한 것이다. 이는 지역을 나눠 선교함으로써 중복 선교로 인한 피해를 줄이기 위해 도입되었다.
4) 마포삼열, "장로회신학교 약사", 《신학세계》 1호(1916), 164쪽. 이후 해방 이전의 원문은 좀더 쉽게 이해할 수 있도록 현대어로 다시 풀었다.
5) 계일승 편, 《장로회신학대학 70년사》(장로회신학대학, 1971), 31쪽.
6) 《장로회신학대학 70년사》, 32쪽.
7) 《제1회 대한예수교장로회 독노회록》(1907년 9월), 4쪽.
8) 《제1회 대한예수교장로회 독노회록》, 10쪽.
9) 《제1회 대한예수교장로회 독노회록》, 18-19쪽.
10) 《제1회 대한예수교장로회 독노회록》, 25-30쪽.
11) 《제4회 대한예수교장로회 독노회록》(1910년 9월), 17-18쪽.
12) 《제5회 대한예수교장로회 독노회록》(1911년 9월), 43쪽.
13) 이찬영, 《한국기독교회사 총람》(소망사, 1994), 257쪽.
14) 《제1회 대한예수교장로회 독노회록》, 16-17쪽.
15) 〈예수교 회보〉(1908년 1월 29일).
16) 《제1회 조선예수교장로회 총회 회록》(1912년 9월), 21쪽.
17) 박상순, "산동 선교의 과거와 현재", 《신학지남(神學指南)》(17권 6호), 27쪽.
18) 《제22회 조선예수교장로회 총회 회록》(1933년 9월), 89쪽.
19) 이홍구, 《한국 이민사》(중앙일보, 1979), 16쪽.
20) 차재명 편, 《조선예수교장로회 사기》(경성 신문내교회, 1928), 171쪽.
21) 《제3회 대한예수교장로회 독노회록》(1909년 9월), 13쪽.
22) 《제4회 대한예수교장로회 독노회록》, 14쪽.
23) 김수진, 《중국 개신교회사》(홍성사, 1997), 322쪽.

24) 《제4회 대한예수교장로회 독노회록》, 16쪽.
25) 김수진, 《일본 개신교회사》(홍성사, 1993), 445-446쪽.
26) *Minutes of the Seventh Annual Meeting, Korea Mission Methodist Episcopal Church South*(1904), 23쪽.
27) *Official Minutes of Methodist Episcopal Church South*(1905), 39쪽.
28) 김양선, 《한국기독교사 연구》(기독교문사, 1971), 87쪽.
29) 박용규, 《평양대부흥운동》(생명의말씀사, 2000), 348쪽.
30) 길진경, 《영계 길선주》(종로서적, 1980), 192-193쪽.
31) W. N. Blair, *Gold in Korea*(3rd. ed.)(Presbyterian Church U.S.A. 1957), 65쪽.
32) 김수진 · 노남도, 《어둠을 밝힌 한국 교회와 대각성운동》(쿰란출판사, 2007), 138쪽.
33) 한국기독교역사연구회, 《한국 기독교의 역사(1권)》(기독교문사, 1989), 275쪽.
34) 《제17회 조선예수교장로회 총회 회록》(1928년 9월), 39쪽.
35) A. M. Niesbet, *Keeping the Sabbath in Korea*, vol. 4(Richmond: Virginia Presbyterian Committee of Publication, No. 6-June, 1908), 90쪽.
36) 백춘성, 《천국에서 만납시다》(간호협회출판부, 1980), 60-62쪽.
37) H. H. Underwood, *Modern Education in Korea*(New York: International Press, 1926), 34쪽.

3부

조선 교회의 저항과 민족운동

1) 역사편찬위원회, 《승동교회 110년사》(에센에스미디어, 2004), 90-91쪽.
2) 한국기독교역사연구회, 《한국기독교의 역사(2권)》(기독교문사, 1990), 83-84쪽.
3) 《한국기독교회사 총람》, 200쪽.
4) 《한국기독교의 역사(2권)》, 79-82쪽.
5) 《한국기독교의 역사(2권)》, 295쪽.
6) 강위조, 《일본 통치하 한국의 종교와 정치》(대한기독교서회, 1977), 30쪽.
7) 곽안전, 《한국 교회사》(대한기독교서회, 1966), 152쪽.
8) 《한국기독교의 역사(1권)》, 319-321쪽.
9) 《한국기독교의 역사(1권)》, 31쪽.
10) 《한국기독교의 역사(1권)》, 33쪽.
11) 《제8회 조선예수교장로회 총회 회록》(1919년 10월), 1쪽.
12) 김수진, 《한일 교회의 역사》(대한기독교서회, 1989), 119-120쪽.
13) 《한국기독교의 역사(2권)》, 39쪽.
14) 김희곤, 《신한청년당의 결성과 활동》(지식산업사, 1986), 168쪽.
15) 김형석, 《상해 거류 한인 기독교도들의 민족운동》(종로서적, 1989), 576쪽.

16) S. H. Moffet, *The Christians of Korea*(N. Y.: Friendship Press, 1962), 70쪽.
17) 이만열, 《한국기독교와 민족통일운동》(한국기독교역사연구소, 2001), 191쪽.
18) 《제24회 조선예수교장로회 총회 회록》(1935년 9월), 45쪽.
19) 《한국기독교회사 총람》, 198-199쪽.
20) 《종교시보》(1933년 11월), 16쪽.
21) 《종교시보》(1935년 2월), 4쪽.
22) 《종교시보》(1933년 3월), 14쪽.
23) 《제19회 조선예수교장로회 총회 회록》(1930년 9월), 40쪽.
24) 한규무, 《일제하 한국기독교 농촌운동》(한국기독교역사연구소, 1997), 89쪽.
25) 《신앙생활》(1935년 1월호), 2쪽.
26) 《신앙생활》(1936년 10월호), 12쪽.
27) 《제14회 조선예수교장로회 총회 회록》(1925년 9월), 24쪽.
28) 김수진, 《광주 제일교회 100년사》(쿰란, 2006), 222-223쪽.
29) 《기독신보》(1928년 1월 11일자).
30) 《기독신보》(1928년 1월 11일자).
31) 《기독신보》(1930년 4월 30일자).
32) 오긍선은 충남 공주에서 사역하던 미국 남장로교 군산 선교부 선교사 알렉산더(John Alexander, 안력산)의 전도로 예수를 믿은 오인묵의 장남으로 태어났다. 이러한 인연으로 오긍선은 군산 영명학교를 졸업한 후 알렉산더 선교사의 조사로 활동했다. 알렉산더 선교사가 귀국하자 그도 함께 도미했다. 센트럴 대학에서 물리화학을 전공하고 루이빌 의과 대학에서 피부학을 전공해 의학박사학위를 받았다. 1907년에 미국 남장로교 선교회 선교사로 파송을 받아 귀국했다. 이후 군산 구암병원과 광주 제중병원에서 근무하다가, 1912년 세브란스 의학 전문학교 조교수 겸 진료의사로 활동했다.
33) 《기독신보》(1928년 1월 11일자).

4부

신사참배와 기독교 말살

1) 《한일 교회의 역사》, 55쪽.
2) 홍치모, "신사참배와 한국 개신교의 저항운동", 《한국 근대 종교 사상사》(원광대학교출판국, 1984), 873쪽.
3) 《한국기독교의 역사(2권)》, 293-294쪽.
4) 《제27회 조선예수교장로회 총회 회록》(1938년 9월), 9쪽.
5) 예장(합동)측 편, 《대한예수교장로회 총회 백년사(1권)》(예장총회 출판부, 2006), 637쪽.
6) 《한국 근대 종교 사상사》, 875쪽.
7) G. T. Brown, *Mission To Korea*(Board of World Mission Presbyterian Church, US, 1962), 155쪽.
8) 김인서, "일사각오", 《주기철 목사의 순교사와 설교집》(기문사, 1953), 54쪽.
9) 김인서, 《김인서 저작전집(5권)》(신망애사,

1976), 145쪽.
10) 《대한예수교 장로교회사(상)》, 445쪽.
11) 《대한예수교 장로교회사(상)》, 445쪽.
12) 김수진 · 주명준, 《일제의 종교 탄압과 한국 교회의 저항운동》(쿰란출판사, 1996), 138쪽.
13) 김수진, 《목포 양동제일교회 100년사》(쿰란출판사, 1997), 259쪽.
14) C. D. Fulton, *Now is the Time, The Executive Committee of Foreign Missions*(Board of World Missions Presbyterian Church US, 1947), 132쪽.
15) 《한일 교회의 역사》, 64쪽. 창씨개명을 하지 않은 사람의 이름은 한자어 대신 한글로 밝혔다.
16) 《제28회 조선예수교장로회 총회 회록》(1939년 9월), 16쪽.
17) 《제29회 조선예수교장로회 총회 회록》(1940년 9월), 87쪽.
18) 《대한예수교 장로교회사(상)》, 449쪽.
19) 《대한예수교 장로교회사(상)》, 449쪽.
20) 〈매일신보〉(1943년 3월 21일자).
21) 《한국기독교의 역사(2권)》, 313-314쪽.
22) 〈기독교신문〉(1943년 5월 10일자).
23) 예장총회(통합)사료분과위원회 편, 《대한예수교장로회 총회 백년사》(대한예수교장로회 총회교육부, 1984), 686쪽.
24) 《제29회 조선예수교장로회 총회 회록》(1940년 9월), 29쪽.
25) 《제31회 조선예수교장로회 총회 회록》(1942년 9월), 43쪽.
26) 《대한예수교장로회 총회 백년사(1권)》, 673-674쪽.

5부

일제의 패망과 교회의 재건

1) 《한국기독교 해방 10년사》, 45쪽.
2) 《한국기독교 해방 10년사》, 46쪽.
3) 김광수, 《한국기독교 재건사》(기독교문사, 1976), 43쪽.
4) 평양 노회사 편집위원회, 《평양 노회사》(기독교문사, 1990), 324쪽.
5) 김광수, 《북한기독교 탐구사》(기독교문사, 1978), 191쪽.
6) H. A. Rhodes · A. Campbell(eds.), *History of the Korea Mission Presbyterian Church in the USA*, vol. II(1935-1959)(Seoul: The Presbyterian Church of Korea Department of Education, 1959), 264쪽.
7) 《북한기독교 탐구사》, 241쪽.
8) 《한국기독교 해방 10년사》, 68쪽.
9) 《한국기독교 해방 10년사》, 68쪽.
10) 《북한기독교 탐구사》, 199쪽.
11) 사와 마사히코, "해방 이후 북한 지역 기독교", 김흥수 엮음, 《해방 후 북한 교회사 : 연구, 증언, 자료》(다산글방, 1992), 11쪽.
12) 《한국기독교회사 총람》, 558쪽.
13) 〈기독공보〉(1972년 9월 9일자).
14) 〈기독공보〉(1972년 9월 9일자).

15) 《한국기독교 해방 10년사》, 52쪽.
16) 《제33회 대한예수교장로회 총회 회록》(1947년 4월), 9쪽.
17) 《대한예수교 장로교회사(하)》, 44쪽.
18) 《제35회 대한예수교장로회 총회 회록》(1949년 4월), 9쪽.
19) 《제35회 대한예수교장로회 총회 회록》(1949년 4월), 76쪽.
20) 《제39회 대한예수교장로회 총회 회록》(1954년 4월), 263쪽.
21) 《제39회 대한예수교장로회 총회 회록》, 263쪽.
22) 《한국기독교 해방 10년사》, 53쪽.
23) 민경배, 《한국기독교사》(대한기독교서회, 1984), 456쪽.
24) 한국기독교역사학회, 《한국기독교의 역사(3권)》(한국기독교역사연구소, 2009), 101쪽.

6부

한국전쟁과 교회의 수난

1) 《대한예수교장로회 총회 백년사(2권)》(예장총회 출판부, 2006), 86-87쪽.
2) 《대한예수교장로회 총회 백년사(2권)》, 88-89쪽.
3) 《대한예수교장로회 총회 백년사(2권)》, 87-88쪽.
4) 김수진, 《대창교회 100년사》(쿰란출판사, 2003), 89쪽.
5) 김수진, 《6·25전란의 순교자들》(대한기독교서회, 1981), 78쪽.
6) 김수진, 《이자익 장로 이야기》(한국장로교출판사, 2005), 154쪽.
7) 《대한예수교 장로교회사(하)》, 53쪽.
8) 《대한예수교 장로교회사(하)》 54쪽.
9) 유동열, 《한국 좌익운동의 역사와 현실》(범론사, 1984), 36쪽.
10) 손동희, 《나의 아버지 손양원 목사》(아가페, 1995), 225-226쪽.

7부

장로교의 분열

1) 《제26회 조선예수교장로회 총회 회록》(1937년 9월), 47쪽.
2) 김양선, 《한국기독교 해방 10년사》(대한예수교장로회 총회출판국, 1979), 176쪽.
3) 《제24회 조선예수교장로회 총회 회록》(1935년 9월), 53쪽.
4) 《제25회 조선예수교장로회 총회 회록》(1936년 9월), 67쪽.
5) 《제23회 조선예수교장로회 총회 회록》(1934년 9월), 45쪽.
6) 《제24회 조선예수교장로회 총회 회록》, 26쪽.
7) 《제24회 조선예수교장로회 총회 회록》, 81쪽.
8) 《제24회 조선예수교장로회 총회 회록》, 86쪽.
9) 《제24회 조선예수교장로회 총회 회록》, 89쪽.

10) 도히 아키오,《일본기독교사》, 김수진 옮김(기독교문사, 1991), 108-109쪽.
11)《일본기독교사》, 179쪽.
12)《일본 개신교회사》, 김수진 옮김(홍성사, 1993), 155쪽.
13) 野村耕三,《日本人の悔心》(東京: 東京新校出版, 1979), 81쪽.
14) 노평구 엮음,《김교신 전집(1권)》(부키, 2001), 21-22쪽.
15)《김교신 전집(1권)》, 303-304쪽.
16) 박용규,《한국기독교회사》(생명의말씀사, 2004), 860쪽.
17) 박형룡,《기독교 근대 신학 난제 선평》(평양장로회신학교, 1935), 828쪽.
18)《기독신보》(1932년 12월 24일자).
19)《제22회 조선예수교장로회 총회 회록》(1933년 9월), 71쪽.
20) 스웨덴의 그리스도교 신비주의 철학자인 스베덴보리는 성서를 하나님의 직접적인 말씀으로 해석한 여러 책을 저술했다. 그가 죽자 헌신적인 추종자들은 그의 사상을 연구하기 위해 스베덴보리 학회를 만들기도 했다.
21)《기독교 근대 신학 난제 선평》, 831-832쪽.
22) 신광철,《목회와 신학》(1996년 4월호).
23) 탁지원,《한국의 종교단체 실태 조사연구》(현대종교, 2000), 20-21쪽.
24) 사도행전 2:44-47.
25) 김준엽 · 김창순,《한국 공산주의 운동사》(청계연구소출판국, 1988), 11쪽.
26)《개벽》(통권 63호)(1925), 40쪽.
27)《제25회 조선예수교장로회 총회 회록》(1936년 9월), 140쪽.
28) 강원돈,《일제하 사회주의 운동과 한국기독교》(대한기독교서회, 1988), 55쪽.
29) 김요나,《총신 90년사》(양문사, 1991), 314쪽.
30)《총신 90년사》, 317쪽.
31)《한국기독교 해방 10년사》, 152쪽.
32)《제36회 대한예수교장로회 총회 회록》(1950년 4월), 104-105쪽.
33)《제36회 대한예수교장로회 총회 회록》, 110-113쪽.
34)《한국기독교 해방 10년사》, 42-53쪽.
35) 한신대학 50년사 편찬위원회,《한신대학 50년사》(한신대학출판부, 1990), 26쪽.
36)《제33회 대한예수교장로회 총회 회록》, 190쪽.
37)《제33회 대한예수교장로회 총회 회록》, 197쪽.
38)《한국기독교 해방 10년사》, 197-198쪽.
39)《한국기독교 해방 10년사》, 190쪽.
40) 김재준, "그리스도 부활에 대한 연구",《신학지남》(16권 1호), 32쪽.
41) 장희근,《한국 장로교회사》(아성출판사, 1970), 372-373쪽. 이해를 돕기 위해 부분적으로 현대어로 바꾸었다.
42) 한국신학대학 곧 조선신학원을 말한다.
43) 〈기독공보〉(1952년 5월 12일자).
44) 〈기독공보〉(1953년 5월 4일자).
45)《총신 90년사》, 340쪽.
46)《대한예수교 장로교회사(하)》, 105쪽.
47)《제41회 대한예수교장로회 총회 회록》(1956년 9월), 21쪽.

48) 〈기독공보〉(1954년 5월 31일자).
49) 주재용, 《한국기독교 100년사》(한국기독교장로회출판사, 1992), 406쪽.
50) 《한국기독교 100년사》, 375-377쪽.
51) 《제47회 대한예수교장로회 총회(통합) 회록》(1962년 9월), 182-183쪽.
52) 《한국기독교 해방 10년사》, 288쪽.
53) 《총신 90년사》, 325쪽.
54) 《총신 90년사》, 330쪽.
55) 《장로회신학대학 70년사》, 135쪽.
56) 〈기독공보〉(1952년 2월 18일자).
57) 〈기독공보〉(1954년 8월 9일자).
58) 《제39회 대한예수교장로회 총회 회록》(1954년 9월), 285쪽.
59) 《대한예수교 장로교회사(하)》, 147쪽.
60) 이영헌, 《한국기독교사》(컨콜디아사, 1980), 333쪽.
61) 《대한예수교장로회 총회 백년사(2권)》, 144쪽.
62) 《제44회 대한예수교장로회 총회 회록》(1959년 9월), 30쪽.
63) 《제44회 대한예수교장로회 총회 통합 회록》(1960년 9월), 175쪽.
64) 《한국기독교의 역사(3권)》, 95쪽.
65) 《제53회 대한예수교장로회 합동 총회 회록》(1968년 9월), 390쪽.
66) 《제52회 대한예수교장로회 합동 총회 회록》(1967년 9월), 115쪽.
67) 〈대한예수교장로회 합동총회본부에서 전국총회에 발송한 공문〉(1959년 9월 30일자).
68 《대한예수교장로회 총회 백년사(2권)》, 157쪽.
69) 《제45회 대한예수교장로회 합동 총회 회록》(1960년 9월), 10쪽.
70) 《파수꾼》(1960년 11월호), 79쪽.
71) 《제47회 대한예수교장로회 합동 총회 회록》(1962년 9월), 35쪽.
72) 《대한예수교장로회 총회 백년사(2권)》, 169-170쪽.
73) 《대한예수교장로회 총회 백년사(2권)》, 178쪽.
74) 정해송, 《새로 쓴 한국기독교 역사》(미문커뮤니케이션, 2008), 474쪽.
75) 《새로 쓴 한국기독교 역사》, 475쪽.
76) 《새로 쓴 한국기독교 역사》, 479쪽.
77) 《새로 쓴 한국기독교 역사》, 481쪽.
78) 《대한예수교장로회 총회 백년사(2권)》, 567쪽
79) 《한국기독교의 역사(3권)》, 96쪽.
80) 《한국기독교의 역사(3권)》, 100쪽..

8부

민족과 함께하는 한국 교회

1) 《대한예수교 장로교회사(하)》, 231쪽.
2) 《대한예수교 장로교회사(하)》, 238쪽.
3) 《어둠을 밝힌 한국 교회와 대각성 운동》, 317쪽.
4) 《대한예수교 장로교회사(하)》, 239쪽.
5) 대한예수교장로회(통합) 총회 편, 《한국 교회 100주년기념사업회 종합보고서》(대한예수교장로회 총회출판국, 1992), 75쪽.

6)《대한예수교장로회 총회 백년사(2권)》, 471쪽.
7)《대한예수교 장로회교회사(하)》, 288쪽.
8) 영락교회 편,《영락교회 50년사》(성원인쇄사, 1998), 450-452쪽.
9) 한국기독교협의회 편,《1970년대 민주화운동》(한국기독교협의회, 1987), 94-95쪽.
10)《1970년대 민주화운동》, 97-98쪽.
11)《1970년대 민주화운동》, 99쪽.
12) 세계개혁교회연맹 편,《한국 그리스도인의 신앙증언》(세계개혁교회연맹, 1989), 126쪽.
13)《어둠을 밝힌 한국 교회와 대각성운동》, 339쪽.
14) 〈비전 2020 사역 실천 프로그램 팸플릿〉(한국기독교군선교연합회, 2012).
15) 한국기독교 군선교연합회 편,《아주 특별한 선교》(한국기독교군선교연합회, 2012), 3쪽.
16)《어둠을 밝힌 한국 교회와 대각성운동》, 341쪽.

9부

21세기를 향한 한국 교회

1) 〈기독공보〉(2012년 2월 25일자).
2) 〈기독공보〉(2012년 2월 25일자).
3) R. E. Speer, *Mission in Korea of the Presbyterian Board of Foreign Missions*(New York: American Tract Society, 1897), 230쪽.
4)《대한예수교 장로교회사(하)》, 291쪽.
5)《한일 교회의 역사》, 303쪽.
6) 성경은 대한성서공회에서 발행한 공동번역본을 90%정도 그대로 사용했으며, 찬송가는 일제 말엽에 사용한 개편 찬송가였다.
7)《한일 교회의 역사》, 305쪽.
8)《한일 교회의 역사》, 306쪽.
9) 재일대한기독교회 편,《평화 통일과 NCCJ》(도쿄 : 재일대한기독교회, 1989), 21쪽.
10)《평화 통일과 NCCJ》, 227쪽.
11) 〈경향신문〉(2000년 6월 16일자).
12)《어둠을 밝힌 한국 교회와 대각성운동》, 369쪽.
13)《영계 길선주》, 196쪽.
14) 〈평신도 신문〉(2006년 12월 9일자).
15) 〈평신도 신문〉(2006년 12월 9일자).
16) 〈기독공보〉(2006년 12월 9일자).
17) 〈기독공보〉(2006년 12월 9일자).
18) 김수진,《아름다운 빈손 한경직》(홍성사, 2000), 140쪽.
19)《아름다운 빈손 한경직》, 144쪽.

나오는 말

새 시대를 위한 회개와 용서를 바라며

1)《한국기독교의 역사(3권)》, 260쪽.
2)《한국기독교의 역사(3권)》, 266쪽.

참고문헌

강원돈, 《일제하 사회주의 운동과 한국기독교》(대한기독교서회, 1988)

계일승, 《장로회신학대학 70년사》(장로회신학대학, 1971)

계일승 편, 《마포삼열 박사 전기》(예장 총회 교육부, 1973)

곽안련, 《장로교회 사전휘집》(조선예수교서회, 1918)

곽안전, 《한국 교회사》(대한기독교서회, 1973)

구라다 마사히코, 《일제의 한국기독교 탄압사》, 기독교문사 편집부 옮김(기독교문사, 1991)

길진경, 《영계 길선주 목사 저작집》(대한기독교서회, 1968)

———, 《영계 길선주》(종로서적, 1980)

김광수, 《한국기독교 성장사》(기독교문사, 1984)

김남식, 《한국기독교 면려운동사》(성광문화사, 1979)

김수진, 《광주 지방 초기 기독교사 연구》(호남기독교사연구회, 1994)

———, 《목포 지방 기독교 100년사》(쿰란출판사, 1994)

———, 《민중의 선구자 조덕삼 장로 이야기》(진흥, 2006)

———, 《아름다운 빈손 한경직》(홍성사, 2000)

———, 《예수 오실 때까지》(진흥, 2007)

———, 《6 · 25전쟁의 순교자들》(대한기독교서회, 1981)

———, 《일본 개신교회사》(홍성사, 1993)

———, 《자랑스러운 순교자》(범론사, 1981)

———, 《중국 개신교회사》(홍성사, 1997)

———, 《평신도운동과 교회 성장》(대한예수교장로회 총회출판국, 1989)

———, 《한국 교회 평신도운동사》(기독교문사, 1985)

———, 《한국기독교 선구자 서상륜》(진흥, 2010)

———, 《한국기독교 선구자 이수정》(진흥, 2006)

———, 《한일 교회의 역사》(대한기독교서회, 1989)

———, 《호남 기독교 100년사》(쿰란출판사, 1998)

———, 《호남 선교 100년과 그 사역자들》(고려글방, 1984)

김수진 외, 《장로교 최초 목사 7인 리더십》(쿰란출판사, 2010)

김수진 편, 《한국기독교 근대문화유산도록》(쿰란출판사, 2010)

김수진 · 노남도, 《어둠을 밝힌 한국 교회와 대각성운동》(쿰란출판사, 2007)

김수진 · 주명준, 《일제의 종교 탄압과 한국 교회의 저항운동》(쿰란출판사, 1996)

김수진 · 한인수, 《한국기독교사(호남편)》(대한예

수교장로회 총회출판국, 1979)
김승태, 《한국기독교의 역사적 반성》(기독교문사, 1993 : 다산글방, 1994)
김승태 편, 《한국기독교와 신사참배 문제》(한국기독교역사연구소, 1991)
김양선, 《한국기독교 해방 10년사》(대한예수교장로회 총회출판국, 1979)
———, 《한국기독교사 연구》(기독교문사, 1971)
김요나, 《총신 90년사》(양문사, 1991)
김인수, 《한국기독교회의 역사》(장로회신학대학교 출판부, 1997)
김정현, 《JOHN ROSS 한국의 첫 선교사》(계명대학교 출판국, 1982)
김정환, 《김교신》(한국신학연구소, 1980)
김준엽 · 김창순, 《한국 공산주의 운동사》(범론사, 1988)
김형석, 《상해지류 한인 기독교도들의 민족운동》(종로서적, 1989)
김진환, 《한국 교회 부흥운동사》(크리스천비전사, 1976)
김해연, 《한국 교회사》(성광문화사, 1997)
김홍수 편, 《해방 후 북한 교회사》(다산글방, 1992)
김희곤, 《신한 청년당의 결성과 활동》(지식산업사, 1986)
대한예수교장로회 총회 신학대학원 편, 《신학지남(1918-1964)》(한국기독교사연구회, 1989)
대한예수교장로회 총회 편, 《대한예수교장로회 독회록(1907-1911)》(대한예수교장로회 통합총회, 1980)
예장(통합), 《대한예수교장로회 독회록(1912-1942)》(대한예수교장로회 통합총회, 1980)
리진호, 《동양을 섬긴 귀츨라프》(감리교출판사, 1988)
———, 《한국 성서 백년사》(대한기독교서회, 1996)
문장식, 《한국 민주화와 인권운동》(쿰란출판사, 2001)
민경배, 《교회와 민족》(대한기독교서회, 1982)
———, 《일제하 한국기독교 민족신앙운동사》(대한기독교서회, 1991)
———, 《한국 민족교회 형성사론》(연세대학교 출판부, 1974)
———, 《한국기독교사》(대한기독교서회, 1984)
박용규, 《평양대부흥운동》(생명의말씀사, 2000)
박은식, 《한국 독립운동의 혈사》(단국대학교 출판부, 1990)
백낙준, 《한국 개신교사》(연세대학교 출판부, 1973)
백낙준 편, 《대한예수교장로회사기》(한국교회사학회, 1968)
안광국, 《한국 선교 백년 비화》(대한예수교장로회 총회출판국, 1979)
양주삼, 《조선 감리교회 30년 기념보》(조선감리회 전도국, 1929)
엘리자베스 매컬리, 《케이프 브레튼에서 소래까지》, 유영식 옮김(대한기독교서회, 2002)
예장통합사료분과위원 편, 《대한예수교 장로회 백년사》(총회 교육부, 1984)
예장(통합)총회 편, 《대한예수교 장로교회사(상하)》(한국장로교출판사, 2003)
예장(합동)총회 편, 《대한예수교장로회 총회 백년

사(전2권)》(예장총회 출판부, 2006)
오윤태, 《선구자 이수정》(혜선출판사, 1984)
유동열, 《한국 좌익운동의 역사와 현실》(범론사, 1984)
윤경로, 《105인 사건과 신민회 연구》(일지사, 1990)
———, 《한국 근대사의 기독교사적 이해》(역민사, 1992)
이덕주, 《나라의 독립과 교회의 독립》(기독교문사, 1988)
———, 《한국 교회 처음 여성들》(기독교문사, 1990)
이덕주 · 조이제 편, 《한국 그리스도인들의 신앙고백》(한들, 1997)
이만열, 《한국기독교 문화운동사》(대한기독교서회, 1987)
———, 《한국기독교사 특상》(성경읽기사, 1985)
이명직, 《조선예수교 동양선교회 성결교회 약사》(동양선교회성결교회 출판부, 1929)
이상규, 《부산 지방 기독교 전래사》(글마당, 2001)
이성삼, 《한국 감리교회사》(기독교대한감리회 교육국, 1980)
이영헌, 《한국기독교사》(컨콜디아사, 1980)
이찬영, 《한국기독교회사 총람》(소망사, 1994)
———, 《성결교회사》(기독교대한성결교회출판사, 1970)
이호운, 《한국 교회 초기사》(대한기독교서회, 1970)
장동민, 《박형룡 박사의 신학 연구》(한국기독교역사연구소, 1998)
장병욱, 《6 · 25 공산 남침과 교회》(한국교육공사, 1983)
장형일, 《한국 구세군사》(구세군대한본영, 1975)
전성천, 《영남 교회사》(양서각, 1987)
전택부, 《한국 에큐메니컬 운동사》(한국기독교협의회, 1979)
———, 《한국기독교청년회 운동사》(정음사, 1978)
진수철, 《순교열전(전3권)》(총회순교자기념선교회, 1997)
차재명 편, 《조선예수교장로회 사기》(신문로교회당, 1928)
한국기독교역사연구회 편, 《한국 기독교의 역사(1-2권)》(기독교문사, 1989, 1990)
한국기독교역사학회, 《한국기독교의 역사(3권)》(기독교문사, 2009)
한규무, 《일제하 한국기독교 농촌운동》(한국기독교역사연구소, 1997)

—영문 자료

Presbyterian Church U. S. A., *The Reports of Presbyterian Church U. S. A. in Korea Missionary* 1-19(Seoul: The Christian Literature Society of Korea, 1990)
Blair, W. N., *Gold in Korea*(USA: Presbyterian Church in the USA, 1957)
Brown, G. T., *Mission To Korea*(United States of America: Board of World

Mission, Presbyterian Church, US, 1962)
Gale, J. S., *Korea in Transition*(Seoul: The Christian Literature Society of Korea, 1983)
Hunt, E. N., *Protestant Pioneers in Korea* (NY: Orbis Books, 1980)
Huntley, Martha, *The Foundations of Protestant Mission in Korea*(1884-1919)(Seoul: Presbyterian Church of Korea, 1987)
Ohilinger, F., *The Korean Respository*, vol. Ⅲ-Ⅳ(Seoul: The Christian Literature Society of Korea, 1983)
Rhodes, H. A.(ed.), *History of the Korea Mission, Presbyterian Church USA*(1884-1934) : vol. 1, USA(Seoul: Chosun Missions Presbyterian Church, 1934)
Underwood, H. G., *The Call of Korea*(Seoul: The Christian Literature Society of Korea, 1983)
Williams, F. E. C. · Bonwick, G.(eds.), *The Korea Missions Year Book*(Seoul: The Christian Literature Society of Korea,1983)

부록

한국 기독교 연표

1549년 최초로 일본에 온 동양의 성자 하비에르 선교사

1801년 2월에 해미읍 여수골에서 천주교인 3,000명이 순교당한 것을 기념하여 세운 순교자 기념교회

1549년 8월 15일	스페인 선교사 하비에르(F. Xavier), 일본인 야지로(安次郎)와 함께 일본 가고시마에 상륙.
1593년 12월 27일	세스페데스(G. de Cespedes) 신부(일본 주재 예수회), 경상도 웅천 상륙, 복음 전파.
1597년	세스페데스 신부, 일본에 재입국해 1년 6개월 동안 포로로 끌려간 조선인들에게 복음 증거.
1784년 2월 20일	이승훈, 중국 북경 북당 천주당에서 세례 받다.
1785년 3월	절두산에서 천주교 신자 처형.
1791년 10월	천주교 신자 윤지충, 권상연, 전주 남문 밖에서 순교.
1801년 2월	신유교난. 천주교 신자 3,000여 명 처형(해미읍성).
1816년 9월 1일	영국 함선 함장 홀(B. Hall, 리라 호)과 맥스웰(M. Maxwell, 알세스트 호), 백령도 상륙. 성경을 나눠주면서 전도. 충남 서천 마량진 앞 갈곶에서 첨사 조대복에게 최초로 성경 전하다.
1832년 7월 17일	네델란드 선교회 귀츨라프(K. F. A. Gutzlaff) 선교사, 충청도 고대도 상륙. 선교하면서 감자 씨 선물.
1866년 9월 4일	런던 선교회 토머스(R. J. Thomas) 선교사, 평양 대동강에서 순교.
1876년 봄	이응찬, 백홍준, 이성하, 김진기, 만주 영구에서 스코틀랜드 연합장로교 매킨타이어 선교사에게 세례 받다.
1882년 봄	스코틀랜드 연합장로교 선교사 로스, 심양에서 서상륜

	의 협력으로 누가복음, 요한복음 번역 출간.
10월 19일	이수정, 신사유람단 비수행원 자격으로 도일.
1883년 5월 16일	서상륜과 서경조, 의주에서 기독교 신자임이 탄로, 황해도 소래로 피신해 자생적 소래교회 설립.
1883년 4월 29일	이수정, 일본에서 미국 장로교 녹스(G. W. Knox) 선교사의 입회하에 목사 야스가와(安川亨)의 집례로 세례받다.
1884년 6월 24일 –7월 7일	일본 주재 미국 감리교 선교사 맥클레이(R. S. Maclay), 조선 입국. 김옥균의 주선으로 고종 황제 만나 기독교 문화 전파 허락받다.
9월 20일	미국 북장로교 의료 선교사 앨런(H. N. Allen) 입국.
겨울	중국 길림성 즙안현에 조선족교회 설립.
10월	앨런 선교사, 광혜원 개원, 진료 실시.
12월 말	이수정, 일본 요코하마에서 미국 성서공회 총무 루미스(H. Loomis) 선교사의 권유와 협력으로 순한문싱서《신약마가전복음서》번역 출간.
1885년 4월 5일	미국 북장로교 언더우드 선교사 입국.
6월	미국 감리교 아펜젤러 선교사 부부 입국.
8월 3일	아펜젤러 선교사, 배재학당 설립.
1886년 5월 11일	언더우드 선교사, 경신학당 설립.
5월 31일	미국 감리교 선교사 스크랜턴 대부인, 여학생 한 명을 상대로 학교 시작. 이로 인해 한국여학교의 요람인 이화학당 출범.
1887년 봄	미국 북장로교 의료 선교사 엘러스 선교사, 정동 제중원 사택에서 정동여학당 설립. 이후 종로 5가로 이전하면서 정신여학교로 개명.
	미국 감리교 여의사 하워드(M. Howard), 한국 최초의 부인 병원 보구여관(지금의 동대문 이대병원) 설립.
	언더우드, 아펜젤러, 스크랜턴, 헤론 등 성서번역위원

1816년 9월 1일 서해 백령도와 대청도 중간 지점의 항구에 도착한 영국 함대 소속 맥스웰 함장은 기독교 선교 담당인 클리포드 대위와 함께 작은 선물과 성경, 전도지를 손수레에 싣고 다니며 기독교에 대한 주민들의 관심과 선교 가능성을 타진했다. 이 포구를 통하여 백령도 최초의 모교회인 중화동교회가 세워졌다.

귀츨라프 선교사. 영국 동인도 회사 소속 로드 암허스트 호의 의사 겸 통역관으로 우리 땅에 발을 디딘 최초의 선교사로, 1832년 조선에 상륙했다.

1866년 평양 대동강에서 순교한 토머스 선교사

스코틀랜드 로스 선교사는 만주 우장에 주재하면서 조선 선교를 개시한 대표적인 선교사다. 한글 성경을 번역하여 완간했고 조선인 권서인을 조선에 보내 복음을 전파하는 등 조선 선교 역사의 기초를 놓았다. 1882년 봄 서상륜과 함께 〈누가복음〉과 〈요한복음〉을 출간했다.

〈예수성교 누가복음전서〉. 1882년에 간행된 최초의 한글 성경

《예수성교전서》(1887). 최초의 한글 신약 성경

	회 조직.
9월 14일	새문안교회 설립.
10월 9일	정동감리교회 설립.
1888년 1 월	스크랜턴 대부인, 한국 최초의 유년부 교회학교 출범.
1889년 10월	데이비스 남매 선교사(호주 장로교) 입국. 1890년 4월 오빠 데이비스 사망.
	미국 장로교 모펫 선교사, 캐나다 침례교 펜윅(M. C. Fenwick) 선교사 입국.
12월 8일	미국 북장로교와 호주 장로교 선교회, 미션연합공의회 조직.
1890년 7월 26일	헤론 선교사 사망. 경성 양화진에 안치.
9월	영국 성공회 선교사 입국.
1891년 1월 15일	부산진교회 설립.
10월	호주 장로교 선교사 남녀 4명 입국. 경남 지방 선교 담당.
1892년 10-11월	미국 남장로교 선교사 7명 입국. 호남 지방 선교 담당.
1893년 1월 28일	선교 구역 분할 협정 체결.
4월	장로교 미션공의회 조직.
	장 · 감 선교회 연합으로 평양 기홀병원 개원.
	호주 장로교 선교회, 부산 일신병원 개원.
6월	전주 서문교회 설립.
12월	매켄지(W. J. Makenzie) 선교사(캐나다 메리타임즈 지역 선교협회) 단독으로 입국. 소래교회에서 사역.
1894년 1월 8일	평양 장대현교회 설립.
봄	군산 구암병원 개원.
	평양 숭실학당 설립.
12월 28일	순창에서 체포된 전봉준, 서울로 압송.
1895년 10월	미국 남장로교 리드(C. F. Reid) 선교사 입국.
1896년 겨울	일본인 전도자 노리마츠(乘松雅休), 수원에서 선교 활동.

1897년	2월 2일	감리교, 〈조선 그리스도인 회보〉 창간.
		목포 양동교회 설립.
	4월 1일	장로교, 〈그리스도 신문〉 창간.
	봄	감리교, 서울구역회 조직.
		전주 예수병원 개원.
	9월	미 남감리교, 중국 연회에서 조선 지방회 조직.
	12월	미 남감리교, 한국 지방회를 조선 선교회로 개칭.
1898년	1월	러시아 정교회 알렉세예프(N. Alexeyef) 선교사 입국.
	9월	캐나다 장로교 선교사 4명 입국, 함경도 지방 선교 담당.
		원산 구세병원 개원.
	11월	오웬 의료 선교사, 목포의료원 개원(후에 목포 프렌치 기념 병원으로 명칭 변경).
1899년	봄	대구 동산병원 개원.
1900년	봄	일본 요코하마에서 신약전서 완역 37,000부 발간.
1901년	1월	미국 감리교, 김창식, 김기범 최초로 집사 목사로 임직.
		미국 감리교, 서지방회(인천 중심), 북지방회(평양 중심), 남지방회(서울 중심) 등 3개 지방회 조직.
	봄	모펫 선교사, 자신의 사랑채에서 평양장로회신학교 개교.
		선천 미동병원 개원.
	9월	대한예수교장로회 조직.
1903년	4월	구국운동하던 애국 청년들 한성 감옥에 투옥.
	10월 28일	황성기독교청년회(YMCA) 조직.
1904년		함흥 제혜병원 개원.
1905년	6월	3개 지방 감리회, 조선선교연회 조직.
	7월 1일	장감 연합, 〈그리스도 신문〉 발간.
	9월	4개 장로교 선교회와 2개 감리교 선교회 연합, 조선복음주의 선교연합공의회 조직. 장감 선교공의회 내에 주일학교 위원회 설치.
	11월	장감 연합, 《코리아 미션 필드》 창간.

서상륜 권서(勸書) 전도자. 서상륜, 서경조 형제는 1883년 소래교회를 설립했다.

용인시 총신대 신대원에 복원된 소래교회

1903년 구국운동을 하다가 한성 감옥에 투옥된 애국 청년들. 왼쪽 첫번째 이승만

	을사조약 체결. 장로교 공의회, 1주간 구국기도회 실시.
1906년 3월	진주 베돈병원 개원.
7월	〈그리스도 신문〉, 〈예수교신보〉로 제호 변경 발간.
9월 15일	캐나다 선교회, 함흥 영생학교 설립.
9월	도쿄 한인 YMCA 조직.
가을	중국 연길 용정에 캐나다 선교회 개설.
1907년 1월 6일	평양 장대현교회 대부흥운동.
5월 3일	동양선교회 창립(한국 성결교회). 초대 회장에 카우먼(C. E. Cowman) 선교사.
6월 20일	평양장로회신학교 제1회 졸업생 배출(총 7명).
7월	서울 서대문에 감리교 협성신학교 설립.
9월 17일	대한예수교장로회 독노회 조직.
	최초의 조선인 목사 7명 탄생.
	이기풍 목사, 제주도 선교사로 파송.
10월	일본기독교 이시하라 호다이로(石原保太朗) 목사, 정동 1번지에 경성교회 설립(해방 후 덕수교회가 이곳에 출발).
1908년 3월	서울 정동감리교회, 조선연회 조직. 일본 주재 해리스(M. C. Harris) 선교사(미국 감리교 감독)를 초대 감독으로 선임.
3월	도쿄 유학생 중심으로 한인 YMCA에서 예배(예배 인도는 정익로 장로).
10월	영국 구세군 호가드 선교사 입국.
11월	카우먼 선교사, 경성성서학원(지금의 서울신학대학교) 설립.
가을	장감 연합, 《찬송가》 발행.
	일본 도쿄 YMCA 예배가 도쿄교회로 창립.
	미국 남감리회, 동만주 선교 시작.
12월	동양척식주식회사 발족.
1909년 4월	일본 조합교회, 식민지 전도를 위해 와다세 츠네요시

맥클레이 선교사가 설립한 아오야마 신학원

아펜젤러 선교사 가족

1885년 8월에 설립한 배재학당. 현재는 역사자료관으로 사용하고 있다.

(渡賴常吉) 조선에 파송. 경성조합교회 설립.

10월 안중근, 만주 하얼빈 역에서 이토 히로부미 사살.

10월 12일 장로교 총회에서 한석진 목사를 도쿄한인교회 담임목사로 파송.

1910년 8월 29일 한일합병 체결과 함께 식민지로 전락. 이후 국호가 대한제국에서 조선으로 변경.

가을 최중진 목사, 전북 정읍 매계에서 자주교회 선언.

1911년 7월 16일 서울 남창동에 일본인 경성조합교회 설립. 해방 후 한양교회로 운영되다 한국전쟁 당시 파괴되었다.

9월 17일 조선예수교장로회 제5회 독노회(대구), 총회 조직 결의.

10월 전라 노회 조직을 필두로 1912년 봄까지 평안북 노회, 평안남 노회, 황해 노회, 함경 노회, 경상 노회, 경기충청 노회가 차례로 조직. 재한 장감연합선교회 조직.

11월 105인 사건 발발.

미국 감리교, 북만주 신교 시작.

1912년 9월 2일 7개 노회가 모여 조선예수교 장로회 총회 조직. 초대 총회장에 언더우드 선교사 선임.

9월 도쿄한인교회, 장감연합으로 교역자 교대로 파송.

12월 동양선교회, 서울 지부 설치. 초대 감독에 영국 동양선교회 소속 토머스(J. Thomas) 선교사 취임.

1913년 8월 일본조합교회, 조선 지방회 조직.

11월 조선예수교장로회 총회 창립(1912) 기념으로 박대로, 사병순, 김영훈 목사, 중국 산동성 선교사로 파송.

1914년 4월 조선 YMCA연합회 조직.

1915년 3월 5일 연희전문학교 설립(경신학당 대학부).

12월 7일 《기독신보》 창간.

1916년 2월 감리교, 《신학 세계》 창간.

1917년 9월 1일 총회에서 제2차로 방효원, 홍승한 목사, 산동성 선교사로 파송.

북감리교 선교사로 조선에 와서 정동에 선교 부지를 마련하고 이화학당을 설립한 스크랜턴 대부인

1886년 5월 31일 스크랜턴 대부인이 설립한 이화학당. 독지가 심슨의 협력으로 건축해 심슨관이라고 한다.

초대 경신학교(1885-1887). 언더우드 선교사 자택에서 기숙을 함께하는 학교로 설립되었다. 학교가 발전함에 따라 연지동으로 이전하여 현대식 학교 교육을 실시했으나 일제 말 신사참배 강요에 못 이겨 폐교했다가 해방 후 성북동에서 복교했다.

미 북장로회 엘러스 선교사가 1887년 설립한 정동여학당. 일제 말엽 신사참배를 반대하여 폐교되었다. 해방 후 복교했다가 이후 잠실로 이전했다.

	1차 대전 종결.
1918년 2월	조선예수교연합공의회(KNCC) 조직.
3월	평양장로회신학교, 《신학지남》 발간.
4월	파리 국제평화회담에 조선 대표 파송.
12월	미 남감리교 선교연회를 남감리교 연회로 개편.
1919년 2월 8일	일본 도쿄 유학생이 조선 YMCA회관에 모여 〈2·8독립 선언 성명서〉 발표.
3월 1일	서울 파고다공원에서 모여 3 · 1독립을 선언과 함께 독립 만세 시위. 이후 전국 · 만주 지역까지 확산.
3월 17일	미국 필라델피아 한인들이 모여 시가 행진.
4월	중국 상해 임시정부 수립.
1921년 3월 1일	상해에서 3·1독립선언 2주년 기념식.
4월	함흥 영생학교 개교 기념식.
9월 1일	일본 조선조합교회 해산, 조선회중교회로 개편. 초대 회장 유일선 목사.
11월 1일	조선주일학교 제1회 대회 개최.
1922년	조선주일학교에서 여름성경학교 실시.
1923년 1월	물산장려운동 조직.
8월	조선 YWCA 조직.
9월 1일	일본 간토 대지진 발생.
9월	조선기독교여자절제회 조직.
	대구 이만집 목사 자치 교회 선언.
1924년 3월	김교신 무교회 주장.
9월 24일	조선예수교연합공의회, 창립 총회.
12월	기독청년면려회 조선연합회 조직.
12월 19일	경기·충청 노회에서 경기 노회 분립.
1925년 1월 20일	충청 노회 분립.
6월	캐나다 장로교 선교회, 캐나다 연합교회 선교회로 개칭. 일부 캐나다 장로교 선교회, 재일 한국인 선교사 활동.

서울 남산에 조선 신궁 완공.

1924년 3월 오사카에서 조선예수교회 제1차 신도대회 개최.

1926년 6월 10일 6·10만세 운동.

9월 제4회 조선예수교연합공의회에 YMCA, YWCA, 조선 주일학교연합회, 영국성서공회 등 12개 단체 참여.

겨울 오순절 계통 교회, 조선 선교 출범.

1927년 10월 3일 캐나다 장로교 선교회 영(L.L. Young) 선교사 도일. 재일 동포 전도.

1928년 9월 《조선예수교장로회 사기》 발간. 금주운동 전개.

12월 여전도회 전국연합회 조직.

1929년 1월 25일 《주일학교 선생》 창간.

3월 2일 전주 YWCA회 창립.

7월 20-26일 제1회 전남종교교육지도자 하기수양회 개최(광주)

가을 평양에서 킨슬러 선교사에 의해 무산아동교육 기관 성경구락부 창설.

1930년 1월 《종교 교육》 창간.

12월 2일 남북감리교회 합동 초대 총리사에 양주삼 목사 선임.

1931년 9월 11-17일 제20회 조선예수교장로회 총회, 강원도 금강산에서 개회 .

9월18일 일본, 만주사변을 일으킨 후 길림성, 흑룡강성을 묶어 만주국 설립(어용 만주국).

1932년 12월 3일 《종교시보》 창간.

평양 서기산 추계 황령제에 미션스쿨 불참.

1933년 10월 6일 제4회 전 조선주일학교 대회.

조선예수교회 창립.

1934년 2월 23일 재일 조선기독교회 창립.

11월 21일 여권 문제 필화 사건.

장로교《신편찬송가》 발간.

감리교《신정찬송가》 발간.

1896년 가을, 노리마츠 선교사는 우리나라에 입국하여 주로 수원에서 활동했다. 노리마츠 선교사 기념비

미 남북감리교가 1907년 7월 설립하여 공동으로 운영한 협성신학교는 교회 일치의 초석이 되었다.

카우먼 선교사. 1907년 동양선교회를 설립하고 초대 회장을 역임했다.

1908년 11월 카우먼 선교사는 경성성서학원을 설립했다.

	조선예수교연합공의회 해산.
1935년 9월	신사참배 강요.
12월 22일	기독교대한복음교회 창설. 초대 감독에 최태용 목사.
1937년 3월 10일	전주 한예정여자 고등성경학교 제2회 졸업식.
4월 16일	만주 장춘에 만주 사평가 성경학교 개설(후에 만주신학교로 개칭).
7월 7일	중일 전쟁 발발.
11월 26일	만주 조선기독교 총회(장로교, 감리교, 상결교회, 동아기독교)와 함께 6개 교구로 개편 창립.
1938년 7월	조선기독교연합회 결성. 회장에 일본인 니와 세이지로(丹羽清次郎) 목사 선임.
9월 25일	제27회 조선예수교장로회 총회, 신사참배 결의.
9월 20일	신사참배 거부한 평양장로회신학교 폐교.
가을	신사참배 반대로 장로교 미션스쿨 모두 폐쇄.
1939년 3월	조선신학원 기성회 조직.
9월	조선예수교장로회 총회, 국민정신 총동원 조선예수교장로회 연맹 조직.
11월	성명서 발표와 동시에 모든 교회에 신사참배, 궁성요배, 황국신민 서사 제창 후 예배를 시작하도록 하다.
1940년 1월 16일	재일조선기독교회 임시 대회, 일본기독교회로 합동 결의.
4월 11일	조선총독부의 인가로 평양신학교 재건. 초대 교장에 채필근 목사.
9월 12일	조선신학원, 조선총독부 경기도 학무국의 허가로 서울 승동교회 1층에서 개교. 이사장·원장에 김대현 장로, 교수에 김재준, 송창근, 윤인구 목사 등.
9월	조선예수교장로회 총회는 해산 후 일본기독교 조선장로교단으로 개편. 모든 조선기독교 각 교단들이 일본기독교 교파 교단에 예속.
11월	전국 교역자 300여 명 불법 감금.

선교사 전원 강제 출국.

12월 10일 주일 캐나다 영 선교사 일행 강제 출국.

1941년 3월 10일 기독교조선 감리교단 만주 교구로 개편.

8월 각 교단별로 애국기 헌납운동 전개.

조선청년들, 징병, 징용, 여성 정신대 동원령 발표.

10월 경성 교구에 속한 성직자들이 부여 신궁 건설에 부역.

11월 순천 노회 목회자 15인 구속.

11월 26일 중국 길림성 장춘에서 만주조선기독교 총회 창립.

12월 8일 태평양 전쟁 발발.

비상조치로 재일조선기독교 목사, 장로, 전도사 18명 구속.

1943년 1월 각 교단 해산, 교단 통폐합 추진.

5월 10일 만주 조선기독교회 통폐합 후 창립 총회.

12월 조선성결교회 해산.

1944년 봄 각 지역 교회 통폐합 실시. 주일 밤과 수요일 밤 예배 폐지.

1945년 7월 일본기독교 조선교단 출현. 초대 총리 김관식 목사, 총무 송창근 목사.

8월 15일 일제의 패망과 해방.

신사참배 반대하다 투옥된 성직자와 일반 신도 석방.

출옥 성직자들, 평양 산정현교회에 모여 5개 개혁안 발표.

북한, 소련군 진주, 남한, 미군 진주해 각각 군정 실시.

9월 8일 동대문감리교회에서 3연회 조직.

10월 구세군 재건.

11월 성결교회 총회 재건. 총회장 박현명 목사 피선.

경성신학교(지금의 서울신학대학교) 재건.

11월 14일 평북 노회 주최, 6개 노회 퇴수회 모임.

11월 15일 교토 한인교회에서 재일기독교연합회 재건.

11월 16일 평북 용암포 지역에서 기독교사회민주당과 공산당의

1907년 10월 일본기독교(장로교)의 파송을 받은 이시하라 목사가 개척한 경성교회, 1922년 광화문에서 제일 좋은 교회로 소문이 났었다. 1946년 김종대 목사가 광화문교회로 이름을 바꾸었고, 이어 최거덕 목사가 인수하여 덕수교회로 명칭을 변경해 시무했다.

1911년 7월 16일 일본조합교회에서는 경성 남창동에 경성 일본인 조합교회를 설립했다. 해방 후 한양교회가 인수했으나 한국전쟁으로 파괴되었다.

1912년 4월 3일 일본인 마스토미 야스자에몬(枡富安左衛門) 장로는 전북 고창군 부안면 오산리에 오산학당(지금의 고창고등학교)과 오산교회를 설립했다.
오산학당은 1922년에 고창읍으로 이전하고, 1922년 6월 조선총독부 인가를 받아 고창고등보통학교로 승격되었다. 마스토미 장로, 오산학당, 고창보통고등학교 본관

충돌로 신의주학생의거 사건 발발.

11월 27일 정동제일교회에서 조선기독교 남부대회 개최.

12월 북한5도연합회 조직.

1946년 2월 10일 일본 도쿄한인교회 재건.

3월 1일 북한에서 3·1절 행사를 평양역 광장과 장대현교회에서 각각 실시. 이 일로 기독교와 공산당 충돌.

6월 12 남한 장로교 남부대회 결성. 총회장 배은희 목사.
제27회(1938) 총회 때 결의한 신사참배 취소,
조선신학교 직영 결의.
지방 노회 재건됨에 따라 조선주일학교연합회도 재건.

6월 여전도회 전국대회(서울 연동교회) 개최, 재건.

9월 3일 장로교, 감리교, 성결교, 구세군 등의 지도자들, 조선기독교연합회(KNCC) 조직.

9월 충남 강경에서 동아기독교 재건.
제48회 경남 노회에서 고려신학교 신설. 고려파가 예장에서 이탈.

11월 3일 북한, 주일에 인민위원회선거를 실시하려 하자 기독교가 반대. 이후 목사와 반대자 구속.

11월 28일 평양에서 조선기독교도연맹(KCF) 조직(위원장 강양욱 목사).

1947년 4월 18일 제2회 남부 총회에서 조선예수교장로회 총회로 재건.

3월 1일 서울운동장에서 3·1절 기념식 거행.

1948년 4월 22일 조선주일학교연합회, 명칭을 대한기독교교육협회라 개칭.

5월 박형룡 박사를 중심으로 보수신학 수호를 주장하며 조선 신궁 자리에 장로회신학교 설립.

5월 10일 남한 단독으로 국회의원 선거 실시.

8월 15일 남측은 대한민국 정부 출범(이승만 박사 초대 대통령 취임).

9월 9일 북측은 조선민주주의인민공화국 정부 출범(김일성 서기

장으로 취임).

1949년 4월 22일 교단 명칭을 대한예수교장로회 총회로 변경.

5월 출옥 성도 중심으로 예장에서 이탈. 재건파 조직.

7월 기독청년면려회 재건(서울 새문안교회).

9월 침례교, 교단 명칭을 기독교대한침례회라 변경.

1950년 3월 북한 평양신학교와 성화신학교를 통합하여 평양기독교신학교로 개편.

6월 25일 한국전쟁 발발.

10월 27일 평양 탈환 입성. 이승만 대통령, 평양 시민들의 환영을 받다.

가을 중국 기독교, 스스로 삼자애국교회로 선언.

1951년 1월 대구에 군종학교 설립. 군목 제도 실시.

5월 임시 수도 부산에서 제36회 대한예수교장로회 총회 속회. 장로회신학교와 조선신학교 취하.

9월 대구에서 대한예수교장로회 총회가 직영하는 총회신학교 개교.

11월 2일 기독교대한감리교회 총회.

1953년 6월 10일 신학 방법론으로 인하여 조선신학교 신학생 51명이 총회에 진정서 제출. 박형룡 박사가 교장으로 있는 장로회신학교로 전학. 일부 총대원들 이탈. 서울 한국신학대학 강당에서 대한기독교장로회(후에 한국기독교장로회)라는 명칭으로 교단 설립(총회장 김세열 목사).

7월 27일 판문점에서 휴전 협정 체결.

1954년 4월 7일 총회신학교 예과 1, 2년생은 상경하여 조선 신궁터에서 수업.

4월 26일 대한예수교장로회 제39회 총회에서 제27회 총회에서 결의한 신사참배 취소, 참회 기도회.

6월 16일 순천장로회신학교 방학 기념식.

1955년 4월 총회신학교를 대한예수교장로회신학교로 명칭 변경.

3·1독립운동을 세계에 알리기 위해 필라델피아에서 한인들이 자유대행진을 실시했다(1919).

1921년 3월 1일 상해에서 열린 3·1독립선언 2주년 기념식

1921년 4월 함흥 영생학교 개교 기념식

8월 15일 남북통일 기원 감사 10주년 기원 예배(중앙청 앞 광장).

11월 경기 노회에서 박태선 집단, 이단으로 규정.

전주 YWCA 초창기 회원들(1929)

1956년 9월 총회에서 나운몽, 이단으로 규정.

1958년 1월 루터교 선교회 창립.

5월 29일 장년면려회(남전도회는 합동, 남선교회는 통합 전국연합회) 조직.

10월 김준곤 목사, 대학생 선교회 발족.

1959년 2월 18일 제4회 호남성경연구회 실시.

9월 28일 제44회 대한예수교장로회 총회 대전 중앙교회에서 개회. 에큐메니컬 문제로 총회가 합동측과 통합측으로 분열. 통합측은 서울 연동교회에서 속회 분립.

제1회 전남 종교교육 지도자 하기 휴양회(1929)

10월 17일 남산 소재 총회신학교(통합측), 대광고등학교를 거쳐 광나루에 신학교 신착. 1961년 2월 문교부로부터 장로회 신학대학 인가.

11월 24일 예장합동측은 서울 승동교회에서 제44회 합동측 속회 총회로 분립. 제44회 총회 분열로 총회신학교도 분열. 통합측은 장로회신학대학교, 합동측은 총신대학교.

1960년 2월 17일 연동측 예장통합 총회로 새문안교회에서 제44회 총회 다시 개회.

2월 19일 예장통합 총회는 예장합동측과의 통합을 위해 WCC 탈퇴.

1930년대 서울 YMCA 회원들

3월 15일 정부통령 선거 시 자유당 부정 선거로 마산의거 사건 발발.

3월 28일 예장합동측 지지한 교수와 신학생, 대한신학교 교사를 임시로 사용.

4월 19일 4 · 19혁명.

8월 22일 총회신학교, ICCC 총재 매킨타이어의 지원으로 용산역 앞 4층 건물 빌딩에서 개강.

9월 24일 총회신학교, 박형룡 박사 교장으로 복귀.

12월 13일 서울 승동교회에서 고신측과 합동측과 예장합동 총회

(1963년 9월 각각 환원).

1961년 4월 2일 예장합동 통합 중심, 부활절 예배(남산).

4월 11–14일 기독교대한성결교회 제16회 정기 총회.

5월 16일 박정희 소장 군사 쿠데타(박정희 정권 출범).

1963년 5월 14일 KNCC 초청으로 일본 NCCJ 대표단 입국.

9월 17일 고신 총회 환원, 재출발.

11월 25일 일본 NCCJ 초청으로 KNCC 대표 도일.

1965년 3월 22일 시내 사당동에 대지를 마련. 1967년 5월 4일 문교부로부터 총신대학교 인가 받음.

6월 22일 한일국교 협정.

7월 5일 영락교회에서 한일국교 비준 반대집회 개최. 일부 교인들 시위.

1966년 7월 5–11일 제1회 예장 여전도회 지도자 수양회 개최.

9월 23일 한국기독교장로회 총회장 초청으로 일본기독교단 오무라 이사무(大村勇) 의장 방한.

가을 중화인민공화국, 문화혁명으로 기독교 탄압.

1967년 2월 16일 공명선거추진을 위한 운동으로 기독교 염광회 창립.

6월 8일 박정희 대통령 재선으로 재집권 야당후보인 윤보선 낙선. KNCC, 6·8부정 선거에 대하여 성명서 발표.

9월 전주에서 모이는 예장(통합) 총회장의 초청으로 일본기독교단 스즈키(鈴木) 의장 방한.

1969년 1월 박정희 대통령 주변에서 중임제를 폐지하고 3선 출마의 길 모색. 기독교 염광회, 이 소식을 접하고 3선개헌 반대운동 돌입.

9월 8일 KNCC, 3선개헌 반대성명서 발표. 대한기독교연합회(보수 계열 교단으로 급조되었다가 후에 해산)와 예장합동측 3선개헌 지지 성명서 발표.

9월 14일 국회에서 3선개헌 통과.

9월 29일 예장통합측, WCC 재가입.

1931년 9월 금강산 온정리 수양관에서 개최된 제20회 조선예수교장로회 총회

만주국 당시 만주국을 통치했던 중앙청 건물. 1931년 일제는 만주국을 세우고 장춘을 신경으로 바꾼 후 만주국의 수도로 삼았다.

재일본조선기독교 제1회 대회(1934)

조선예수교장로회 제34회 정기 총회(1941)

1931년 일제는 만주를 점령하고 만주국을 세웠다. 그 후 일제는 종교 정책에 따라 모든 교파를 통폐합하고 만주조선기독교회를 창설했다. 일본화된 조선인 목사들(1943)

1971년 4월 4일		제7대 대통령 선거 박정희 대통령 후보당선, 야당 후인 김대중 낙선.
	봄	중국 북경에 최초로 개신교와 천주교 개방 .
	12월	군사정부, 국가비상사태 선언.
1972년 봄		조선기독교연맹, 평양신학원 개원. 학생 10명을 모집, 교육 실시.
	7월 18일	〈7·4 남북공동성명서〉 발표.
	10월	유신 선언(비상계엄 선포).
	12월	유신헌법 발표.
1973년 5월 30일		빌리 그레이엄, 여의도 광장에서 한국 전도대회.
	6월	아시아방송국 개국.
	7월 2-5일	제1회 한일교회협의회 개최(서울 아카데미하우스).
1974년 1월 1일		대통령 긴급조치 1호, 2호 선포.
	2월 25일	KNCC, 인권위원회 조직.
	7월 18일	KNCC, 민주화와 구속자를 위한 목요기도회 정례화.
	8월 13일	한국대학생회(CCC) 주최, 여의도 광장에서 엑스플로 '74 대회 개최.
	11월	목사, 기독교 교수 등 66명이 참가하여 〈한국 그리스도인의 신학적 성명〉 발표.
1975년 2월		예장통합 총회, 종교탄압 중지 요청 성명서 발표.
	3월 20일	기독교정의구현 전국성직자단 조직(서울 연동교회).
	5월 8일	구속된 성직자 석방운동 전개(서울 아카데미하우스).
	7월 25일	예장통합 총회, 서울 연동교회에서 구속된 성직자에 대한 입장 성명서 발표.
1976년 3월 1일		명동성당에서 〈구국선언문〉 발표, 여기에 참여했던 교계 인사 전원 구속.
	5월	찬송가합동 추진위원회 결성.
1977년 8월 15일		민족복음화 성회 개최(여의도 광장).
	10월	서울에서 세계기독실업인대회(CBMC) 개최.

1978년 9월 KNCC 산업선교신학 정립협의회, 〈산업선교신학 선언문〉 제정.

1979년 7월 미국 카터 대통령 방한, 교계 지도자와 환담.

8월 예장통합 총회, 〈산업 선교는 하나님의 명령〉 성명서 발표.

10월 부산과 마산에서 유신 철폐 시위 발생.

10월 26일 중앙정보부장 김재규, 박정희 대통령 사살.

12월 12일 신군부, 쿠데타(전두환 장군 주도).

중국 정부의 개방 정책으로 각 교회마다 삼자애국교회 간판을 내걸고 재건운동.

1980년 5월 18일 신군부, 정권을 장악하기 위해 제주도를 제외한 전 지역에 계엄령 선포. 이에 항의한 광주 지방 시민, 학생 민주화운동 전개.

5월 30일 국가보위비상대책위 설치(위원장 전두환).

12월 8일 4개 교단인 예장통합, 합동, 기장고신측 대표들이 모여 한국장로교협의회(지금의 한국장로교총연합회) 창립(현재는 27개 교단 참여).

1981년 3월 전두환 정권 출범.

1982년 2월 11일 KNCC, 목요 기도회 재개.

6월 30일 경기도 용인시 양지리에 총신대학교 신학대학원 신축 후 개설.

1983년 봄 조선기독교도연맹, 《성경전서》 발간.

11월 20일 《통일찬송가》 발행.

1984년 2월 20일 재일대한기독교회와 일본기독교단이 선교협약 체결.

8월 15일 한국 기독교 100주년 선교대회 개최(여의도 광장). 조선기독교도연맹, 《무곡찬송가》 발간.

9월 21일 제69회 예장통합 총회의 결의에 따라 1985년 1월 4일 총회 인권위원회 조직 활동.

10월 29일 WCC 국제문제위원회, '한반도 평화'라는 주제로 모임(일본 도쿄).

1948년 5월 10일 총선거 실시 포스터

평양 성화신학교(감리교) 제1회 졸업생(1949)

이승만 대통령이 평양 입성을 맞아 평양 시민대회에서 열렬한 환영을 받고 있다(1950)

1985년 4월 5일 인천에 한국기독교 100주년 기념탑 건립.

10월 한국 교계, KBS-TV 시청 거부운동 전개.

11월 11일 WCC 국제문제위원회 간사 바인게르트너, 조선기독교도연맹 초청으로 북한 방문.

1955년 8월 15일 중앙청 앞 광장에서 열린 남북 통일 기원 10주년 기념예배

1986년 4월 18일 미국교회협의회 대표 10명, 북한 방문.

6월 13일 CBS 기능정상화 범기독교추진위원회 결성.

8월 25일 KNCC 주최, 교회와 평화 통일을 위한 세미나 개최(인천 송도).

9월 29일 〈대한예수교장로회 신앙고백서〉 선포.

9월 2일 WCC 국제문제위원회 주관, 스위스 글리온에서 남북지도자 첫 상면.

1987년 5월 6일 일본 NCCJ 대표 마에지마, 나카지마 목사 북한 방문.

5월 예장(통합) 총회에서는 4·13호헌 조치를 철폐하라는 총회장 목회 서신을 전국 교회에 발송.

6월 10일 4·13호헌을 철폐하라는 6·10항쟁시민운동 전개.

6월 17일 미국 NCC, 북한 방문.

자유당 정권에 저항하는 시민들

6월 22일 예장(통합) 총회 인권위원회 주관, 4·13호헌 철폐 위한 '나라를 위한 기도회'(서울 새문안교회).

1988년 2월 25일 노태우 정권 출범.

4월 25일 KNCC 주최, 국내 인사 200명, 외국 인사 100명 등 참가, 세계기독교 한반도 평화협의회 개최.

7월 5일 예장(통합) 총회 인권위원회 주최, 교권 수호를 위한 전국교회 비상기도회(서울 새문안교회) 개최. 이후 총회 본부(종로 5가)까지 항의 행진.

10월 7일 평양 봉수교회 봉헌.

11월 23일 스위스 글리온에서 남북지도자 2차 접촉 후 〈글리온 공동선언〉 발표.

1989년 2월 26일 KNCC 주관, 3·1운동 70주년 기념 심포지엄 개최.

7월 29일 재일대한기독교회 대표자들, 평양 조선기독교도연맹 방문.

9월 27일 호주 연합교회 한국 선교 100주년 기념예배.

11월 18일 용인 한국기독교 순교자기념관 개관.

12월 28일 한국기독교총연합회(CCK) 창립.

1990년 3월 1일 CCK, 사랑의 쌀 나누기 운동 전개.

3월 3일 호주 연합교회, 〈분단된 한국의 통일〉 선언문 발표.

7월 5일 CCK, 사랑의 쌀 나누기 운동본부에서 쌀 만 톤 홍콩을 통해 북한에 전달.

7월 10일 재일대한기독교회 주관, 일본 도쿄에서 남북교회 지도자, WCC 회원 국가 대표자 함께 만나다.

9월 20일 제75회 예장(통합) 총회에서 사형제도폐지위원회 설치 결의 후 사형제도폐지위원회 발족.

1991년 5월 30일 예장(통합) 총회 인권위원회 주관, 인권 탄압 종식을 위한 비상시국 기도회(한국기독교선교 100주년기념교회) 개최.

7월 12일 재일대한기독교회 주관, 일본 도쿄에서 남북지도자 2차 만남.

12월 9일 예장(통합) 한국 기독교 사형폐지위원회 조직.

1992년 3월 12일 예장(통합) 총회 창립 80주년 기념 심포지엄 개최.

5월 11일 예장(통합) 총회 창립 80주년 기념대회.

9월 27일 미국 남장로교 한국 선교 100주년 기념예배(총회 장소인 서울 명성교회당).

11월 5일 평양 칠골교회 봉헌.

1993년 2월 25일 문민정부 김영삼 정권 출범.

1993년 7월 19일 남북한 인간 띠 잇기 대회 본부 발대식 거행.

8월 15일 남북한 인간 띠 잇기 대회 실시.

1994년 6월 2일 제일대한기독교회 주관, 도쿄에서 제4차 모임 개최. 재일대한기독교회와 선교 협약을 맺고 있는 한국 교회의 6개 교단 함께 만나다.

기독교대한성결교 제16회 총회(1961)

제1회 예장 여전도회 지도자 수양회(1966)

7월 2일 장신대 신대원생, 연길 도문교회 방문.

1995년 1월 5일 총회 역사상 최초 예장(합동) 총회장이 총회 신년 하례식에 참가 축사.

미국 남장로교 한국 선교 100주년 기념예배(1992)

2월 28일 총회(통합측) 임원과 합동측 임원 첫 상면.

3월 28일 –4월 1일 일본 도쿄에서 남북 평화 통일을 위한 제5차 세미나.

5월 18일 총회(통합) 인권위원회와 호남 지방 각 노회 인권위원회 공동 주관, 5·18광주민주항쟁 기념예배 실시.

5월 27일 예장(통합) 제79회 총회 결의에 따라 여성 안수 실시를 위한 헌법개정 발표.

8월 미국 신시내티에서 광복 50주년 기념 통일을 위한 모임 개최.

남북 인간 띠 잇기 대회에 참가한 시민들(1993)

가을 중화인민공화국 정부에서 동북아공정 정책에 의해 철거했던 고려문 자리에 변문진 설립.

12월 CTS TV(기독교 텔레비전 방송) 개국.

1996년 6월 6일 재일대한기독교회 주최, 제5차 남북기독자회(일본 도쿄) 개최.

1997년 10월 14일 호주 연합교회와 호주 한인교회협의회 대표자들, 조선그리스도교연맹 초청으로 북한 방문.

1998년 2월 25일 국민의 정부 김대중 정권 출범.

3월 8일 조선그리스도교연맹 대표 4명, 호주 연합교회 초청으로 호주 방문.

북한 쌀지원센터가 되었던 도문기독교회(1994)

9월 14일 유관순의 모교 이화여자고등학교 동창회에서 3·1운동 유관순 기념교회 봉헌.

10월 8일 재일대한기독교회 주최, 제6차 남북기독자회(일본 오사카) 개최. 재일대한기독교 선교 90주년 기념.

10월 29일 예장통합 총회에서 밀가루 1,000톤, 분유 15만 톤 조선그리스도교연맹 지원.

1999년 3월 CCK, 사랑의 쌀 나누기 운동본부에서는 현재까지 11

억 원에 해당되는 쌀을 북한에 전달.

4월 16일 CCK, 북한난민 보호 UN 청원운동 발족.

12월 18일 CCK, 1차, 2차 옷보내기 운동본부에서 20만 벌을 북한에 전달.

제1차 남북기독자회가 스위스 글리온에서 있은 뒤, 1994년 일본 도쿄에서 남북 기독자 및 WCC 대표들이 남북 평화 통일을 위한 4차 세미나를 열었다.

2000년 6월 15일 평양에서 김대중 대통령과 김정일 국방위원장 남북정상회담 개최 후 〈남북공동선언〉 발표.

7월 10일 총회(통합) 사형제도폐지위원회 창립 10주년 기념과 제9회 사형제도폐지정책협의회 개최.

8월 15일 남북적십자사의 주선으로 남북 이산가족 100명씩 교환 실시.

2001년 1월 12일 중화인민공화국, 종교사무국 부국장 왕쥐안, 선교 협의차 KNCC 방문.

2003년 2월 15일 참여정부 노무현 정권 출범.

2005년 9월 3일 간도 되찾기 운동 발족 .

호주 연합교회 초청으로 조선그리스도교연맹 위원장 강영섭 목사 등은 호주 교회를 방문하여 통일에 대한 문제를 논의했다. 왼쪽부터 김용재, 정철범, 민병억, 강영섭, 박경서, 리순구, 김혜숙, 홍길복(1998)

2006년 9월 30일 한국 기독교장로회 총회, 북한 수해를 돕고자 1,400억 원(총 합계)의 쌀 전달.

11월 13일 한국찬송가공회 주관, 《새찬송가》 출판.

2007년 1월 14일 한국 교회 성령운동 100주년 기념예배(평양 봉수교회).

6월 5일 6 · 15공동선언 이행과 평화 통일을 위한 금강산기도회 모임.

7월 8일 서울 월드컵경기장에서 한국 교회 부흥운동 100주년 기념대회 개최.

10월 4일 노무현 대통령과 김정일 위원장, 평양에서 남북정상회담.

2008년 2월 25일 이명박 정권 출범.

5월 2일 소고기 수입 재개 협상 반대 촛불문화제 실시(청계천

–6월 10일 광장).

총회 사회부 주관으로 1998년 10월 29일 밀가루 1,000톤과 분유 15만 톤을 북한 동포들에게 보내기 위해 인천항에 모였다.

2008년 7월 16일 2005년 완공한 평양 봉수교회, 예장(통합) 남선교회 전국연합회의 지원으로 새로 건축, 봉헌.

9월 22일 제주도에서 제주 선교 100주년을 맞이해서 예장(합동)

중국 교회는 공산화, 문화혁명을 만나면서 엄청난 탄압을 받았지만 1979년 문호 개방으로 교회가 문을 열게 되었다. 중국의 최고 실력자 국가종교사무국 왕줘안 부국장이 선교 협의를 위해 내한하여 한국 교계 지도자들과 협의했다. 왼쪽 김동완 총무, 그 옆이 왕줘안 부국장(2001)

제93회 정기총회 개회.

2011년 9월 20일 한국장로교회총연합회 주관, 장춘체육관에서 한국장로교회의 날로 대회 개최.

2012년 1월 31일 한국장로교회총연합회 주관, 서울교회에서 목사 · 장로 기도회 개최.

4월 4–10일 한국장로교회총연합회 주관, 한국 장로교 100년 사진전 개최(인사동 서울미술관).

4월 4일 오후 CCK 중심으로 부활절 연합예배(서울 승동교회).

4월 8일 새벽 한국 교회 부활절 연합준비위원회 주최, 부활절 예배 (서울 정동제일교회).